DER WEINKENNER

Michael Schuster

DER WEINKENNER

EINE PRAKTISCHE WEIN- UND DEGUSTATIONSKUNDE

Hallwag München und Bern

Für Monika, als Dank für Ihre Hilfe

Die englische Originalausgabe ist unter dem Titel «Essential Winetasting» im Verlag Mitchell Beazley Publishers, einem Imprint von Octopus Publishing Group, London, erschienen.

Map reference/design: Michael Schuster/Lovell Johns
Map assistance: Adrian Tempany

Hallwag ist ein Unternehmen des
Gräfe und Unzer Verlags, München

Übersetzung aus dem Englischen: Scriptorium Köln, Wolfgang Beuchelt, Brigitte Rüßmann
Redaktion: Ralph Henry Fischer, Köln
Satz: Birgit Beyer, Köln
Bildbeschaffung: Claire Gouldstone
Spezialfotos: Russell Sadur, Reuben Paris
Gestaltung: Miranda Harvey
Umschlag: Robert Buchmüller
Umschlagfotos: Octopus Publishing Group/Russell Sadur
Druck und Bindung: Mladinska Knjiga Tiskarna d.d., Slowenien

ISBN 3-7742-0037-8

Hallwag

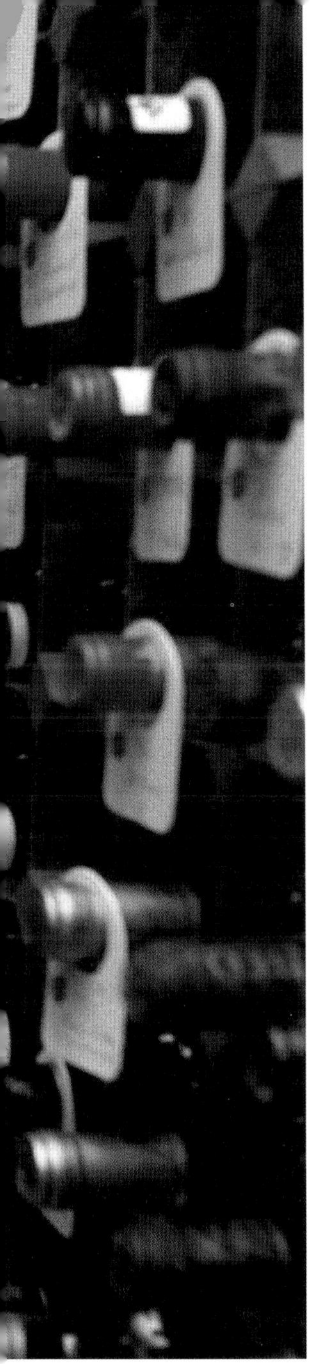

Inhalt

Bis zur Flasche

Einleitung

Dieses Buch ist kein herkömmliches Lehrbuch – auch wenn Sie am Ende gelernt haben werden, Weine bewusster zu schmecken, zu betrachten, zu beschreiben, zu bewerten und (vor allem) zu genießen. Aber der Weg dorthin soll sich für Sie als eine überaus sinnliche Entdeckungsreise in die Welt des Weins gestalten.

Diese Entdeckungsreise führt Sie über vier Etappen zu solider Weinkennerschaft:

1 Bis zur Flasche: Hier werden Sie mit den Grundlagen der Weinverkostung und den Methoden der Weinherstellung vertraut gemacht.

2 In der Flasche: In diesem Teil lernen Sie die wichtigsten Rebsorten und die besten Weine der Welt kennen.

3 Im Glas: Neun exemplarische Verkostungen mit zentralen Themenschwerpunkten und weiterführenden Exkursen bilden das Herzstück dieses Buchs.

4 Anhang: Jahrgangs-Wertungen, Karten der Weinbaugebiete und ein ausführliches Glossar runden Ihre Weinkenntnisse ab.

Zu diesem Buch

Zwar folgt dieser Kurs im Ganzen einem didaktischen Aufbau, doch können Sie jeden Abschnitt auch einzeln nutzen, denn die Kapitel sind thematisch in sich abgeschlossen. Umfassende Querverweise knüpfen Verbindungen zu den anderen Teilen und geleiten Sie durch die Fülle der Informationen. So verweist am Ende jeder Doppelseite ein grau unterlegter Textkasten auf verwandte Hinweise und Schlüsselbegriffe zu Themen, die im Text selbst mit einem Stern (*) gekennzeichnet sind; kursive Seitenzahlen beziehen sich dabei auf Illustrationen.

Die teuersten Weine dieser Welt werden hier nicht besprochen. Bei den Flaschenpreisen überschreiten wir eine Obergrenze von rund 50 € (100 SFr) nicht. In einigen Abschnitten finden Sie Hinweise zu den ungefähren Preisen der besprochenen Weine (*siehe* S. 118).

Jene Methode der Weinverkostung, die Sie im Folgenden kennen lernen, stellt nur eine mögliche Herangehensweise unter vielen dar. Sie hat sich allerdings in meiner täglichen Arbeit mit Wein gut bewährt. Nehmen Sie sich aber die Freiheit herauszufinden, welches Vorgehen für Sie das beste ist. Dieses Buch stellt Ihnen ein verlässliches Instrumentarium zur Verfügung, mit dem Sie Ihren individuellen Geschmack und Ihre besonderen Vorlieben erkunden und ausbauen können. Ich wünsche Ihnen viel Vergnügen bei dieser Unternehmung!

Dank

Ein Buch wie dieses kommt nur durch die tatkräftige Hilfe Vieler zustande; ihnen allen schulde ich großen Dank, vor allem Miranda Harvey, die den Band so übersichtlich und lesefreundlich gestaltete, aber auch dem gesamten Team des Verlags Mitchell Beazley – hier zuallererst Rebecca, Hillary und Tracy, die die beiden Fotografen Russell und Reuben gewannen, ferner Phil und Stephanie. Ebenso danke ich natürlich Jane Aspden, Margaret Little und Andrew Lownie, meinem unermüdlichen Agenten.

Ohne die Winzer, die mich mit ihrer Erfahrung und ihren Kostproben bereichert haben, und ohne jene hilfreichen Geister aus dem Weinhandel und den Erzeugerverbänden, die die Verkostungen großzügig ermöglichten, wäre dieses Buch nie entstanden. Herzlichen Dank!

I. Die Sinne

Sehen

Aspekte der Erscheinung

Tönung, Glanz und Tiefe sind die drei Attribute der Farbe.
Tönung: die eigentliche Farbe – Rot im Unterschied zu Violett, Gelb im Gegensatz zu Grün.
Glanz: die von der Oberfläche reflektierte Lichtenergie, von stumpf bis strahlend (analog: dem Unterschied zwischen zwei Glühbirnen mit 20 und 100 Watt).
Tiefe: konkretisiert die Tönung – zum Beispiel tief violett oder mittel gelb.
Klarheit
Depot und/oder CO_2-Bläschen?
Viskosität

Von unseren Sinnen nehmen als erste die Augen Kontakt mit einem Wein auf. Sein Aussehen ist ein wichtiger Aspekt seiner Gesamterscheinung und von großer Bedeutung für unsere Geschmackserwartung. Farbliche Schönheit und Leuchtqualität nehmen uns im besten Fall sofort für ihn ein.

Wenn wir nicht sehen können, was wir trinken, fühlen wir uns in unserer Einschätzung von Geruch und Geschmack erheblich verunsichert. Doch so sehr der visuelle Eindruck auch unser Urteil beeinflusst, liefert er tatsächlich nur sehr begrenzte Informationen.

Die Farbe eines Weins verrät fast nichts über seine Qualität und seinen Geschmack. Allerdings kann sie bei einer Blindverkostung* Hinweise auf Rebsorte, Herkunft und Alter geben. Wenn sie dazu noch glänzt, vermittelt sie uns einen unmittelbaren Eindruck von Gesundheit und Frische.

Die Klarheit eines Weins ist nicht minder wichtig. Ein trüber Tropfen erscheint uns meist wenig appetitlich. Man muss aber ein Gespür dafür entwickeln, welche visuellen Qualitäten dem jeweiligen Typ und Alter eines Weins angemessen sind.

Der Blick von oben

Stellen Sie ein Glas mit Wein frei auf eine weiße Unterlage und schauen Sie senkrecht von oben hinein. Uns interessieren hier Klarheit, Glanz, Tiefe, Kohlendioxid und Depot.

Klarheit: Ein klarer Wein ohne Schwebstoffe ist gesund. Wenn ihn etwas anderes als aufgewühltes Depot trüben sollte (bei heutigen Flaschenweinen extrem selten), besteht Anlass zur Sorge. Übrigens: Die rosa umrahmten Textkästen in diesem Kapitel stellen Ihnen das nötige Vokabular für die Beschreibung der sinnlichen Erscheinung von Weinen zur Verfügung – der erste auf S. 11.
Glanz: Einen generellen Eindruck der Leuchtqualität gewinnt man, indem man die Weinober-

GANZ RECHTS: *Weine prüft man senkrecht von oben auf Klarheit, Glanz und Farbtiefe, mit Blick auf die Basis des Glasstiels.*

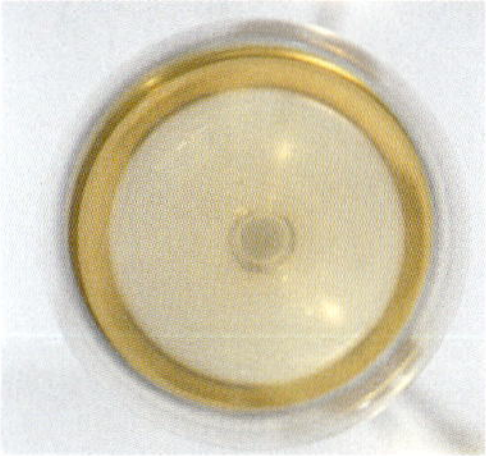

RECHTS: *Milch sollte stets opak, Wein jedoch muss strahlend klar sein. Der durch etwas Depot getrübte Wein links erscheint sogleich weniger einladend.*

fläche genau betrachtet. Ihr Glanz verdankt sich dem Säureanteil – ein stumpfes oder glanzloses Aussehen lässt in der Regel auf einen Mangel an Säure und einen flachen Geschmack schließen. Zwar können Weine klar sein ohne zu glänzen, aber wenn sie leuchten, ist dies nicht nur ein optischer Genuss, sondern auch ein eigenständiges Qualitätsmerkmal.

Obschon besonders wichtig bei Weißweinen, deutet ein spezieller Farbglanz auch bei Rotweinen meist auf eine besondere Feinheit des Geschmacks hin.

Tiefe: Die Intensität der Farbe eines Weins ist (anders als seine Tönung) am besten durch einen Blick von oben auszumachen; ein guter Anhaltspunkt ist dabei die Sichtbarkeit des Stiels. Bedenken Sie aber, dass ein Wein umso dunkler wirkt, je voller das Glas ist. Achten Sie darum bei der vergleichenden Betrachtung darauf, sämtliche Gläser mit der gleichen Menge zu füllen.

Kohlendioxid(CO_2)-Bläschen: In Schaumweinen sind sie selbstverständlich, aber auch Stillweine enthalten aus dem Fermentierungsprozess Reste von Kohlendioxid, die erheblich zu ihrer Vitalität beitragen. Dies gilt freilich eher für junge Weine als für alte und eher für weiße als für rote. Die meisten Stillweine enthalten so wenig CO_2, dass es in der Regel nicht zu sehen noch zu schmecken ist.

Restkohlensäure macht sich durch winzige Bläschen an der Glasinnenwand bemerkbar, vor allem bei jungen Weinen und häufig bei solchen aus wärmeren Regionen. Der höhere CO_2-Gehalt verleiht ihnen eine besondere Frische und Spritzigkeit. Bläschen entstehen jedoch nicht selten auch beim Einschenken.

Depot: Kommt heute nur bei den wenigsten Weinen vor. Wo vorhanden, kann es das Aussehen des Weins im Glas und möglicherweise auch seinen Geschmack trüben. Alte Weine, vor allem Rotweine, entwickeln in der Regel einen Bodensatz aus Farbstoffen, Tannin* und Weinsäurekristallen*. Wenn Sie also Depot im Glas finden, sind Sie am Bodensatz der Flasche angelangt! Lesen Sie dazu bitte die Anmerkungen zum Dekantieren (S. 138–139) und rügen Sie den Ausschenkenden, nicht den Wein!

Einflüsse auf das Aussehen

Gläser: möglichst klar und unverziert, ohne gefärbte Stiele; die Tulpenform gewährleistet, dass der Wein beim Neigen nicht ausläuft.
Hintergrund: tunlichst rein weiß, damit die Weinfarben bei der Betrachtung nicht verfälscht werden.
Lichtquelle: Nördliches Tageslicht eignet sich am besten zum Farbvergleich. Nach Einbruch der Dunkelheit sind so genannte Tageslichtlampen ideal: blau beschichtete Glühlampen, die ein dem Tageslicht ähnliches «kaltes» Licht abgeben. Gewöhnliche Glühbirnen filtern in Rotwein die violetten und blauen Tönungen aus, sodass er roter bzw. brauner und damit älter aussieht als er tatsächlich ist. Neonlicht verzerrt und verflacht die Farben aller Weine.

Der Blick von der Seite

CO_2-Bläschen: Mit dem Wein auf Augenhöhe kann man CO_2-Bläschen direkt unter der Weinoberfläche besonders gut ausmachen.

Viskosität: Jene «Tränen» oder Schlieren, die sich oft am Glas bilden, sind eine Folge der Alkoholverdunstung bzw. des Alkohol- und Zuckergehalts, der die Viskosität erhöht. So attraktiv sie bisweilen erscheinen, sagen sie aber nichts über die Weinqualität aus; in gut 20 Jahren des Weinverkostens habe ich gelernt, sie wohlwollend zu ignorieren.

Ein Blick von der Seite offenbart Klarheit, eventuelle CO_2-Bläschen und, nach kurzem Schwenken, die Viskosität des Weins.

*** Siehe auch**

Säure **S. 20**
Blindverkostung **S. 155**
Tannin **S. 38–39**
Weinsäurekristalle **S. 50, 151**

Der Einfluss von Traube und Klima auf die Farbe von Rotwein

Cochenille-Extrakt
Diese bekannte Lebensmittelfarbe hat nur ein einziges Pigment, wie ihr monochromes Aussehen verrät, das wesentlich schlichter ist als das eines pigmentreichen Rotweins.

2-jähriger Pinot noir, Burgund
Ihre Herkunft aus einem kühleren Klima und die relativ dünne Haut der Pinottraube produzieren einen moderat gefärbten Wein, der hier am Rand kaum Zeichen der Reife zeigt. Diese Farbe ist typisch für einen Pinot aus dem Burgund, wäre aber für einen australischen Shiraz zu schwach.

4-jähriger Shiraz, Südaustralien
Die typische Tönung der ein heißes Klima bevorzugenden Shiraztraube mit hohem Anthozyan-Gehalt. Eine solche Farbe wäre bei einem Pinot noir undenkbar. Hier zeigt sich selbst nach vier Jahren nur eine geringe Reife.

8-jähriger Cabernet, Kalifornien
Ein tief pigmentierter, vom warmen Klima zehrender Cabernet, der mit seinen acht Jahren im Herzen Mahagoni- und am Rand Ziegeltöne als Zeichen für Alter und/oder Reife zeigt.

Farbtiefe lässt sich genauer aus der Aufsicht bewerten. Tönung und feine Abstufungen vom Herzen zum Rand hin sind jedoch am besten mit geneigtem Glas vor einem weißen Hintergrund erkennbar.

Die Ansicht bei geneigtem Glas

Füllen Sie ein Glas nur zu einem Drittel, halten Sie es am Fuß oder am unteren Stiel und neigen Sie es so von sich weg, dass der Wein fast den Glasrand erreicht. Da wir nur selten gefordert sind Farben genauer zu beschreiben, ist es hilfreich, zwei verschiedene Weine nebeneinander zu halten, um ihre Farben miteinander vergleichen zu können.

Ursprung der Farbe bei Rotweinen

Das Fruchtfleisch der meisten Trauben ist farblos. Die Farbe der Rotweine stammt von den Polyphenolen, einer Familie pigmentierter chemischer Verbindungen in der Traubenschale. Die wichtigsten Gruppen sind die Anthozyane und die Tannine, die bei der Weinherstellung extrahiert* werden. Zunächst wird durch den Kontakt des Wassers mit dem Saft die Farbe ausgelöst, später, mit zunehmender Gärung, folgen die Tannine*.

Farbmenge, -tönung und -intensität variieren je nach Traubensorte, Reife bei der Lese und dem Ausmaß der Maischung*. Die violetten Anthozyane dominieren die Färbung junger Weine, doch sind sie relativ instabil und verblassen vor den Tanninen. Letztere tragen orange-, bernsteinfarbene und gelbe Pigmente.

Beide Polyphenol-Gruppen polymerisieren mit zunehmendem Alter des Weins, das heißt: Ihre Moleküle verbinden und vergrößern sich, bis sie, unlöslich geworden, ausfallen und einen Teil des Depots bilden.

Bei den Anthozyanen geschieht dies schneller, weshalb ihr Violett zuerst verblasst, so dass in reiferen Rotweinen die orangefarbenen und ziegelroten Tönungen der Tannine übrig bleiben. Aber auch diese fallen letztlich aus, nur langsamer. Die Geschwindigkeit hängt von der Traube, der Herkunft und dem Jahrgang ab.

Farbtiefe: Die meisten Weinkenner bevorzugen dunkle Rotweine, da sie geschmackliche Fülle versprechen – und tatsächlich kann ein deutlicher Mangel an Farbe auf Schwächen hindeuten: etwa auf überschüssigen Zucker, auf unterreife Trauben, eine verregnete Lese oder eine unzureichende Maischung. Zwar spricht in der Regel die Farbintensität für eine entsprechend ausgeprägte Geschmacksdichte, sagt aber letztlich nichts über die Geschmacksqualität aus. Auf der anderen Seite können ungewöhnlich tiefe Farben auf eine übermäßige Extraktion* oder einen überhöhten Anteil an Trester* hindeuten – beides kann recht aufdringliche Geschmackseigenschaften zur Folge haben.

Ursprung der Farbe bei Weißweinen

Die Farbentwicklung bei Weißweinen ist nicht so gut erforscht wie die der Rotweine. Teils scheint auch hier die Farbe von Polyphenolen herzurühren, freilich anderen als jenen, die für die Färbung der Rotweine verantwortlich sind. Zudem ist ihr Anteil gering, da Saft und Schalen nur wenig Kontakt miteinander haben.

Durch Polymerisation und Oxidation vertieft sich die Farbe von Weißweinen mit dem Alter. Süße Weine aus edelfaulen Trauben*, anfangs oft tief golden, werden durch die Karamellisierung des Zuckers immer dunkler. Säurearme Weine (aus sehr reifen Trauben und warmem Klima) werden schneller stumpf und färben sich tiefer.

Die Folgen der Fermentierung und Reifung im Fass* sind widersprüchlich. Einerseits macht der Kontakt mit Holz und Sauerstoff einen Wein dunkler, während der Bodensatz im Fass zugleich vor dieser oxidativen Dunklung schützt.

Glanz und Tonnuancen: Unsere Augen (die ersten Begründer unseres Urteils) reagieren gerade bei Weißweinen stark auf Klarheit, Glanz und eine feine Tönung. Jedes Anzeichen von Stumpfheit, Trübung oder einer für Alter und Typ zu kräftigen Färbung nehmen uns auf den ersten Blick gegen einen weißen Wein ein.

Farbe: Aspekte bei geneigtem Glas / Farbvokabular

Rotweine betrachten: Achten Sie auf die Hauptfarbe im «Herzen» des Weins, ebenso aber auf den abweichenden Farbton am «Rand»: violett bei jungen Weinen, mit dem Alter zunehmend ziegelrot. Rotweine werden mit den Jahren heller: tintig, violett, rot, rubinrot, granatrot, mahagoni, ziegelrot, orange, bernstein, braun.
Weißweine betrachten: Bei den Weißweinen ist die Farbintensität weniger aussagekräftig als bei Rotweinen. Hier zählen vielmehr Klarheit, Glanz und Farbabstufung. Weißweine dunkeln mit dem Alter nach – ihre Farben: Weiß, Grüngelb, Blassgelb, Zitronengelb, Strohgelb, Goldgelb, Altgoldgelb, Bernstein, Braun.
Farbe bei Roséweinen: Blassrot, Rosa, Lachsrosa, Pink, Hellviolett, Orange. Hier ist allerdings die Farbe nicht notwendig ein Zeichen des Alters, da Roséweine prinzipiell jung getrunken werden. Die verschiedenen Tönungen verdanken sich vielmehr den verwendeten roten Trauben und dem relativ kurzen Kontakt der Traubenschalen mit dem Most im Fass. Bei allen Weinen deutet eine in Hinblick auf Typ und Alter übermäßige Bräunung auf eine zu warme Lagerung und damit auf eine vorzeitige Oxidation hin.

Einfluss von Traube und Klima auf die Farbe bei Weißwein

2-jähriger Riesling, Spätlese, Mosel
Die lebendige und durchsichtige, dabei fast farblose Erscheinung eines sehr jungen Riesling aus kühlen Breiten. Die CO_2-Bläschen sind das Resultat einer langen, langsamen, kühlen Reifung und frühen Abfüllung (*siehe* S. 9, 22).

2-jähriger Chardonnay, Kalifornien
Das helle, klare Blassgold eines jungen, im Fass gereiften Chardonnay. Die reiferen Trauben aus warmem Klima und die geringere natürliche Säure erzeugen eine wärmere, tiefere Farbe, die schneller als beim Riesling nachdunkelt (*siehe* S. 11, 40–41).

Erscheinung

Klarheit: klar, durchsichtig; dicht, wolkig, trüb.
Glanz: strahlend, lebendig, hell; glanzlos, stumpf, flach.
Tiefe: undurchsichtig, tief, dunkel, dicht; blass, licht, schwach, wässrig.

*** Siehe auch**

Fassreifung / Alter **S. 41**
Extraktion **S. 45–46**
Ertrag **S. 36–37**
Maischung **S. 46**
Edelfäule **S. 43**
Trester **S. 45**
Tanninextraktion **S. 45-46**

Riechen

Bekanntlich besitzen edle Weine jenes reiche Aroma, das den schlichteren fehlt – es ist unser Geruchssinn, der diese Unterschiede aufspürt. Die so genannte «Nase» eines Weins verrät noch vor dem ersten Schluck viel über sein Wesen, seine Herkunft und Qualität. Und selbst vieles, was wir dann zu schmecken glauben, ist in Wahrheit ein Geruchserlebnis!

Aromen: eine Auswahl

Floral:
Rose, Veilchen, Akazie, Jasmin, Limettenbaum.
Vegetabil:
Gras, grüner Pfeffer, Paprika, Kiefer, Harz, zerdrücktes Blatt, Tee, Minze, Waldboden, Trüffel, Heu, grüne oder schwarze Olive.

Im Riechen findet das spätere sinnliche Gaumenerlebnis ein zerebrales Vorspiel, das höchst lebendige Erinnerungen an Orte und Ereignisse wecken kann. Beim Verkosten und Genießen von Wein ist der Geruchssinn der bei weitem wichtigste unserer Sinne, denn das meiste von dem, was wir «Geschmack» nennen, ist in Wahrheit «Geruch»

Wie Riechen funktioniert

Man rät Kindern, sich beim Schlucken unangenehm schmeckender Medizin die Nase zuzuhalten. Der Trick funktioniert auch – so lange sie die Hand nicht wegnehmen.

Geruch entsteht durch Geruchsmoleküle, die mit jenen zahlreichen winzigen Härchen interagieren, die in die Schleimhaut des Riechkolbens über den Nasenlöchern eingebettet sind. Die gasförmigen Moleküle werden von den Härchen aufgenommen; diese leiten dann die gewonnenen Geruchsinformationen ans Gehirn weiter.

Beim Einatmen werden nun die Geruchsmoleküle mit dem Luftstrom am Riechkolben vorbeigezogen (die «Nase» oder das Bouquet des Weins). Mit einer umgekehrten Strömung wird beim Ausatmen die erwärmte Luft aus dem Rachen erneut am Riechkolben entlang geführt – hierbei entsteht ein Großteil des Geschmacks und Nachgeschmacks von Wein (*siehe* die Illustration links).

Die «Nase» des Weins

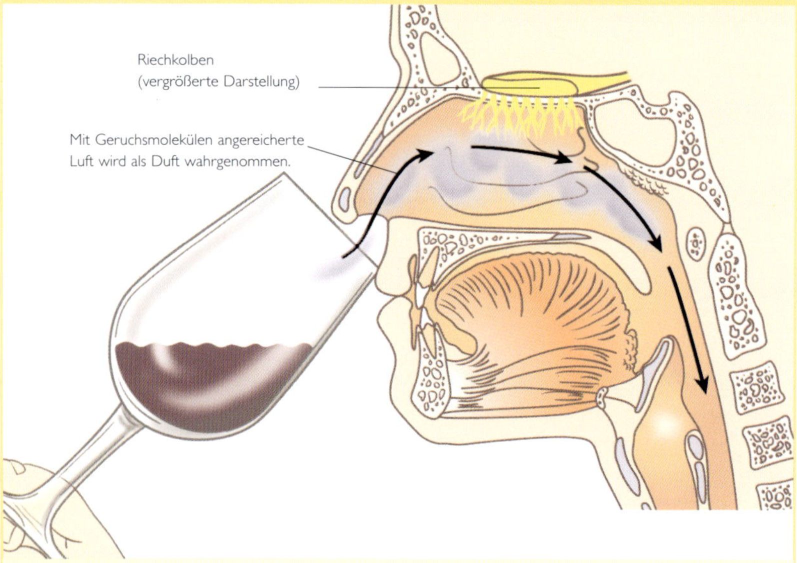

Nase: Die duftgeschwängerte Luft strömt beim Einatmen aus dem Glas durch die Nase über den Riechkolben (das Riechorgan). Der wahrgenommene Duft ist die «Nase» des Weins.

Einflüsse auf den Geruch

Vier wichtige Faktoren bestimmen, was wir riechen. Wenn wir sie kennen, können wir unseren Sinneseindruck präziser analysieren und interpretieren.

Adaptation: Der Geruchssinn neigt dazu sich an Gerüche zu gewöhnen (sie zu «adaptieren»). Die Folge: Unsere Wahrnehmung verflacht. Darum sind unsere ersten Eindrücke oft die genauesten. Wenn Sie also vertraute Gerüche nicht mehr exakt identifizieren können, ignorieren Sie den betreffenden Wein eine Weile und wenden Sie sich ihm später wieder zu. Unser Geschmackssinn ermüdet zwar schnell, erholt sich jedoch auch rasch wieder.

Geschmack

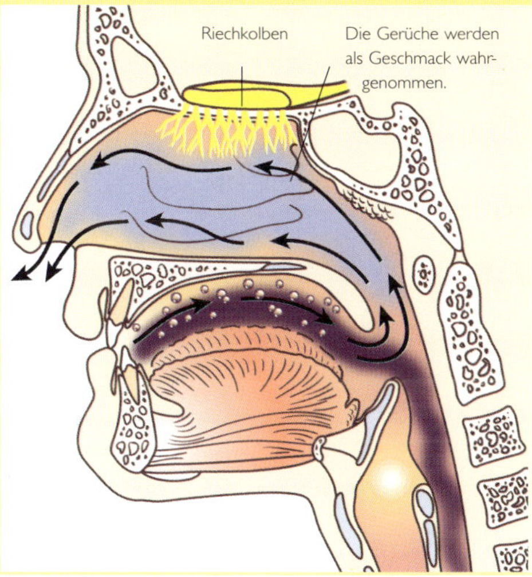

Geschmack: Die im Mund erwärmte Luft setzt am Gaumen die Gerüche des Weins frei. Beim sanften Wiegen des Weins im Mund werden diese Aromen am Riechkolben entlang wieder nach außen geführt. Verbunden mit anderen Wahrnehmungen im Mund lösen sie eine «Geschmacksempfindung» aus.

Nachgeschmack

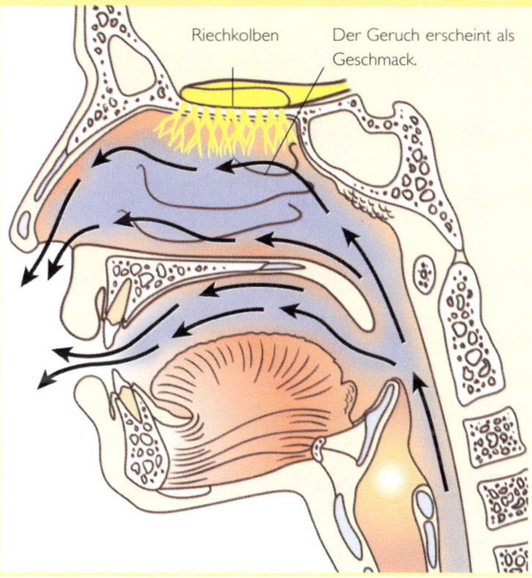

Nachgeschmack: Beim Ausatmen nach dem Verschlucken bleiben auf den Schleimhäuten in Nase, Mund und Rachen Geruchs- und Geschmacksempfindungen zurück. Sie prägen den «Nachgeschmack», der je nach Qualität des Weins kürzer oder länger anhält (*siehe auch* S. 27).

Temperatur: Von ihr hängt ab, in welchem Ausmaß und wie schnell sich die Geruchsmoleküle verflüchtigen. Je wärmer der Wein, desto stärker und rascher verdunstet er. Umgekehrt: Je kälter er ist, desto weniger Geruch gibt er ab. Die perfekte Temperatur für einen Wein gibt es übrigens nicht, fast immer ist ein Kompromiss angebracht (*siehe* S. 125).

Akute Wirkung: Zumindest jeder neue Geruch wirkt anfangs besonders intensiv. Dies beruht zum einen auf dem Kontrast (zum vorherigen Geruch), zum anderen auf der ausgeprägten Sensibilität für einen neuen Geruch – die sich natürlich mit zunehmender Adaptation verringert. Der unmittelbare Vergleich zweier Gerüche kann beide in ein jeweils besseres oder schlechteres Licht rücken, hilft aber vor allem sie zu definieren.

Beschaffenheit des Glases: Form und Größe eines Weinglases beeinflussen den Eindruck, den ein Bouquet hinterlässt, enorm. Im Laufe der Jahrhunderte schälten sich einige Minimalanforderungen an ein brauchbares Weinglas heraus: Das Glas sollte ungeschliffen, nicht zu dickwandig, aber groß genug sein, um den Wein kräftig schwenken zu können ohne ihn zu verschütten. Das ideale Glas verjüngt sich ferner nach oben, um die Aromen des Weins «sammeln» und konzentrieren zu können. Wichtig für die vergleichende Verkostung: Verwenden Sie dazu gleiche Gläser, denn ein Wein riecht in verschiedenen Gläsern selbst dann unterschiedlich, wenn er gleich schmeckt.

Der bekannte österreichische Hersteller Georg Riedel begründet das breite Angebot seiner verschiedenen Gläser mit der Überzeugung, dass jeder Weintyp und jede Rebsorte eine ganz besondere Glasform erfordere, um Bouquet und Geschmack optimal zur Geltung zu bringen. Und sicher spielt die Glasform eine wichtige Rolle bei der Entfaltung des Bouquets. Doch für andere wesentliche Weinattribute wie Mundgefühl und Aroma, Länge des Geschmacks am Gaumen sowie Qualität und Länge des Abgangs würde ich sie nicht verantwortlich machen. Meine Gattin und ich verwenden mit großem Vergnügen Stielgläser von Riedel – einfach weil sie zu den

Ein ideales Verkostungsglas nach ISO-Standard. Dank der Tulpenform kann man es zur genauen Begutachtung kippen, ohne Wein zu vergießen.

Aromen (Fortsetzung)

Fruchtig: Orange, Zitrone, Limette, Grapefruit, Tangerine, Birne, Pfirsich, Aprikose, Melone, Apfel, Quitte, Stachelbeere, rote Kirsche, rote Johannisbeere, Him-, Blau-, Brombeere, Maulbeere, Schwarzkirsche, schwarze Johannisbeere; Cassis, Litschi, Ananas, Mango, Passionsfrucht.
Mineralisch: erdig, kreidig, vulkanisch, Schiefer, steinig, kiesig; Benzin, Wachs.
Animalisch: Wild, feuchtes Fell, nasse Wolle, Leder, Moschus, Katzenurin.
Würzig: schwarzer/weißer Pfeffer, Nelke, Zeder, Süßholz, Anis, Zimt, Vanille.
Getrocknete Früchte: nussig, Haselnuss, Walnuss, Bittermandel, Feige, Pflaume, Rosine, Früchtekuchen, Konfitüre.
Verbrannt: Teer, Kaffee, Toast, Butter, Karamell, Schokolade, Honig, «geröstet», versengt, rauchig, Tabak.
Chemische: *Siehe* S. 151.

schönsten zählen; aber wir benutzen sie für die verschiedensten Tropfen.

Woher die Gerüche stammen

(Näheres dazu auch im Kapitel «Weinbau und Weinbereitung», S. 34–51.)

Rebsorte: Die für die Weinherstellung geeignetsten Rebsorten besitzen sehr unterschiedliche aromatische Charakteristika, die in besonderer Weise dem jeweiligen Wein seine geschmackliche Individualität verleihen.

Lage und Anbau: Das Aroma der Traube* hängt durchaus vom Standort des Rebstocks ab, nicht minder aber vom Ausmaß der Reifung. Ein neuseeländischer Sauvignon blanc duftet unzweifelhaft nach «seiner» Rebsorte, doch unterscheidet sich sein Aroma beispielsweise sehr von dem eines weißen Sauvignon aus dem französischen Sancerre.

Das Aroma wird zudem nicht unerheblich durch den Ertrag beeinflusst: Ein hoher Ertrag führt leicht zur aromatischen «Verdünnung». Wichtig auch, wie kraftvoll die Reben wachsen: Dichtes Blattwerk* bewirkt oft krautige Eigenschaften beim Wein. Zuletzt spielt eine Rolle, ob das lokale Klima generell warm oder kühl ist: Wärme bringt weichere, reifere, oft aber weniger markante Gerüche hervor, während niedrigere Temperaturen in der Regel für frischere, intensivere Noten sorgen (*siehe auch* S. 125).

Weinbereitung (Vinifikation): Mit dem Herstellungsprozess eng verbunden sind jene an Molke erinnernden Gerüche, die aus der malolaktischen Gärung* herrühren, ebenso vanilleartige Aromen, die sich dem Kontakt des Weins mit neuer Eiche* verdanken.

Lagerungsdauer: Einige der nobelsten und verführerischsten Düfte finden sich in Qualitätsweinen, denen einige Jahre oder Jahrzehnte Zeit blieb, in der Flasche zu reifen.

Die Geruchsprüfung

Schwenken Sie Ihr Glas vor der Benutzung tunlichst mit etwas Wein aus, um alle Spuren von Spülmitteln oder Schrankgeruch zu tilgen.

In Ruhe (man hat das Glas vor sich oder hält es ruhig in der Hand): Die unterschiedlichen Flüchtigkeitsgrade der verschiedenen Geruchsmoleküle bewirken, dass sie auch unterschiedlich schnell verdunsten. Die leichtesten lösen sich bereits im Ruhezustand von der unbewegten Weinoberfläche. Schon jetzt sollten Sie den Wein «beschnuppern», sonst entgehen Ihnen die feinsten und flüchtigsten Aromen. Atmen Sie ruhig und tief ein und identifizieren bzw. notieren Sie die einzelnen Duftnoten.

Nach dem Schwenken: Schwerere Moleküle müssen zum Verlassen des Weins bewegt werden. Schwenken Sie dazu das Glas in kleinen, kreisförmigen Bewegungen (Rechtshänder gegen den Uhrzeigersinn, Linkshänder mit ihm), so dass der Wein hoch am Glasinnern entlang schwappt. Dadurch vergrößert sich seine Oberfläche und die schwereren Moleküle können nun leichter entweichen. Neigen Sie Ihre Nase sogleich ins Glas und lassen Sie sie den aroma-

Unsere eigenen Gläser – hier grob nach Weißwein (links), Rotwein (Mitte) und Champagner (rechts) sortiert – haben wir nach Lust und Laune angeschafft. Das zweite von links ist unser Favorit, das Riedelglas «Rheingau», das sechste von links ein Familienglas, das wir aus reiner Sentimentalität mögen. Den beiden antikisierten Champagnerflöten konnten wir schlicht nicht widerstehen.

Durch kräftiges Schwenken vergrößert sich die Oberfläche des Weins und die Duftmoleküle lösen sich leichter ab. Während der Wein sich wieder beruhigt, steigen oft wahre Sequenzen der unterschiedlichsten Düfte auf.

geschwängerten Hauch einfangen. Halten Sie die identifizierten Noten erneut schriftlich fest.

Wenn Sie dabei sehr konzentriert vorgehen, werden Sie feststellen, dass die Gerüche etwa acht Sekunden nach dem Schwenken am deutlichsten und stärksten auftreten. Versuchen Sie, die ideale Atemtechnik für sich und den jeweiligen Wein herauszufinden. Besonders bei alten Weinen werden Sie nach dem Schwenken meist eine Abfolge verschiedener flüchtiger Gerüche bemerken, ehe sich der Wein wieder beruhigt. Die Aromen eines ruhenden oder bewegten Weins unterscheiden sich nicht prinzipiell, wohl aber oft in den feinen Nuancen.

Tipp: Wenn ein Wein nach dem Schwenken «stumpf» oder gar übel riecht, sollten Sie das Glas mit der Hand bedecken und erneut kräftig schwenken, um den Wein aus seiner angestaubten Trägheit zu erwecken.

Nach dem Leeren des Glases: Die schwersten Moleküle, die zugleich die kräftigsten Aromen bergen, lösen sich nur nach längerem Kontakt mit dem Luftsauerstoff. Dazu benötigt selbst eine geringe Weinmenge sehr viel Luft – schnuppern Sie einmal an einem geleerten Glas, in dem sich Cognac oder ein Malt Whisky befunden haben! Die Franzosen sprechen hier vom *fond de verre*, dem Boden des Glases.

Aroma und Bouquet: In der Regel sind beide Begriffe austauschbar. In einem engeren Sinn spricht man nur bei den primären fruchtigen Gerüchen junger Weine von Aroma; als «hoch aromatisch» bezeichnet man dabei Tropfen, die Geschmacksnoten von außerordentlicher Intensität in Nase und Mund sowie im Abgang erzeugen. In Analogie zu den komplexen Düften eines Blumenstraußes umfasst das Bouquet dagegen jene sanfteren, süßeren und subtileren Gerüche, die ein Wein mit zunehmendem Alter bildet.

Schulung des Geruchssinns

So wie unsere Augen ein breites Spektrum von Farben wahrnehmen, ermittelt unsere Nase eine Vielzahl von Gerüchen. Hier wie dort fällt es uns jedoch meist schwer, diese subtilen Eindrücke zu benennen. Regelmäßige Übung macht auch hier den Meister: Sie verfeinert nicht nur die Sensibilität für Gerüche, sondern bildet auch die Fertigkeit aus, sie zu beschreiben. Eine effektive Einstiegslektion besteht darin, sich zunächst der alltäglichen Gerüche im eigenen Haus zu vergewissern. Zum Weinverkosten können Sie aber auch die Listen auf den Seiten 12 und 14 heranziehen und einfach die Benennungen den wahrgenommenen Düften zuordnen. Ein wesentlich präziseres, wenngleich zunächst kostspieliges Hilfsmittel ist die berühmte Nez-du-Vin-Sammlung von Referenzaromen (Bild rechts), mit deren Hilfe man sein Geruchsgedächtnis trainieren kann. Mein eigenes Nez-du-Vin-Geruchslabor leistet mir schon seit 20 Jahren treue Dienste.

Geruch: wichtige Aspekte

Gesundheit: rein; angeschlagen; mit Makeln (nach Möglichkeit spezifizieren, *siehe* S. 151).
Intensität: geschlossen, dumpf; schwach, leicht; offen, durchschnittlich; stark, konzentriert.
Charakteristika: Aromen der Traubensorte, aus der Herstellung und Fassreifung, Reifegrad, Bouquet durch Flaschenalter (*siehe* Listen auf S. 12 und 14).
Qualität: nichts sagend, neutral, vage; schlicht, gewöhnlich, durchschnittlich; klar definiert; fein, subtil, komplex; durchdringend, lang, raffiniert, erstklassig.

Das große Nez-du-Vin-Set von Jean Lenoir. Die kleinen Phiolen mit Referenzaromen gibt es in unterschiedlich bestückten Sets.

*** Siehe auch**

Traubenaroma **S. 40**
Blattwerk **S. 38**
malolaktische Gärung **S. 41**
neue Eiche **S. 47**

Schmecken

Neben dem Auge und der Nase kommt der Zunge beim Genießen und Verkosten von Wein eine entscheidende Bedeutung zu: Sie registriert das, was man gemeinhin Geschmack nennt. Dabei hat dieses Wort zahlreiche Bedeutungen, von denen zwei für die Verkostung wesentlich sind: die physiologische und die ästhetische.

Im physiologischen Sinn bezieht sich Geschmack auf jene Sinneseindrücke, die wir als süß, sauer, salzig oder bitter wahrnehmen. Der ästhetische Aspekt berührt dagegen Fragen der Bewertung (Schmeckt uns dieser Wein gut oder schlecht?). Beim Verkosten lassen sich diese beiden sprachlichen Bedeutungen zwangsläufig kaum von einander trennen.

Wer ist ein guter Verkoster?

Die neuere Forschung hat festgestellt, dass von Mensch zu Mensch die Zahl der so genannten Geschmacksknospen der Zunge sehr differiert. In der Theorie sind folglich jene Glücklichen, die mit besonders vielen Knospen ausgestattet sind, die sensibelsten «Schmecker» – aber keine Sorge: Die Frage, ob Sie zum ernst zu nehmenden Verkoster prädestiniert sind, hängt am allerwenigsten von der Zahl Ihrer Zungenknospen ab. Zunächst nämlich ist ein Großteil dessen, was wir Geschmack nennen, Geruch; denn die meisten der subtileren Eigenschaften, die wir an Weinen schätzen (wie Aroma, Mundgefühl, Länge, Balance) erfassen wir keineswegs mit unseren Geschmacksknospen. Unsere Zunge nimmt lediglich die vier «Grundrichtungen» des Geschmacks wahr (süß, sauer, salzig und bitter); sie machen aber nur einen geringen Teil dessen aus, was uns Weine zu bieten haben.

Zweitens kommt es beim Verkosten weniger auf Ihre Sensibilität für diese Basisaspekte* des Geschmacks an, sondern darauf, wie Ihr Gehirn

LINKS: *Am schwierigsten für den Anfänger im Degustieren ist die Frage, wie er was erkennen soll und welche Schlüsse daraus zu ziehen sind. Die nebenstehende Darstellung von Adam und Eva illustriert dieses Problem ausgezeichnet: Sie zeigt drei Bilder zugleich. Außer Evas und Adams Profil ist ein Doppelprofil beider zu erkennen. Man kann jedes der Profile aber nur identifizieren, indem man die beiden anderen jeweils aus der Wahrnehmung ausblendet. Dazu muss man jedoch wissen, dass in dem Bild überhaupt drei Profile versteckt sind. Auch beim Verkosten von Wein sollte man zunächst seine Aufmerksamkeit gezielt* auf einzelne Geschmackselemente lenken, ehe man sich einer Gesamteinschätzung zuwendet. Mit wachsender Erfahrung wird es Ihnen stetig leichter fallen herauszufinden, was in einem Wein steckt (und das ist eine Menge!).*

die gesamte Bandbreite Ihrer Sinneseindrücke verarbeitet, interpretiert und weiterleitet. Diese Fertigkeiten werden vor allem durch häufige Übung ausgebildet, bei der man sich ein angemessenes Vokabular aneignet und ein fundiertes Bewertungssystem entwickelt. Kinder (und beispielsweise auch Hunde) sind für Geschmacks- und Geruchseindrücke wesentlich empfänglicher als Erwachsene. Da sie aber ihre Wahrnehmungen nicht in Worte fassen und vermitteln können, würden sie dennoch keine brauchbaren Verkoster abgeben. Wenn Sie also gewissenhaft an Ihren Fähigkeiten arbeiten, stehen die Chancen gut, dass Sie bald ein respektabler Degustier sein werden.

Verkosten und Trinken

Wie Musikhören ist auch das Weintrinken in der Regel eine weitgehend passive, wenngleich sehr intensive sinnliche Erfahrung. Wir genießen einfach die auf uns einströmenden Eindrücke, ohne besonders über sie nachzudenken. Wein zu *verkosten* dagegen verlangt eine bewusste und bedachte Prüfung eines Tropfens nach bestimmten Kriterien. Ähnlich wie bei anderen Passionen (Literatur, Kunst, Sport, Gärtnerei oder Musik) liegt unser Hauptinteresse auch hier in der Intensivierung des Genusses.

Hilfreich ist dabei die Anleitung durch einen Kenner, der weiß, wonach man suchen sollte und auf welchem Weg man es findet. Man lernt so leichter, etwa in einem Gemälde die Pinselführung und den Gebrauch von Form und Farbe zu erkennen oder in einem Musikstück Melodien, Strukturen und Harmonien auszumachen.

Hinzu kommt: Je intensiver man sich mit einer Sache beschäftigt, desto mehr wichtige Details bemerkt man. Forschen erweitert schlicht den Horizont. Beim Wein heißt das, dass man mit wachsender Kompetenz zahlreiche beiläufige Sinneseindrucke auch beim alltäglichen Trinken weitaus intensiver genießen kann.

Wahrnehmungen zum Sprechen bringen

Ein Blick auf das Verhältnis zwischen Sinneseindrücken und Sprache verdeutlicht, wie man das eigene Schmecken entwickeln kann.

Unsere Wahrnehmung funktioniert folgendermaßen: Ein physischer oder chemischer Reiz erregt unsere Sinne (Schmecken, Sehen, Riechen) und erzeugt eine sensorische Nachricht. Die Aufnahme solcher sensorischen Reize erfolgt automatisch, als instinktiver Reflex. Unser Gehirn identifiziert diese Reize jedoch erst dann als Farbe, Geruch, Geschmack oder als komplexe Struktur, wenn wir sie *bewusst* wahrnehmen. Denn da unsere Sinne fortwährend mit zahllosen Reizen überflutet werden, heftet unser Gehirn die meisten gleichsam anonym ab. Erst indem wir unsere ungeteilte Aufmerksamkeit auf ganz bestimmte Reize* richten, machen wir sie uns bewusst.

Ein gutes Beispiel ist jene unausgesetzte Musikbeschallung, die uns in Supermärkten und Kaufhäusern kauffördernd umgibt: Obwohl allgegenwärtig, dringt sie nur gelegentlich in unser Bewusstsein, abhängig davon, ob wir ihr gerade unsere Aufmerksamkeit schenken oder nicht. Doch auch unsere bewusste Wahrnehmung selektiert noch zahlreiche Sinneseindrücke aus, die wir nicht in unser Gedächtnis einordnen wollen – eine Form eingeschränkter Wahrnehmung. Erst wenn wir eine Sinneswahrnehmung auch begrifflich identifizieren, haben wir uns ihrer vollends bemächtigt.

Begriffe helfen uns Dinge zu «begreifen». Die Aufnahmefähigkeit unserer Sinne übersteigt jedoch bei weitem unser Vermögen, die ungeheure Vielfalt der Sinneseindrücke mit anderen auch sprachlich zu teilen. Allerdings können wir uns diesem Ziel (selbst ohne ausgeprägtes poetisches Talent) immerhin annähern, indem wir uns ein brauchbares Vokabular zulegen, das uns gestattet, bestimmte Sinnesdaten begrifflich zu identifizieren und abrufbar zu speichern. Das macht unsere Wahrnehmung erheblich effizienter.

Ein breit gefächerter Wein-Wortschatz ermöglicht uns darüber hinaus, unsere Geschmackseindrücke beim Trinken und Verkosten anderen überzeugend zu vermitteln.

Nutzen Sie also die linguistischen Vorarbeiten von «Experten». Selbst professionelle Weintester profitieren davon, wenn sie ihre Weinsprache regelmäßig auffrischen.

*** Siehe auch**

zielgerichtet wahrnehmen **S. 18, 23, 121**

Basisgeschmack **S. 20**

(umami **S. 21**)

Der Geschmack des Weins

Den Geschmack eines Weins zu beschreiben, fällt schwerer als sein Aussehen oder seinen Geruch zu schildern. In erheblich kürzerer Zeit (während sich der Wein im Mund befindet) muss man weit mehr Kriterien berücksichtigen als beim Sehen und Riechen. Darum ist es hilfreich, den Vorgang des Schmeckens sinnvoll zu strukturieren. Hierzu sollte man wissen:

- wie man seine Wahrnehmung zielgerichtet lenkt und
- in welchen Phasen sich die eigene Urteilsbildung vollzieht.

Ferner sollte man die erprobten

- Techniken des Schmeckens und Verkostens ebenso kennen wie die
- Geschmacksaspekte und Sinneseindrücke, auf die man sich zu konzentrieren hat.

Zielgerichtet wahrnehmen

Der «Ort» des Geschmacks: Um beim Verkosten den verschiedenen Geschmacksaspekten auf die Spur zu kommen, muss man wissen, welche Teile des Mundes auf die jeweiligen Geschmackseinflüsse ansprechen. Ist man nämlich mit der «Geschmackslandschaft» seiner Zunge und seines Gaumens einmal vertraut, kann man seine Aufmerksamkeit zielgerichtet auf bestimmte Aspekte des Weingeschmacks lenken – etwa auf Süße, Bitterkeit oder Länge.

Die abstrakteren Eigenschaften von Weinen (wie Ausgewogenheit*, Mundgefühl*, Aromenspektrum usw.) entgehen den Geschmacksknospen der Zunge und lassen sich daher nur schwer exakt ausmachen. Aber auch sie erschließen sich, wenn man seine Aufmerksamkeit zielgerichtet auf sie lenkt.

Die Phasen der Urteilsbildung

Die ideale Verkostung* erfolgt in zwei Phasen, die sich in der Praxis teilweise überschneiden.

In der **Informationsphase** entlocken Sie dem Wein so viele sensorische Informationen wie möglich. Dazu begeben Sie sich zunächst zielgerichtet auf die Suche nach den verschiedenen Aspekten seines Geschmacks (*siehe* oben).

Die Geschmacksregionen der Zunge

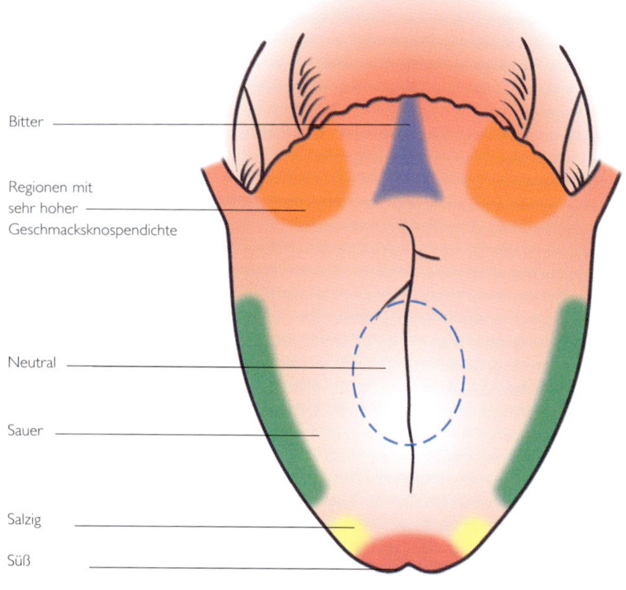

Die traditionelle Kartografierung der Zunge gilt heute (weil zu stark vereinfacht) als weitgehend überholt: Danach nehmen wir Süßes an der Spitze der Zunge, Bitteres an ihrer Wurzel wahr usw. Neuere Forschungen deuten darauf hin, dass die meisten Geschmacksknospen auf sämtliche Grundrichtungen des Geschmacks reagieren, wenn auch mit unterschiedlicher Intensität. Dennoch ist für den Weinverkoster die traditionelle Einteilung der Zunge in überschaubare Geschmacksbereiche nach wie vor hilfreich. Denn dass einige Zungenregionen sensibler für bestimmte Geschmacksqualitäten sind als andere, ist bislang unbestritten. So kann man sich beim Verkosten gut an den einzelnen Bereichen orientieren. Die Übungen auf den Seiten 120–121 helfen Ihnen bei der Lokalisierung der Geschmacksregionen und schulen Ihren Umgang mit den eigenen Sinneseindrücken.

Dann versuchen Sie, diese Eindrücke möglichst adäquat begrifflich zu fassen, um den Gesamtgeschmack des Weins präzise beschreiben zu können. Nebenbei werden Sie bemerken, dass dieses aktive Schmecken Ihnen zusätzliche Dimensionen des Genusses erschlossen hat.

In der nun folgenden **Interpretationsphase** können Sie, ausgestattet mit allen nötigen Informationen, zur Bewertung des Weins übergehen und sich eine abschließende Einschätzung seiner Qualität und charakteristischen Eigenschaften, aber auch des Preis-Leistungs-Verhältnisses gestatten (mehr darüber im Kapitel «Qualität und Bewertung»*, S. 29).

Geschmacksrezeptoren außerhalb der Zunge

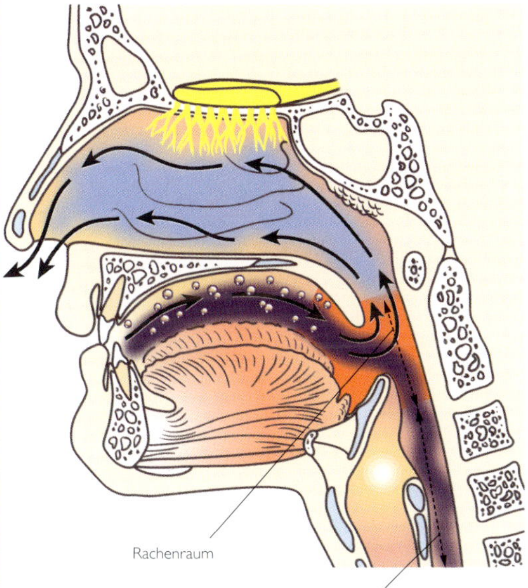

Abgesehen von den Geschmacksknospen der Zunge verfügen wir auch im Oropharynx, dem Mund-Rachen-Raum direkt hinter der Mundhöhle, sowie im oberen Bereich der zum Magen führenden Speiseröhre (Ösophagus) über Geschmacksrezeptoren. Sie stellen nicht nur eine quantitative Erweiterung des Schmeckens dar, sondern sind für den Verkoster auch darum interessant, weil sie zum Teil für die Empfindung von «Länge» oder «Dauer» der Weinaromen verantwortlich sind – beides wichtige Parameter zur Beurteilung der Weinqualität* *(siehe auch* Abb. S. 27).

Techniken des Schmeckens und Verkostens

Die Techniken des Weinschmeckens und -verkostens sind relativ einfach zu erlernen. Wichtig ist, was Sie aus Ihren Eindrücken machen.

Der folgend skizzierte Ablauf einer Verkostung beschreibt ein Ideal. Nicht jeder Wein benötigt oder verdient eine solch genaue Untersuchung – je nach Sorte können Sie die Prozedur entsprechend abkürzen oder verlängern, ganz so wie es der Zeit, die Ihnen zur Verfügung steht, sowie Ihren Vorlieben und dem gegebenen Anlass angemessen ist.

Technik, Schritt 1: Nehmen Sie einen Teelöffel (6–7 ml) voll Wein in den Mund – erfahrungsgemäß ist dies gerade die richtige Menge. Anfänger nehmen meist zu wenig Wein und schmecken dann vor allem seine kräftigeren Aspekte heraus, während eine größere Menge zum einen Verschwendung wäre, zum anderen weit schwieriger zu untersuchen ist.

Technik, Schritt 2: Nun bewegen Sie den Wein behutsam im Mund, um ihn zu durchlüften, lassen dann aber auch einige Tropfen durch Ihre Kehle hinabrinnen, damit er all Ihre Geschmacksrezeptoren erreicht und Sie seine besondere «Struktur» rundum erfühlen können. Man führt dem Wein Luft zu, um seine Feinaromen freizusetzen, die einen recht großen Teil seines Geschmacks ausmachen. Das Verschlucken einer geringen Menge wiederum dient dazu, die Geschmacks- und Geruchsmerkmale des Weins auch den Rezeptoren in Rachen und Nasenhöhle zuzuführen, ehe man den Rest ausspuckt. Mit ein wenig Übung verinnerlichen Sie bald das nötige Bewegungsmuster und müssen sich künftig nicht mehr darauf konzentrieren.

Informationen aus der ersten Verkostung: Konzentrieren Sie sich darauf, die grundlegenden «Dimensionen» des Weins – Körper (Alkohol), Säure, Tannin (bei Rotweinen) und Intensität – zu ergründen. Lenken Sie dabei Ihre Aufmerksamkeit gezielt auf die jeweiligen Bereiche des Gaumens sowie auf die dort wahrnehmbaren Eigenschaften des Weins und versuchen Sie das jeweilige Geschmackserlebnis in treffende Worte zu fassen. Sie werden feststellen, dass Sie bereits mit dieser ersten Verkostung dem Wesen des Weins auf die Spur kommen können. Spucken Sie die Probe nun wieder aus. Wenn Sie meinen, dass der Wein noch wesentliche Fragen offen lässt, können Sie ihn ein weiteres Mal oder auch mehrfach verkosten. Bei schlichteren Weinen reicht in der Regel ein einziger Anlauf.

Informationen aus weiteren Verkostungen: Während Sie den Wein erneut im Mund spülen, belüften und «anschmecken», konzen-

*** Siehe auch**

Ausgewogenheit **S. 31**
Techniken der Verkostung, Zusammenfassung **S. 133**
Mundgefühl **S. 28**
Qualität und Bewertung **S. 29–33**

Trocken / süß

ganz trocken, trocken, halbtrocken, zart lieblich, lieblich, leicht süß, süß, sehr süß.

Sauer

Auflistung nach ansteigender Intensität: flach, schal, fade, abgestanden (zu wenig Säure); leicht, frisch, lebhaft, kräftig, vollmundig, lebendig (geringer Säureanteil); unreif, scharf, grün, stechend, beißend, hart (für zu starken Säuregehalt).

Vergleichende Verkostung

Kontrasteffekt und Adaptation: Kostet man zunächst einen Wein mit hohem Säuregehalt und direkt im Anschluss einen anderen mit geringem Säureanteil, wird dieser flach und schal schmecken, obschon er für sich genommen sehr ausgewogen ist. Kostet man in umgekehrter Reihenfolge, schmeckt der säurehaltigere Wein entsprechend intensiver. Der Gaumen «erinnert» sich an den ersten Geschmackseindruck und empfindet den gegenteiligen Geschmack im Vergleich umso deutlicher. Dieser Effekt kann bei einer Verkostung die Wahrnehmung von Süße, Körper, Aromenintensität, Qualität etc. stark verzerren, ist aber bisweilen beim Aufspüren bestimmter Merkmale sehr hilfreich.

trieren Sie sich darauf, Intensität und Ausprägung einzelner Geschmacksnoten und Aromen wahrzunehmen und zu beurteilen. Aber auch die Ausgewogenheit der «Frucht», der Charakter des Weins und seine «Länge» im Mund sowie Qualität und Dauer seines Abgangs verdienen jetzt Ihre ganze Aufmerksamkeit.

Um sicher zu gehen, dass Sie keinen wesentlichen Punkt vergessen, sollten Sie diese Untersuchungen in einer festgesetzten Reihenfolge vornehmen. Natürlich erfordern (und lohnen) nur exzellente Weine eine so genaue Verkostung.

Interpretation: Sie verfügen nun über alle Informationen, um Ihre Weinprobe abschließend zu bewerten und sich den Fragen der Qualität, des Stils, der Charaktermerkmale, der Süffigkeit, des Preis-Leistungs-Verhältnisses usf. zu widmen (*siehe* auch «Qualität und Bewertung»*, S. 29).

Die Geschmacksbasis

Die vier Grundrichtungen des Geschmacks sind süß, sauer, bitter und salzig (in Asien dazu noch *umami*, *siehe* Textkasten S. 21). Sie erfahren nun, wie diese Varianten entstehen, auf welche Weise wir sie wahrnehmen und wie ihr Zusammenspiel zur Ausgewogenheit eines Weines beiträgt. Zugleich finden Sie in den Textkästen an den Seitenrändern weiteres Vokabular, das Ihnen die Beschreibung* Ihrer Wahrnehmungen erleichtert.

Süss (trocken)

In der Weinsprache verwendet man die Bezeichnungen «trocken» und «süß» als Gegensatzpaar. In trockenen Weinen fehlt jeder zuckrige Geschmackseindruck, «süß» dagegen sind Weine, deren Säureanteil nicht ausreicht, um die Wirkung des Zuckers auszugleichen.

Entstehung: Verantwortlich für einen süßen Geschmackseindruck in trockenen Weinen (in denen der gesamte Zucker aus den Trauben vergoren wurde) sind der Alkoholanteil und die Aromen der natürlich gereiften Früchte.

Den meisten Tafelweinen verleiht ihr Alkoholgehalt (8 bis 14 Vol.-%) einen Hauch von Süße, der nicht immer klar zu identifizieren, doch durch Messungen nachweisbar ist (*siehe* S. 121). Ebenso können geringe Mengen von Glyzerin, einem Nebenprodukt der Gärung, zu einem süßlichen Geschmackseindruck beitragen. In süßen Weinen jedoch rührt die Süße hauptsächlich von nicht vollständig zu Alkohol vergorenen Zuckern (Fruktose und Glukose) aus dem Traubenmost her. In diesem Fall spricht man von Restsüße*.

Wahrnehmung: Süße wird in erster Linie (doch nicht ausschließlich) an der Zungenspitze geschmeckt, aber auch die beiden Randzonen der Zungenwurzel sind für sie empfänglich. Wer gern und häufig Süßes isst, hat in der Regel seine Geschmacksrezeptoren so sehr an Süße gewöhnt, dass er die Süße im Wein als einen eher vagen allgemeinen Geschmackseindruck wahrnimmt. Dagegen wird der, der sonst Süßes meidet, die Weinsüße weitaus präziser erleben.

Bedeutung für die Ausgewogenheit: Für viele Menschen ist Süße die einzige Geschmacksrichtung, die sie als ausdrücklich positiv erleben, insofern sie saure, adstringierende und bittere Geschmacksnoten abmildert und so für einen harmonischen Gesamteindruck sorgt. Andererseits wird sie selbst erst durch die drei anderen Geschmacksvarianten erträglich – was aber deren Ruf bislang nicht bessern konnte.

Sauer

Entstehung: Die wichtigsten Säuren im fertigen Wein, nämlich Wein- und Apfelsäure, stammen aus der Traube. In wärmeren Regionen, in denen die Trauben nicht genügend Säure entwickeln, wird der Wein häufig nachgesäuert*. In geringen Mengen entstehen während der Gärung noch weitere Säuren, vor allem die Milchsäure, ein Nebenprodukt der malolaktischen Gärung. Auch die Essigsäure ist ein natürlicher Bestandteil des Weins, man schmeckt sie aber in der Regel nicht heraus. Wo man sie wahrnimmt, ist sie im Übermaß vorhanden – ein eindeutiger Weinfehler (*siehe* S. 151).

Wahrnehmung: Die Säurewahrnehmung ist an den Zungenseiten lokalisiert und damit gut zu identifizieren. Hinzu kommt, dass ein erhöhter Säureanteil den Speichel verdünnt und eine adstringierende (zusammenziehende) Wirkung auf die Mundschleimhäute ausübt. Dagegen ist ein gewisser Anteil an Säure durchaus appetitanregend, lässt er doch im wahren Sinn des Wortes «das Wasser im Mund zusammenlaufen».

Bedeutung für die Ausgewogenheit: Wie in jeder Frucht, so ist Säure auch im Wein ein Geschmacksverstärker, der dafür sorgt, dass die Aromen und Geschmacksnuancen deutlicher hervortreten. Der Säuregehalt ist von Wein zu Wein sehr unterschiedlich und von der Rebsorte und/oder ihrer geografischen Herkunft abhängig. Darum gibt es keine generell gültige Empfehlung für den idealen Säuregehalt.

Da Weißweine keine Tannine enthalten, bedürfen sie in besonderem Maß der Säure, um im Verhältnis zum Zucker insgesamt eine ausgewogene «Struktur» zu erreichen. Mit etwas Übung können Sie die beim Verkosten aufgespürten Säuren bald präzise beschreiben und beurteilen, ob sie in Umfang und Qualität dem Wein sowie dem eigenen Geschmack angemessen sind.

Wie deutlich man die Säure herausschmeckt, hängt auch von anderen Weinkomponenten ab: von Alkohol, Zucker und Tanninen. Der Alkoholanteil mildert in der Regel die Säurewirkung ab, kann sie aber, wenn er 13,5 Vol.-% übersteigt, auch forcieren. Zucker neutralisiert meist unsere Wahrnehmung von Säure, während Tannin und Säuren einander verstärken.

BITTER

Entstehung: Ein bitterer Geschmack im Wein kann verschiedene Ursachen haben: das zu starke Quetschen von Schalen und Kernen während der Weinbereitung*, in der Rotweinherstellung das zu heftige Ausspülen von Bitterstoffen bei der Mazeration, oder in der Weißweinherstellung ein zu langer Eichenkontakt. Insbesondere bei wenig aromatischen Weißweinen stammt die Bitterkeit jedoch schlicht von einem zu hohen Alkoholgehalt.

Wahrnehmung: Bitteres schmecken wir vorwiegend in der Mitte der Zungenwurzel, bisweilen bis in den Rachenraum hinein. Im Wein ähnelt der Geschmack dem von Chinin in Tonic Water oder dem eines starken schwarzen Kaffees. Man verwechselt ihn leicht mit der Wirkung der Tannine. Diese lösen aber im Unterschied zu Bitterstoffen keine Geschmacksreize, sondern taktile Empfindungen aus. Da wir Bitterkeit im hinteren Bereich der Zunge schmecken, kommt sie normalerweise als Teil des «Abgangs» oder Nachgeschmacks eines Weins zum Tragen.

Bedeutung für die Ausgewogenheit: Anders als Säure oder Alkohol spielt Bitterkeit für die harmonische Struktur eines Weins keine nennenswerte Rolle. Die individuelle Toleranzgrenze für bittere Aromen ist beim Menschen sehr unterschiedlich ausgeprägt. Die gelegentlich auffällige Bitterkeit junger, tanninreicher Rotweine verschwindet mit fortschreitender Reife, bei vielen italienischen Rotweinen erscheint sie aber als durchaus angenehme Eigenschaft.

SALZIG / UMAMI (*siehe* Textkasten rechts)

Der Tastsinn

Die schwer zu beschreibenden taktilen Eindrücke beim Weintrinken sind nicht geschmacklicher Art, begleiten aber sämtliche Geschmacksempfindungen auf Zunge und Gaumen. Sie sind für die Ausgewogenheit eines Gewächses sehr wichtig und können unser Gesamturteil stark beeinflussen.

ALKOHOL UND «KÖRPER»

Entstehung: Bei der Gärung werden die Fruchtzucker der Trauben durch Hefe in Alkohol (Ethanol/Äthylalkohol) umgewandelt. In kühleren Breiten, wo die Trauben zu wenig natürlichen Zucker entwickeln, unterstützt man bisweilen die Alkoholbildung durch die Zugabe von Zucker*. Die meisten Tafelweine haben einen Alkoholgehalt von 8 bis 14 Volumenprozent Alkohol (abgekürzt: Vol.-%).

Wahrnehmung: Flüssiger Alkohol besitzt Geschmack und materielle Substanz. Er kann sowohl süße wie bittere Geschmacksempfindungen auslösen (*siehe* oben), aber ebenso in Mund und Rachen den Eindruck von Wärme hinterlassen, in der Regel ab einem Alkoholgehalt von mehr als 13 Vol.-%. Ein sehr hoher Alkoholanteil führt zu einem regelrecht «scharfen», oft «brennenden» und beißenden Geschmack. Die Viskosität von Alkohol lässt sich gut im direkten Vergleich mit Wasser feststellen.

Bitter

In der Regel reicht es aus, die Intensität zu beschreiben: chininbitter, leicht bitter, bitter, sehr bitter.

Salzig / umami

Obwohl jeder Wein Salze enthält, kommen sie geschmacklich nur höchst selten zum Tragen. Allerdings gibt es Spezialisten, die auf einen salzigen Geschmack in Manzanilla-Sherries schwören.
Umami: Das japanische Wort bedeutet «wohlschmeckend», «würzig» oder «pikant» und meint den Geschmack von Natriumglutamat. Den meisten Europäern fehlt die Erfahrung mit diesem Geschmack, darum wird «umami» im Westen nicht als Grundgeschmack anerkannt.

*** Siehe auch**

Nachsäuerung **S. 41, 50**
Nachzuckerung / Chaptalisierung **S. 44**
Bitterkeit/Weinbereitung **S. 38–39, 45**
Restsüße **S. 42–43**
Qualität und Bewertung **S. 29–33**
Über Wein sprechen **S. 24–28**

Alkohol

Erst ein gewisser Alkoholgehalt verschafft einem Wein «Körper». Ein Tropfen mit zu wenig Alkohol ist flau, dünn, wässrig, kurz: schmächtig. Der ideale Wein dagegen überzeugt durch einen vollen und festen Körper. Zu viel Alkohol wiederum macht einen Wein schwer, wuchtig, mächtig, feist oder brandig.

Adstringenz

Quantitative Angabe: geringer, moderater, hoher oder starker Tanningehalt
Qualitätseinschätzung: geschmeidig, weich, seidig, samtig, matt, trocken, kräftig, mit Biss, reif, reichhaltig, würzig, grün, vegetabil, krautig, hart, rau, bissig.
Siehe auch S. 28 sowie 47–48.

CO_2-Gehalt

Perlend, prickelnd, leicht spritzig, spritzig oder moussierend.

Bedeutung für die Ausgewogenheit: Von seinem Beitrag zur Süße eines Weins abgesehen, ist Alkohol schlicht dessen wesentliches Element. Die Sinneseindrücke, die er im Mund auslöst, sind vor allem anderen für den «Körper» oder die Fülle eines Weins verantwortlich, für jenen geschmacklichen Gesamteindruck also, den er beim Trinken hinterlässt. Ausmaß und Qualität des Alkohols im Wein hängen zuallererst von der jeweiligen Rebsorte ab. Alkohol fungiert zudem als Trägersubstanz für andere Aromen, sorgt für ihre Verteilung im Mund und verlängert ihre Wirkung im Abgang.

Adstringenz

Entstehung: Vor allem bei Rotweinen sind es in erster Linie die Tannine, die im Mund adstringierend wirken. Sie stammen hauptsächlich aus zwei Quellen: aus Traubenschalen und -kernen sowie aus dem Holz neuer Fässer. Die Tannine der Trauben werden sowohl während der Gärung als auch bei der Mazeration (die Phase nach der Gärung, in der Schalen und Kerne noch im Wein verbleiben) ausgespült. Die Holztannine nimmt der Wein während der Reifung in neuen Eichenfässern* auf.

Wahrnehmung: Adstringenz bewirkt das Zusammenziehen und Austrocknen von Zungenoberfläche und Schleimhäuten. Der Grund dafür liegt darin, dass sich die Proteine des Tannins mit den Proteinen des Speichels verbinden, wodurch diese verklumpen und der Speichel kurzfristig seine schmierende Wirkung verliert. Das Ausmaß der Adstringenz ist von Qualität und Quantität der Tannine abhängig.

Bedeutung für die Ausgewogenheit: Die wissenschaftliche Erforschung der Tannine ist noch nicht abgeschlossen. Fest steht aber, dass sie einen großen Einfluss auf die sensorische Wirkung eines Weins im Mund besitzen. Außerdem scheinen vor allem jene Tannine, die entweder aus sehr reifen Trauben stammen oder aber durch sehr sorgsame Weinbereitung gewonnen wurden, die Schmackhaftigkeit und Würze eines Weines mit zu prägen.

Nicht ausreichend gereifte Trauben oder eine grobe Behandlung der Trauben beim Keltern können im Wein für einen krautigen, bitteren und übermäßig adstringierenden* Charakter sorgen. Andererseits erlaubt die konservierende Wirkung der Tannine großen Rotweinen eine lange Alterung. Dabei mildert sich auch ihre Adstringenz und der Wein entwickelt eine sanftere, weichere und glänzendere Struktur.

Weine mit hohem Tanningehalt weisen in der Regel relativ wenig Säure auf. Darum tragen Tannine vor allem bei Rotweinen entscheidend zur Ausformung des spezifischen Charakters bei, eine Aufgabe, die bei Weißweinen (oder bei Rotweinen mit geringem Tanningehalt) der Säure zufällt. Das «Gaumenerleben» eines Roten ohne Tannine käme dem eines Weißweins gleich. Alkohol und Zucker mildern und verzögern die adstringierende Wirkung der Gerbstoffe.

Kohlendioxid (CO_2) in Stillweinen

Entstehung: Neben Alkohol ist das Gas Kohlendioxid das Hauptprodukt der alkoholischen Gärung. Frisch vergorene Weine enthalten sehr viel CO_2, doch während der Lagerung entweicht der größte Teil des Gases auf natürliche Weise oder wird dem Wein spätestens vor der Abfüllung in die Flasche entzogen. Bei einigen Weißweinen belässt man allerdings einen sicht-und schmeckbaren Gasrest* im Wein, etwa beim portugiesischen Vinho verde Muscadet sur lie, bei mehreren schweizer und deutschen Weißweinen sowie vor allem bei Weißweinen aus wärmeren Regionen der Neuen Welt.

Wahrnehmung: Gasbläschen, die man am Glasrand erkennen kann, sind auch fast immer zu schmecken; meist spürt man sie leicht prickelnd an der Zungenspitze, und das selbst dann, wenn sie zu klein sind, um sichtbar zu werden. Je wärmer ein Wein ist, desto auffälliger wird sein CO_2- Gehalt.

Bedeutung für die Ausgewogenheit: Alle Weine, vor allem junge, enthalten Kohlendioxid, doch meist in so geringen Mengen, dass weder Auge noch Zunge es wahrnehmen können. Dennoch trägt es maßgeblich zur Brillanz und zum Glanz eines Weines sowie zur Frische seines Bouquets bei. Bei Rotweinen sinkt der CO_2-Gehalt mit wachsendem Tanninanteil – andernfalls wür-

Bezugspunkte und wie man sich an ihnen orientiert

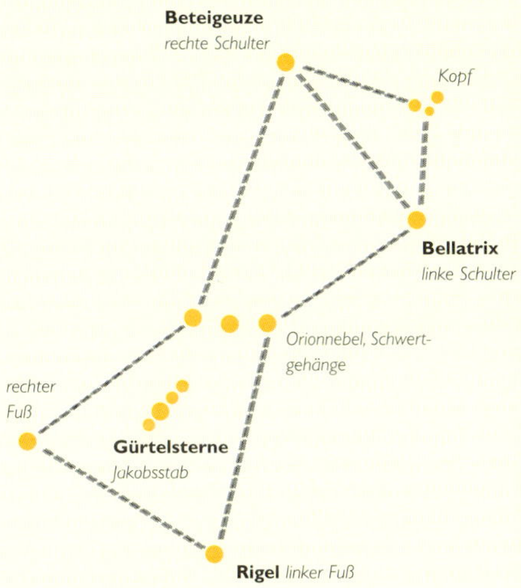

Die Technik, mit deren Hilfe man die unterschiedlichen Aromen in einem Wein «ortet», ähnelt jener Methode, mit der sich der Astronom oder Nautiker am Nachthimmel orientiert: Er braucht Bezugspunkte, um sich im Chaos zurechtzufinden. Um beispielsweise das Sternbild des Orion (Jäger) auszumachen, identifiziert man zunächst Beteigeuze, Rigel und die Gürtelsterne (Jakobsstab); über diese Bezugspunkte findet man dann leicht zum gewünschten Objekt. Auch zur Beurteilung eines Weins bedienen wir uns solcher Orientierungsmarken. Gut auszumachende Elemente wie Alkohol, Säure, Tannin, Aroma und Mundgefühl stecken einen Rahmen ab, der uns hilft, zum eigentlichen und stets schwer zu greifenden «Wesen» des Weins vorzudringen – das Ziel jeder Verkostung.

de die leichte Säure den adstringierenden Effekt der Tannine noch unterstreichen.

Aromen

Die besprochenen Geschmacksrichtungen sind die wichtigsten Komponenten eines Weins und damit Hauptursache jenes Geschmackserlebnisses, das uns beim Verkosten und Trinken zuteil wird. Die subtileren Aromen, die wir darüber hinaus in einem Wein ausmachen können, verfeinern ihn und unser Erleben zusätzlich.

Intensität: Die Einschätzung der Intensität von Aromen ist bis zu einem gewissen Grad relativ, ihre Ausprägung hängt sehr von der jeweiligen Reb- und Weinsorte ab. Ein Mangel an Aromen lässt einen (schlechten) Wein leer, schwach, ausgezehrt oder gestreckt erscheinen, während ein guter Tropfen durch ein intensives, dichtes, starkes oder konzentriertes Aroma besticht.

Besondere Geschmacksnoten: Sie sind eng an Geruchseindrücke gebunden. Alle nur denkbaren Obstsorten, selbst Gemüse, Kräuter, Gewürze und mineralische Noten lassen sich in Weinen aufspüren – alles, was Garten, Speisekammer oder Küche zu bieten haben.

Auf penible Auflistungen* solcher marginalen Aromen sollte man aber verzichten. Meist sind sie zu beliebig, um die individuellen Erfahrungen beim Genießen eines Weines tatsächlich zu verdeutlichen.

Ohne Bezugssystem verliert man sich im Nachthimmel. Beim Wein ist es nicht anders.

*** Siehe auch**

CO_2-Gehalt **S. 9, 11**
Adstringenz **S. 44–46, 50**
Aromenlisten **S. 25**
neue Eiche **S. 47–48**

Über Wein sprechen

Stellen Sie sich vor, Sie haben gerade einen Film gesehen, der Ihnen ungemein zu Herzen ging. Oder Sie kommen aus einem Konzert, das Ihnen neue Dimensionen der Musik erschloss. Oder Sie leisteten sich soeben mit ihren Freunden ein deliziöses Essen im besten Restaurant am Ort – blieben diese Erlebnisse nicht unvollkommen, wenn man kein Wort mehr darüber verlöre?

Die meisten Menschen möchten ihre Emotionen mit anderen teilen und der eigenen Begeisterung oder Enttäuschung unmittelbar Ausdruck verleihen. Zwangsläufig bedienen wir uns der Sprache, um unserer Eindrücke und Gefühle habhaft zu werden; sie rückt für uns das Erlebnis in eine rationale Distanz, dank derer wir es begreifen und zur Diskussion stellen können.

Wir haben bereits angesprochen, auf welche Weise uns bestimmte Begriffe helfen, unserer Wahrnehmungen beim Trinken und Verkosten von Wein bewusst zu werden und uns darüber mit anderen auszutauschen. Im Laufe der Jahrhunderte hat sich eine eigene Weinsprache herausgebildet, die einerseits den Fachleuten (Winzern, Kellermeistern, Verkostern) ermöglicht zu fachsimpeln, andererseits dem Weingenießer dabei hilft, seine Geschmackserlebnisse besser zu artikulieren.

Das Ehepaar Jean-Marie und Maike Guffens-Heyen bildet ein ungewöhnliches Team: Sie kümmert sich um den Wingert und er um die Weinbereitung. Die beiden produzieren Mâcon und Pouilly-Fuissé von ausnehmender Reinheit und hervorragendem Charakter. Ihr technisches Wissen und ihre immense Erfahrung werden durch ein besonderes Qualitätssiegel gekrönt: ihre Gaumen.

Weinsprache

Für die Beschreibung schlichter Weine reichen in der Regel wenige Worte. Man kann sie durchaus mit Genuss trinken – mehr sollen und wollen sie nicht leisten und mehr ist in ihnen nicht zu entdecken. Dagegen stoßen wir bei sehr edlen und feinen Tropfen mit ihrer kaum überschaubaren Fülle von geschmacklichen Nuancen rasch an die Grenzen unserer sprachlichen Möglichkeiten.

Dabei, so könnte man meinen, ist doch auch der beste Wein letztlich nichts anderes als bloß ein Getränk unter vielen! Aber um den Durst zu stillen greift niemand zu Wein! Seine Faszination, die sich wie die eines Kunstwerks dem raschen Zugriff entzieht, hat also offensichtlich andere Ursachen.

Die wesentliche ist sicher seine ungeheure Komplexität, zu der zahlreiche Faktoren beitragen, unter anderem biologische (die Frucht), geografische (der Standort), mineralogische (der Boden), meteorologische (das Wetter) und kulturelle (die Gestaltung durch den Menschen). Darüber hinaus äußert sich diese Komplexität bei jedem besseren Wein ganz individuell – die Vielfalt der Weine insgesamt ist also ebenso wie jene Subtilität, die jeden einzelnen Wein auszeichnet, enorm. Darin liegt wohl der beispiellose Reiz begründet, den Wein seit Menschengedenken auf uns ausübt und der zugleich eine immense Herausforderung an all unsere Sinne und unsere sprachliche Kreativität darstellt, seinen Geheimnissen auf die Spur zu kommen.

Aber existiert denn tatsächlich eine ausgeprägte Weinsprache? Durchaus, und zwar zunächst in Gestalt eines exklusiven Fachjargons, wie ihn jedes berufliche oder kulturelle Spezialgebiet entwickelt (Kunst, Musik, Sport, EDV etc.). Es handelt sich dabei zum Teil um eine Terminologie, die wir im Alltag nicht oder in anderem Sinn benutzen (Chardonnay, Tannin, Flüchtigkeit, Gärung, Mazeration usw.), zum anderen um durchaus geläufige Begriffe wie süß, bitter, sauer, kräftig, klebrig, elegant, cremig, dumpf oder fein. Anfänger im Weinverkosten müssen sich einen Wortschatz zulegen, der geeignet ist, sowohl die Weineigenschaften zu beschreiben, als auch jene Eindrücke wiederzugeben, die ein Tropfen beim Trinken hinterlässt.

Um sich verständlich ausdrücken zu können, sollte man sich nicht nur vom eigenen subjektiven Sprachgefühl leiten lassen, sondern sich durch den Kontakt und die Auseinandersetzung mit Fachleuten die bestehende Fachterminologie zunutze machen. Das gelingt leichter als man vermuten würde, denn zu großen Teilen stützt sich der Weinjargon auf gebräuchliche Analogien. Ein Beispiel: der Begriff «flach», der eine Unterhaltung ohne Niveau, eine musikalische Darbietung ohne Feuer, eine Debatte ohne Tiefgang, eine profillose Landschaft oder eben auch einen Schaumwein charakterisieren kann, dem seine Spritzigkeit und Kohlensäure abhanden kam. Wichtig ist also auch der Zusammenhang, in den ein Begriff gestellt wird.

Am häufigsten wird der eingebürgerten Weinsprache der Vorwurf gemacht, sie sei uneindeutig, ungenau, abwegig oder übertrieben. Tatsächlich sind diese Einwände oft angebracht. Das Problem entsteht aber meist nicht durch die vermeintliche Unmöglichkeit, Wein sinnvoll zu beschreiben, sondern durch einen eher leichtfertigen Umgang mit der Sprache. Dennoch steht außer Frage, dass das Sprechen über Wein nie die Präzision einer wissenschaftlichen Analyse erreichen wird, was auch damit zu tun hat, dass der Weingenuss wie der von Kunst und Musik immer eine Sache des persönlichen Geschmacks und der subjektiven Wahrnehmung einer einzelnen Person bleiben wird. Denn anders als die relativ zweifelsfrei identifizierbaren Grundrichtungen des Geschmacks (süß, sauer, bitter, salzig) sind Wahrnehmung und Ausdruck der feineren Noten des Weins dem individuellen Vorstellungs- und Formulierungsvermögen überlassen, wobei sie zwangsläufig häufig impressionistische Züge annehmen. Allerdings bündeln sich solch mehrdeutige, vage Beobachtungen am Ende und im Zusammenhang nicht selten doch noch zu einer weitgehend eindeutigen Aussage – denken Sie nur an einen wortgewaltigen Weinspezialisten wie Hugh Johnson!

Qualität beginnt im Weinberg. Maikes Rebschnitt ist sehr kurz, was den Ertrag gering hält. Die Veilchen im Wingert sprechen für einen gesunden Boden, Chemikalien kommen hier nicht zum Einsatz, gedüngt wird nur mit Kuhmist. Ökologischer Weinbau ist derzeit überall auf dem Vormarsch, die Richtlinien sind jedoch von Land zu Land unterschiedlich. Der ökologische Anbau bringt zwar bessere Trauben hervor, kann aber damit noch keinen besseren Wein garantieren. Dazu bedarf es auch eines ausgezeichneten Winzers. Wo beides gegeben ist, sind die Weine mit Sicherheit rein und charaktervoll.

Die angemessene Wortwahl: Verdientermaßen erntet ein Weinenthusiast Belustigung, wenn er in der wortreichen Anpreisung seines schwächlichen Favoriten zu weit geht. Eine allzu überschwängliche Wortflut verwandelt einen gewöhnlichen Tropfen nicht in einen großen Wein, sondern wird schlicht dem bescheidenen Anspruch des Getränks nicht gerecht.

Nicht minder unangemessen sind umfangreiche Auflistungen von Frucht-, Gemüse- oder weiterer verborgener Geschmacksnoten, so lange man nicht vermerkt, auf welche Weise sie Harmonie und Charakter des Gesamteindrucks verstärken, vermindern oder verfälschen. Ohne diese Beobachtungen bleiben sie wertlos, weil sie uns keinen tieferen Einblick in das Wesen des betreffenden Weins verschaffen – so wertlos wie beispielsweise das Auflisten sämtlicher Farben eines Gemäldes. Ein guter Weinverkoster geht ähnlich vor wie ein Puzzlespieler, der weiß, dass die pure Aufzählung aller Einzelteile noch nicht das Gesamtbild entstehen lässt. Dazu ist vielmehr nötig, alle Details miteinander in eine stimmige Beziehung zu setzen.

Länge und Dauer im Mund

Leer, hohl, kurz, moderat, lang, anhaltend, nachhaltig, hartnäckig.

Abgang, Nachgeschmack

Dauer: flüchtig, kurz, moderat, mittellang, lang anhaltend, nachhaltig.
Hauptcharakteristika: fruchtig, durchdringendes Aroma/dominanter Geschmack nach …, aromatisch, duftig, leicht, kräftig, gehaltvoll, ausdrucksvoll.
Übermaß: mögliche Fehler: Säure, Essigstich; dominante Adstringenz; Bitterkeit; brandiger Eindruck durch Alkohol.

Verkostungsnotizen

Im Abschnitt «Schmecken» wurde erläutert, wie Sie einzelne Geschmackselemente im Wein aufspüren können. Jetzt geht es darum, das Zusammenwirken dieser Elemente zu beschreiben – eine wesentlich schwierigere Aufgabe, da Sie sich auf mehrere Aspekte zugleich konzentrieren müssen. Dabei werden sich auch erste Werturteile herausschälen. Die folgende Übung hilft Ihnen, ihre Eindrücke zu ordnen.

Nachdem Sie bereits Erscheinung und Geruch eines Weines (wir wählen hier einen neuseeländischen MARLBOROUGH SAUVIGNON BLANC*) beurteilt haben, stellen Sie nun beim ersten Verkosten* folgende dominante Eindrücke fest:

Alkoholgehalt*: mittelvoller Körper
Säure*: kräftig
Aroma: reichhaltig.

Notieren Sie also:

«Ein Wein von mittlerem bis vollem Körper mit kräftiger Säure und überaus reichhaltigen Aromen».

Damit beschreiben Sie recht präzise Ihren ersten Eindruck vom generellen Stil des Weins, ohne schon detailliert auf seine Säure, Aromen und Qualität einzugehen.

Würden Sie nun von einer «typischen» kräftigen Säure sprechen, kämen Sie dem Kern näher, denn in der Tat ist eine kräftige Säure für einen MARLBOROUGH SAUVIGNON BLANC typisch. Würden Sie allerdings vor diesem Hintergrund die Säure dieses Weins als «mild» erleben, wäre dies so ungewöhnlich, dass es nach einem Kommentar verlangte, etwa (in Klammern) «heißes Jahr?». Stammt der Wein also aus einem Jahrgang, der Ihres Wissens in der Herkunftsregion mit ungewöhnlich hohen Temperaturen einherging, sollten Sie dies vermerken.

Beim zweiten Kosten könnten Sie nun Folgendes herausfinden:

Süß/trocken*: trocken
Aromen: vollmundige Aromen reifer Stachelbeeren und tropischer Früchte
Abgang: lang, sehr aromatisch (Stachelbeere), nachhaltiger Fruchtgeschmack (Litschi).

Damit haben Sie die Informationsphase abgeschlossen und notieren nun:

«Marlborough Sauvignon blanc: Ein Wein von mittlerem bis vollem Körper mit kräftiger Säure und überaus reichhaltigen Aromen, trocken, mit vollmundigen Noten reifer Stachelbeeren und tropischer Früchte sowie einem langen Abgang voller anhaltender Fruchtaromen (besonders nachhaltige Frucht: Litschi) und einem deutlichem Sauvignon-Bouquet».

Diese Verkostungsnotiz enthält freilich noch keine Bewertung. Mit ihrer Hilfe können Sie sich aber den Wein nun jederzeit ins Gedächtnis zurück rufen – der wichtigste Grund, solche Protokolle anzufertigen.

Wenn Sie diese Übung mit unterschiedlichen Weinen häufiger durchführen, werden Sie sehr bald Ihre Fortschritte beim Verkosten bemerken. Je besser Sie sich konzentrieren, desto präziser werden Ihre Notizen ausfallen. Folgen Sie dabei einem klaren Verkostungsschema und bauen Sie Ihr Weinvokabular kontinuierlich aus.

Qualitätsmerkmal Länge

Die grundlegenden Elemente des Weins sind Ihnen nun vertraut: Alkohol, Säure, Tannin und Aromen. Sie sind recht leicht zu identifizieren und die drei erstgenannten sogar mit wissenschaftlichen Methoden messbar. Trotzdem können Weine, deren «Grunddaten» einander zum Verwechseln ähneln, in Charakter und Qualität erhebliche Unterschiede aufweisen.

Qualitätsurteile sind in erheblichem Maß subjektiver Natur, da sie sich zuallererst auf persönliche Vorlieben und Ansichten stützen. Auch darum lässt sich über die Qualität eines Weins so trefflich streiten. Das nächste Kapitel (»Qualität und Bewertung») wird sich mit diesen Fragen ausführlich befassen.

Ein Qualitätsmerkmal jedoch ist in hohem Maß verbindlich und sowohl den menschlichen Sinnen als auch wissenschaftlichen Methoden zugänglich: die so genannte «Länge» des Weins. Da sie nahezu objektiv zu bestimmen ist, gilt sie als eines der wichtigsten Kriterien zur Bewertung der Qualität. Beim Verkosten interessieren uns zwei verschiedene Formen: die Länge im Mund und die Länge des Abgangs.

1 Physische Länge: ein langer Wein

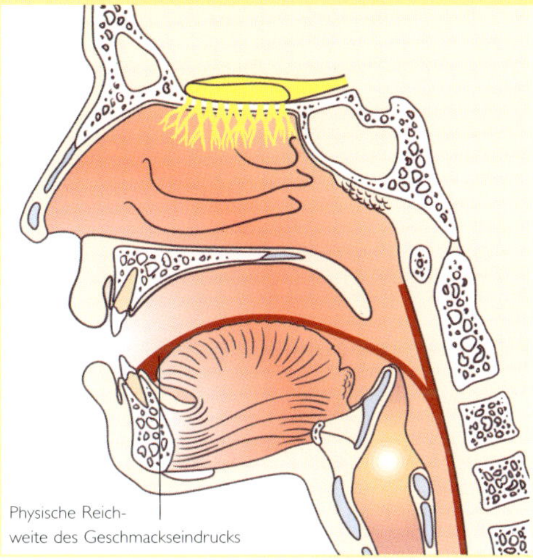

Neben der zeitlichen Dauer ihres Geschmacks (*siehe* Text) vermitteln lange Weine auch ein physisches Gefühl ihrer Länge bzw. Reichweite. Ihr Geschmack verbreitet sich deutlich spürbar durch den gesamten Mund und dehnt sich bis in den Rachenraum aus.

2 Physische Länge: ein kurzer Wein

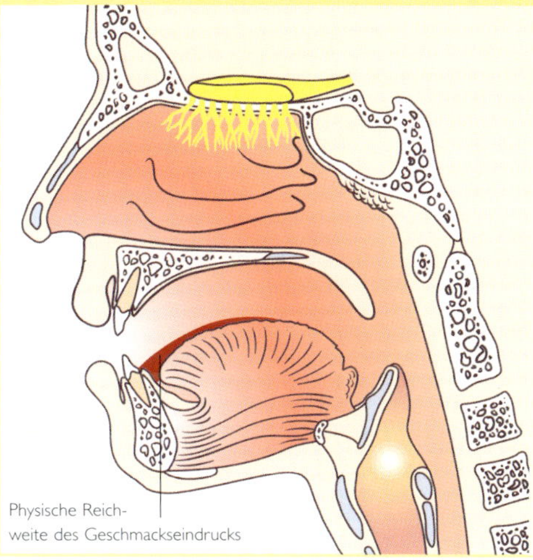

Kurze Weine erscheinen sowohl zeitlich wie physisch knapp bemessen. Ein kurzer, hohler Wein verliert seinen Geschmack schon in dem Moment, in dem er die Zunge überquert hat. Dagegen breitet sich ein guter Wein kontinuierlich in Mund und Rachen aus (*siehe auch* Verkostung 1, S. 124).

Länge im Mund: Sie hat eine physische und eine zeitliche Dimension.

Physische Länge: Der Geschmack eines «langen» Weins breitet sich beim ersten Schluck bis in den Rachenraum hinein aus, man spürt dabei gewissermaßen seine «Reichweite» (*siehe* oben, Abb. 1). Bei einem «kurzen» Wein flacht der Geschmack dagegen rasch ab und reicht kaum über die gesamte Länge der Zunge hin (Abb. 2).

Zeitliche Länge: ein wesentliches Kriterium zur Bewertung der Qualität eines Weins. Geprüft wird hier, in welcher Zeit sich die Geschmacksnoten des Probeschlucks im Mund entfalten. Die feinsten Weine halten dabei ein derart breites Spektrum geschmacklicher Eindrücke bereit, dass man die Probe kaum lange genug im Mund behalten kann, um sie allesamt auszumachen.

Die Dauer der Probe: Sehr schmackhafte, aber kurze Weine benötigen keine langwierige Verkostung, weil sie geschmacklich sehr schnell abfallen. Bei langen Weinen dagegen braucht es Zeit, damit sich ihre vielfältigen Geschmacksaspekte voll entfalten können. Hierzu eine kleine Übung: Verkosten Sie zwei ähnliche Weine von deutlich unterschiedlicher Qualität. Wiegen Sie beide sachte im Mund hin und her und achten Sie darauf, wie lange der jeweilige Wein «zu Ihnen spricht». Sehr schnell werden Sie deutliche Unterschiede in der Länge feststellen und begreifen, worauf es bei diesem Weinmerkmal ankommt. Diese Unterschiede, die von der Weinqualität abhängen, verbieten es einfach, jede Verkostungsprobe gleich lange im Mund zu behalten. Statt Objektivität zu erreichen, würde man damit nur die eigenen Wahrnehmungen verfälschen. Die ideale Verkostung dauert nicht länger als die Länge des Weins im Mund reicht.

Länge von Abgang und Nachgeschmack: Die Begriffe Abgang und Nachgeschmack beziehen sich auf jene Aromen des Weins, die noch nach dem Verschlucken oder Ausspucken der Probe spürbar nachwirken. Auch hier gilt unser Augenmerk der zeitlichen und physischen Dauer. Für die Qualität heißt das: Je länger Abgang und Nachgeschmack, umso besser der Wein.

Ein kurzer Wein verflüchtigt sich geschmacklich unmittelbar nach dem Verschlucken, während ein langer Tropfen vor allem seine Fruchtaromen noch eine Weile im hinteren Bereich des Mundes ausklingen lässt. Der Abgang eines großen Weins sollte sich wie ein köstliches Echo sämtlicher beim Schmecken entstandener Geschmackseindrücke vollziehen. Dabei ergänzen sich häufig die Eindrücke von Länge und Dauer im Mund und jene des Abgangs.

Länge – die Kehrseite: Bei einem ausgewogenen und stimmigen Wein ist die ausgeprägte Länge des Abgangs stets ein zusätzliches Qua-

Bis heute haben sich die Wissenschaftler nicht über die genaue Lage der Geschmacksrezeptoren einigen können. Dennoch besteht kein Zweifel daran, dass unsere Geschmacksempfindungen sich beim Verkosten großer Weine bis in den Rachenraum hinein ausdehnen. Daher müssen wir auch der Kehle einen kleinen Schluck gönnen, um die Länge eines Weins wirklich spüren zu können.

*** Siehe auch**

Vokabular zur Säure **S. 20**
Vokabular zum Alkohol **S. 22**
erstes Verkosten **S. 19**
Notizen bei der Verkostung **S. 134**
Sauvignon blanc **S. 65–67**
Vokabular zu Süß/trocken **S. 20**

Mundgefühl (Struktur)

Weich, geschmeidig, sanft, fleischig, ansprechend, reich, opulent, ölig, wuchtig, mit Biss, hart.

Strukturiert, dicht gewirkt, eng verwoben, komplex, filmig, seidig, satinartig, samtig, glänzend, poliert.

Dünn, mager, lose, straff, sehnig, granuliert, körnig, schroff, rau (*siehe auch* den Abschnitt «Eiche», S. 47–48, und Adstringenz, S. 22)

litätsmerkmal. Dominiert jedoch eine der drei Hauptkomponenten des Weins (Säure, Tannin oder Alkohol) den Abgang, dann mindert das die Qualität erheblich, selbst wenn die Länge vorbildlich ist. Denn spätestens solche Dominanz entlarvt eindeutig die Unausgewogenheit eines Weins, dessen Fruchtaromen sich nicht entfalten können. Auch die Länge ist also jeweils in Relation zur geschmacklichen Harmonie/Disharmonie eines Weins zu sehen.

Länge der Säure: Ein idealer Säureanteil unterstützt und definiert Länge und Abgang eines guten Weins. Ein Mangel an Säure führt in der Regel zu einem schwachen Abgang, ein Übermaß hingegen zu einem ausgeprägten und unangenehmen Nachgeschmack nach Zitronensaft oder Essig. Übersäuerung geht zumeist auf unreife Trauben, übermäßigen Ertrag oder eine zu starke Azidifikation bei der Weinbereitung zurück.

Länge des Tannins: So wichtig Tannin für die Qualität eines Weins ist – wo seine Adstringenz den Abgang eines Weins beherrscht und dessen andere Noten und Aromen verdeckt, steckt gewöhnlich ein Fehler bei der Weinbereitung dahinter, meist eine übermäßige Extraktion oder eine zu intensive Eichenwürzung. Ein qualitativ und quantitativ ausgewogener Tanningehalt hilft dagegen den Geschmacks- und Geruchsstoffen des Weins sich zu entfalten.

Alkohol im Abgang: Ein Wein verkraftet einen höheren Alkoholgehalt durchaus, so lange die anderen Geschmackskomponenten ihn ausgleichen. Fehlt diese Balance jedoch, bewirkt zu viel Alkohol einen bitteren Geschmack im Abgang, der häufig von Wärmeentwicklung und brandigen Eindrücken begleitet wird. Dies tritt bei trockenen Weißweinen auffälliger in Erscheinung als bei Rotweinen und betrifft vor allem Weine mit einem Alkoholgehalt von mehr als 13 Vol.-%. In warmen Regionen liegt die Ursache für zu hohen Alkoholgehalt meist in überhöhten Erträgen (hoher Zuckergehalt bei mäßig entwickeltem Traubenaroma), in kühleren in übertriebener Chaptalisierung (*siehe* S. 44–45, 49).

Qualitätsmerkmal Mundgefühl (Struktur)

Taktile Sinneseindrücke sind für unsere Wahrnehmung der Welt und unser Selbstgefühl sehr wichtig – ob wir nun Zärtlichkeiten empfangen oder herzhaft in einen saftigen Apfel beißen. Wir ertasten nicht nur mit den Fingern, sondern mit jeder Stelle unserer Haut. Darum prägt auch beim Weingenuss (insbesondere bei Rotweinen) unsere taktile Wahrnehmung im Mund unser Geschmackserlebnis entscheidend mit.

Taktile Eindrücke sind oft mit visuellen verbunden. Raue Materialien erscheinen auch dem Auge unebenmäßig, wogegen wir von glänzenden Flächen erwarten, dass sie sich beim Betasten als glatt erweisen. Wenn wir auch in diesem Sinn das «Material» eines Weins nicht sehen können, so lässt doch die taktile Wahrnehmung unseres Mund sogleich entsprechende visuelle Eindrücke entstehen.

Die Struktur großer Weine wird häufig mit derjenigen hochwertiger Stoffe und Gewebe verglichen, die wegen ihrer taktilen wie visuellen Qualitäten geschätzt werden, etwa Spitze, Taft, Satin, Samt und Seide. Die Charakteristika solcher Gewebe können auch zur Beschreibung des Mundgefühls eines Weins herangezogen werden.

Seit jeher wählt man zur Beschreibung taktiler Eindrücke Begriffe, die im Zusammenhang mit Stoffen und Geweben benutzt werden: so «matt» und «lose verwoben» (links) im Gegensatz zu einer «fein gewirkten», «seidigen» Struktur (rechts).

Qualität und Bewertung

Ein Weinverkoster ist kein Wissenschaftler, aber ebenso wenig ein Richter, der sich für seine Urteile auf ein allgemein verbindliches Gesetzbuch stützen könnte. Finden Sie heraus, welchen Wein Sie mögen und welchen nicht – das ist zunächst das maßgebliche Qualitätskriterium! Wenn Sie dann für Ihre Einschätzung noch überzeugende Argumente finden können, um so besser!

Qualität ist nicht teuren Weinen vorbehalten, sondern auf allen Stufen der Preisskala zu finden. Wichtig ist, dass die Ansprüche dem Gegenstand entsprechen. Ein ehrlicher einfacher Wein wird niemanden enttäuschen, wenn man nicht mehr von ihm erwartet als er geben kann, und wenn er zum anderen nicht mehr zu sein vorgibt als er ist. Wo allerdings ein teurer Wein den Anspruch auf exzellente Qualität erhebt, hat man als Konsument auch das Recht, hohe Maßstäbe an ihn anzulegen. Kurz: Weine lassen sich nicht einfach in eine schlichte Wertehierarchie einfügen.

Hinzu kommt, dass sie auf jeder Qualitätsstufe in den unterschiedlichsten Stilen für die verschiedensten Märkte hergestellt werden. Darum sollte man bei der Bewertung auch die tatsächlichen (oder vorgeblichen) Intentionen des Winzers mit berücksichtigen.

Bilden Sie sich also freimütig Ihr eigenes Urteil, aber beschaffen Sie sich möglichst viele Argumente, die es absichern, etwa anhand folgender bewährter Kriterien.

Preis-Leistungs-Verhältnis

Diesen nüchternen Maßstab sollte man bei der Bewertung von Wein nicht außer Acht lassen, allerdings lässt er sich kaum an objektiven Daten festmachen. Ein Tipp: Testen Sie einfach eine Anzahl preislich unterschiedlicher Weine ein und derselben Sorte – Sie werden rasch herausfinden, welcher Ihnen (gemessen an Ihren Erwartungen) für einen bestimmten Geldbetrag am meisten zu bieten hat. Das Ergebnis wird relativ aussagekräftig sein, da es sich um vergleichbare Größen handelt. Überdies sind uns solche Entscheidungsprozesse ja aus der alltäglichen Einkaufspraxis bestens vertraut.

Weit schwieriger ist dagegen das Preis-Leistungs-Verhältnis bei einem einzelnen Wein einzuschätzen, insbesondere bei sehr teuren Gewächsen. Meine Meinung dazu: Oberhalb einer Grenze von 50 € (100 SFr) pro Flasche gibt es kaum mehr rationale Gründe für den Preis. Oft nutzt da ein Weinanbieter nur geschickt eine opportune Mode, um seine Produkte willkürlich aufzuwerten. Selbst bei sehr seltenen oder alten Tropfen diktiert häufig nur das schmale Angebot den monetären Wert, nicht unbedingt die Qualität. Das sollte im Auge behalten, wer im Begriff ist, eine Rarität zu erstehen.

Ein gutes Preis-Leistungs-Verhältnis hängt von vielen Faktoren ab, unter anderem dem eigenen Einkommen und den persönlichen Vorlieben. Hier sehen Sie ein paar teure Eintrittskarten zu beliebten Freizeitveranstaltungen. Wie teure Weine zählen sie zu jenem Luxus, den wir uns hin und wieder gönnen. Der Fussballbanause wird den Preis von 100 € (200 SFr) für ein Ticket zu einem Endspiel für puren Wahnsinn halten, doch der Fan verschwendet daran keinen Gedanken. So entzieht sich der Begriff des Preis-Leistungs-Verhältnisses in Bezug auf unsere Steckenpferde jeglicher Logik.

Klassifikation von Weinen

Es liegt in der Natur des Menschen, Ordnung in eine chaotische Welt bringen zu wollen. Der Weinkosmos ist davon nicht ausgenommen, wie zahlreiche Versuche belegen, Weine nach einem verbindlichen System zu beurteilen und in eine schlüssige Klassifikationshierarchie einzuordnen.

Das berühmteste dieser Systeme ist die aus dem Jahr 1855 stammende Bordeaux-Klassifikation der Weine des Médoc (*siehe* unten). Auch den Weingütern der burgundischen Côte d'Or teilte man in den 1860er-Jahren drei Qualitätsstufen zu: Village, Premier cru und Grand cru. Diese Einteilung fand dann in den 1930er-Jahren weitgehend Eingang in die offiziellen französischen Richtlinien für Qualitätsweine mit Herkunftsnachweis (frz. *Appellation*). Solche Qualitätsrichtlinien existieren in fast allen Wein produzierenden Ländern und gestatten einen allgemeinen Überblick über das Weinspektrum eines Landes. Aber die Grenzen zwischen den einzelnen Qualitätsstufen* sind zwangsläufig fließend und in gewissem Maß willkürlich gesetzt.

Man sollte diese Einschränkung beim Verkosten im Hinterkopf behalten – dann aber verschaffen einem die beispielhaften Weine jeder Qualitätsstufe einen guten Einblick in die Schlüssigkeit von Qualitätseinstufungen.

Klassifikation aus dem Jahr 1855: die Weine des Médoc

Premiers Crus	
Chateau Lafite	Pauillac
Chateau Latour	Pauillac
Chateau Margaux	Margaux
Chateau Haut-Brion, Graves	Pessac
Chateau Mouton-Rothschild (1973)	Pauillac
Deuxièmes Crus	
Chateau Rausan-Ségla	Margaux
Chateau Rauzan-Gassies	Margaux
Chateau Léoville-Las-Cases	St. Julien
Chateau Léoville-Poyferré	St. Julien
Chateau Léoville-Barton	St. Julien
Chateau Durfort-Vivens	Margaux
Chateau Lascombes	Margaux
Chateau Gruaud-Larose	St. Julien
Chateau Brane-Cantenac	Cantenac
Chateau Pichon-Longueville-Baron	Pauillac
Chateau Pichon-Longueville-Lalande	Pauillac
Chateau Ducru-Beaucaillou	St. Julien
Chateau Cos-d'Estournel	St. Estèphe
Chateau Montrose	St. Estèphe
Troisièmes Crus	
Chateau Kirwan	Cantenac
Chateau d'Issan	Cantenac
Chateau Lagrange	St. Julien
Chateau Langoa-Barton	St. Julien
Chateau Giscours	Labarde
Chateau Malescot-St-Exupéry	Margaux
Chateau Cantenac-Brown	Cantenac
Chateau Palmer	Cantenac
Chateau La Lagune	Ludon
Chateau Desmirail	Margaux
Chateau Calon-Ségur	St. Estèphe

Chateau Ferrière	Margaux
Chateau Marq. d'Alesme Becker	Margaux
Chateau Boyd-Cantenac	Cantenac
Quatrièmes Crus	
Chateau St. Pierre-Sevaistre	St. Julien
Chateau St. Pierre-Bontemps	St. Julien
Chateau Branaire-Ducru	St. Julien
Chateau Talbot	St. Julien
Chateau Duhart-Milon	Pauillac
Chateau Pouget	Cantenac
Chateau La Tour-Carnet	St. Laurent
Chateau Lafon Rochet	St. Estèphe
Chateau Beychevelle	St. Julien
Chateau Le Prieuré-Lichine	Cantenac
Chateau Marquis-de-Terme	Margaux
Cinquièmes Crus	
Chateau Pontet-Canet	Pauillac
Chateau Batailley	Pauillac
Chateau Grand-Puy-Lacoste	Pauillac
Chateau Grand-Puy-Ducasse	Pauillac
Chateau Lynch-Bages	Pauillac
Chateau Lynch-Moussas	Pauillac
Chateau Dauzac	Labarde
Chateau Mouton Baron Philippe	Pauillac
Chateau du Tertre	Arsac
Chateau Haut Bages-Liberal	Pauillac
Chateau Pédesclaux	Pauillac
Chateau Belgrave	St. Laurent
Chateau Camensac	St. Laurent
Chateau Cos-Labory	St. Estèphe
Chateau Clerc-Milon-Mondon	Pauillac
Chateau Croizet-Bages	Pauillac
Chateau Cantemerle	Macau
Chateau Haut-Batailley	Pauillac

Die Grundlage für diese berühmte Klassifikation bildeten die über Jahre hinweg erzielten Preise. Erstaunlicherweise hat sich dieses System über lange Zeit gut bewährt. Heute wäre dergleichen undenkbar, da jede Klassifikation sogleich den Begehrlichkeiten der unterschiedlichsten Interessenten ausgesetzt wäre – der Winzer, der Kunden, der Vinologen, der Vermarkter, der Modedesigner, der selbsternannten Weinpäpste.

Das Lustprinzip

«Dieser Wein sagt mir zu!»: Eine Flasche, die sich zügig leert, ist auf den ersten Blick ein schlagender Qualitätsbeweis. Aber Vorsicht: Wir mögen nicht alle dieselben Weine. Und eine leidenschaftliche Debatte über die unterschiedlichen Einschätzungen eines Weins macht nur dann Sinn, wenn es nicht mehr allein um persönliche Vorlieben, sondern um «objektivere» Bewertungskriterien für Qualität geht.

Denn «Dieser Wein sagt mir zu» heißt noch nicht: «Er ist gut» – auch wenn man gern die eigene Ansicht für die allgemeinverbindliche hält. Wer wird schon gern dabei ertappt, mit seinen Urteilen und Empfindungen angesichts eines Weins «falsch» zu liegen? Man muss sich aber entscheiden, woran einem mehr liegt: Das eigene Gesicht zu wahren oder etwas über die tatsächliche Qualität des Weins herauszufinden.

Zur Verdeutlichung dieses Dilemmas folgendes Beispiel: Offenkundig gibt es sehr viele Menschen, die «korkigen» Wein mögen, denn er erfreut sich, statistisch belegbar, ungemein hoher Absatzzahlen. Technisch gesehen aber ist Korkgeschmack ein Weinfehler von unterschiedlicher Tragweite (*siehe* S. 151). Die Konsumenten mögen den Wein dennoch, weil sie nicht wissen, dass der Korkgeschmack ein Makel ist. Ist es nun «falsch», dass sie den Wein mögen? Wohl nicht. Ist es aber ein «guter» Wein? Wohl kaum, denn jeder Kenner wird ihn sogleich als fehlerhaft und misslungen einstufen.

Persönlicher Geschmack ist gewiss ein wichtiges Bewertungskriterium, doch allgemein anerkannte Qualitätsmerkmale sind etwas anderes. Entscheidend ist, sich über den Unterschied im Klaren zu sein. Denn die Kriterien, nach denen wir die Qualität von Weinen beurteilen, sind ein komplexes Gewebe aus persönlichen Vorlieben und objektiven Standards. Nehmen Sie darum die folgenden Kategorien nicht als strenge Richtlinien, sondern als Anregungen, um die Güte eines Weins sicherer interpretieren und beurteilen zu können.

Persönlicher Geschmack

Auch wenn die Geschmäcker von Mensch zu Mensch differieren, sollte man doch versuchen, für die eigene Position fundierte Argumente zu finden. So wird ein sachliches Gespräch möglich, das auch die Vorlieben oder Abneigungen anderer ernst nimmt. Hinzu kommt: Niemand wird mit einem unfehlbarem Urteilsvermögen geboren. Wohl aber können wir es trainieren.

Dabei lernt man unterschiedliche Stile, Standards und Bewertungskriterien kennen und entwickelt präzisere Vorlieben und Methoden. Aber auch ein sicherer Verkoster ist kaum vor der Neigung gefeit, bei sehr vertrauten oder gar geliebten Weinen gelegentliche Fehler gnädig zu verzeihen, wenn nicht zu übersehen. Im Gegenzug zeigen wir Weinen, gegen die wir voreingenommen sind, oft nicht die mindeste Nachsicht, da wir nur unser Vorurteil bestätigt sehen. Menschlich, allzumenschlich.

Ausgewogenheit

Die besprochenen Grundbausteine eines Weins (Alkohol, Säure, Tannin und Aromen) spielen im Idealfall ausgewogen zusammen. Entscheidendes Qualitätsmerkmal dafür ist, dass weder eine deutliche Dominanz noch ein spürbares Defizit eines einzelnen Bausteins vorliegen sollte. Eine allgemein gültige Formel, die diese Relationen zweifelsfrei regelt, gibt es freilich nicht.

Die verschiedenen Ideale* beziehen sich vor allem auf die jeweilige Rebsorte und Herkunftsregion. Je nach Rebe und Lokalklima enthalten die Trauben unterschiedliche Mengen an Zucker, Säuren und Tannin. Weine aus kälteren Gegenden weisen einen höheren Säure- und niedrigeren Alkoholgehalt auf; bei Gewächsen aus wärmeren Regionen ist dieses Verhältnis in der Regel gerade umgekehrt.

Die spätere Ausgewogenheit eines Weins entspricht weitgehend der chemischen Zusammensetzung der Trauben zum Zeitpunkt der Lese*. Darum gibt es für sie kein generell verbindiches Maß. Bedenken Sie dies bei der Beurteilung eines Weins. Indem Sie sich mit den zahlreichen verschiedenen Stilen vertraut machen, entwickeln Sie rasch ein «Gespür» dafür, welche Relationen für bestimmte Rebsorten, Kreuzungen oder Regionen «typisch» sind. Dabei werden Sie die folgenden Buchteile «In der Flasche» und «Im Glas» unterstützen.

Charakteristik

Wein ist nicht gleich Wein. Seine Faszination liegt gerade in der enormen Vielfalt, die sich der Fülle der Rebsorten und Weinregionen verdankt.

Gegenden mit einer langen Weinbautradition haben in der Regel ganz besondere Weinstile ausgeprägt; der von Generation zu Generation weitergegebene Erfahrungsschatz erlaubte den Winzern ihre Weine stetig zu perfektionieren.

Der Stil eines solchen Weins etabliert sich schließlich als ein Archetyp und der Wein gilt fortan als «charakteristisch» für die spezielle Rebsorte einer bestimmten Region. Er wird diesem Ruf getreu hergestellt und zugleich danach beurteilt, ob er ihm gerecht wird. Weintrinker, die einen solchen Wein sehr mögen, schätzen in der Regel nicht nur den individuellen Tropfen,

Der Markt für edle Weine hat seine eigenen, bisweilen kuriosen Gesetze: Le Pin ist ein kleines Weingut im Pomerol und stellt einen sehr edlen Wein von reichem Geschmack und betörender Struktur auf Merlot-Basis her – ein Stil, der seit einigen Jahren sehr begehrt ist. Als der Wein vor kurzem auch in den freien Handel gelangte, erzielte er enorm hohe Preise, weit über jenem, den die Erzeuger für ihn verlangen. Das wirft die interessante Frage auf, inwieweit die Preise des freien Handels tatsächlich Qualität widerspiegeln. Le Pin produziert nur etwa 500 bis 600 Fässer Wein im Jahr. Würde der Wein in Mengen von 5000 bis 6000 Fässern oder wie einige der Premier-Cru-Weine gar in Größenordnungen von 20 000 Fässern hergestellt, könnte er gewiss nicht annähernd so hohe Preise erzielen. Warum? Wäre er etwa schlechter als jetzt? Und bedeuten die augenblicklich himmelstürmenden Auktionspreise, dass er heute so viel besser ist als noch zehn Jahre zuvor?

*** Siehe auch**

Ideale **S. 49**
Qualitätsabstufungen **S. 82**
Tradition/Weinbereitung **S. 49–51**
Weinlese **S. 36**

UNTEN UND GEGENÜBER: *Eine Strichzeichnung von Henri Gaudier-Breska und das Ölgemälde «Der Schrei» von Edvard Munch. Das Ölgemälde beeindruckt uns durch seine intensiven Farben, seine Körperlichkeit und die dramatische Thematik. Der «Hirsch» von Breska betört dagegen durch die Beschränkung auf feine Linien, die Sparsamkeit der Mittel und seine unmittelbare Klarheit. Wir kämen nicht darauf, das eine Bild am anderen zu messen, sondern schätzen jedes gerade wegen seiner Eigenheiten. Ähnliche Unterschiede kommen auch in vielen Weinen zum Tragen. So lassen sich im direkten Vergleich* die meisten Konsumenten von kraftvolleren Weine überwältigen, auch infolge der Macht der Werbung. Und selbstverständlich forcieren die Weinhersteller sogleich die kräftigeren Weine. Ich vergleiche gern Breskas Hirsch mit leichten, trockenen, erfrischenden Rotweinen oder deutschem Riesling, während ich im Munch-Gemälde einen schweren Shiraz aus dem Barossa Valley oder einen sehr reifen Wein mit viel Eiche und Alkohol sehe. Doch gute Weine müssen keineswegs stark sein! – dies an alle Weintrinker und -produzenten als Ermunterung , die feinen Linien und zarten Nuancen nicht zu ignorieren.*

sondern mit ihm auch die charakteristischen Besonderheiten von Rebsorte und Lage.

Viele der beliebtesten Weine der Welt blicken auf eine solche Traditionsgeschichte zurück. Man sollte sie darum beim Verkosten nicht allein auf ihren typischen Geschmack hin prüfen, sondern herauszufinden suchen, ob sie tatsächlich «charakteristische» Qualitäten besitzen. Eine Birne ist ja nicht darum minderwertig, weil man lieber Pfirsiche mag.

Erwartung und Erfüllung

Für unseren Genuss wie für unser Urteil spielt unsere Erwartungshaltung eine große Rolle. Was immer wir uns anschaffen, kaufen wir nicht wahllos, sondern in Hinblick auf ganz bestimmte Funktionen, die der erworbene Gegenstand erwartungsgemäß erfüllen soll. Wir beurteilen ihn denn auch vorwiegend danach, inwieweit er diese Erwartungen erfüllt oder enttäuscht.

Einem Wein nähern wir uns mit Erwartungen, die durch unser Vorwissen, aber auch durch Marke, Preis, Sorte, Herkunft, Stil und Ruf geprägt sind. Wenn wir eine Flasche Wein öffnen, rechnen wir mit einem ganz bestimmten Erlebnis. Tritt es nicht ein, sind wir enttäuscht. Bei einem preiswerten Wein verkraften wir eine solche Enttäuschung leicht, da wir ohnehin nicht viel von ihm erwarteten. Mit wachsendem Renommee (und Preis) eines Weins wachsen jedoch mit Recht auch unsere Erwartungen, und unsere Enttäuschung wird umso größer sein, wenn er sie nicht erfüllt.

Für die Qualitätsbewertung ergeben sich daraus folgende Fragen: Hält der Wein die Versprechen, die sein Ruf und sein Preis leisten? Weist er tatsächlich jene Charakteristika auf, für die er bekannt ist? Löst er die Qualitätsansprüche ein, an denen man ihn messen muss?

Ästhetische Ideale

Viele Attribute, mit denen wir in anderen Zusammenhängen unserer Bewunderung für Proportion, Form und Schönheit Ausdruck verleihen, lassen sich ebenso gut zur Beschreibung* unserer ästhetischen Eindrücke beim Weingenuss verwenden. Ob die im Folgenden vorgestellten Orientierungspunkte für den jeweiligen Wein maßgeblich sein können, hängt natürlich vom konkreten Einzelfall ab.

Komplexität: Sie bündelt eine Fülle einzeln wahrnehmbarer Geschmacks- und Geruchsnoten. Nüchterner lässt sich auch von einer gewissen «Reichhaltigkeit an Informationen» sprechen. Besonders bei höherklassigen Weinen gibt man ihr den Vorzug vor Einfachheit.

Klarheit: Wir schätzen klare, deutliche Eindrücke mehr als verschwommene, vage Botschaften. Denken Sie etwa an die saubere klangliche Trennung, mit der ein qualitativ hochwertiger Lautsprecher einzelne Passagen oder Musikinstrumente deutlich hörbar macht.

Leichtigkeit: Weine aller Qualitätsstufen, Preisklassen und Stilarten können vom ersten Schluck an durch eine mühelose natürliche Harmonie* beeindrucken. Sie zeigen ihren Charakter mit einer zwanglosen Leichtigkeit, so wie eine ausgezeichnete Tänzerin den kompliziertesten Pas scheinbar schwerelos bewältigt.

Konzentration und Kraft: Beide Eigenschaften sind derzeit im Wein besonders gefragt. Gerade der Anfänger scheint eine ausgeprägte Vorliebe für die dramatischen Charakterzüge von Weinen zu entwickeln. Die Erfahrung lehrt aber, dass man zu starker Eindrücke sehr rasch überdrüssig wird.

Finesse, Feinheit, Hintergründigkeit: Die unverzichtbaren «zarten» Eigenschaften eines guten Weins werden nicht selten unterbewertet, weil der ungeschulte Schmecker sie allzu rasch mit Verwässerung oder Schwäche gleichsetzt. Schärft man jedoch seine Sinne für sie, wird man reich belohnt. Je empfindlicher unser Sensorium, umso größeren Genuss bereiten uns gerade die feinen Geschmacksnuancen, von denen besonders Zartheit, Parfüm und Musik einen Wein unzweifelhaft prägen.

Frucht und Aroma: Die meisten Menschen schätzen den vollen Geschmack reifer Früchte in ihrer Konfitüre ebenso wie in ihrem Rotwein. Bei manchen Weinen liegt der Hauptakzent jedoch eher auf den feineren Geruchsnoten. Deren Tugenden erschließen sich vor allem, während wir den Wein im Mund lüften, sowie in seinem Abgang. Sie schenken ihm eine zusätzliche Dimension. Besonders gelungene Weine bieten uns großzügig beides: Fülle *und* Detail.

Umgebung: Für unsere Wahrnehmung (und damit unsere Beurteilung) eines Weins sind auch Ort, Zeit und Situation der Verkostung bzw. des Trinkens ungemein wichtig. Kostet man beispielsweise einen betörenden Tafelrosé in der überaus sterilen Nüchternheit eines Verkostungsraumes, wirkt er womöglich langweilig und alkohollastig. Reicht man ihn dagegen an einem heißen Sommertag gut gekühlt auf der Terrasse zu einem reichen provençalischen Essen mit guten Freunden, so wird er als der beste Wein auf Erden erscheinen.

*** Siehe auch**

der direkte Vergleich **S. 155**
Harmonie **S. 50**
die passende Wortwahl **S. 24–25**

2. Weinbau und Weinbereitung

Im Weingarten

Oben und Unten:
Deinhard in Deutschland und Sileni in Neuseeland: Dazwischen liegen 350 Jahre Weingeschichte. Dennoch hat sich im Weinbau erstaunlich wenig verändert. Allerdings verstehen wir heute Phänomene, die man früher nur zur Kenntnis nehmen konnte.

Man könnte das Geheimnis des Weins auf die folgende schlichte Formel bringen: Voll ausgereifte, hochwertige Trauben + intelligente Herstellungsmethoden = guter Wein. Die Praxis freilich ist nicht annähernd so simpel.

Selbstverständlich lässt sich ohne gute Trauben kein guter Wein machen. Doch selbst die besten Zutaten und Geräte helfen nicht weiter, wenn es dem Winzer an Sachverstand und dem berühmten Weingaumen* mangelt. Die Parallelen zum Kochen und Gärtnern sind hier offenkundig. Dennoch sind die Rebsorte und das Klima, in dem sie wachsen soll, zwei entscheidende Faktoren für den Stil und das Qualitätspotenzial des späteren Weins.

Rebsorte

Die Wahl der Rebsorte hängt davon ab, welchen Wein man erzeugen möchte und ob die Pflanze auf dem zur Verfügung stehenden Boden überhaupt gedeihen kann. Die zweite Überlegung ist die wichtigere, denn wenn der Rebstock verkümmert, braucht man sich um die Feinheiten des Stils gar nicht erst zu sorgen. Wie alle Pflanzen haben auch die verschiedenen Rebsorten unterschiedliche Bedürfnisse – einige sind anspruchsvoller als andere.

Klima

Das Klima vor Ort ist für den Wein wichtiger als eine bestimmte Lage oder Bodenbeschaffenheit, denn es bestimmt die drei entscheidenden Faktoren Temperatur, Niederschlag und Licht.

Sonnenlicht ist die Hauptvoraussetzung für die Fotosynthese, dank derer der Zucker in den Trauben entsteht. Auch für die Reifung der Traube ist Wärme (nicht Hitze!) ideal, die Temperaturen sollten hier im Durchschnitt zwischen 15 und 30 °C liegen.

Eine Rebe kann ohne Wasser nicht überleben. Wassermangel beeinträchtigt die Fotosynthese sowie den gesamten Reifungsprozess. Andererseits schwemmt zu viel Wasser die Trauben auf und bewirkt einen übermäßigen Blattwuchs – beides führt beim späteren Wein zu einem unreifen oder verwässerten Geschmack.

Lage

Guter Wein wird weltweit auf den unterschiedlichsten Lagen produziert. Die ausgeprägte Hanglage eines Wingerts oder seine besondere Ausrichtung sind nur dann von Bedeutung, wenn sie extremen Wetter- oder Klimaverhältnissen entgegen wirken. Hänge begünstigen nach starkem Regen einen guten Wasserablauf und lassen kalte Luft zu Tal gleiten. In den nördlichen Klima-

zonen fängt ein Hang zur Sonnenseite Wärme und Licht ein, während in heißen Gegenden ein hoch gelegener oder der Sonne abgewandter Hang die Temperaturen mäßigen kann.

Boden

Auch wenn wir aus einigen Weinen mineralische oder erdige Noten* herausschmecken – ein direkter Zusammenhang zwischen Boden und Geschmack ist bislang wissenschaftlich nicht nachgewiesen.

Dagegen hat die Forschung die wichtigste Funktion des Bodens bestätigt: nämlich die Rebe konstant, aber nicht übermäßig, mit Wasser zu versorgen und die ausreichende Luftzirkulation an den Wurzeln sicher zu stellen. Beides hängt eher von der Struktur des Bodens als von seiner chemischen Zusammensetzung ab.

Der ideale Boden für Wein darf nicht allzu fruchtbar sein, da die Rebe sonst zu sehr «ins Kraut schießt», also ihre Energie eher an die Blätter als an die Früchte verschwendet. Verschiedene Bodentypen* werden an anderer Stelle besprochen (*siehe* S. 57–115).

Weinbereitung

Jeder Winzer wird Ihnen versichern, dass im Weinbau kein Jahr wie das andere verläuft. Eine Formel für Erfolg gibt es also nicht, wohl aber ein eindeutiges Ziel: zur Lesezeit reife, gesunde Trauben an den Stöcken zu haben. Abgesehen von der Notwendigkeit, Rebe und Traube gesund zu erhalten, ist dazu unumgänglich, das Blattwerk konstant zu bändigen. Nur so wird die Frucht wie gewünscht auch an einer ausgewogenen Rebe gedeihen.

Eine ausgewogene Rebe

Jeder Rebstock benötigt eine bestimmte Menge Blattwerk (genauer: Blattoberfläche), um so viel Sonnenlicht einzufangen, dass sämtliche Trauben ausreichend mit Zucker versorgt werden. Magere, wenig fruchtbare Böden regulieren die Wuchskraft* der Rebe auf natürliche Weise, so dass die Pflanze nicht allzu viel Erziehung benötigt und sich das ideale Verhältnis zwischen Blattwerk und Frucht fast von selbst einstellt.

Dies ist auf den meisten europäischen Weingütern der Fall. Auf fruchtbareren Böden jedoch (wie in großen Teilen der Neuen Welt) steckt die Rebe ihre gesamte Energie in die Entwicklung dichten Blattwerks, das schließlich so viel Schatten wirft, dass viele Blätter nicht mehr ausreichend die Fotosynthese vollziehen können – die Folge: Die Trauben reifen nicht mehr aus und der spätere (meist dünne, «grüne») Wein entwickelt allzu krautige und pfeffrige Charakteristika, verlangen doch gerade die jungen Blattspitzen nach dem Zucker des Rebstocks.

Der Winzer muss hier sein gesamtes Repertoire an Erziehungsmaßnahmen einsetzen, um die richtige Balance zu erzielen. Übrigens kann auch eine zu üppige Fruchtentwicklung (als Folge eines unzureichenden Frühjahrsschnitts) zu ähnlich unreifen Ergebnissen führen: Im einen wie im anderen Fall reicht der Zucker nicht für Blatt *und* Frucht (*siehe* Fotos und Bildunterschriften, S. 38–39)!

Morgennebel in den Tälern von Sonoma und Napa in Kalifornien, über dem kalten Pazifik enstanden und von der Hitze im Landesinneren durch die Küstentäler gezogen. Diese Nebel kühlen die Weingüter in der Talsohle während des heißen kalifornischen Sommers und sorgen für ausgewogene Reben. Überall auf der Welt prägen die klimatischen Verhältnisse den individuellen Charakter der angebauten Weine.

*** Siehe auch**

erdige Noten **S. 129**
Weingaumen **S. 51**
Boden und Traube:
Riesling **S. 62**
Cabernet Sauvignon **S. 83–84**
Merlot **S. 93**
Wuchskraft **S. 37**

Die Traube

Wann ist eine Traube reif? Aus biologischer oder physiologischer Sicht dann, wenn ihr Samen eine neue Pflanze hervorbringen kann, sprich wenn ihr Zuckergehalt am höchsten ist. Der Winzer indes sieht das ein wenig anders.

GEGENÜBER UNTEN: *Ein Winzer, der seinen Boden und seine Frucht rundum kennt, wird stes die bestmöglichen Entscheidungen treffen und immer einen interessanten Wein machen – wie Hubert Laferrère, der hier einen neuen Wingert im französischen Mâconnais anlegt.*

UNTEN: *Der Frühjahrsschnitt soll die Stöcke gesund erhalten und die Anzahl der Trauben am Stock begrenzen, um einen inflationären Ertrag zu unterbinden.*

Reife

Aus Sicht des Winzers ist die Traube reif (und der richtige Zeitpunkt für die Weinlese gekommen), sobald sie jenes Maß an Farbe, Geschmack sowie Zucker-, Säure- und Tanningehalt aufweist, das der angestrebte Wein erfordert. Dieser Zeitpunkt ist allerdings in der Theorie nicht minder schwer zu definieren als in der Praxis.

Ideal wäre, wenn all diese Parameter ihr Optimum gleichzeitig erreichen würden. Während aber Zucker- und Säuregehalt relativ leicht zu messen sind, versagt jede objektive Bewertung vor dem Geschmack und den Gerbstoffen. Der beste Weg besteht darin, die Trauben einfach zu probieren. Praktisch hängen Verlauf und Ergebnis der Traubenreifung stark vom jeweiligen Klima, dem Standort und dem Wetterverlauf des gesamten Jahres ab und variieren dazu noch innerhalb der gleichen Traubensorte. Und nicht zuletzt gilt es bei der Entscheidung für die Lese noch folgende Faktoren zu berücksichtigen: Wird es regnen? Stehen genügend Erntehelfer zur Verfügung? Ist eine Erntemaschine frei?

Ertrag

Im Weinbau versteht man unter Ertrag jene Weinmenge, die aus einer bestimmten Anzahl Rebstöcken (oder Trauben) von einer bestimmten Fläche gewonnen wird. Er hängt von zahlreichen Faktoren wie Rebsorte, Beschnitt, Alter der Rebstöcke, Wetterbedingungen, Bewässerungsmaßnahmen und nicht zuletzt von wirtschaftlichen Erwägungen ab.

Als Faustregel gilt, dass die Qualität eines Weins umso besser ist, je geringer der Ertrag ausfällt. Da der Winzer aber den Ertrag in erster Linie nur durch Beschnitt und Bewässerung steuern kann, muss er bei seiner Kalkulation meist einen Kompromiss zwischen dem wirtschaftlichen Ziel und der angestrebten Qualität suchen – hohe Erträge bedeuten in der Regel: geringere Weinqualität, aber höhere Einnahmen; geringe Erträge steigern zwar die Qualität, verringern aber die Verkaufszahlen. Das ist das Dilemma, in dem sich viele Winzer befinden.

Die Wechselbeziehung zwischen Qualität und Quantität gilt aber nicht ohne Einschränkung. So sind Weißweine davon erheblich weniger berührt als rote, da bei der Herstellung weißer Gewächse die Traubenschale nicht verwendet wird. Bei Rotweinen dagegen spielt gerade das ausgewogene Verhältnis zwischen Schale und Saft eine große Rolle. Sehr hohe Erträge verflachen den Geschmack der Trauben und führen meist zu unreifen Weinen. Auf der anderen Seite garantieren aber auch extrem niedrige Erträge noch keineswegs außerordentliche Qualität.

Zucker

Zucker sammelt sich in der Traube während der Reifung zu etwa gleichen Teilen als Fruktose und Glukose an. Seine Produktion wird vor allem durch konstante mittlere Temperaturen angeregt, jedoch durch zu dichten Fruchtstand, übermäßigen Blattwuchs, mangelnde Fotosynthese (auch infolge von Bewölkung) sowie durch zu hohe oder zu niedrige Temperaturen behindert. Als Hauptquelle des Alkohols und der Süße in lieblichen Weinen ist der Zuckergehalt das wichtigste Maß für die Traubenreife, doch bei weitem nicht das einzige. Denn Zuckerreife bedeutet nicht zwingend Gesamtreife. Dazu zwei extreme, aber nicht ungewöhnliche, Beispiele:

Fall 1: eine heiße Gegend in der Neuen Welt, angebaut sind rote Reben. Zu einem bestimmten Zeitpunkt sind die Trauben zuckerreif, ja haben ihr optimales Säuremaß gar schon unterschritten – doch zugleich sind sie von ihrer geschmacklichen Reife und dem Optimum des Tanningehalts noch weit entfernt. Wartet man nun mit der Lese bis zur Tanninreifung, verbessert sich zwar der Geschmack, doch zum einen senkt sich dabei der Säurespiegel weiter ab (was man später korrigieren kann), zum anderen steigt parallel der Alkoholgehalt (den man nicht korrigieren kann). Das Resultat: ein zwar potenter, körperreicher Wein, dem aber bei der Säure kräftig nachgeholfen werden muss.

Dagegen **Fall 2:** eine kühle Lage in der Alten Welt, mit weißen Reben.

In einem Jahr mit reichlich Sonne haben die Trauben zwar ihre ideale Zucker- und Geschmacksreife schon erreicht, enthalten aber (durch einige kühle Tage und kalte Nächte) noch zu viel Säure. Wartet man nun mit der Lese bis zur gewünschten Absenkung des Säuregehalts, muss man einen zu hohen Zuckergehalt in Kauf nehmen. Das Resultat: ein Wein mit hohem Alkoholgehalt und zu viel Säure (selbst nach der malolaktischen Gärung).

Solche Probleme lassen sich durch Experimentieren mit der Rebsorte, mit gewitzten Erziehungsmethoden und strenger Laubkontrolle einigermaßen in den Griff bekommen, allerdings hat der Winzer pro Jahr nur einen Versuch. Vielerorts in Nordeuropa hat man sich in den letzten Jahrzehnten – fixiert auf hohe Erträge – die unterreife Lese zur Gewohnheit gemacht, zumal der zwangsläufige Zuckermangel der Traube mit Hilfe der Chaptalisierung (Mostzuckerung, *siehe* S. 44–45) korrigiert werden kann.

Aber eine gute Balance bleibt eine gute Balance. Als Reaktion auf die zunehmende Kritik von Fachleuten und Verbrauchern entwickelt sich in letzter Zeit wieder eine deutliche Tendenz zur späteren Lese, die reifere Früchte und – nolens volens – einen höheren Alkoholgehalt erbringt. Während einigen Weinen letzterer durchaus gut steht, profitiert aber der überwiegende Teil nicht unbedingt davon.

Die meisten Tafelweine lassen sich mit ausgewogenen 12,5 bis 13 % Alkohol weit angenehmer trinken als mit 13,5 bis 14 %. Die größte Herausforderung für den Weinbau in wärmeren Regionen liegt heute also darin, den angestrebten Traubengeschmack bei etwas geringerer Zuckerreife zu erzielen (*siehe* Abb. S. 49).

OBEN: *Berieselungssystem auf den Weingütern von Cloudy Bay in Neuseeland. Wenn nicht ausreichend Regen fällt, benötigen die Rebstöcke eine regelmäßige Wasserzufuhr. Eine übermäßige Bewässerung kann allerdings den Geschmack des Weins verflachen.*

OBEN UND UNTEN: *Unterschiedlich erzogene Cabernet-Sauvignon-Stöcke auf dem Gut Dominus in Kalifornien. Der Stock oben ist kaum erzogen, nach einer «California Sprawl» genannten traditionellen Methode. Man erkennt das dichte Blattwerk, das einen Großteil der Frucht «beschattet». Die Stöcke unten wurden an einem gabelförmigen Spalier erzogen, das einerseits mehr Sonne an die Frucht gelangen lässt, andererseits genügend Blätter für die Fotosynthese* bereitstellt. In Dominus konnte ich zur Lese beide Trauben miteinander verglichen: Die Frucht des traditionellen Stocks schmeckte krautig mit harter, grüner Tannin-Note, die der Spalierform dagegen reifer, weicher und süßer – eine eindrucksvolle Demonstration durchdachter Weinpflege.*

Säure

Der Reifeprozess setzt damit ein, dass die kleinen, harten, grünen Beeren beginnen weich zu werden, und sich gelblich-grün oder schwarz-rot verfärben. Zu diesem, im Französischen *véraison* genannten Zeitpunkt enthalten sie den wenigsten Zucker und die meiste Säure*.

In der darauf folgenden Zeit (die in heißem Klima einen Monat, in kühlem zwei Monate währt) gelangt die Traube zur vollen Reife. Dabei werden Wein- und Apfelsäure von ihrem Maximum (etwa 20 g pro Liter) je nach Klima um zwei Drittel oder mehr abgebaut. Unter heißen, trockenen und sonnigen Bedingungen schwindet die «grün» schmeckende Apfelsäure schneller als die Weinsäure. Reife Trauben aus heißen Regionen weisen nur noch wenig Apfelsäure auf, was oft die spätere Zugabe von Säure zum Most oder Wein erfordert. Umgekehrt enthalten die Trauben aus kühlerem Klima nicht selten zu viel Säure, was man mit Hilfe der malolaktischen Gärung korrigieren muss.

Ein weiterer wichtiger Faktor, der die Säure vermindert, ist der Kaliumgehalt des Saftes. Kalium ist in geringen Mengen ein natürlicher Bestandteil des Traubensafts, zu viel Kalium jedoch reduziert die Säure zu stark und führt zu flauen Weinen, die dann massiv mit Nachsäuerung gestützt werden müssen. Ein überhöhter Kaliumgehalt geht vor allem auf eine übermäßige Bodendüngung zurück.

Bei der Bestimmung des richtigen Lesezeitpunktes bereitet der Säuregehalt des Saftes dem Winzer ähnliche Probleme wie dessen Zuckergehalt (*siehe* oben), denn beider Verhältnis zueinander und ihr jeweils absoluter Anteil sind wichtige Reifemerkmale.

Säure und Alterung: Zwar bleibt der Säuregrad des Weins auch bei zunehmendem Alter der gleiche, aber bestimmte chemische Reaktionen sorgen mit der Zeit dafür, dass die Säure nicht mehr so stark herauszuschmecken ist.

Tannin

Die Tannine* (oder Gerbstoffe) sind schwer zu isolierende und zu messende Phenolverbindungen, die sich in ihrem chemikalischen Zustand und ihrer geschmacklichen Ausprägung beständig verändern. Der Großteil unseres Wissens über sie und ihre Funktion im Wein basiert schlicht auf Erfahrung. Wissenschaftlich sind sie noch weitgehend unerforscht.

Auch andere Polyphenole kommen in der Traube vor, insbesondere die für die Farbe im Rotwein verantwortlichen Anthozyane. Die Tannine finden sich hauptsächlich in den Kernen

und der Schale der Trauben und haben folglich kaum Einfluss auf Weißweine. Diese enthalten im Vergleich zu Rotweinen nur äußerst geringe Tanninmengen.

Während der Reife verstärken sich sowohl der Anteil der Polyphenole in der Traube als auch bei den Tanninen gerade jene Eigenschaften, die die spätere geschmackliche Qualität des Weins beeinflussen. Darum warten die Hersteller guter Rotweine gern mit der Lese, bis die Trauben «phenolreif» sind. Denn zum Ende der Reifeperiode hin erscheinen die Tannine zunehmend weicher in der Textur, angenehmer für den Gaumen und bei der Verarbeitung leichter zu extrahieren. Leider erreichen sie dieses Stadium erst dann, wenn das Optimum an Zucker und Säure bereits überschritten ist.

Die Gefahr beim Zuwarten liegt also darin, dass man am Ende Weine mit überreifem Charakter, erheblichem Alkoholgehalt und/oder einem nicht mehr zu korrigierenden Säuremangel* erhält. Mancher Winzer, der auf den Qualitätsgewinn durch die Tanninreife baut, geht aber dieses Risiko gern ein.

Tannine messen: Je nach Rebsorte, Ertrag, Reife, geografischer Herkunft und Herstellungstechnik gibt es enorme Unterschiede zwischen den nachweisbaren Tanninen. Der Versuch, sie mit wissenschaftlichen Methoden im Wein oder in der Traube zu messen, zeitigt bisher keine befriedigenden Ergebnisse. Lediglich ihre Menge lässt sich bestimmen, nicht aber ihre Qualität, die für den Geschmack wichtig ist. Zwei Weine mit der gleichen gemessenen Tanninmenge können eine völlig unterschiedliche adstringierende Wirkung auf die Zunge haben. Auch hier muss sich der erfahrene Winzer auf seinen Gaumen verlassen und seine Trauben regelmäßig probieren.

Pigmentierte Tannine: Hier handelt es sich um eine chemische Verbindung zwischen Tanninen und Anthozyanen in Wein, der ausschließlich aus roten Trauben bereitet wurde. Es heißt, dass diese Verbindungen weniger adstringierend wirken als die nicht pigmentierten Tannine aus weißen Trauben, die keine Anthozyane aufweisen. Aus diesem Grund wird übrigens Weißwein ohne Schale und Kerne hergestellt*.

Tannine und Alterung: Tannine in jenen Rotweinen, die zum Altern bestimmt sind, «wachsen» mit der Zeit, präziser: Sie polymerisieren. Dabei wandelt sich ihre Bereitschaft, sich mit Proteinen zu verbinden. Im Anfangsstadium nimmt sie rasch zu, die Tannine reagieren also zunehmend mit den Proteinen im Speichel, wodurch der Wein merklich «härter» schmeckt. Mit wachsender Molekülgröße vermindert sich diese Bereitschaft jedoch wieder, und die adstringierende Wirkung der Tannine schwindet. Schließlich sind die Moleküle zu groß, um noch löslich zu sein, und fallen als Teil des Depots aus – nun wird der Wein spürbar weicher. Zuletzt nimmt auch seine Fruchtigkeit ab, die Tannine liegen nun gleichsam blank, so dass der Wein erneut, aber auf andere Weise, trocken erscheint.

OBEN LINKS UND RECHTS: *Die Erziehung* (siehe *gegenüber) und der Rückschnitt des Laubwerks zielen auf ein ideales Gleichgewicht zwischen Blatt und Frucht ab. Dabei gilt es, überschüssiges Grün zu vermeiden, das mit der Frucht um den Zucker konkurriert und sie durch Beschattung am Reifen hindert. Oben ist deutlich zu sehen, wo das Blatt (im zweiten Bild entfernt) seinen Schatten geworfen hat: Hier sind die Trauben grüner und unreifer.*

*** Siehe auch**

Säuremangel **S. 38**
Säure **S. 20–21**
Fotosynthese **S. 34**
Tannin **S. 22**
Weißweinherstellung **S. 40–41**

Weinbereitung I: trockene Weißweine

Die folgenreichste Entscheidung, die der Winzer innerhalb des Weinjahres treffen muss, gilt dem Zeitpunkt der Lese. Dabei spielen zahlreiche Faktoren eine Rolle, zum Beispiel der saisonale Wetterverlauf, denn die Zucker- und Säurewerte der Traube hängen stark von den Niederschlägen und Temperaturen im Weinjahr ab. Aber auch der angestrebte Charakter des späteren Weins ist zu berücksichtigen.

RECHTS: *Reife, gesunde Früchte liefern guten Wein. Mit minderwertigen, billigen Zutaten erreicht man nichts. Diese Chardonnay-Trauben sind gesund und gleichmäßig gereift. Perfekt!*

Aromaentwicklung bei weißen Trauben

Die Veränderung der Aromen von der Unterreife bis zur Überreife bei zwei weißen Rebsorten:

Sauvignon blanc:
Katzenurin, grüner Spargel, Brennnessel, Gras, unreife schwarze Johannisbeere, Stachelbeere, Passionsfrucht, tropische Früchte (Guave, Mango, Ananas).

Chardonnay:
grüner Apfel, Melone, Tangerine, Zitrusfrucht, Pfirsich, reife Feige, Obstsalat, tropische Früchte.

Während sich der Weinbauer die roten Trauben eher überreif wünscht, setzt er bei den Weißweinen gerne auf die frühen Primäraromen der Gewächse. Die Aromen verändern sich im Verlauf der Reifung erheblich, und die frischesten treten eher zu Beginn des Reifezyklus' auf. In den Jahrgängen kühlerer Regionen dominieren diese frühen Phasen des Geschmacksspektrums, Weine aus wärmeren Gegenden schöpfen dagegen die späteren aus (*siehe* Textkasten links).

Die Phasen der Weinbereitung

Die in Klammern gesetzten Schritte sind optional.

1 Quetschen/Pressen: Weißweine werden ohne Schale vergoren. Den entrappten (entstielten) Beeren wird darum der Saft bereits vor der Gärung entzogen. Mit dem missverständlichen Begriff «Quetschen» ist das erste sanfte Aufbrechen der Schale gemeint; der Saft läuft so beim folgenden Pressen leichter ab. Jede Grobheit bei diesem Schritt rächt sich später durch harte, adstringierende Weine. Gekühlte Trauben werden meist ganz und mit den Stielen gepresst; dank der Kühlung wird dabei nur wenig Phenol freigesetzt.

RECHTS: *Eine Tankpresse. Der Gummisack wird aufgeblasen und presst die Trauben gegen die Siebwand.*

(2) Kontakt mit der Schale: Ein kurzer Kontakt zwischen Schale und Most vor dem Pressen kann bei weniger aromatischen Trauben zu einer aromatischen Anreicherung führen.

3 Absetzen und abstechen: Nach dem Pressen kann der gekühlte Most einige Zeit ruhen, damit sich die Feststoffe absetzen, ehe er dann «abgestochen», sprich vom Bodensatz getrennt wird.

(4) Reinzuchthefe: Häufig wird dem Most vor der Gärung eine bestimmte Zuchthefe* zugesetzt. Diese gängige (und legitime) Methode verhindert sehr effizient allzu «charaktervolle» Gerüche! Bei hochklassigen Weinen überlässt man diese Arbeit möglichst den natürlich im Most vorkommenden Hefen.

Stahltanks auf dem Allan-Scott-Weingut in Neuseeland.

(5) Azidifikation: In heißen Ländern ist die Nachsäuerung* üblich, um bei der Reifung verlorene Säure wieder zu ersetzen. Meist werden dazu vor oder während der Gärung einige Gramm Weinsäure pro Liter zugegeben (in Deutschland Zitronen- oder Apfelsäure).

(6) Chaptalisierung: *Siehe* S. 44–45.

7 Alkoholische Gärung: Die meisten aromatischen oder leichten Weißweine werden in Edelstahltanks vergoren. Man senkt dazu ihre Temperatur auf 10 bis 15 °C ab, um Kohlensäurefrische und primäre Fruchtaromen zu erhalten. Edlere und teure Gewächse, insbesondere CHARDONNAY, werden meist bei etwas höheren Temperaturen in Fässern aus neuer Eiche vergoren.

(8) Malolaktische Gärung: Liegt im werdenden Wein ein Überschuss an Apfelsäure vor, werden Bakterien eingesetzt, die diese harte Säure ganz oder teilweise in die weichere Milchsäure umwandeln. Dieser Eingriff kann auch Aroma und Körper des Weins verbessern. Die reinsten Bakterienstämme hinterlassen dabei nur geringe aromatische Spuren, während bei unreineren äußerst unangenehme laktische bzw. Karamellaromen zurückbleiben können, die an Joghurt, zerlassene Butter oder Butterscotch erinnern.

(9) Kontakt mit dem Hefesatz*/Aufrühren des Hefesatzes (bâtonnage): Erfolgt bei edlen Weinen meist im Fass. Das Ziel ist eine größere Komplexität. Die Hefe wirkt dabei oxidationshemmend und hält den Wein klar und frisch; wird sie aufgerührt, sorgt sie für eine größere Geschmacksfülle und besseres Mundgefühl. Aufgerührte Hefe schützt den Wein auch ein wenig vor den Tanninen und Farbstoffen des Holzes.

(10) Ausbau im Fass: Allzu leichte oder übereichte Weine entwickeln einen bitteren, harzigen, adstringierenden «phenolischen» Charakter (*siehe* Kasten und S. 47–48). Konzentrierte, aromareiche Weine sind davor durch ihnen innewohnende Proteine geschützt. Diese verbinden sich mit den Tanninen des Holzes, die so in ihrer adstringierenden Wirkung auf die Zunge neutralisiert werden. Ganz im Fass vergorene Weine schützt die Gärungshefe vor einer übermäßigen Aufnahme von Farbstoffen, Eichentannin und Eichenaroma. Zunächst in Stahltanks vergorene und (aus wirtschaftlichen Gründen) dann auf Eichenfässer gezogene Weine besitzen dagegen diesen Schutz nicht und zeigen einen stärkeren Eicheneinfluss (Farbe, Aroma und Tannin).

11 Abstich: Nach der Gärung muss der Wein einige Tage ruhen. Anschließend lässt man ihn vom Geläger (Bodensatz) in ein sauberes Behältnis ablaufen. Im Fass ausgebaute Weine müssen unter Umständen mehrfach auf diese Weise umgezogen werden* (*siehe* Abb. S. 43).

(12) Verschnitt/letzte Nachsäuerung: Jeweils bei Bedarf und nach Geschmack.

(13) Kaltstabilisierung: Eine Kühlung auf 0 °C lässt die instabilen Weinsteinkristalle* ausfallen und verhindert Weinsteinsatz.

14 Schönen/Klären: Im Fass ausgebaute Weine stabilisieren sich auf natürliche Weise und werden eigenständig «blank»! Andere enthalten oft Schwebstoffe, die den Wein trüben; sie werden mit einem Schönungsmittel wie Bentonit, Kasein oder Fischleim geklärt. Bei diesem Prozess bindet das Mittel die unerwünschten Stoffe so, dass sie ausfallen und ausgefiltert werden können.

15 Filtrierung: Ein Vorgang, bei dem jene unerwünschten Substanzen (Hefe, Bakterien, Schönungsablagerungen etc.) herausgefiltert werden, die das Aussehen oder die Stabilität des Weins nach dem Abfüllen beeinträchtigen können.

16 Abfüllen: Die meisten trockenen Weißweine aus Stahltanks werden innerhalb weniger Monate auf Flaschen gezogen.

Hauptgefahren bei der Weinbereitung

Weil ihnen der Schutz durch Tannin fehlt, zeigen sich Most und Wein der meisten weißen Trauben besonders anfällig für eine unerwünschte Oxidation, die zu Farb-, Geruchs- und Geschmacksfehlern führt. Überschüssige Trauben- oder Holztannine (Phenole), die durch zu harte Pressung oder Überlagerung im Holzfass frei werden, bewirken wiederum einen adstringierenden oder gar bitteren Geschmack.

*** Siehe auch**

Nachsäuerung **S. 50**
Kristallablagerung **S. 50**
abstechen/umziehen **S. 43**
Hefe/Hefesatz **S. 49**

Weinbereitung 2: süße Weißweine

Die legendäre «Restsüße» im Wein ist nichts anderes als Zucker, der nicht zu Alkohol vergoren wurde – der einzige Unterschied zwischen «trockenem» Wein, der eben keine (oder nur geringe) Restsüße besitzt, und «süßem», der noch genügend Zucker enthält, um entsprechend süß(er) zu schmecken.

Das Verhältnis zwischen Restsüße und Alkohol variiert in süßen Weinen erheblich: Man benötigt etwa 17,5 Gramm Zucker pro Liter (g/l), um 1 Vol.-%. Alkohol zu erhalten, so dass Trauben für Weißwein meist mit 190 bis 230 g/l Zuckergehalt gelesen werden, um einen potenziellen Alkoholgehalt von 11 bis 13 Vol.-% zu erzielen.

Edelfaule Trauben, etwa für einen SAUTERNES, werden gar mit einem Zuckergehalt von 330 g/l gelesen, um einen potenziellen Alkoholgehalt von 19 Vol.-% (real 14 Vol.-%) sowie eine Restsüße von 5 % (85 bis 90 g/l) zu erhalten – ein wahrhaft süßer Wein also. Auf der anderen Seite kann sich für eine Spätlese (*siehe* S. 62) von der kühleren Mosel Folgendes ergeben: Die Trauben werden ohne Edelfäule mit 170 g/l Zucker gelesen, was zu einem potenziellen Alkoholgehalt von weniger als 10 Vol.-% (real 8 Vol.-%) und zu kaum 2 % (30 g/l) Restsüße führt – ein halbtrockener bis milder Wein. Für den Geschmack spielen daneben auch die sehr unterschiedlichen Säureanteile eine wichtige Rolle.

Wie kommt der Zucker in die Flasche?

Dosage: die einfachste, billigste und verbreitetste Methode des Nachsüßens; sie wird (kein Wunder!) vor allem für äußerst schlichte Weine eingesetzt. Dazu wird ein zunächst trockener Wein nachgesüßt, indem man kurz vor dem Abfüllen unvergorenen Most (die so genannte Süßreserve) in gewünschter Menge beimischt (daher «Dosage»). Diese Süßreserve wird übrigens steril gefiltert und dann in Stahltanks gekühlt, um eine Gärung zu verhindern.

Spezielle Trauben: Dank einer besonderen Behandlung oder bestimmter Bedingungen, unter denen sie gelesen werden, weisen einige Trauben einen besonders hohen Zuckergehalt auf, so dass der nach der Gärung verbleibende Zucker echte Restsüße ist.

Edelfäule/*Botrytis cinerea*: wörtlich: aschfarbene Traube. In Wahrheit ist sie das Werk eines Fäulnispilzes, der unter feuchtwarmen Bedingungen vor allem Blätter und Blüten befällt. Auf klimatisch begünstigten Weingütern bildet sich dieser Pilz aber auf den vollreifen Beeren und verwandelt sie in edelfaule Trauben, aus denen einige der besten lieblichen Weine der Welt gewonnen werden: SAUTERNES, TOKAJER, AUSLESE und so weiter (*siehe* rechts).

RECHTS: *Ein Weg, um unvergorenen Most (die Süßreserve) nach der sterilen Filtrierung zu lagern: Drucktanks.*

GEGENÜBER UNTEN: *Periodisches Umziehen (Umfüllen von einem Behälter in einen anderen) soll den Wein vom Geläger trennen, das sich am Gefäßboden angesammelt hat. Für teure, lang im Fass gereifte Weine ist dies eine angemessenere, sanftere Methode der Klärung als Schönung oder Filtrierung.*

Eiswein: Wurde in Deutschland entwickelt – man lässt dazu gesunde, vollreife Trauben ohne Edelfäule so lange an der Rebe, bis sie in einer kalten Nacht mit –5 bis –10 °C buchstäblich gefrieren. Die Trauben werden noch in der Nacht gelesen und sofort gepresst. Sie liefern einen Saft mit hohen Konzentrationen von Zucker und Säure, da das in Eiskristallen gebundene Wasser in der Presse zurückbleibt. Dieser Eiswein hat sich in Kanada als eine ausgesprochene Spezialität etabliert. Zu einem ähnlichen Ergebnis gelangt man mit der Methode der «Cryoextraktion», bei der man die bereits gelesenen Trauben künstlich gefriert.

Überreife: Der Zuckergehalt der vollreifen Trauben steigt noch, wenn man sie zu Rosinen eintrocknen lässt. Das kann am Rebstock geschehen, aber auch nach der Lese in Trockenräumen an Drähten oder auf besonderen Gestellen. Diese (seltenere) Methode findet z. B. in Italien für VIN SANTO*, AMARONE-* und RECIOTO*-Weine Anwendung.

Die Phasen der Weinbereitung

Die Herstellung süßen Weißweins entspricht weitgehend der des trockenen. Abweichungen betreffen folgende Phasen:

Das Pressen: Bei nicht edelfaulen Trauben ist der Most der letzten Pressung der ausgelaugteste; dagegen ergibt die letzte Pressung von edelfaulen Trauben gerade den vollsten, dunkelsten und süßesten Most.

Die Gärung: Sehr zuckerreiche Moste vergären langsam – da können selbst großzügig eingesetzte Hefen wenig ausrichten. Der süßeste TOKAJER oder eine deutsche TROCKENBEERENAUSLESE können Monate, selbst Jahre gären und dennoch bei weniger als 6 Vol.-% Alkohol enden. Bei ausreichendem Zuckergehalt stoppt die Gärung der meisten süßen Weine auf natürliche Weise bei etwa 14 Vol.-% Alkohol. Wünscht der Winzer zugunsten von Ausgewogenheit und Geschmack geringere Alkoholwerte, muss er also rechtzeitig eingreifen!

Gärunterbrechung: Man erreicht sie zum einen durch Abkühlen des Weins auf eine Temperatur, bei der die Hefen inaktiv werden, zum anderen durch Schwefelung, Abstich und sterile Filterung vor dem Abfüllen, allesamt Maßnahmen, die die Resthefen neutralisieren.

Die Edelfäule *Botrytis cinerea*

Vom Morgennebel befeuchtete edelfaule Trauben. Die Botrytis-Sporen werden vom Wind verstreut. Ideale Lebensbedingungen für diesen Pilz bieten dunstige Morgen und sonnige Nachmittage, durch die sich der Saft der Traube allmählich konzentriert. Der Pilz tüpfelt die Beere zunächst mit kupferfarbenen Flecken, die sich bald dunkelviolett bis schokoladenbraun verfärben. Sobald der graubraune Parasit die Frucht komplett überzogen hat, schrumpft die Schale zusammen, während der Saft weitgehend verdunstet. Das Endstadium ist die vertrocknete edelfaule Rosine, die sämtliche Geschmacksstoffe in hoher Konzentration enthält, ausgenommen die Weinsäure.

Gärunterbrechung

Um einen bestimmten Zuckeranteil zu halten, kann die Weingärung zu jedem Zeitpunkt durch Zugabe von Alkohol (Weinbrand) unterbrochen werden. Dieses «Aufspriten» wird auf S. 110–115 näher erläutert.

*** Siehe auch**

Amarone **S. 100**
Vin Santo / Recioto **S. 80/100**

Weinbereitung 3: Rotweine

Die allermeisten reifen Trauben, ob nun weiß oder rot, besitzen ein blassgrünes Fruchtfleisch. Der Unterschied zwischen ihnen liegt in den Farb- und Inhaltsstoffen der Schale. Wenn der Most roter Trauben mitsamt Schalen und Kernen vergoren wird, entstehen rote Weine. Vergärt man ihn ohne Schale, erhält man Weißwein – so der Fall beim Champagner.

Aromaentwicklung bei roten Trauben

Zwei Beispiele für die Metamorphosen des Aromas von unterreifen bis zu überreifen roten Trauben:

Pinot noir:
rote Johannisbeere, Erdbeere, rote Kirsche, Himbeere, Veilchen, Schwarzkirsche.

Syrah/Shiraz:
grüne Kaffeebohne, grüne Olive, Himbeere, schwarzer Pfeffer, Brombeere, schwarze Johannisbeere, Cassis, Konfitüre.

Die Traubenschale ist für Farbe, Geschmack und Mundgefühl des späteren Rotweins in großem Maß verantwortlich. Darum wird der Most mitsamt Schalen und Kernen vergoren. Im Verlauf der Gärung (und wohl noch anschließend) findet eine wachsende Extraktion (Ausfällung) der Polyphenole* aus der Schale statt. Die Kunst der Rotweinherstellung besteht vor allem darin, diesen Vorgang gezielt zu steuern und im richtigen Augenblick abzubrechen.

Lesezeit

Wie bei den weißen Trauben richtet sich auch bei den roten der Lesezeitpunkt nach ihrem Reifegrad, der zum einen vom erreichten Zucker- und Säuregehalt abhängt, zum anderen von der Qualität des Tannins* in Schale und Kernen.

Auch die Aromen roter Trauben verändern sich im Verlauf der Reifung (ein Indikator für den späteren Weinstil, *siehe* Textkasten links), und wie bei den weißen schätzt man in kühleren Regionen oder Jahren besonders die frühen Reifestadien, während in wärmeren eher die späteren bevorzugt werden.

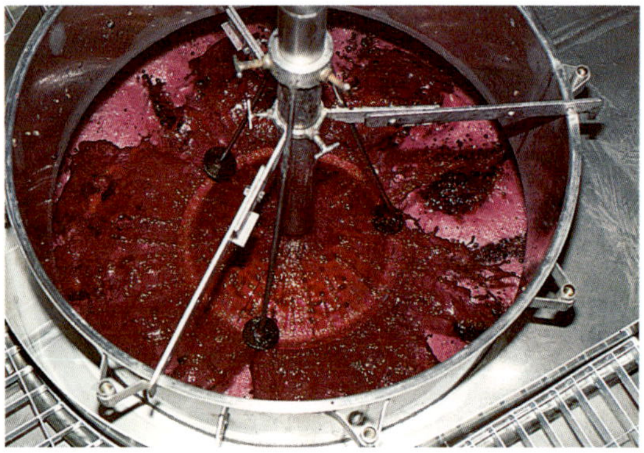

Das Umpumpen. Zu Beginn der Gärung muss der Most regelmäßig im Bottich von unten nach oben umgepumpt werden. Dadurch verteilt sich der Trester besser, die Gärung verläuft gleichmäßiger und der Most wird belüftet.

Gärung

Eine komplexe Reaktion nach einer einfachen Formel:

Zucker + Hefe = Alkohol + Kohlendioxid (CO_2)

Die Hefen verzehren den Zucker und scheiden Alkohol und CO_2 aus, und das so lange bis entweder der Zucker völlig umgewandelt ist oder aber der Alkohol seinerseits die Hefen abtötet.

Die Phasen der Weinbereitung

In Klammern gesetzte Schritte sind optional.

1 Entrappen/Mahlen: Die Trauben werden für gewöhnlich vollkommen entstielt. Das Mahlen erfolgt zwischen zwei gegenläufigen Gummirollen, zwischen denen soviel Abstand ist, dass nur die Schalen aufgebrochen werden, die bitteren Kerne jedoch unversehrt bleiben.

(2) Einmaischen: das «kalte» Maischen vor der Gärung, um die Aromen des Weins zu verbessern. Da noch kein Alkohol vorhanden ist, werden dabei nur wasserlösliche Bestandteile sowie Farbstoffe aus den Schalen entfernt, aber keine Tannine.

(3a) Mostzuckerung/Chaptalisierung: Dieses Gegenstück zur Azidifikation ist in gemäßigten und kühlen Regionen gängige Praxis. Dem Most wird dabei frühzeitig Zucker zugegeben, um den Alkoholgehalt zu erhöhen. Es geht hier freilich nicht um eine Süßung (der Zucker wird vollstän-

dig vergoren), sondern darum, die Charakteristika des Alkohols zugunsten einer größeren Ausgewogenheit des Weins* zu beeinflussen (*siehe* S. 49–50). Allerdings existieren sowohl für die Mostzuckerung wie auch für die Nachsäuerung strenge gesetzliche Vorgaben.

(3b) Konzentration: Man konzentriert den Most, indem man ihm per Vakuum oder Umkehrosmose Wasser entzieht. Im Unterschied zur Chaptalisierung werden hier nicht allein der Zucker, sondern auch Säure, Tannin, Geschmack, kurz sämtliche Eigenschaften des Weins verstärkt! Wegen dieser Wirkungsbreite ersetzt die Konzentration zunehmend die Chaptalisierung. Sie findet aber nur bei teuren Weinen Anwendung, da sie anders als die Zuckerung nicht eben billig ist.

(4) Azidifikation: nach Bedarf, *siehe* S. 50.

(5) Reinzuchthefe: *siehe* S. 40.

6 Alkoholische Gärung: Sie findet in offenen Bottichen statt, da das Einbringen und Entfernen von Schalen und Kernen in Fässern unpraktisch wäre. Die Gärtemperaturen liegen mit 25 bis 30 °C höher als bei Weißweinen, hängen aber jeweils vom Weintyp ab: Für leichtere Weine (mit beschränkter Extraktion) wählt man niedrigere, für vollere, extraktreichere Stile höhere. Zentrale Aufgaben sind in dieser Phase die Temperaturkontrolle und die Behandlung des «Tresterhuts». Die Kontrolle der Temperatur verhindert eine Überhitzung der Gärung, die die Hefen abtöten würde. Der «Tresterhut» ist jene dichte Schicht aus Schalen und Kernen, die sich auf dem Wein bildet. Sie muss beständig umgewälzt werden, um ihr Farbstoffe, Geschmack und Tannin vollständig und gleichmäßig zu entziehen. Man drückt dazu den Hut in offenen Bottichen wieder nach unten und/oder pumpt den Wein um (*siehe* Abb. S. 44).

Der Verlauf der Maischegärung hängt ganz vom Weinstil ab. Als Regel gilt, dass die Farbstoffe (weil leichter wasserlöslich) vor den Tanninen und die hochwertigen Tannine ihrerseits vor den minderwertigen extrahiert werden (im Zuge des Anstiegs von Temperatur und Alkoholgehalt). Roséweine «zieht» man schon nach etwa 24 Stunden von den Schalen «ab», darum enthalten sie praktisch kein Tannin. Leichte Rot-

Alles «Fremdmaterial», einschließlich gefaulter Trauben, wird vor der Maischung aussortiert.

UNTENS: *Bottiche aus Edelstahl, dem am häufigsten für die Weingärung und -lagerung verwendeten Material, hier bei Léoville Poyferré in St. Julien.*

Risiken bei der Rotweinbereitung

Zu viele Phenole:
Raue, bittere und adstringierende Tannine im Wein haben zwei mögliche Ursachen: a) die rabiate Behandlung von Traubenschalen und -kernen vor der Gärung und/oder b) eine zu lange Maischelagerung nach der Gärung.

*** Siehe auch**

Ausgewogenheit **S. 49–50**
Qualität des Tannins **S. 39**
Polyphenole der Schale **S. 10**

Zur Schönung wurde hier geschlagenes Eiweiß in ein Fass mit rotem Bordeaux gegeben und gründlich verrührt. Während es sich (über mehrere Wochen hinweg) absetzt, zieht es Schwebstoffe mit sich zu Boden, die den Wein trüben würden. Je nach zugegebener Menge bindet es auch in gewissem Maß die Tannine. Eiweiß schönt also Aussehen und Geschmack.

weine (schon mit viel Farbe, aber geringem Extrakt) werden nach drei oder vier Tagen abgezogen. Edle Weine aus edlen Trauben (*siehe* S. 124) verbringen abhängig vom Typ zwischen einer Woche und einem Monat auf der Maische. Bei den meisten Rotweinen ist die alkoholische Gärung binnen einer Woche abgeschlossen.

(7) Fassgärung: Dank dieser innovativen australischen Erfindung lässt sich bei Rotweinen eine übermäßige und unerwünschte Tanninextraktion vermeiden: Der noch nicht ganz durchgegorene Wein wird von der Maische abgezogen, so dass die Gärung im Fass abgeschlossen wird.

(8) Maischung nach der Gärung: Um mehr Tannin und Geschmack zu gewinnen, entschließt sich mancher Winzer dazu, den Wein nach der Gärung noch auf der Maische stehen zu lassen. Dieser Prozess muss indes sorgfältig überwacht und in Grenzen stattfinden, die von der Qualität der Trauben, der Erfahrung des Winzers und von seinem persönlichen Geschmack gesetzt werden (*siehe* S. 49–51).

9 Ablauf und Pressung: Der Vorlaufwein (so genannt, weil er bereits im Bottich aus Traubenschalen und -kernen austritt) wird vom Presswein getrennt aufbewahrt. Dieser wird später aus der gesättigten Maische im Bottich abgepresst und sehr behutsam mit dem Vorlaufwein verschnitten. Hierbei ist große Sorgfalt vonnöten, da der Presswein zugleich vollerere wie rauere Noten einbringt.

Kühlung bei der Mikrovinifikation (hier in Oregon, USA). Die behandschuhte Hand von Ken Wright taucht einen Trockeneisblock in einen winzigen Bottich mit frisch gärendem Pinot noir.

10 Malolaktische Gärung: (*siehe* S. 41) Bei Rotweinen übliche (und legitime) Praxis, um die Apfelsäure (*siehe* S. 38) mit dem Tannin zu «versöhnen». Anders als bei Weißweinen hinterlassen aber die Hefen bei Rotweinen keine erkennbaren geschmacklichen Spuren.

(11) Fassausbau: Im Eichenfass ausgebaute Rotweine zeigen vor allem in der frühen Phase oft eine weit «trockenere» Adstringenz als ihre weißen Gegenstücke, denn das Tannin der Eiche wird bei Rotweinen weniger neutralisiert als bei Weißweinen, die selbst nur wenig natürliches Tannin besitzen, das sich mit den eigenen Proteinen verbinden könnte (*siehe* S. 41).

Wird dagegen ein Rotwein aufs Fass gezogen, haben sich seine zahlreichen Tannine bereits mit seinen Proteinen verbunden, die nun nicht mehr zur Neutralisierung des Eichentannins zur Verfügung stehen. Dadurch überlagert das Eichentannin das Traubentannin des Weins – der Grund für jene fein trockene, fast kreidige Adstringenz, die bei einem Rotwein deutlicher wird als bei einem vergleichbaren trockenen Weißwein (*siehe* Bildlegenden S. 48, 98).

12 Periodisches Umziehen: Das Umziehen der Weine vom Hefesatz in saubere Tanks oder Fässer gehört zum unverzichtbaren Klärungsprozess hochwertiger Rotweine.

(13) Verschnitt/letzte Nachsäuerung: nach Bedarf und Geschmack.

14 Schönung: Der Vorgang ist auf Seite 41 erläutert. Für Rotwein gilt frisch geschlagenes Eiweiß noch immer als das beste Schönungsmittel. Die Menge reicht von zwei bis sechs Eiweiß pro 225-Liter-Fass, abhängig davon, wie viel Tannin man neutralisieren möchte. Das Eiweiß wird eingerührt und muss sich vor dem Abziehen ein bis zwei Monate «setzen» (*siehe* oben).

(15) Filtrierung: *siehe* S. 41.

16 Abfüllung: nach Geschmack und Reifegrad.

Eiche

Schon seit Jahrhunderten verwendet man Fässer zur Aufbewahrung von Wein. Man lernte dabei, dass Eiche das einzige Holz ist, das den Geschmack und die Struktur eines Weins sogar erheblich verbessern kann – allerdings lediglich für die Dauer von zwei bis drei Jahren und nur bei einem Fass aus neuem Holz.

Seit einigen Jahren erlebt das Eichenfass eine Art Hochkonjunktur. Mitte der 1980er-Jahre nämlich beglückten überraschend die Australier die Welt mit preiswerten Weinen, die durch überaus verführerische Noten des jungen Holzes überzeugten. Bis dahin war das Eichenfass vor allem der Kosten wegen nur edlen Weinen vorbehalten. Aber das reife australische Gewächs mit seiner Vanille-Sahne-Note war nahezu unwiderstehlich und ein großer Erfolg bei Verbrauchern, Kritikern und Wettbewerbsrichtern. Heute mag man kaum glauben, dass bis dahin Holz beim Wein kaum eine Rolle spielte.

LINKS: *Nur sorgfältig ausgewählte, fehlerfreie Stücke dieser stattlichen, 150-jährigen Eichenstämme liefern jeweils das Material für nicht mehr als zwei 225-Liter-Fässer, die so genannten Barriques.*

Eichenarten

Von den etwa 200 bekannten Spezies verwenden die Winzer nur zwei für die Fassherstellung: *Quercus petraea*, die Steineiche aus Nordeuropa, und *Quercus alba*, die amerikanische Weißeiche. Letztere liefert dank ihrer Physiognomie (*siehe* unten) die billigeren Fässer, da die Dauben mit nur 50 % Abfall aus dem Stamm gesägt werden können, während die Steineiche aufwändig gespalten werden muss, was zu 80 % Abfall und mehr als doppelt so hohen Materialkosten führt. Folgerichtig wird die Weißeiche vorrangig, wenn auch beileibe nicht ausschließlich, für preiswerte Weine verwendet. Experimente in den 1990er-Jahren haben gezeigt, dass sie bei gleicher Verarbeitung (d. h. Lufttrocknen sowie Biegen der Dauben über offenem Feuer statt Ofentrocknung

Die Struktur des Eichenholzes

Steineiche: Ein senkrechter Querschnitt der europäischen Steineiche *Quercus petraea* (100fache Vergrößerung) zeigt die Füllzellen, die die Saft führenden Gefäße wasserdicht abschließen.

Steineiche: Die Füllzellen der *Q. petraea* (1000-fache Vergrößerung) sind weich und fragil, da ihre Zellwände äußerst dünn sind. Um diese verletztliche Schutzstruktur wasserdicht zu erhalten, muss das Holz gespalten werden.

Weißeiche: Die Wände der Füllzellen der amerikanischen Weißeiche *Q. alba* (1000-fache Vergrößerung) sind vier- bis fünfmal so stark wie die der Steineiche. So kann ihnen auch Sägen nichts anhaben.

Chêne, das französische Wort für Eiche. Dieser Haute-Futaie-Stempel (wörtlich «hohe Stämme») garantiert, dass das Holz dieses Fasses aus 150 bis 250 Jahre alten Wäldern stammt – ein Qualitätssiegel.

und Dampfbiegung) eine ebenso «feine» Wirkung zeitigt wie die Steineiche. Wo sie nicht entsprechend verarbeitet wird, sind freilich ihre Vanille-, Kokosnuss- und Nelkennoten im Wein recht deutlich ausgeprägt, während die Steineiche mit ihrer dichteren Faser weniger vordergründige Aromen an den Wein abgibt.

Die Wirkung der Eiche: Geschmack

Sorgfältig ausgewähltes Holz sowie dessen richtige Lagerung und Verarbeitung sind wesentliche Voraussetzungen für eine positive Wirkung auf den Wein. Der wichtigste Faktor jedoch ist das so genannte «Toasten», das kontrollierte Abbrennen eines offenen Feuers im Fassinneren. Hitze und Flamme verändern dabei die Eigenschaften des Holzes, das erst jetzt sowohl die charakteristischen Eichen-Aromen als auch eine hilfreiche Schutzschicht zwischen den «rohen» Holzteilen und dem Wein ausbildet.

Eichenholz beeinflusst aber nicht nur Geruch und Geschmack des Weins, sondern auch dessen Struktur. Bei roten wie weißen Gewächsen hat es vor allem eine unterstützende, klärende Wirkung: Der Weingeschmack wird gleichsam fokussiert und gewinnt an Deutlichkeit. Daneben kann Eiche im Rotwein die traubeneigenen Tannine abmildern, umgekehrt freilich ebenso dazu führen, dass sich der Wein allzu trocken und adstringierend gestaltet (zu den Gründen dafür *siehe* S. 46; Ergebnisse *siehe* S. 98).

Was von Eiche zu halten ist

In Analogie zum Kochen sollte man das neue Holz in der Weinbereitung vor allem als ein opportunes Würzmittel begreifen. Kräftige, aromatische Speisen werden durch eine kräftige Würze noch verbessert, ohne ihr eigenes Gesicht zu verlieren; wo aber die Würze zur Hauptzutat wird, hat der Koch seinen Beruf verfehlt! Das Gleiche gilt für Eichenholz und Wein.

Zweifellos sind die Karamell- und Gewürzaromen der Eiche generell äußerst ansprechend. Der ungeheure kommerzielle Erfolg, der ihnen in den vergangenen zwanzig Jahren zu danken ist, führte aber findige Marketingleute aus der Weinbranche dazu, die Verwendung von Eiche geradezu als ein eigenständiges Gütesiegel zu etablieren. So schmückt sie nun als ein zugkräftiges Verkaufsargument zahllose Etiketten und wird mittlerweile auch von vielen (gedankenlosen) Winzern als gleichsam narrensichere Zutat angesehen – gleichsam die Weinversion der Speisestärke! Und das geht schlicht zu weit!

Zum Glück besitzen nicht alle Rebsorten eine solche Affinität zur Eiche wie etwa Cabernet Sauvignon, Merlot, Shiraz/Syrah und Chardonnay. Viele widersetzen sich dem Holz standhaft. Außerdem verlangen (wenigstens in der Neuen Welt) die nach jahrelanger Eicheneuphorie ernüchterten Weinliebhaber in jüngster Zeit wieder verstärkt nach Individualität, Nuancenreichtum und unverfälschtem Traubengeschmack. Und wahrlich: Immer mehr Produzenten erhören diesen Ruf. Die Ironie des Schicksals (oder des Marktes): Während sich Australier, Neuseeländer und Kalifornier insbesondere bei Weißweinen beherzt von der Eichenabhängigkeit zu befreien beginnen, ist in Europa und einigen Schwellenländern (Südafrika, Chile und Argentinien) gerade der umgekehrte Trend zu beobachten! Wir alle leben zwar in einer Welt, nicht immer aber auf dem gleichen Stand der Dinge!

Das kontrollierte «Toasten» des Fassinneren. Die Wirkung: Leichtes Toasten (10–15 Minuten) ergibt eine klar definierte, pikante Würzigkeit. Mittleres Toasten (15–30 Minuten) bringt die typischen «süßeren» Noten von Kokosnuss und Vanille (aus dem Holzvanillin) sowie zerlassener Butter und Karamell (aus den Holzzuckern) in den Wein. Starkes Toasten (30–45 Minuten) lässt Aromen von geröstetem Kaffee, geräuchertem Schinken, Nelken, Ingwer, Holzrauch bis hin zu Harzasche, Kreosot und Teer entstehen.

Winzer

Wie jeder Unternehmer muss auch der Weinerzeuger seine Produktion den Gesetzen der Wirtschaftlichkeit unterwerfen. Das zwingt ihn natürlich zu Kompromissen zwischen Ideal und Machbarkeit. Wenn er dabei das Wesentliche: die Güte seines Erzeugnisses, nicht aus den Augen verliert, erweist er sich als Meister in seinem Metier.

Der Winzer gleicht in mancher Hinsicht einem Koch, der weiß, dass selbst das beste Rezept nur eine vage Richtschnur zum Erfolg sein kann. Wenn Sie sechs Köche mit den gleichen Zutaten und Gerätschaften ausstatten, mit denen sie ein- und dasselbe Rezept in das gleiche Gericht verwandeln sollen, dann werden Sie mit großer Wahrscheinlichkeit am Ende sechs recht unterschiedliche Variationen des gleichen Themas kosten können (müssen).

Minimale Intervention

Wenn Sie einen guten Winzer fragen, wie er seine Ergebnisse erzielt, wird die Antwort lauten: «Ich greife so wenig wie möglich ein, der Wein macht sich letztlich selbst.» Diese Auskunft ist entweder sehr bescheiden oder unehrlich. Denn Wein macht sich ebensowenig selbst wie sich ein Ei selbst kocht.

Jahrein, jahraus, von der Lese bis zur Abfüllung, sieht sich der Winzer fortlaufend mit einer Vielzahl großer und kleiner Entscheidungen konfrontiert, von denen das Schicksal seines Weins abhängt. *Wie* er dann im einzelnen Fall entscheidet, hängt zwangsläufig von seinen geschmacklichen Prioritäten ab; darum spielen für die Qualität des Produkts sein Gaumen und seine allgemeine «Weinkultur» mindestens eine ebenso große Rolle wie seine Kenntnisse von Biologie, Chemie, Methodik und Rezepturen.

Jeder seriöse Weinbauer will eine ausgewogene Frucht erzielen, und der inspirierte Winzer wird stets den Weg zu diesem Ziel lenken – zwar nur mit leichter Hand, aber eben doch lenken.

Die perfekte Frucht oder **Minimale Nachbesserung:** In der idealen Weinwelt gäbe es nur vollkommene Früchte, die ohne jeden Eingriff zum gewünschten Wein führten. Dieses (unerreichbare) Ideal darf auch kein Weinhersteller aus den Augen verlieren, weil es der Maßstab seines Handelns sein muss – wie Max Frisch es in Hinblick auf eine ideale Gesellschaft formulierte: «Nähe oder Ferne eines Ziels ändern nichts an unserer Richtung.» In der Realität ist dazu aber die eine oder andere kleinere Manipulation erforderlich.

Chaptalisierung: ein Segen in kühleren Regionen. Die Zugabe von Zucker zum gärenden Most gleicht alkoholische Defizite des Saftes aus, denn zu wenig Zucker lässt zu viel Säure entstehen. Solche Defizite gehen entweder auf Trauben zurück, die durch Wetter und Klima nicht zu voller Reife gelangten, oder aber (und das leider nicht selten) auf die Geldgier des Erzeugers, der am Rebstock zu viele Trauben reifen ließ, um höhere Erträge zu erzielen. Vernünftig eingesetzt kann

Im Reich des Kellermeisters. Von links nach rechts: gefriergetrocknete Hefe, Bentonit (Tonerde) und Kasein (Milcheiweiß). Bentonit und Kasein dienen zur Klärung und/oder Schönung großer Weine. Reinzuchthefen vergären so wirksam, dass sie als wichtige Quelle für einen hohen Alkoholgehalt gelten (sie benötigen dazu weniger Zucker als Naturhefen). Heute kann man überschüssigen Alkohol allerdings auch mit technischen Mitteln entfernen!

RECHTS: *Weinsäurekristalle am Boden einer alten Flasche Elsässer Gewürztraminer. Sie stammen aus der im Wein vorhandenen Weinsäure, bilden sich manchmal aber auch in nicht stabilisiertem Wein im Zuge der Alterung. Die Kristalle sind so harmlos wie das Depot in altem Rotwein und zeugen in der Regel für die hohe Qualität eines Weißweins, der kaum manipuliert wurde.*

aber die Chaptalisierung* den Geschmack eines Weins durchaus voller und runder machen. Ein Ersatz für unzureichende Frucht ist sie jedoch nicht. Wo sie übertrieben eingesetzt wird, zeigt der Wein trotz aller künstlichen Fülle Defizite im Geschmack und bleibt unausgewogen.

Azidifikation: ein Segen für wärmere Regionen. Die Zugabe von Säure zum Most kompensiert die Mängel jener Trauben, die (eben durch zu viel Wärme) ihren idealen Zucker- und Säuregehalt erreichen, ehe sich ihr Geschmack voll entwickeln konnte. Lässt man diesen aber ganz ausreifen, verringern sich wiederum die Säureanteile zu stark. Eine angemessene Zugabe von Säure kann also den Mangel an Frische im fertigen Wein durchaus beheben, ohne seinen Charakter zu verfälschen. Leider wird auch die Adzifikation nicht selten übertrieben. Dergleichen zeigt sich im Wein aufdringlicher als eine übermäßige Chaptalisierung, denn der Geschmack von Säure ist naturgemäß aggressiver (und damit leichter auszumachen) als der des Alkohols. Der Vorteil für den Konsumenten: Die korrigierende Nachsäuerung lässt sich weniger leicht kaschieren als die Nachzuckerung.

Grundsätzlich bedeuten Korrekturen, die im Wein unmittelbar wahrzunehmen sind, keine gute Referenz für den Winzer. In jedem Fall ist die behutsame Vorsorge im Wingert jeder Reparatur im Weinkeller vorzuziehen. Hinter der Azidifikation* steht oftmals auch die Sorge um die bakterielle Stabilität des Weins (ein sachliches Argument), während die Chaptalisierung häufig schlicht aus unbedachter Gewohnheit eingesetzt und dann schlechten Gewissens als «Feinabstimmung» verkauft wird!

Ausweidung und Überladung: Mittlerweile wird mancher Wein am Ende des Produktionsprozesses im Namen von Stabilität und Brillanz durch eine maßlose Schönung* und/oder Filtration* buchstäblich ausgeschlachtet. Man holt das Letzte aus ihm heraus, selbst dort, wo kaum etwas vorhanden ist. Umgekehrt wurde es geradezu Mode, einen Wein im Namen von Größe und Intensität mit allen verfügbaren Mitteln zu überladen. Besonders bei Rotweinen «behandelt» man sehr niedrige Erträge gern mit überreifen Früchten, maschinell konzentrierten Extrakten, umfangreicher Mazeration usf. So sinnvoll jede dieser Maßnahmen im Einzelfall sein kann, so verfremdet ihr geballter, rücksichtsloser Einsatz letztlich jeden Wein. Pascal Delbeck vom Château Belair in St. Emilion prägte für solche Schöpfungen die schöne Bezeichnung *cerveaux de muscle*, Gehirne aus Muskeln!

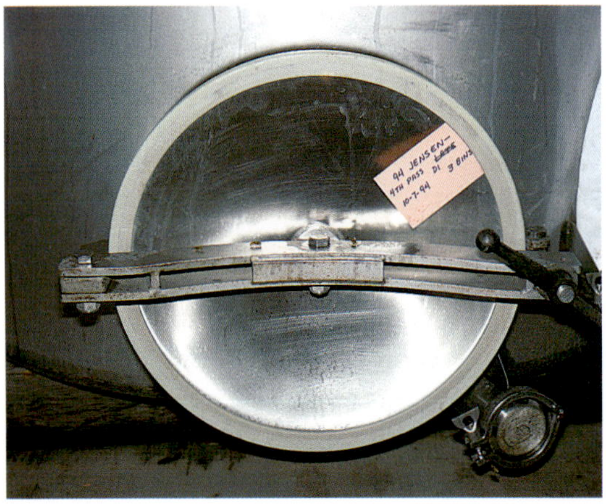

UNTEN LINKS: *Trauben kommen nicht alle gleichzeitig zur Reife. Viele Weingüter streben an, die Frucht der verschiedenen Lesen separat zu vergären, ehe über eventuellen Verschnitt entschieden wird. Dieser Tank des Weinguts Jensen steht in der Kellerei Calera in Kalifornien.*

UNTEN, RECHTS: *Getoastete Eichenchips und -späne. Sie werden entweder lose oder in einer Art «Teebeutel» in den gärenden Wein gegeben, um ihm die hoch geschätzten Eichennoten zu verschaffen, ohne dabei seine Struktur zu verändern, was bei einer regelrechten Fassreifung zwangsläufig geschieht. Die preisgünstigen Chips werden hauptsächlich bei billigeren Weinen eingesetzt, ihre richtige Anwendung ist aber ebenso diffizil wie die von Eichenfässern.*

Die Kalifornier Rocky O'Callahan aus Rockford im Barossa Valley (links) und Paul Draper aus Ridge: erstklassige Winzer, die wissen, dass es bei der Weinbereitung nicht nur um Hygiene, Technologie und neue Eiche, sondern auch um den Geschmack, einen feinen Gaumen und eine gewisse Noblesse geht. Denn so wie keine noch so brillante Technik einen Musiker zu einem Virtuosen macht, wenn er nicht auch Musikalität besitzt, so gewährleistet keine noch so moderne technische Ausstattung das Entstehen eines guten Weins, wenn der Winzer einen schlechten Geschmack besitzt.

Der Einfluss der Mode

Dank des global gesponnenen Informationsnetzes erreicht heute jede modische Strömung binnen Kurzem nahezu jeden Ort der Erde. Auch im Weinmetier können sich weder die Winzer noch die Konsumenten solchen Modeentwicklungen verschließen. Zu Beginn des neuen Jahrhunderts sind besonders Rotweine en vogue und so preisen die Marketing-Strategen und Trend-Designer die neuen geballten «Super-Attribute»* dieser Kreationen an: Reife, Alkohol, Weichheit, Extrakt, Farbe oder Intensität. Zwar repräsentieren einige wenige Weine diese Aspekte tatsächlich recht gut, die meisten jedoch halten nicht annähernd, was sie versprechen.

In der Neuen Welt lässt sich dieser Super-Stil dank der klimatischen Voraussetzungen auf natürliche Weise erzeugen. Europa jedoch, allzu geneigt, auf jeden US-Zug aufzuspringen, muss dazu seine Weine mit hohem Aufwand manipulieren. Dies ist nicht zuletzt jenen emsigen Jung-Ökonomen anzulasten, die für schnelles Geld altbewährte traditionelle Stile und Qualitäten, die viele Verbraucher mit Recht zu lieben lernten, vom Markt drängen wollen. Und es stimmt traurig, mit welcher Unbedenklichkeit sich mancher Winzer von seiner Zunftmoral verabschiedet, in der Hoffnung, so seine Produkte marktgerechter zu platzieren, obschon sie dabei gerade ihren langfristig viel zuverlässigeren Wert, nämlich die eigene Identität*, verlieren.

Verständnis der Trauben

Die Früchte jedes Weinguts haben eine jeweils eigene besondere «Stimme», ähnlich den Klangeigenschaften eines Musikinstruments. Ein Musiker kann diese Qualitäten zum Klingen oder zum Verstummen bringen, abhängig von seiner Erfahrung, seinem Können und seiner Redlichkeit. Ebenso kann ein Winzer den Stimmen seiner Trauben in seinem Wein Ausdruck verleihen oder sie verfälschen oder gar zerstören. Die Kunst liegt in beiden Fällen darin, nicht nach starren Formeln, Vorstellungen oder Moden vorzugehen, sondern zu berücksichtigen, welches Vorgehen dem Instrument oder der Frucht gerecht wird. Beide verlieren jedenfalls ihre Persönlichkeit, wenn man ihnen Gewalt antut.

Eine Hommage an die wahren Künstler

Aber allem vermeintlichem Pessimismus zum Trotz: Es gibt sie noch! Und nur von ihnen soll im Folgenden die Rede sein, nämlich von den besten Weinbauern dieser Erde!

*** Siehe auch**

Azidifikation **S. 41**
Chaptalisierung **S. 44–45**
Filtrierung **S. 41**
Schönung **S. 41, 46**
Identität **S. 31–32**
«Super-Attribute» **S. 32–33**

In der Flasche

3. Weinnamen

Namen und Etiketten

Wenn man nicht gerade ein Weinprofi ist, hat man in einer gut sortierten Weinhandlung die Qual der Wahl. Da man nicht jede Flasche Wein vor dem Kauf probieren kann, sollen uns aber die Flaschenform und die Informationen des Etiketts eine annähernde Vorstellung der Weinqualität vermitteln ...

... wenn es doch nur so wäre! Denn leider existieren keine international verbindlichen Richtlinien zur Benennung von Weinen. Denkt man an die ungeheure Vielfalt der erhältlichen Tropfen, verwundert das wenig, ist aber dennoch zu bedauern, da vor allem das Etikett eine wesentliche Entscheidungshilfe beim Kauf ist. Immerhin sind aber die Flaschenformen ebenso wie die Etiketten meist nicht gänzlich beliebig und sagen doch das eine oder andere über den Inhalt der Flasche aus.

Flaschenformen

Aus der faktischen Formenvielfalt stechen drei weit verbreitete traditionelle Flaschenformen heraus, die ihrerseits in Verbindung mit drei maßgeblichen europäischen Weinregionen stehen: Bordeaux, Burgund und Deutschland. Die Bordeauxflasche (Abb. 2, S. 54) weist parallele Seiten und ausgeprägte Schultern auf, die breitere Burgunderflasche (Abb. 3, S. 54) zeigt lange, abfallende Schultern, während die deutsche Flasche («Flöte») hoch und schlank erscheint (Abb. 4, S. 55). Wo Sie auf diese Flaschenformen stoßen, können Sie davon ausgehen, dass der Wein den Prototypen auch im weitesten Sinne ähnelt.

Bordeauxflaschen: Sie werden normalerweise für Rotweine aus den Bordeauxsorten Cabernet Sauvignon und Merlot bzw. für rote Weine verwendet, die jenen in Gewicht und Stil vergleichbar sind – also trocken, von mittlerem Körper und leicht tanninhaltig. Dagegen werden weiße Bordeauxflaschen für süße Weine auf Basis von Sémillon und Sauvignon blanc benutzt, die dem Sauternes ähneln.

Burgunderflaschen: Sie beinhalten Tropfen, die ganz allgemein mit Burgunder assoziiert werden können – insbesondere Pinot noir, aber auch solche Rotweine, die voller, weicher und weniger tanninhaltig sind als der durchschnittliche Bordeaux. Der weiße Burgunder Chardonnay wird prinzipiell in diesen Flaschen verkauft, ebenso fast jeder andere körperreiche, im Eichenfass gereifte trockene Wein.

Deutsche Flöte: Sie ist für alle (roten und weißen) Weine aus dem Elsass gesetzlich vorgeschrieben, wird aber häufig auch für trockene wie liebliche Weine auf Rieslingbasis sowie für aromatische Rebsorten wie Gewürztraminer verwendet. Allerdings ist der Ruf dieser Flaschenform weltweit nicht besonders gut, weil man mit ihr in der Regel billige und anspruchslose deutsche Massenweine assoziiert.

1

Marketing und Image

Auf den ersten Blick verspricht diese schöne Flasche einen edlen, trockenen weißen Bordeaux aus Sauvignon- oder Sémillontrauben. Das verführt zu genauerem Hinsehen – worauf sich die wenigsten Kenner einließen, wenn dieser Riesling aus Neuseeland in der traditionellen deutschen Flasche mit ihrem schlechten (und manchmal verdienten) Image billiger deutscher Marken angeboten würde.

Diese drei «klassischen» Flaschenformen gehören im Bewusstsein der Konsumenten traditionell zu den genannten Weinen, darum wäre es wirtschaftlich unklug, sie zweckzuentfremden. Auf der anderen Seite sind es gerade wirtschaftliche Erwägungen, die viele Weinhersteller in der Neuen Welt davon abhalten, für ihre Rieslinge die traditionelle deutsche Flasche zu verwenden (*siehe* Abbildung S. 53).

Abgesehen von dieser grundsätzlichen Tendenz liefert die Flaschenform nur vage Informationen. So werden die mächtigen australischen SHIRAZWEINE in Bordeauxflaschen verkauft und nicht in den Burgunderflaschen, die für den SYRAH von der nördlichen Rhône obligatorisch sind. Zudem kommen immer mehr unorthodoxe Flaschenformen und –farben zum Einsatz, die eher die Aufmerksamkeit des Käufers erregen als einen Hinweis auf den Inhalt vermitteln sollen.

2

RECHTS: *Der Bordeaux links trägt einen bewährten Markennamen, Pape Clément, und seine Herkunft steht eindeutig fest – wenn man weiß, wo Péssac-Léognan und Graves liegen. Und sofern Sie kein Fachmann sind, werden Sie kaum wissen, dass er zu 60 Prozent aus Cabernet Sauvignon-, zu 40 Prozent aus Merlot-Trauben besteht. Auch die Trefethen-Flasche rechts suggeriert sogleich einen Bordeaux-Stil. Der gut eingeführte Markenname ist ebenso wie die Herkunft im Napa Valley und die verwendete Rebsorte gut lesbar. Das ovale Hillside-Selection-Etikett ist eine herausragende Qualitätsbezeichnung.*

3

Burgunderflaschen. Bei der linken handelt es sich nicht um irgendeinen *Chassagne-Montrachet, er stammt vielmehr von einem überragenden Premier-cru-Weingut. Beinah das Wissenswerteste ist jedoch der Name des renommierten Herstellers: J. N. Gagnard – schließlich produzieren an diesem Ort viele Leute Wein. Dazu noch ein heraus ragender Jahrgang. Aber um diese Informationen zu würdigen, braucht man Fachwissen. Sonst weiß man nicht, dass es sich um einen Chardonnay handelt – was auf dem Etikett des südafrikanischen Meerlust unübersehbar ist.*

Namen

Weinnamen werden in der Regel nach zwei Kriterien ausgewählt: nach ihrer geografischen Herkunft oder nach der Rebsorte, aus der der Wein bereitet wurde.

Geografische Bezeichnung: Weil ihr charakteristischer Stil historisch eng mit ihrer Herkunft verknüpft ist, werden die meisten europäischen Weine nach ihrem geografischen Ursprung benannt – BORDEAUX, CHIANTI, RIOJA, MOSEL. Dieses Benennungssystem gestattet theoretisch eine große Differenzierung und wäre damit recht informativ, schließlich sind die meisten Weinstile und -qualitäten eng an ihre Herkunft gebunden (*siehe* S. 126, 129, 144). Von Nachteil ist, dass der potentielle Käufer sich gut mit den zahlreichen Standorten auskennen muss, zumal häufig unklar ist, ob der Name nun eine Rebsorte oder einen Ort meint. NEBBIOLO etwa ist eine Rebsorte, BAROLO ein Ort und MONTEPULCIANO beides!

Sortennamen: Die meisten der so genannten «Neue-Welt-Weine» werden nach ihren Rebsorten benannt. Diese Konvention erscheint auf den ersten Blick sehr verbraucherfreundlich. Immerhin gibt es nur eine Hand voll Rebsorten von Belang, die im größeren Umfang zur Weinherstellung herangezogen werden. Hat man sich also einmal mit Weinen der jeweiligen Sorte vertraut gemacht, kann man sich dank des Namens auf dem Etikett rasch eine allgemeine Vorstellung vom Stil des betreffenden Weins machen. Allerdings sagt die Sorte (anders als die Herkunft) nichts über seine Qualität aus. Darum bedienen sich die Winzer von Sortenweinen einer Vielzahl verwirrender Qualitätsbezeichnungen und Eigenmarken sowie – natürlich – immer detaillierterer Herkunftshinweise!

Markennamen: Im schlimmsten Fall ist ein Markenwein ein Massenwein mit einem immens erfolgreich beworbenen Namen; in identischer Durchschnittsqualität nahezu unbegrenzt verfügbar, wird sein Angebot durch die Nachfrage und die Werbung bestimmt, zum Beispiel Blue Nun, Mateus rosé und Mouton Cadet. In vielen Fällen wurde aber ein Wein auch darum zu einer Marke, weil er auf Dauer mit anerkannten und zuverlässigen Charakteristika des Stils und der Qualität überzeugte. Das gilt zum Beispiel für die Château-Weine des Bordeaux, deren Namen heute (Güte-)Marken sind, aber auch für viele Weine der Neuen Welt, bei denen die Herstellernamen zu Marken avancierten, etwa Penfolds, Mondavi und Montana. Ihre große Reputation ist einfach eine Bürgschaft für Qualität. Dennoch hilft dem Käufer in vielen Fällen selbst ein renommierter Markenname auf dem Etikett nicht viel weiter, und als weitaus wichtiger erweist sich dann der Name des jeweiligen Herstellers – denn angesichts zahlloser Chardonnays, Cabernets und Merlots zählt am Ende nur, wessen Version man gerade in Händen hält.

Informationen auf dem Etikett

In den meisten Staaten sind die folgenden, meist selbsterklärenden Angaben für das Etikett vorgeschrieben:

4

LINKS: *Deutsche Flöten. Die rechte stammt von einer australischen Kellerei, die zu Recht stolz darauf ist, ihren Riesling in eine traditionelle Rieslingflöte abzufüllen; auf dem Etikett weist sie nicht nur auf die südaustralische Herkunftsregion hin, sondern sogar auf ein bestimmtes Weingut. Der Name des deutschen Herstellers links ist unübersehbar, und auch Rebsorte, genaue Herkunft und Jahrgang sind vermerkt. Aber wissen Sie, was die Informationen «Dr. Loosen» (Spitzenqualität), «Wehlener Sonnenuhr» (Toplage) und «Kabinett» (leichter, halbtrockener Stil) bedeuten?*

UNTEN LINKS: *Rückenetiketten können nützliche Informationen, aber auch schlicht heiße Werbeluft enthalten. Das letztere ist leider häufiger der Fall. Auf den Merlot-Etiketten informiert Sainsbury über die bulgarische Region, aus der der Wein stammt, und nennt ein Mindesthaltbarkeitsdatum sowie eine Telefonnummer für Verbraucherfragen – der Platz ist gut genutzt. Das italienische Etikett rechts ergeht sich weitschweifig über die Herstellung («berühmt für seine Qualität»), nennt aber keinerlei Details zur Rebsorte. Wenig hilfreich.*

- **Herkunftsland**
- **Herstellername**
- Abfüllung (Ort und Abfüller)
- Mengenangabe (die Standardflasche hat 75 cl (= 750 ml) Inhalt)
- Alkoholgehalt in Volumenprozent (Vol.-%)

Wichtige Zusatzinformationen vermerken:

- die **Rebsorte** – für Sortenweine
- die genaue **Herkunftsregion**
- die nationale/regionale **Qualitätsbezeichnung**
- den **Jahrgang** – je gemäßigter das Klima am Herkunftsort, umso wichtiger ist diese Information (*siehe* S. 166)

Die unentbehrlichen Informationen sind **halbfett** hervorgehoben. Man kann sie nach ihrer Bedeutung wie folgt anordnen:

1. Land/Region oder Rebsorte
2. Hersteller
3. Qualitätsbezeichnung
4. Jahrgang

Anmerkung: Die abgebildeten Flaschenpaare auf den Seiten 54 und 55 zeigen jeweils das europäische Original und seine Version aus der Neuen Welt.

Die abgebildeten Etiketten machen deutlich, wie unterschiedlich Etiketteninformationen ausfallen können.

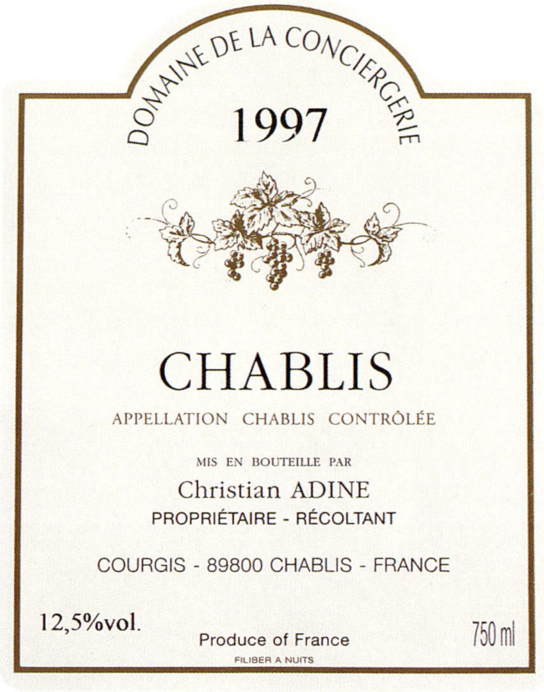

RECHTS: *Ein schlichtes, aber aussagekräftiges Muster für Klarheit! Alle wichtigen Informationen sind hier gut lesbar versammelt. Herauszufinden bleibt lediglich noch, dass es sich um einen Chardonnay handelt – auf den allermeisten Appellation-Controllée-Etiketten ist nämlich die Angabe der Rebsorte verboten. Der Grund: Die französischen Behörden fürchten, ansonsten würde ihr sorgsam gepflegter Anspruch leiden, dass ihre Weine Ausdruck des jeweiligen Terroir sind (mit der Traube lediglich als Medium)!*

UNTEN RECHTS *(eine Flasche, zwei Etiketten): Ein Beispiel für die Kunst, mit viel Aufwand wenig zu sagen! Aber immerhin schön anzusehen, zumindest das Rückenetikett, denn das kleinere, das die wenigen Informationen enthält, ist eigentlich das Frontetikett. Eine detektivische Untersuchung fördert zwar noch den Jahrgang zutage (für die Toskana nicht unwichtig), die Rebsorte freilich, die für die Identität des Stils wesentlich ist, bleibt ein Geheimnis – obschon doch ein «Vino di Tavola di Toscana» (toskanischer Tafelwein) aus allen möglichen Trauben bestehen kann. Das Etikett führt nicht weit. Erfreuen wir uns also der grafischen Fantasie!*

4. Weiße Trauben, weiße Weine

Viele halten die Rieslingtraube für die feinste aller weißen Varietäten.

Thema und Variationen

Der beste Weg, um sich mit der Vielfalt der Weine vertraut zu machen, besteht darin, verschiedene Weine derselben Rebsorte sowie Weine unterschiedlicher Sorten miteinander zu vergleichen. Die folgenden Kurzmonografien machen Sie mit den bedeutendsten Gewächsen vertraut.

Jede Rebsorte von Rang schlägt gleichsam ein geschmackliches Thema an. Innerhalb ihrer vielköpfigen Verwandtschaft trifft man aber auf zahlreiche Variationen zu diesem Hauptthema. Sie resultieren einerseits aus klimatischen und geografischen Einflüssen, andererseits aus den unterschiedlichen Methoden des Weinbaus und der Weinbereitung.

Zwar können intensive Herstellungsmethoden im Extremfall den Stil einer Rebe bis zur Unkenntlichkeit verändern. Aber in der Regel bewegen sich die Weine, die in einem bestimmten Kontext von Land, Klima und Lage erzeugt werden, innerhalb eines eindeutigen Definitionsrahmens und wirken durchweg «angemessen» und unverfälscht. Das macht sie zu «typischen» Weinen einer Rebe, und nur von diesen soll im Folgenden die Rede sein.

Dabei überschreiten wir eine preisliche Obergrenze von 50 € (100 SFr) nicht. Nur wo sie für die geschmackliche Referenz einer Rebsorte von Bedeutung sind, finden auch die ganz großen (und teuersten) Weine Erwähnung.

Chardonnay

Die Chardonnay-Rebe liefert einige der besten trockenen Weißweine sowie viele große Schaumweine. Ihre enorme Anpassungsfähigkeit und ihr breites Qualitätsspektrum machen sie zum idealen Gegenstand einer vergleichenden Betrachtung.

Allerdings hat gerade diese Anpassungsfähigkeit (die Chardonnay-Rebe kann nahezu überall in der Welt angebaut und zu Wein verarbeitet werden) vielerorts zu einem gewissem Chardonnay-Überdruss geführt, werden doch Jahr für Jahr auch Unmengen charakterlosen, aber alkoholreichen Chardonnays angeboten. Diese maßlose Ausschlachtung sollte man freilich nicht der Rebsorte anlasten.

Anders als etwa SAUVIGNON BLANC oder RIESLING besitzt jedoch die Chardonnay-Traube in der Tat keine besonders ausgeprägten Charakteristika; durch diesen Mangel an profilierter Persönlichkeit ist sie für nahezu alle möglichen (und unmöglichen) Herstellungsverfahren verwendbar – eine ausgesprochene Herausforderung für jeden ehrgeizigen (oder uninspirierten) Winzer. Und da sie als anspruchslose Frucht leicht zu verarbeiten ist, eignet sie sich auch ideal für die industrielle Weinherstellung, zumal ihr überaus populäres Image einen wirtschaftlichen Erfolg lange nahezu garantierte.

Der steile Grand-Cru-Weinberg von Bougros im Chablis zeigt den charakteristischen, vom Kalkstein dominierten Boden und eine Reihe ölbetriebener Öfen, die Frühjahrsfröste abwehren sollen.

Der uneindeutigen Identität der Rebsorte zum Trotz kann man die Chardonnay-Weine dennoch in zwei Hauptgruppen scheiden: in die ohne Holz ausgebauten und in die auf Eiche ausgebauten Tropfen. Auch hier bleiben zwar die jeweiligen Charakteristika eher vage, die Qualitätsmerkmale jedoch lassen sich recht klar bestimmen.

Chardonnay ohne Holz*

Er wird zunehmend in **Frankreich** hergestellt, beispielsweise im Ardèche (LOUIS LATOUR) und im Languedoc (JAMES HERRICK). Jene Chardonnays jedoch, die Maßstäbe setzen, stammen noch immer aus dem Chablis und dem Mâconnais.

Ein guter, schlichter MÂCON, jung getrunken, ist eine wahre Freude: von mittlerem Körper, geschmeidig und frisch, mit reinen, geradlinigen Noten reifer Äpfel und Tangerinen. Die zu vielen Speisen passende, liebenswerte Leichtigkeit erklärt, warum preiswerte Chardonnays so viele begeisterte Freunde finden. Der zuverlässige MÂCON-VILLAGES von der DOMAINE TALMARD ist immer herausragend, während die Weine der Kooperativen von LUGNY und BUXY konstant durch ihre außerordentliche Konsistenz überzeugen.

Das Chablis liegt 290 km nördlich des Mâconnais. Auch wenn dort die Trauben heute reifer als früher gepflückt werden und die meisten Weine die malolaktische Gärung* durchlaufen müssen, weist der hiesige Chardonnay eine lebhaftere Säure und einen stärkeren mineralischen/steinigen Charakter auf. CHABLIS wird nach wie vor überwiegend ohne neues Holz ausgebaut, und Winzer wie LOUIS MICHEL, BILLAUD-SIMON, CHRISTIAN ADINE, BERNARD LEGLAND, DANIEL DAMPT sowie die verlässliche Kooperative La Chablisienne erzeugen reine, knackige und wunderbar klar definierte Weine.

Im übrigen Europa ragen **Bulgariens** beste Chardonnays wie Khan Krum und Bin 63 von Vinex Preslav heraus, gute Mâcon-Kopien mit Pfirsichnote. Die Chardonnays aus **Ungarn** besitzen die Säure grüner Äpfel, während im Nordosten **Italiens** viele lebhaft frische, leicht trinkbare, im Stahltank vergorene Weine entstehen (etwa Lageder und Tiefenbrunner); im Piemont produziert auch Alasia, Mitglied der Araldica-Kooperative, einen bemerkenswert guten Wein. Und in **Spanien** sollte man nicht versäumen, nach Raïmat (Costers del Segre) und Enate (Somontano) Ausschau zu halten.

Chardonnay ohne Eiche aus der Neuen Welt war früher eine Seltenheit. Vor allem in **Australien** ist dies heute anders. Zu den verlässlichsten Chardonnays zählen dort Constable & Hershon Hunter Valley, Chapel Hill und Shaw & Smith in Südaustralien, sowie Browns aus Padthaway und Goundry's vom Mount Barker.

Für viele dieser Weine werden die Trauben ein wenig früher gelesen als für die Eichenversion, oder aber sie stammen aus kühleren Regionen. Die besten dieser Gewächse sind so überwältigend gut, dass man sich einfach eine größere Produktion wünscht!

In einem Iron Pot Bay aus dem Tamar Valley – saftig lebendig, perfekt ausgewogen, hinreißend frisch – zeigt sich die viel versprechende Zukunft Tasmaniens. Ein verbreiteter und ausnehmend guter Chardonnay aus **Kalifornien** ist Fetzer's Mendocino Chardonnay.

Chardonnay auf Eiche

Puligny-Montrachet, Chassagne-Montrachet und Meursault sind, was Qualität anlangt, die drei führenden Gemeinden der burgundischen Côte de Beaune – nur wünschte man sich, ihre Weine wären ein wenig deutlicher voneinander zu unterscheiden. Wenn es da überhaupt Differenzen gibt, werden sie jedenfalls von den Herstellern weitestgehend verwischt.

Ein Meursault (Lafon, Roulot, Grivault, Jado) neigt im allgemeinen zu etwas mehr Fülle, Breite, Offenheit und Butterigkeit als ein Puligny, der ein wenig straffer, reiner und mit einer Spur von Pfirsich und Tangerine auftritt (Carillon, Domaine Leflaive, Jadot, Champy). Um Chassagne produziert J.-N. Gagnard einen reichen und konzentrierten Tropfen, Ramonet einen feinen und delikaten Wein. St-Aubin (G. Prudhon, M. Colin, B. Morey) bietet als «schmächtigerer» Meursault eine gute Alternative zu Puligny und Auxey-Duresses (Leroy, M. Prunier und J.-P. Diconne).

Der schlichte Appellation Bourgogne blanc besticht durch ein besonders gutes Preis-Leistungsverhältnis, sofern er von Top-Produzenten wie Leflaive, Leroy oder Coche-Dury kommt. Im äußersten Süden Burgunds macht Pouilly-Fuissé reife, geschmeidige, volle Weine (Château de Fuissé, Denogent), während aus dem höher gelegenen und kühleren Dorf Vergisson die frischeren Gewächse stammen (Michel Forest, D. Barraud, Guffens-Heynen).

Spanien produziert hauptsächlich im Nordosten eine kleine Menge von Chardonnays auf Eiche: knackig zitronige in Navarra (Castillo de Monjardín) sowie einen weichen, cremigen und teuren Milmanda in Torres (Penedès). **Italiens** im

Oben: *Burgund: Château de Meursault mit der Kalksteinwand von St. Romains im Hintergrund.*

Unten links: *In den Seitenstrassen von Beaune findet man unverhoffte Schätze wie diesen alten Klingelzug in der Rue des Tonneliers.*

Steckbrief Chardonnay

Alkohol: mittel bis hoch.
Säure: meist moderat, kann in kühlen Regionen lebhaft sein.
Aromen: natürlich schwach, sanft durch neue Eiche oder Terroir beeinflusst.
Kühles Klima/unterreife Frucht: Apfel, Melone, Limette, weißer Pfirsich, Nektarine.
Warmes Klima/reifere Frucht: Tangerine, Pfirsich, Ananas, Passionsfrucht, Obstsalat.
Flaschen-Bouquet: Vorzugsweise jung trinken, einige wenige Spitzenweine altern hervorragend.
Ohne Holz: vegetabil, honigartig, nasse Wolle.
Auf Eiche: Honig, Butter, Nüsse, Karamell, Toast, Terroir.
Stile:
- ohne Holz: rein, frisch
- auf Eiche: zurückhaltend bis voll.

OBEN: *Louis Carillon, die Heimat eines der elegantesten Puligny-Montrachets Burgunds.*

MITTE: *Gisborne, Neuseeland. Fassexperimente mit Chardonnay: In großen Lettern die Namen der Weingüter, die kleineren Beschriftungen vermerken die Rebstöcke, Klone, Hefen und Beschnitttechniken. Chardonnay ist ein dankbares Material für vielerlei Experimente.*

UNTEN: *Carneros, Kalifornien. Diese kühlere Region im äußersten Süden des Napa Valley produziert besonders elegante und zurückhaltende Versionen kalifornischer Chardonnays.*

Fass ausgebaute* Chardonnays stammen vorwiegend aus dem Kernland aller Weinambitionierten, der Toskana, aber bis heute neigt leider das Holz dazu, die Frucht auszutrocknen. LAGEDER'S ALTO ADIGE LÖWENGANG ist jedoch konstant stilvoll und erfolgreich.

Deutschland, Österreich und die **Schweiz** produzieren ebenfalls kleine Mengen qualitativ anspruchsvoller Chardonnays.

Leicht anzubauen, leicht herzustellen, leicht zu verkaufen – kein Wunder, dass auch die **Neue Welt** so viel Chardonnay auf Eiche produziert, einen großen Teil davon freilich in einem zu alkoholischen, schwülstigen Mâcon-Stil: überreif, holzig, trocken (dank des hohen Alkoholgehalts und einiger Restsüße) und je nach Herkunft mit mehr oder weniger Säure. Von den BURGUNDERN sind die besten von guter Village- oder minderer Premier-cru-Qualität, bieten dabei aber einen höheren Gegenwert fürs Geld als die meisten der weißen Burgunder vergleichbarer Qualität. Die meisten Spitzenweine liegen auf einer guten Premier-cru-Stufe (*siehe* S. 82).

In Südamerika produziert **Chile** reichlich guten Chardonnay, wobei der beste aus der Casablanca-Region (CASABLANCA, ERRAZURIZ) stammt. In **Argentinien** sind die Weine von CARTENA ein Muster an Ausgewogenheit. Bis heute aber haben beide Länder den besten Weinen aus der restlichen Neuen Welt kaum etwas entgegenzusetzen. In Nordamerika ist nur **Kalifornien** ein nenneswerter Chardonnay-Produzent. Die besten Tropfen aus **Kanada** sind leicht, frisch und angenehm zu trinken, die aus dem US-Bundesstaat **Washington** wirken in der Traubenqualität konsistenter als jene aus **Oregon**.

Die Qualitätsweine **Kaliforniens** stammen alle von Weingütern, die sich von Mendocino County im Norden über 800 km entlang der Küste bis nach Santa Barbara im Süden erstrecken. Besonders verlässliche Weine im mittleren Preissegment sind BERINGER NAPA, ESTANCIA und CHÂTEAU SOUVERAIN. Die sehr beeindruckende Küstengeografie ist dermaßen vielgestaltig, dass es unmöglich ist, generelle Aussagen über Ort und Stil zu treffen. Vor diesem Hintergrund wirken die besten CARNEROS-CHARDONNAYS (kühl und luftig) besonders elegant und dezent: SAINTSBURY, PHELPS, MONDAVI und ACACIA. Auch das Sonoma County glänzt mit eleganten Weinen: SONOMA CUTRER, CHÂTEAU ST. JEAN, MATANAZAS CREEK. Von der Mitte bis in den Süden hinab weisen RIDGE, CALERA, AU BON CLIMAT, QUPÉ und EDNA VALLEY allesamt Spitzen-Premier-cru-Qualität auf. Kistler und Chalone liefern regelmäßig Grand-cru-Tropfen. Für einen Verkostungsvergleich bieten sich folgende Weine an: FETZER ohne Eiche (•), FETZER PRIVATE COLLECTION (••), SAINTSBURY RESERVE sowie CHALONE beziehungsweise ein SPITZEN-KISTLER (alle •••/••••).

Ungeachtet ihrer mindestens 13 Vol.-% Alkohol treten die besten Chardonnays **Südafrikas** zunehmend konsistent auf, in einem generell leichteren, zurückhaltenderen Stil als die Kalifornier, Australier oder Neuseeländer: nahezu pfirsichweich. Aus allen Qualitätsregionen kommen hier gute Weine. Die besten bewegen sich auf einem gutem Village- bis zu einem minderen Premier-cru-Niveau, wobei Stellenbosch dominiert (MULDERBOSCH, JORDAN, SIMONSIG, MEERLUST), gefolgt von den knackigeren Weinen aus Constantia (STEENBERG), Walker Bay (BOUCHARD-FINLAYSON, HAMILTON RUSSELL) sowie dem exzellenten Angebot von DE WETSHOF in Robertson und von NEIL ELLIS – aus angekauften Trauben!

Das Gros der **australischen** Chardonnays – golden, großzügig, reif und holzig – wartet meist mit einem stärkeren Akzent tropischer Früchte als die Kalifornier auf. LINDEMAN'S BIN 65 und PENFOLD'S KOONUNGA HILL sind zwei bemerkenswert gute und konsistente «generische» Weine. Zwischen den Spitzen-Chardonnays gibt es aber deutliche regionale Unterschiede: butterig, ausladend und breit aus dem Hunter Valley (ROSEMOUNT ROXBURGH, TYRELL'S VAT 47), eleganter dagegen aus den kühleren Regionen, vor allem dem Yarra Valley in Victoria (MOUNT MARY – altert wie ein guter PULIGNY –, TARRAWARRA, COLDSTREAM HILLS). In Südaustralien ist PICCADILLY HILLS zu erwähnen (PETALUMA, GROSSET), in Westaustralien sind es HOWARD PARK, SANDALFORD und PLANTAGENET – tiefe, feste und komplexe Weine aus einer wirklich kühlen Gegend: vom Mount Barker. Kontinuierliche Spitzenqualitäten jedoch finden Sie bei den ART SERIES von LEEUWIN: langen, fein ausgewogenen, hochreinen Tropfen vom Margaret River. Zum Verkostungsvergleich empfehlen sich hier: KOONUNGA HILL, YALUMBA FAMILY RESERVE, PETALUMA, LEEUWIN.

Unter den Neue-Welt-Chardonnays stechen die **Neuseeländer** Gewächse durch ihr Rückgrat aus Säure hervor. Achten Sie auf dem Etikett auf die Herkunftsregion. Die Weingüter erstrecken sich über 900 km von Norden nach Süden, wobei die Stile generell weicher werden, je weiter man nach Norden kommt. Das Angebot von VILLA MARIA (PRIVATE BIN, CELLAR SELECTION und RESERVE) deckt leicht drei Qualitätsstufen ab, während die folgenden Weine eher stilistische Unterschiede verkörpern: von der Südinsel MARLBOROUGH'S CLOUDY BAY, VAVASOUR RESERVE sowie NELSON'S NEUDORF – feste, elegante, kompakte Weine; von der Nordinsel: MARTINBOROUGH oder PALLISER, beide frisch und rein mit direkter Frucht. GISBORNE kreiert volle Weine, die für neuseeländische Verhältnisse sehr geschmeidig sind (KIM CRAWFORD'S TIETJEN); Hawkes Bay's TE MATA ELSTON oder KUMEU RIVER MATE'S VINYARD aus Auckland erscheinen voll und fest, zugleich sinnlich weich und in Spitzen-Premier-cru-Qualität.

Da die meisten Chardonnays nicht gut altern, sollte man sie jung trinken, und je wärmer das Klima, umso früher. Lediglich die Premier crus Burgunds und die Spitzenweine der Neuen Welt entwickeln in der Flasche über ein Jahrzehnt hinweg äußerst aromatische Noten.

Boschendal Estate in Paarl, Südafrika. Aus dem Franschhoek Valley kommen einige der weichsten und früh trinkbaren Chardonnays des Landes.

Spitzenweine zur Probe

Burgund, Frankreich
Chevalier-Montrachet
(Domaine Leflaive, Jadot)
Corton-Charlemagne
(B. du Martray, L. Latour)

Kalifornien, USA
Robert Mondavi Reserve
Kistler McCrea Vineyard

*** Siehe auch**

Fasseinflüsse **S. 41, 48**
malolaktische Gärung **S. 41**
Verkostungen **S. 126, 130**
ohne Eiche **S. 41, 162**

Riesling

Im Idealfall liefern Rieslingreben von kühlen, aber sonnigen Lagen unvergleichliche Weine, die eine bestechende Leichtigkeit mit enormer Intensität verbinden. Diese extra-trockenen bis süßen Gewächse sind zudem absolut holzfrei, werden aber nach wie vor unterschätzt – auch deshalb, weil der Ruf des deutschen Riesling-Durchschnittsweins nicht der beste ist. Dennoch hat sich die exzellente Rebe in Italien (Riesling renano), in den USA (Johannisberg Riesling) und Australien (Rhine Riesling) gut etablieren können.

Steile Schieferhänge bei Bernkastel an der Mosel – unmöglich, das Mineral in den delikaten Rieslingweinen der Region nicht zu schmecken.

Das Rheingau mit Blick vom Rüdesheimer Berg. Hier entsteht der aristokratischste Riesling.

Riesling ist auf fettem Boden und in warmer Lage eine überaus ertragreiche Rebsorte, die dort so schnell reift, dass sie weder ihre natürliche Säure noch ihren vollen Geschmack ausbilden kann. Auf magerem, ja steinigem Boden in gemäßigt-kühlem Klima jedoch entwickelt sie – vorausgesetzt, die Sonne erlaubt eine lange Reifezeit – eine ausgeprägte Säure sowie intensive und feine Geschmacksnoten, natürlich auf Kosten des Ertrags. Solche idealen Lagen finden sich vorwiegend in Deutschland, Österreich, dem Elsass und Australien sowie, in geringem Maß, auch in Neuseeland und den USA.

Anders als CHARDONNAY, der seinen Charme früh zeigt, benötigt Riesling Zeit – zunächst an der Rebe, dann in der Flasche. Ein feiner Riesling, zumal ein trockener, kann in der Jugend flach und hart schmecken. Aber eine gute Reifung macht ihn weicher und lässt sein Bouquet in einer verführerischen Kombination von Blumen-, Honig- und Petroleumaromen aufblühen. Die lieblicheren Weine sind in fast jedem Alter köstlich. Zu den besonders attraktiven Riesling-Eigenschaften zählt seine geschmackliche Transparenz, dank derer die Mineralien* des Wingerts Zugang zu Ihren Sinnen finden.

Die deutsche Klassifikation für Qualitätswein (Qualitätswein mit Prädikat, QmP) basiert in erster Linie auf der natürlich gegebenen Reife der Traube und kennt verschiedene Prädikate nach dem Süßegrad*: Kabinett (trocken bis halbtrocken), Spätlese (halbtrocken bis mild), Auslese (mild bis lieblich), sowie die süßen Beerenauslese (BA), Trockenbeerenauslese (TBA) und Eiswein. BA und TBA werden aus einzeln verlesenen, edelfaulen* Trauben gewonnen, Eiswein aus gefrorenen Trauben ohne Edelfäule.

Eiswein, TBA und BA sind äußerst süß, rar und teuer. Der Zusammenhang zwischen Süße und Qualität rührt daher, dass in den sonnigsten Lagen des Weinbergs die Trauben am besten reifen. Aber jeder Süßegrad hält großartige Weine bereit, die Qualität hängt jeweils vom einzelnen Hersteller ab.

Die deutschen Riesling-Spitzenweine stammen aus den Anbaugebieten Mosel-Saar-Ruwer (kurz Mosel), Pfalz und Rheingau, von der Nahe und aus Rheinhessen.

Entgegen der aktuellen Mode, die trockene Weine bevorzugt, sprechen mich besonders die halbtrockenen bis lieblichen Weine an: Kabinett, Spätlese und Auslese. Bei einem niedrigen Alko-

OBEN: *Im Elsass. Der winzige Weinberg Clos Ste-Hune direkt unter der Kirche von Hunawihr. Die Lehm- und Kalkböden sorgen für den trockenen Spitzenriesling der Region. Der Wein ist aber keineswegs der stärkste oder intensivste elsässische Vertreter. Nach etwa zehn Jahren in der Flasche besitzt er eine überraschende Feinheit sowie eine außergewöhnlich aromatische Komplexität und Länge. Das Warten wird also reich belohnt!*

holanteil (7,5 bis 9,5 Vol.-%) überzeugen sie durch eine beispiellose Ausgewogenheit zwischen frischer, reifer Frucht und nahezu kecker Säure. Das wird am deutlichsten bei den Weinen von den Schieferhängen der Mosel, die fast ein Drittel des deutschen Rieslings liefern.

Straffe und zugleich porzellanfeine Weine erzeugt man entlang der Saar (EGON MÜLLER, VON KESSELSTATT, SCHLOSS SAARSTEIN), aber sie benötigen ein warmes Weinjahr. Die Weine von der Mittelmosel, um Bernkastel, sind weicher und leichter im Mund, zugleich sehr saftig (J. J. PRÜM, REINHOLD HAART, J. WEGELER, FRITZ HAAG, ERNST LOOSEN, M. F. RICHTER sowie HEYMANN-LÖWENSTEIN an der Untermosel). Die Ruwer-Weine schlagen einen Mittelweg ein (VON SCHUBERT, KARTHÄUSERHOF). Die besseren Tropfen vereinen auf exquisite Weise Würze und Sukkulenz, die auch einen grünen Apfel oder einen reifen Pfirsich so verführerisch machen. Sie alle zeigen bis zu einem gewissen Grad ein mineralisches* Fundament. Die besten lassen sich gut jung trinken, altern in der Regel aber auch bewundernswert.

Die Weine von den schweren Böden und dem wärmeren Klima der Pfalz haben meist mehr Gewicht und Breite, verbunden mit einer deutlichen Erdigkeit und Würze. Viele der großen und starken trockenen Rieslingweine Deutschlands kommen aus der Pfalz (KOEHLER-RUPRECHT, BÜRKLIN-WOLF) oder aus Franken (JULIUSSPITAL, HANS WIRSCHING).

Nördlich davon pflegt Rheinhessen (GUNDERLOCH, KELLER, ST. ANTHONY) einen sanfteren, generell gefälligeren Stil mit besonders feinen Weinen vom Rhein nahe Nierstein.

Das Rheingau bietet in seiner Bestform (die Ergebnisse schwanken über die Jahre) den elegantesten, graziösesten Ausdruck großer, mittelschwerer halbtrockener bis süßer Rieslingweine (JOHANNISHOF, J. WEGELER, LEITZ), daneben aber auch wohl proportionierte, saftig-trockene Weine (KÜNSTLER, ROBERT WEIL, BECKER, BREUER).

Die Nahe kombiniert die Erdverbundenheit der Mosel mit der Eleganz des Rheingaus (DIEL DÖNNHOF, SCHÖNLEBER). Als Einstieg ins Verkosten deutscher Rieslingweine sollte man Kabinett, Spätlese und Auslese eines Jahrgangs vom gleichen Winzer wählen, um später die gleichen Prädikate und Jahrgänge anderer Hersteller oder Regionen zu testen.

Die **österreichische** Wachau erstreckt sich nordöstlich von Wien beidseits der Donau zwischen Krems und Melk. Hier begünstigen kühle Nächte, sonnige Tage und felsige Hänge die rassigsten Rieslingweine Österreichs (HIRTZBERGER, HÖGEL, F. X. PICHLER, PRAGER, S. DONABAUM, KNOLL und NIKOLAIHOF). Sie alle sind fest, trocken und mineralisch und liegen im Stil eines SMARAGD (s. u.) zwischen gutem Elsässer und großem trockenem Wein aus Deutschland. Es gibt drei Kategorien: STEINFEDER (max. 11 Vol.-% Alkohol),

STECKBRIEF Riesling

Alkohol: gering bis mittel, selten hoch.
Säure: natürlich hoch.
Aromen: in der Jugend oft schlicht; im Alter intensiv und komplex.
Kühles Klima/unterreife Frucht: grüner Apfel, Zitrone, Limette; abhängig vom Boden blumig/mineralisch.
Warmes Klima/reife Frucht: Grapefruit, Pfirsich, Birne.
Flaschen-Bouquet:
Alle Stile, trocken und lieblich, altern bemerkenswert gut: Buttertoast, Honig; «ölig» wie bei Kerosin, Petroleum, Wachs; mit Edelfäule: Gewürze, Moschus, Nüsse, Marmelade, Gemüse.
Stile (immer ohne Holz):
- extra trocken, streng, stählern.
- trocken/mitteltrocken, erfrischend.
- halbtrocken/mild.
- sehr süß mit Edelfäule.

*** Siehe auch**

Wein zu Speisen **S. 161**
Mineralien **S. 129**
Edelfäule/Botrytis **S. 43**
Süßegrade **S. 42–43**
Verkostung 8 **S. 152**

Spitz in Österreich: Eines der zahlreichen malerischen Dörfer der Wachau. Die steinigen Terrassen in Donaunähe und die heißen Sommer sorgen für die rassigsten trockenen Rieslinge Österreichs. Man könnte von einem elsässer Stil mit deutschem Akzent sprechen.

Spitzenweine zur Probe

Elsass, Frankreich
Clos Ste-Hune (Trimbach)
Vendange tardive (Hugel)

Mosel-Saar-Ruwer
Wehlener Sonnenuhr Spätlese/Auslese (J. J. Prüm)
Scharzhofberger Auslese (Egon Müller)

Orlandos «Steingarten-Reben» von den Barossa Hills schenken den feinsten trockenen Riesling Australiens: Ein Tribut an deutsche Inspiration.

FEDERSPIEL (max. 12 Vol.-%) und SMARAGD (min. 12,5 Vol.-%). Die gewichtigen Smaragd-Weine sind ungemein populär, können aber in warmen Jahren allzu wuchtig auftreten, dann sollte man auf die ausgewogenere, feinere Frische von FEDERSPIEL oder STEINFEDER ausweichen – sie sind jung am besten und reifen deutlich schneller als ihre deutschen oder elsässischen Pendants.

Die besten Rieslingweine des **Elsass** stammen aus dem südlichen Haut-Rhin. Hier reicht das Spektrum vom beinah stählernen, extra trockenen Gros bis zur seltenen, von Edelfäule geadelten Süße der Sélection-de-Grains-Nobles-Weine (SGN). Dazwischen tummeln sich einige verwirrend trockene bis liebliche Vendange-tardive-Tropfen (VT) – verwirrend darum, weil auf keinem Etikett irgendein Hinweis auf den Süßegrad zu finden ist! Die beiden größten Erzeuger TRIMBACH (straff, zurückgenommen) und HUGEL (breiter, großzügiger) produzieren seit Jahren hervorragende kontrastierende Stile; ihre Preise können als verlässliche Richtschnüre für die Qualität gelten. Weitere Spitzenhersteller sind FALLER, DEISS, MEYER-FONNÉ, BLANCK und ZIND-HUMBRECHT.

Die **australischen** Rieslingweine unterscheiden sich sehr von ihren europäischen Verwandten, aber keineswegs zu ihrem Schaden. Vorwiegend trocken, offenbaren sie sich in ihrer Jugend durch einen verräterischen Zitronenduft, im Alter dagegen durch feine, getoastete Noten (und gelegentlich einen Hauch Kerosin). Nicht unerwartet kommen die besten von ihnen aus den kühlsten Gegenden Australiens: aus Clare (GROSSET, TIM KNAPPSTEIN, MITCHELL), Eden Valley (CHAPEL HILL, ST. HALLET'S) und Adelaide (Yalumba's ‹HEGGIES›, HENSCHKE) in Südaustralien, und vom westaustralischen Mount Barker (GOUNDRY, PLANTAGENET, HOWARD PARK). Zwei ausgesprochene Raritäten sind in Victoria zu Hause: eine präzise, blumige, alpine Köstlichkeit aus Delatite sowie ein Spitzen-Riesling, der zeigt, wie großartig diese Weine altern können: ein 1976er BROWN BROS. KING VALLEY (unter Korken oder Schraubverschluss!) – eine wahre Schönheit von 16 Jahren in voller, strahlender, honigsanfter Frische! Es entbehrt nicht der Ironie, dass der beste australische Weißwein ein in der Flasche gereifter, trockener Riesling ist! Für einen Qualitätsvergleich sind PENFOLD'S BIN 202, PENFOLD'S EDEN VALLEY RESERVE und ein GROSSET, PLANTAGENET oder STEINGARTEN zu empfehlen.

Auch **Neuseeland** produziert köstliche, spät gelesene edelfaule* Rieslingweine: süß und zitronenfrisch zugleich, vor allem in Marlborough (CLOUDY BAY, WAIRAU RIVER, JACKSON ESTATE, MERLEN), aber ebenso auf der Nordinsel (VILLA MARIA, MARTINBOROUGH, SACRED HILL). Daneben entsteht ein vielversprechendes Potenzial für feine und lebendige trockene Weine (CORBAN'S STONELEIGH, KIM CRAWFORD, Steve Smith's CRAGGY RANGE). **Kanada** und der US-Bundesstaat **Washington** liefern einige Eiswein-Rieslinge, während aus **Kalifornien** eine Hand voll sehr süßer edelfauler Weine kommt (CHÂTEAU ST. JEAN).

Sauvignon blanc

In seiner reinsten Form – aus dem französischen Loiretal oder von der Südinsel Neuseelands – ist der typische Sauvignon die Quintessenz der Frische. Er vereint die durstlöschende fruchtige Vitalität von Zitronenlimonade mit den lebhaftesten Aromen aller anderen Trauben. Dank ihrer pikanten, sauren Frische eignet sich die Rebsorte hervorragend zum Verschnitt und bringt so einige großartige trockene Weine, vor allem im Bordeaux-Stil, hervor.

Ein guter Sauvignon blanc wirkt auf Gaumen und Nase so belebend frisch wie die unverfälschte Natur – worauf schon sein Name hindeutet: *sauvage* = wild. Hier liegt die wichtigste Eigenschaft der Traube. Sauvignon ist eine überaus anspruchsvolle Rebe, die zu übermäßigem Ertrag* neigt; darum ist der richtige Lesezeitpunkt für den späteren Wein ungemein wichtig. Unterreif ist die Traube sauer, vegetabil und aromaarm, überreif verliert sie ihre Frische, Klarheit und Intensität. Wenn man Raubbau an ihr betreibt, wird ihr Wein hart, sauer und leer; erwischt man sie aber auf ihrem Optimum, bleibt sie unvergesslich.

Sauvignon ohne Eiche

Die zentralen Weingüter am Mittel- und Unterlauf der **Loire** können für sich in Anspruch nehmen, die erstgeborene Heimat der Sauvignonrebe zu sein. Hier in Sancerre, Pouilly-Fumé und Menetou-Salon entstehen die eindeutigsten Beispiele für ihre grüne, krautige Seite: Stachelbeere, Brennnesseln, schwarze und rote Johannisbeere, Gras, manchmal auch Andeutungen von grünem Spargel oder Moschus, und ganz selten als lokale Duftmarke: Katzenurin. All diese Aromen sind meist mit einer steinigen oder rauchigen (fumé) Impression der örtlichen Feuerstein- und Kalkböden unterlegt. Hier liegt der Unterschied zu den Sauvignon-Verwandten in Neuseeland oder Südafrika. Die besten Sauvignons der Loire demonstrieren perfekt, was ein «aromatischer»* Wein leistet. Kein Wunder, dass sie auch köstliche Apéritifweine abgeben.

Hervorragende SANCERRES werden von VACHERON, LUCIEN CROCHET, HENRI BURGEOIS, ALPHONSE

RECHTS: *Die hoch gelegene Stadt Sancerre im Loire. Die Böden aus Feuer- und Kalkstein verleihen dem hiesigen Sauvignon seine feinen mineralischen Noten.*

UNTEN: *Montanas Brancott Estate, Marlborough, Neuseeland; eine Quelle wahrhaft knackiger, saftiger Sauvignons.*

STECKBRIEF
Sauvignon blanc

Alkohol: mittel bis mittelhoch.
Säure: hoch.
Aromen: stark aromatisch. Kühles Klima/unterreife Frucht: grasig, krautig; Brennnesseln, Stachelbeere, schwarzes Johannisbeerblatt. Warmes Klima/reife Frucht: wie oben, plus Zitrus- und Tropenfrucht, Passionsfrucht, Feige, Guave.
Stile: In der Regel jung und frisch zu trinken; einige wenige Spitzenweine auf Holz altern gut.
- ohne Holz: trocken, aromatisch.
- mit Holz: reich/trocken, komplex.
- einige sehr süße Weine mit Edelfäule.

MELLOT sowie PAUL & FRANCIS COTTAT hergestellt: dichte, zur Alterung anempfohlene Weine von den schweren Kalkböden in Chavignol. MENETOU-SALON steht da in nichts nach und liefert feine, duftende Tropfen in einem dezenten, weniger muskulösen Stil. Zwei persönliche Favoriten sind hier HENRI PELLÉ (CLOS DES BLANCHAIS) und JEAN-MAX ROGER. Ein POUILLY-FUMÉ erscheint oft reicher und breiter als ein SANCERRE, auch ein wenig geschmeidiger und polierter: CHÂTEAU DE TRACY, JEAN-CLAUDE CHÂTELAIN, PASCAL JOLIVET und DE LADOUCETTE vermitteln davon eine gute Vorstellung, während REUILLY und QUINCY einen leichteren und schlankeren Ausdruck tragen.

Die **Touraine** im Westen produziert den generisch benannten SAUVIGNON DE TOURAINE, einen schwächeren Vertreter der Traube, mit eingeschränktem Aroma und Geschmack. Im besten Falle kommt er frisch daher, im schlimmsten (oft!) durch übermäßige Erträge ausgelaugt.

Der nördlichste Außenposten des Sauvignon in Frankreich liegt bei St-Bris, in der Nähe des Chablis; dort macht man knackige, grüne Weine.

Die Sauvignons **Bordeauxs**, meist aus Entre-Deux-Mers und Bergerac stammend, haben sich im Lauf der Jahre wesentlich verbessert; allerdings schwächt und dämpft das wärmere Klima den Sauvignoncharakter spürbar ab.

In **Österreich** pflegt die Steiermark erwähnenswerte Sauvignons, appetitanregende Weine macht man aber auch weiter nördlich: RÖMERHOF aus dem Burgenland, SONNHOF aus Langenlois. Leichte, krautige und preiswerte Sauvignons bietet das **ungarische** Sopron, aus **Nordostitalien** kommen sehr reine und aromatische Gewächse von LAGEDER im Alto Adige sowie von mehreren guten Winzern in der Region Collio an der slowenischen Grenze.

Marlborough auf der Südinsel **Neuseelands** gilt heute zu Recht als zweite Heimat des Sauvignon – besonders bemerkenswert darum, weil die erste Sauvignon-blanc-Rebe hier erst 1973 von Montana gesetzt wurde! Und doch sind die neuseeländischen Weine heute Musterstücke der Rebsorte, wesentlich verlässlicher als ihre Gegenstücke von der Loire. Marlboroughs kühles, sonniges Klima und die steinigen Böden bringen Weine hervor, die in der Säure denen von der Loire ähneln. Sie sind aber mit ihrer sämigeren, reiferen Frucht weniger trocken und entwickeln derart mächtige Sauvignonaromen, dass es beinahe an eine Karikatur grenzt. Der Nase schmeicheln sie mit Stachelbeere, oft auch Paprika sowie einem starken Zitrus- und Tropenfruchtakzent. Die beiden großen Originale, MONTANA (der preiswertere) und CLOUDY BAY (der kostspieligere), repräsentieren noch immer die qualitativ erstaunliche Bandbreite Marlboroughs. Immer wieder zu den besten zählen auch die Weine von VILLA MARIA (vor allem die Reserven), JACKSON ESTATE und LAWSON'S DRY HILLS. Die weicheren Sauvignons gedeihen in den etwas wärmeren

Mulderbosch in Stellenbosch, Südafrika, wo besonnte Berghänge, akribischer Weinbau und inspirierte Weinbereitung Weltklasse-Sauvignons hervorbringen.

Zonen von Martinborough, Hawke's Bay und Gisborne auf der Nordinsel.

Während das Gros der **südafrikanischen** Sauvignon blancs nach wie vor dünn und flach erscheint, machen die besten Weine des Landes Franzosen und Neuseeländer bereits nervös. MULDERBOSCH aus der warmen Stellenbosch-Region erreicht die komplexe kraftsprühende Saftigkeit eines Spitzen-Marlborough, lässt aber noch den letzten Glanz vermissen. BUITENVERVACHTING aus dem kühleren Constantia-Gebiet im Süden Kapstadts – leichter, knackiger, trockener – gerät durchaus in die Nähe eines POUILLY-FUMÉ oder MENETOU-SALON. Bei beiden handelt es sich um Sauvignons der Weltklasse.

In den meisten Regionen **Australiens** lässt das zu warme Klima keinen nennenswerten Sauvignon blanc entstehen. Wo aber das lokale Wetter mitspielt, wird die Frucht zunehmend erfolgreich. Gute Beispiele sind DELATITE'S lebendiger, grasiger, mittelschwerer Sauvignon aus dem Yarra Valley, SHAW & SMITH'S duftender, vollfruchtiger Wein aus den Hügeln Adelaides und CARNOOK'S saftiger, gewichtiger COONAWARRA.

Auch **Chile** ringt mit der Sauvignon-Traube. Bislang gerät aber der größte Teil seiner vermeintlichen Sauvignon-blanc-Weine zu fast aromaneutralen SAUVIGNON VERTS. Vielversprechend gedeihen aber CASABLANCA, SANTA RITA, VILLARD und DOÑA JAVIERA.

Sauvignon auf Eiche

In den kühleren Anbaugebieten baut man Sauvignon blanc nur selten auf neuer Eiche aus, weil sie in der Regel die reinen, frischen Aromen und Noten überdeckt. Allerdings werden einige Weine auf Sauvignon-Basis durchaus erfolgreich im Fass vergoren und ausgebaut*. Beeindruckende Beispiele von der **Loire** sind die streng konzentrierten Pouilly-Fumés von DIDIER DAGENEAU, deren Eiche kaum wahrnehmbar ist. Bei HUNTER und VAVASOUR handelt es sich um **neuseeländische** Weine mit modischen Eichennoten.

PESSAC-LÉOGNAN im **Bordeaux** bereitet mit wachsendem Erfolg Weine auf Sauvignon-Basis mit Eiche. Sie sind straff und ein wenig weicher als die von der Loire, doch schwächer in ihren Sauvignonaromen und im Geschmack stärker an das steinige Terroir des Graves gebunden – greifen Sie zu SMITH-HAUT-LAFITTE, COUHINS-LURTON (beide 100 % Sauvignon) und LA LOUVIÈRE. Wie viele Sauvignons auf Eiche ist LA LOUVIÈRE ein Verschnitt mit einer kleinen Menge SÉMILLON, der die Sauvignon-Schärfe mildert und den Wein breiter und runder macht. Anders als die Weine ohne Holz verbessern sich die auf Holz ausgebauten mit der Zeit in der Flasche; der feinste weiße GRAVES (*siehe* Kasten rechts) hält gar ein Jahrzehnt oder länger.

Die wenigen (teuren!) Sauvignons aus **Italien** sind eher große Weine als große Sauvignons. Beispiele sind Terrabianca's ORTAGLIA aus der Toskana und Angelo Gaja's ALTENI DI BRASSICA aus dem Piemont – herausragend elegante, zederige Doubles eines PESSAC-LÉOGNAN.

Erschienen früher die **kalifornischen** Sauvignon blancs zumindest dem europäischen Gaumen durchweg als langweilig, alkohollastig und kaum mehr als Sauvignons erkennbar, gibt es heute beachtliche Ausnahmen. So rau und holzig viele Tropfen noch immer daher kommen, konnten doch einige Früchte aus kühleren Regionen zu einem attraktiven, wenngleich noch immer recht wuchtigen Auftreten der Traube ausgebaut werden. Gute Beispiele sind hier RODNEY STRONG und ST. SUPÉRY (preiswertere Gewächse ohne Holz) sowie MATANZAS CREEK, SPOTTSWOODE und MONDAVI.

Casablanca, Chile. Wie in Kalifornien werden hier die Weingärten am Fuß der Berge von den Morgennebeln des Pazifik gekühlt. In dieser Gegend entstehen die aromatischeren chilenischen Weißweine.*

Spitzenweine zur Probe

Loire
Pouilly-Fumé Silex (Didier Dageneau)

Bordeaux
Domaine de Chevalier blanc (70/30 % Sauvignon/Sémillon)
Pavillon blanc de Château Margaux (100 % Sauvignon)

*** Siehe auch**

aromatisch **S. 14**
Fassgärung **S. 41, 48**
Morgennebel **S. 35**
Ertrag **S. 14, 36–37**

Sémillon

Wie bei Riesling und Chenin blanc decken die Weine der Sémillontraube Stile von extratrocken bis sinnlich süß ab. Eine weitere Gemeinsamkeit: Selbst die reinsten trockenen Sémillons können in ihrer Jugend überaus schlicht erscheinen, aber die besten von ihnen entwickeln sich bei genügender Alterung zu äußerst begehrenswerten Schönheiten. Da die Rebe eher verhalten und neutral auftritt, ist auch sie in besonderer Weise für den Verschnitt geeignet, insbesondere mit Sauvignon blanc.

Spitzenweine zur Probe

Bordeaux
Château Haut-Brion blanc
(60/40 % Sémillon/Sauv.)
Château Laville-Haut-Brion
(70/30 % Sémillon/Sauv.)

Hunter Valley
(Australien)
Lindeman's Classic Release
McWilliam's Lovedale

Zwischen den beiden unangefochtenen Zentren des Sémillon liegen etwa 13 000 km. Die jeweiligen Weine sind dabei unterschiedlicher kaum denkbar: Das eine Extrem, ohne Holz ausgebaut, kommt leicht, schlank und extra trocken daher, während das andere, im Fass vergoren*, wuchtig, sinnlich und sehr süß auftritt. Die leichte Version stammt aus dem australischen Hunter Valley, die schwere aus dem französischen Sauternes.

Auch außerhalb Frankreichs und Australiens werden kleinere Mengen hochwertigen Sémillons oder Verschnitte mit ihm hergestellt, und zwar in **Neuseeland** (SELAKS ist ein hervorragender Verschnitt aus SAUVIGNON und Sémillon), in **Südafrika** (STEENBERG), **Chile**, **Kalifornien** und sogar in **Kanada**. In warmen, ja selbst in gemäßigten Zonen neigt Sémillon dazu, recht «feiste» Weine mit viel Alkohol und wenig Säure zu produzieren. Darum sind hochwertige Sémillonweine rar, in vielen Fällen wird die Traube für trockene oder liebliche Weine mit SAUVIGNON BLANC verschnitten, um von dessen Aromen und der zusätzlichen Säure zu profitieren.

In **Australien** haben sich drei sehr unterschiedliche Stile auf der Basis von Sémillon entwickelt: Die Weine aus dem Hunter Valley werden aus früh gelesenen Trauben ohne Holz und malolaktische Gärung bereitet und weisen neben einer recht festen Säure relativ wenig Alkohol auf (10 bis 11,5 Vol.-%). Jung sind sie blass, neutral im Aroma, zitrushart und eher flach im Geschmack. Aber zehn Jahre in der Flasche ver-

Château Climens in Sauternes, Bordeaux. Climens liegt in der Gemeinde Barsac, wo alle süßen Weine sich auch Sauternes nennen dürfen; die Verbraucher kennen Sémillon eher unter diesem Namen. Das Château ist eines der wenigen Güter hier, das seine Weine zu 100 % aus Sémillon macht. Climens steht qualitativ nur hinter Château d'Yquem zurück.

Australien: Lindeman's Winery im unteren Hunter Valley, Neusüdwales. Zusammen mit McWilliams produziert Lindeman's einige der besten trockenen Sémillons Australiens. Einzigartig im Stil, recht leicht, in der Jugend schlicht und hart, aber bemerkenswert weich und geschmeidig nach zehn oder mehr Jahren in der Flasche.

wandeln sie in wachsweiche Tropfen mit festem Geschmack, durchdringenden Röst- und Honigaromen und einer in die Irre leitenden Eichennote (LINDEMANS, MCWILLIAMS MOUNT PLEASANT, TYRRELS VAT 1, ROTHBURY, CASSEGRAIN).

Die Exemplare aus dem südaustralischen Barossa Valley sind voller (13 Vol.-% Alkohol) und breiter, in der Regel im Fass vergoren (ROCKFORD, MITCHELL, ST. HALLET, HENSCHKE). Sie sind bereits früh trinkbar und altern nicht so komplex wie die besten aus dem Hunter Valley. Dennoch (so das Rückenetikett) «massiert Flaschenreife diesen Wein zu einem geschmeidig weichen, goldgelben Tropfen, der sich selbst zum Dinner einlädt» – wohl gesprochen!

Auch die Weine aus dem kühleren Westaustralien werden in der Regel im Fass vergoren* und neigen selbst dann zu Sauvignon-blanc-Noten (Gras, grüner Spargel, grüne Erbsen), wenn es sich um reinen Sémillon handelt (VASSE FELIX, SANDSTONE). Viele werden mit SAUVIGNON BLANC erfolgreich zu einem reiferen Graves-Stil verschnitten, wobei die Steinigkeit des GRAVES verloren geht (AMBERLEY, CULLENS, CAPE MENTELLE).

Mit Ausnahme einiger weniger teurer Spitzenweine enthalten die meisten trockenen weißen GRAVES aus **Bordeaux** wesentlich mehr SAUVIGNON BLANC als Sémillon (*siehe* S. 67). Dazu das kühlere Klima und der kiesige Boden*: All das sorgt für eine leichte, feste Struktur und einen trockenen, mineralischen Geschmack. Gute Weine mit hohem Sémillon-Anteil sind dabei CLOS FLORIDÈNE und CHÂTEAU CHANTEGRIVE. Die lieblichen Weine des Bordeaux bauen dagegen zu rund 80 Prozent auf Sémillon auf, wobei SAUVIGNON BLANC und gelegentlich auch MUSCADELLE für die Ausgewogenheit sorgen. Die Weine werden weitest möglich (soweit wirtschaftlich vertretbar) aus edelfaulen* Trauben gewonnen. Bei den SAUTERNES gehören Süße, Fülle und eine gewisse Öligkeit zu ihrer sinnlichen Natur; gleichwohl bedürfen sie aber auch der Säure, um ihre Geschmacksnoten überzeugend zu definieren. Im Vergleich besitzen die lieblichen CHENINS von der Loire eine deutlich größere Säurespannung. Und fast ebenso wichtig ist die Ausgewogenheit des Alkohols*: Ein zu hoher Gehalt im Verhältnis zum Zuckeranteil und die Weine erscheinen heiß oder hart; zu wenig Alkohol dagegen macht sie weich oder klebrig süß.

Zwar gelten die SAUTERNES als voller denn die BARSACS, aber Qualitätsunterschiede in Gesamtharmonie, Komplexität und Länge sind leichter auszumachen als im Stil. Vergleichen Sie nur einen generischen SAUTERNES mit einem DOISY-DAËNE (reiner Sémillon), NAIRAC, GUIRAUD, BASTOR-LAMONTAGNE oder SIGALAS-RABAUD. Auch CÉRONS, LOUPIAC, STE-CROIX-DU-MONT, MONTBAZILLAC oder SAUSSIGNAC stellen einen ganz ähnlichen Stil dar. Im Übrigen sind all diese Weine köstlich, wenn sie jung sind – während sie altern, gemahnt das Bouquet allzu oft an Wachs, Moschus, nasse Wolle oder Lanolin. Sie entwickeln dann deutliche Marmeladen-, Sirup- und Karamellnoten sowie eine an Likör gemahnende Struktur.

Die edelfaulen Sémillons **Australiens** kommen vor allem aus Griffith in Neusüdwales. Es handelt sich dabei um ungeheuer süße, ölige, nach Marmelade und Rosinen schmeckende Tropfen (DE BORTOLI, CRANSWICK, J. J. MCWILLIAM).

STECKBRIEF Sémillon

Alkohol: mittel bis hoch.
Säure: moderat.
Aromen:
In der Jugend schlicht; im Alter komplex; oft mit deutlicher Eiche.
Kühles Klima/unterreife Frucht: Gras, grüner Spargel, grüne Erbsen, Stachelbeere, Brennnesseln, Zitrone.
Warmes Klima/reife Frucht: Apfel, Grapefruit, Nektarine, Guave, Lanolin, Wachs.
Flaschen-Bouquet:
Meist gut im Alter, ob ohne oder mit Holz.
Trocken/süß: nasse Wolle, Wachs, Honig, Toast; mit Edelfäule: Rosine, Marmelade, Gerstensirup, Honig, Moschus.
Stile:
- ohne Holz: leicht, trocken/schlank; benötigt Alterung.
- auf Eiche trocken: voll, reich.
- auf Eiche mit Edelfäule: sehr süß.

*** Siehe auch**

Alkoholgehalt **S. 21, 42**
Fassgärung **S. 40, 48**
kiesiger Boden **S. 84**
edelfaule Trauben **S. 43**

Chenin blanc

Die hochwertige, aber vielerorts unterschätzte Chenin-blanc-Rebe ähnelt der Rieslingtraube insofern auch sie verschiedene Weinstile bedient, von «staubtrockenen» bis hin zu likörartigen Essenzen, die von Edelfäule profitieren. Einige der besseren Süßweine können ein Alter von hundert Jahren erreichen. Daneben stellt die Traube aber auch die Grundlage für viele gute Schaumweine.

Spitzenweine zur Probe

Loiretal
Vouvray Le Mont (Huët)
Savennières coulée de Serrant (Joly)

Die Heimat des Chenin blanc ist die **Loire**, genauer: der breite, ruhige Unterlauf des Flusses mit den Regionen Anjou und Touraine. Das Herz der Traube ist ihre natürliche Säure, die sie bei den hiesigen Herstellern sowohl von süßen als auch von Schaumweinen so beliebt macht. Nicht minder aber wird sie von Winzern in wärmeren Regionen geschätzt – zum Beispiel in Südafrika, Kalifornien und Argentinien –, da die Traube auch bei voller Reife die Qualität ihrer Säure bewahrt. An der Loire mit ihrem kühl-gemäßigten Klima kann die Säure freilich zum Problem werden, wenn hohe Erträge oder schlechtes Wetter einen ungemein harten Geschmack produzieren. Zwar lässt sich eine zu harte Säure (in Deutschland) notfalls durch Restsüße kaschieren, doch bezahlt man dafür mit dem stechenden Gestank des Schwefels, der halbtrockene oder süße Weine daran hindern soll, in der Flasche nachzugären. Die oft schlampige Weinbereitung hat schon viele Konsumenten dazu gebracht, dem Chenin von der Loire endgültig den Rücken zu kehren. Das ist umso bedauerlicher, als gerade die Traubensäure die besten Chenin blancs beim Altern wundervoll auffaltet.

Die Loire kann geradezu beispielhaft mit der gesamten Bandbreite der Chenin-blanc-Stile aufwarten: auf der einen Seite aus Anjou die trockenen SAVENNIÈRES sowie die halbtrockenen bis lieblichen COTEAUX DE LAYON und COTEAUX DE L'AUBANCE; auf der anderen Seite die Weine der Touraine: der trockene JASNIÈRES sowie die trockenen bis lieblichen VOUVRAY und MONTLOUIS. Saumur mit seinen fein moussierenden Weinen besetzt die Mitte. Der recht variable ANJOU BLANC bietet mit einigen trockenen bis halbtrockenen, frischen, geradlinigen, nach grünem Apfel duftenden Weinen durchaus passable Tropfen. Der seltene SAVENNIÈRES ist bestechend individuell: mager in kalten Jahren, doch in einer guten Sai-

Das Loiretal: Die eindrucksvolle Burg und Brücke von Saumur im Abendlicht. Der Ort ist durch seine auf Chenin basierenden Schaumweine (besonders den Crémant de Loire) wohl bekannt, aber auch für den leichten, saftigen roten Saumur-Champigny.

son ein überaus kraftvoller, vital trockener Wein mit vollem Körper und pfeffriger Mineralität aus seinen vulkanischen Böden. So streng er in der Jugend auftreten kann – mit zehn Jahren zeigt sich seine Reife in einem langen, trockenen, den Gaumen einnehmenden Glanz (JOLY, CHÂTEAU DE CHAMBOUREAU, DOMAINE DES BAUMARDS).

Südlich der Loire kommen COTEAUX DE LAYON und COTEAUX DE L'AUBANCE halbtrocken (demi-sec) bis süß (moelleux) daher. QUARTS DE CHAUME (Mineralität und Rasse) und BONNEZEAUX (Sinnlichkeit) sind jene zwei Grand-cru-Enklaven im Coteaux du Layon, die die süßesten, komplexesten und raffiniertesten Weine der Region produzieren (das französische *moelle* bedeutet «Knochenmark», und die Bezeichnung *moelleux* weist auf die konzentrierte Süße des Geschmacks und die reiche Konsistenz der Struktur hin). Die besten Weine entstehen hier durch Edelfäule, und ihr Grad an Süße und Würze hängt von deren Ausmaß ab. Die hohe Säure der Chenin-blanc-Traube und der traditionelle Verzicht auf neue Eiche (in jüngster Zeit zunehmend ignoriert) schafft Weine von einer Frische und Frucht, die sie deutlich von ihren Sauternes-Pendants abheben (die parallele Verkostung eines SAUTERNES und eines lieblichen COTEAUX DU LAYON oder VOUVRAY erhellt den Kontrast der Stile). Je lieblicher diese Weine, umso ausgeprägter die Aromen von Rosinen und Likör; die besten weisen eine derart konzentrierte und feine Süße auf, dass die Analogie zum Knochenmark tatsächlich naheliegt (PATRICK BAUDOUIN, CHÂTEAU DE FÈSLES, YVES SOULEZ, DOMAINE DES FORGES und DOMAINE DU PETIT MÉTRIS).

VOUVRAY und seine schlankere Version MONTLOUIS (beide von leichten Kalkböden) sind generell zurückhaltender und weniger kraftvoll als die Weine des Anjou. Auch ohne Eiche betonen sie die schwache Bitterkeit der Quitte und die Reinheit von Apfel, Zitrone und Honig. Die trockenen wie die süßen Weine altern sehr schön zu klaren, delikaten, ätherischen Tropfen, oftmals mit den Wachs-, Moschus- und Lanolinnoten eines reifen RIESLINGS oder SÉMILLONS (HUËT, DOMAINE FOREAU, CHÂTEAU GAUDRELLE, BRÉDIF, BOURILLON D'ORLÉANS). Der halbtrockene VOUVRAY, der Zurückhaltung mit Frische verbindet, ist ein idealer Partner von Süßwasserfisch in einer *beurre blanc* oder einer leichten Zitronencreme. Er eignet sich auch ausgezeichnet als Apéritif – ähnlich wie seine Schaumweinvariante, die besonders fein strukturiert und erfrischend ist (DOMAINE FOREAU).

OBEN: *Das ländliche Loiretal, flussaufwärts von Saumur bei La Croix Blanche in Vouvray. Der Chenin steht in Vouvray auf leichteren Böden als in Anjou, und die dortigen stillen Weine besitzen weniger Kraft, Würze und Feuer, zeigen dafür aber mehr Zurückhaltung.*

In **Südafrika**, wo CHENIN BLANC auch unter dem Namen STEEN auftritt, macht er fast ein Drittel der Reben des Landes aus. Wie an der Loire entstehen auch hier Weine aller Stile, von extra trocken bis süß und von edelfaul bis moussierend. Das Gros bestreiten allerdings gut gemachte trockene bis halbtrockene Gewächse: leicht, sauber, apfelfrisch und knackig. Man findet auch einige milde LH-Weine (Late Harvest = Spätlese) und noch seltener SLH- (Special Late Harvest = Auslese) und NLH-Weine (Noble Late Harvest = Spätlese mit Edelfäule). Bei weitem der Beste ist der sehr süße NLH NEDERBURG EDELKEUR.

Auch in **Kalifornien** ist Chenin blanc vertreten, vorwiegend aus dem Central Valley, wo er zu einem Schankwein verarbeitet wird, dessen ansprechende Frische und Frucht für gewöhnlich durch Restsüße verdorben wird. Kleine Mengen halbtrockenen und trockenen Weins im Loire-Stil sind hier ebenfalls zu finden. In **Australien** gehören Chenin-Tafelweine zu einer Minorität, ebenso in **Neuseeland**, auf dessen Nordinsel allerdings drei herausragende Chenin-Produzenten ansässig sind: COLLARDS mit einem fruchtig trockenen Wein, MILLTON mit einem hochklassigen, klassisch trockenen Loire-Stil nebst lieblichen Versionen sowie ESK VALLEY mit einem trockenen Vouvray-Stil.

UNTEN: *Chenin-Trauben von einem Bonnezeaux-Wingert am Ufer des Layon. Ende September beginnen sie edelfaul zu werden.*

STECKBRIEF Chenin blanc

Alkohol: mittel bis hoch.
Säure: hoch.
Aromen:
Bisweilen unappetitlicher Geruch nasser Wolle.
Kühles Klima/unterreife Frucht: grüner Apfel, Zitrone, Wachs.
Warmes Klima/reife Frucht: Traube, reifer Apfel, Honig, Zitrone, Quitte, Aprikose.
Flaschen-Bouquet:
Verbessert sich bei trockenen und lieblichen Weinen deutlich.
Mit Reife: Honig, Wachs, Moschus, Lanolin.
Mit Edelfäule: Rosine, Marzipan, Quitte, Gewürze.
Stile:
- leicht, ohne Holz: lebendig, extra trocken bis süß.
- voll, ohne Holz: kraftvoll, lebhaft, würzig.
- sehr süß: mit Edelfäule, gelegentlich auf Eiche.

Gewürztraminer

Diese überaus aromatische Rebsorte ist besonders bei Wein-Laien beliebt, weil sie dank ihres ausgesprochen extrovertierten Stils bei guten Weinen sofort zu identifizieren ist – kein scheues Mauerblümchen also, sondern eine hinreißende, unübersehbare exotische Blüte, die allerdings nur in kühleren Weinbaugebieten wie Deutschland, Österreich und Norditalien erfolgreich kultiviert wird.

STECKBRIEF
Gewürztraminer

Alkohol: hoch.
Säure: niedrig.
Aromen: ausgeprägt.
Kühles Klima/unterreife Frucht: leicht blumig, fein, Lavendel.
Warmes Klima/reife Frucht: Parfüm, Rosenblüten, Litschis, Fruchtgelee, Würze; mit Edelfäule: Honig, Rosine, Moschus, vegetabile Noten.
Stile:
Meist jung zu trinken; selten in neuer Eiche gereift.

- leicht, trocken, frisch, blumig.
- voll, reich, berauschend, mitteltrocken, ölig, aromatisch.
- mild bis süß, bisweilen mit Edelfäule.

GEWÜRZTRAMINER wird in der ganzen Welt angebaut, wenngleich insgesamt in unbedeutenden Mengen. Die Rebe ist nämlich nicht leicht zu ziehen, und auch ihr Ausbau zu einem gut ausgewogenen Wein ist alles andere als einfach. Ein von Natur aus hoher Alkoholgehalt bei einem geringen Säureanteil führt rasch zu einem allzu wuchtigen GEWÜRZTRAMINER. Darum eignet sich die Traube nicht für warme Breiten*, in denen die optimalen Zucker- und Säuregrade erreicht werden, lange bevor sich Geschmack und Duft voll entwickelt haben.

Die Gewürztraminer-Produktion konzentriert sich praktisch auf das **Elsass**, hier wurden auch die Modelle für sämtliche Stile von trocken bis rosinensüß entwickelt.

Die rosé-grüne Traubenschale sorgt oftmals für einen tief gelben halbtrockenen Wein. Sein Aroma ähnelt einer Melange aus Rosenblättern, Litschis, Moschus und Fruchtgelee, mit einem typisch würzigen Geschmack (daher der Name). Geringe Säure und viel Alkohol sorgen für eine füllige Struktur, die oft zwischen verführerischer Öligkeit und schwerfälliger Mattigkeit schwankt – bei perfekter Ausgewogenheit freilich eine hinreißend duftende, rundum berauschende Verbindung. Süßere Weine – VENDANGE TARDIVE (VT) und SÉLECTION DE GRAINS NOBLES (SGN) – werden aus reiferen Trauben mit höherem Mindestzuckergehalt gewonnen, SGN aus edelfaulen Trauben*. Da aber gesetzlich festgelegte Höchstgrenzen für den Alkoholgehalt oder Mindestanforderungen für die Restsüße fehlen, sind die Stile äußerst schwer zu differenzieren (TRIMBACH, HUGEL, DEISS, FALLER, MANN, WILLM).

Gewürztraminer wird auch in **Deutschland** (Baden und Pfalz), in **Österreich** (Steiermark), in der **Schweiz**, **Italien** (Alto Adige), **Spanien** und **Ungarn** hergestellt, meist als seltene Spezialität. In der Neuen Welt produzieren **Kalifornien** (ANDERSON und RUSSIAN RIVER VALLEYS), **Washington**, **Oregon** (alle USA), sowie **Australien** (Tasmanien, Victoria), **Neuseeland** und **Chile** (Bío-Bío) recht gute Versionen in sehr begrenzten Quantitäten.

Beblenheim im Elsass. Die typische Landschaft des Haut-Rhin-Anbaugebiets: Die flachen Osthänge der Vogesen bieten den Reben ideale Besonnung, während das Bergmassiv sie vor atlantischen Wetterfronten schützt.

Weitere weiße Trauben

Neben den besprochenen maßgeblichen Rebsorten haben zahlreiche andere auf der ganzen Welt große lokale, historische oder kulturelle Bedeutung, die ihnen einen festen Platz in den Annalen des Weins einräumt. Und nicht wenige von ihnen bringen bemerkenswerte und populäre Weine hervor. Wenn Sie eine ganz bestimmte Rebsorte schnell finden wollen, hilft Ihnen der ausführliche Index auf den Seiten 187 bis 192 weiter.

Viognier

Viognier ist selbst in seiner Heimat Condrieu an der nördlichen **Rhône** eine seltene Rebe. Ähnlich dem GEWÜRZTRAMINER besitzen seine Weine viel Alkohol, wenig Säure und eine reiche, seidige Struktur. Ihr feines Aroma jedoch entstammt eher dem Obstkorb (Pfirsich und Aprikose) als dem Parfümflakon. Wie GEWÜRZTRAMINER trinkt man den Wein am besten jung. Die Traube wird zunehmend und erfolgreich auch im französischen **Languedoc-Rousillon** sowie in **Kalifornien** und **Australien** angebaut. Damit der Wein in vollem Umfang sein Aroma entwickelt, muss die Lese bei Vollreife erfolgen – was die Erträge niedrig und die Preise hoch hält. Ein billiger Viognier wäre ein Widerspruch in sich. Achten Sie an der Rhône auf Weine von GEORGES VERNAY, CHAPOUTIER und PIERRE GAILLARD, in **Kalifornien** auf PHELPS, ALBAN und Fetzer's BONTERRA. In **Australien** bereitet YALUMBA einen guten Viognier.

Pinot gris

Der vorwiegend in **Europa**, aber auch im US-Bundesstaat **Oregon** angebaute Pinot gris ist ein Verwandlungskünstler. Seine individuellen Charakteristika hängen stark von Ort, Klima und Lesezeitpunkt ab. Mit Pinot gris und TOKAY PINOT GRIS stammen seine überzeugendsten Stile aus dem **Elsass** und reichen von trockenen bis zu den süßen Versionen der VENDANGE TARDIVE. Die guten Weine ähneln im alkoholischen Gewicht dem GEWÜRZTRAMINER (ohne dessen typischen Duft) und entwickeln eine beachtliche Dichte des Geschmacks, die sogar ein wenig neue Eiche* aushält. Ohne spürbare Säure erscheint er dennoch sehnig. In **Deutschland** entstanden in Baden unter der Bezeichnung GRAUBURGUNDER lebendige, trockene Stile, während in der Pfalz reichere, oftmals süße Weine unter dem Namen RULÄNDER erzeugt werden. Das Gros des erfolgreichen PINOT GRIGIO **Italiens** – ein früh gelesener,

Terrassierte Weinberge über Condrieu an der nördlichen Rhône mit dem Fluss im Hintergrund. Condrieus sanfte, duftende, weiche und volle Weine sind das Vorbild für die Viogniers in aller Welt.

*** Siehe auch**

edelfaule Trauben **S. 43**
neue Eiche **S. 40, 48**
Verkostung I **S. 122**
warmes Klima **S. 34–37**

knackiger, wenngleich neutraler Tropfen – entstammt dem Friaul, während die **Schweiz** mit ihrem MALVOISIE aus dem Wallis über einen reichen, duftenden Hochklassewein verfügt. **Ungarns** SZÜRKEBARÁT ist durchweg weich, vom Plattensee kommen aber auch breite, trockene, saftige Weine. Und **Oregon** schließlich deckt das gesamte Spektrum der Rebe ab: von leichten bis hin zu festen, sehnigen Weinen.

Muscat (Muskateller)

Muscat* ist eine große Rebenfamilie mit einer verwirrenden Vielzahl von Namen. Die für die Weinherstellung wichtigsten lauten MUSCAT DE FRONTIGNAN, MUSCAT BLANC À PETITS GRAINS und MUSCAT D'ALEXANDRIE. Die Stilpalette der Weine reicht von trockenen bis sehr süßen Tropfen, von angenehm leichten Schaum- bis zu schweren Dessertweinen.

Die Essenz der Muscattraube ist ihr bemerkenswertes Parfüm: Orangenblüte oder Garten-Philadelphus, ein Duft, den die Traubensüße des Restzuckers noch verstärkt. Folgerichtig ist der beste Muscat ein lieblicher Wein und die verschiedenen Muscateller sind mehr oder weniger duftende, raffinierte und wuchtige Variationen dieses Themas. Der Muscat de Frontignan verdanken wir dabei die besten Gewächse: **Norditaliens** superleichten, kaum perlenden, hochfeinen MOSCATO D'ASTI, den etwas volleren ASTI SPUMANTE sowie die seltenen, duftenden ROSEN- und GOLDENMUSKATELLER aus dem Alto-Adige. Die Traube trägt auch **Frankreichs** perlenden CLAIRETTE DE DIE TRADITION sowie die Mehrzahl der südfranzösischen VINS DOUX NATURELS (Süßweine mit 15,5 Vol.-% Alkohol) wie MUSCAT DE BEAUMES-DE-VENISE, MUSCAT DE LUNEL, MUSCAT DE FRONTIGNAN und MUSCAT DE MIREVAL.

Auch die Weine von den **griechischen** Inseln Samos, Lemnos, Patras und Kefallinia können sich sehen lassen. Für die großen Muscats **Australiens** (*siehe* S. 75) ist die braune Muscattraube das Ausgangsmaterial, während hinter den feinen Weinen Andrew QUADY'S aus **Kalifornien** die schwarzen und nach Orangen duftenden Varietäten stehen. Der Großteil der in **Südafrika** vergorenen Muscattrauben gehört zur Alexandria-Sorte – der süße, dickflüssige, ungespritete VIN DE CONSTANCE freilich ist ein lupenreiner MUSCAT DE FRONTIGNAN (hier MUSCADEL genannt!).

Die rauere Muscat-d'Alexandrie-Rebe mit Rosinenaroma kommt auch in **Frankreichs** MUSCAT DE RIVESALTES zum Tragen und wird zudem für BANYULS und MAURY (*siehe* S. 103) verwendet. Ebenso basieren der MOSCATEL DE VALENCIA, der aufgespritete MÁLAGA (beide **Spanien**), der MOSCATEL DE SETÚBAL (**Portugal**) und der BUKKURAM (Pantelleria, **Italien**) auf dieser Traube.

Manchmal soll man einfach nur schauen. Dieses Bild entstand nicht aus dokumentarischen Gründen, sondern schlicht wegen der Schönheit der violetten Blüten neben den in der Morgensonne leuchtenden Blättern im australischen Mudgee.

Muscadelle

Die Muscadelle-Rebe, leicht nach Moschus duftend, ist nicht mit MUSCAT verwandt. Verschnitten ergibt sie im Entre-deux-Mers des **Bordeaux** einen einfachen, trockenen Weißwein, ist aber in geringem Maß auch an einigen SAUTERNES beteiligt. In **Australien** indes gilt die Muscadelle als Star und wird in Rutherglen, Victoria, zu einem hinreißend feinen «TOKAY» verarbeitet, der zwar den «Muscat»-Dessertweinen ähnelt, aber weniger Traubengeschmack und mehr Malz, Lapsongtee und verbranntes Karamell zeigt.

Petit Manseng, Gros Manseng

In den Ausläufern der **südwestfranzösischen** Pyrenäen gedeihen diese charaktervollen Trauben. Der feinere Petit Manseng liefert die Grundlage süßer (moelleux) Weine, dagegen sind die saftigen, würzigen und kompakten Tropfen aus PACHERENC DU VIC-BILH trocken, mit einem Aroma von Wachs, Pfirsich und Trockenobst. Nicht wenige haben madiranische Produzenten (LAFFITE-TESTON, BERTHOUMIEU). Die besten JURANÇONS aus welken*, nicht edelfaulen Trauben sind frische, klare, natursüße und sehr individuelle Weine (DOMAINE CAUHAPÉ, CHARLES HOURS).

Pinot blanc (Pinot bianco, Weißburgunder)

Aus dieser häufig angebauten Traube werden im **Elsass**, in **Norditalien**, der **Pfalz** und **Baden** (meist) volle, runde, apfelfrische, unkomplizierte Weine bereitet. Diese Attribute treffen auch auf einige sehr süße, edelfaule **österreichische** und auf Tropfen aus dem **kanadischen** British Columbia zu. Versuche mit dem Ausbau im Eichenfass* zeitigten eher sterile Ergebnisse, die die ansprechende Frucht der Traube überdecken.

Aligoté

Diese natursaure Traube wird vereinzelt in **Burgund** angebaut, von St-Bris bis Mâcon, mit Bouzeron als Zentrum für Spezialitäten. Gewöhnlich erscheint der Wein eher kantig, aber wenn er von alten, ertragsarmen Rebstöcken stammt und mit einer Spur Eiche ausgebaut wird, schmeckt er durchaus wie ein straffer Landwein von der Côte de Beaune (COCHE-DURY, J.-H. GOISOT).

Rutherglen, Australien. Im Nordosten Victorias macht man mahagonifarbene, gespritete Muscat-Süßweine, die nach Karamell und Rosinen duften und in Anbetracht ihrer Zuckerkonzentration beachtlich fein sind. Sie reifen über viele Jahre in großen, alten Holzfässern wie diesen in der Chambers-Kellerei, bis sie zu verschiedenen Qualitätsstufen verschnitten werden. Ebenfalls Aufmerksamkeit verdienen Morris, Stanton & Killeen sowie Baileys.

Muscadet (Melon de Bourgogne)

Hier hat die Rebe den Namen ihres einzigen Weins übernommen: des MUSCADET aus Nantes an der **Loire**. Die Regel sind sehr gewöhnliche, leichte und trockene Weine. Beachten Sie aber die Ausnahme aus dem Herzen der Region, etwa den MUSCADET DE SÈVRE-ET-MAINE, der *sur lie* – direkt vom Hefesatz – abgefüllt wird. Dieser Wein bietet einen sehr trockenen Geschmack mit einem Hauch Kohlensäure* und passt ausgezeichnet zu Schalentieren* (MÉTAIREAU, SAUVION).

Silvaner (im Elsass: Sylvaner)

Mittelschwer, säurehaltig und flach – so eine treffende Beschreibung der meisten Silvaner. Auch der etwas vollere Wein der **elsässischen** Bas-Rhin-Region ist noch immer scharf, im **italienischen** Alto-Adige dagegen leicht und knackig – beides gute Schankweine. Der JOHANNISBERG der **Schweiz** tritt überraschend reich und ohne jede Schwere auf. Den Gipfel seiner Kraft erreicht der Silvaner allerdings in **Franken**. Hier zeigt er außergewöhnliche Saftigkeit und Substanz und dazu eine erfrischend steife Säure. Wagen Sie sich doch einmal in einer fränkischen Weinstube an folgendes Menü: Bratwurst, Sauerkraut, Kümmelbrot und dazu jungen SILVANER, frisch aus dem Keller (JULIUSSPITAL, WIRSCHING, CASTELL) – einfach unschlagbar!

*** Siehe auch**

Kohlensäure **S. 22**
Muscat-Verkostung **S. 122**
Fassreife **S. 48**
welke Trauben **S. 43**
Wein zu Speisen **S. 160**

Die Schweiz: Auf den steilen, terrassierten Weinbergen des Wallis gedeiht die Chasselasrebe und gibt volle, delikat rassige Weine, die hier Fendant genannt werden.

Chasselas (Fendant, Perlan, Gutedel)

Chasselas wird marginal auch in **Frankreich** angebaut (Elsass, Pouilly-sur-Loire, Savoie), und ist in **Osteuropa** sogar recht verbreitet, doch hier wie dort sind die Weine größtenteils gewöhnlich. In der **Schweiz** jedoch bestreitet die Traube gut 40 % der gesamten Weinproduktion und liefert dort solide, geschmeidige, glänzende Tropfen. Die Kantone Wallis (dort spricht man von FENDANT) und Vaud produzieren das Gros an Chasselas, gefolgt von Genf (wo er PERLAN heißt). Die Frische des recht neutralen Weins, dessen beachtliche Geschmeidigkeit meist durch malolaktische Gärung* strapaziert wird, rührt von geringen Mengen Kohlensäure* her. Eiche spielt hier nahezu keine Rolle.

Die Weinberge des trockenen, sonnendurchfluteten Wallis schaffen Weine, die oft Fülle mit rassiger Subtilität verbinden (B. ROUVINEZ, R. GILLIARD). Jene aus dem Vaud neigen zu ausgeprägteren mineralischen Noten (H. BADOUX), während die Genfer Weine frisch und elegant, aber leichter auftreten.

Petite Arvigne

Eine einheimische **Schweizer** Rebsorte, die ausschließlich im Wallis angebaut wird. Die trockenen Weine erreichen das Gewicht eines weißen RHÔNE oder vollen MÂCON, die besten entwickeln dabei eine feste bis kraftvolle Säure, ein an reifen CHABLIS erinnerndes Honig- und Gemüsebouquet sowie einen leicht pfeffrigen Charakter. Gelegentlich gewinnt man mitteltrockene bis liebliche Weine aus welken (flétri) Trauben ohne die Wohltaten der Edelfäule (R. FAVRE, R. GILLIARD, B. ROUVINEZ, PROVINS).

Marsanne (Ermitage)

Diese weiße Traube aus dem **Rhônetal** wird in sehr geringen Mengen auch in **Australien**, **Kalifornien** und der **Schweiz** angebaut, wo man sie ERMITAGE nennt. Sie ergibt einen goldgelben Wein mit hohem Alkoholgehalt und schwacher Säure. Er zeigt ein Bouquet von reifen Pfirsichen und Mandelkernen, manchmal mit einer Spur von Fruchtbonbons oder Nagellack. Weißer Marsanne von der nördlichen Rhône ist selten, aber die meisten Hermitage-, Crozes-Hermitage- und St-Joseph-Weine werden heute zu 100 % aus Marsanne hergestellt (empfehlenswert: Chapoutier's CHANTE ALOUETTE, Grippat's HERMITAGE und ST-JOSEPH). Im **australischen** Goulburn Valley bereitet man einen straffen CHÂTEAU TAHBILK, mitteltrocken mit Geißblatt und Zitrone, und den großzügigen, auf Eiche ausgebauten MITCHELTON.

Rousanne

Auch Rousanne stammt aus dem Rhônetal. Diese im Vergleich zu MARSANNE höher wertige Rebsorte ist im Anbau schwieriger und unberechenbarer, darum auch seltener.

Rousanne-Weine ähneln in den Dimensionen dem MARSANNE, zeigen aber mehr Rückgrat und meist auch größere Komplexität in Geschmack und Reifebouquet, das Noten von gerösteten Nüssen, Heu und Mandelkernen bereit hält. Für den weißen Hermitage von Jaboulet, CHEVALIER DE STERIMBERG, werden für gewöhnlich Rousanne und Marsanne zu je 50 % verschnitten, der berühmte CHÂTEAUNEUF-DU-PAPE vom Château de Beaucastel besteht gar zu 80 % aus Rousanne.

Furmint

Neben den duftenden HÁRSLEVÜ und MUSKOTÁLY, Varietäten der MUSCAT BLANC À PETITS GRAINS, stellt Furmint die Haupttraube für den **ungarischen** TOKAJER. Die Stadt Tokaj liegt am Fuß der Hohen Tatra im Nordosten Ungarns. Hier strömt das Regenwasser von den glockenförmigen Vulkanhügeln in den Fluss Bodrog, der den Weingütern jenes neblige Herbstwetter verschafft, das für die Edelfäule* so wichtig ist. Der aus dem 17. Jahrhundert stammende TOKAJER ist der älteste «edelfaule» Wein überhaupt.

Furmint liefert einen Most mit hohem Säuregehalt, der einen vollen, steifen, würzigen Stil gebiert. Seine alterungsfähigen süßen, edelfaulen TOKAJER sind wahre Juwelen. Die bernsteinfarbenen Weine duften nach Orangenschalen, Karamell und Rosinen. Die likörartige Süße wird von frischer Säure und feuriger Würzigkeit ausgeglichen – vitale, beseelte und strahlende Reflexionen der magyarischen Heimat.

TOKAJER* (Alkoholgehalt von 11 bis 13 Vol.-%) wird in verschiedenen Stilen bereitet: als TOKAJI SZAMORODNI («wie er ist») – je nach Traube trocken (száraz) oder süß (édes) –, sodann als TOKAJI ASZÚ (mit den Graden 3, 4, 5 und 6 puttonyos) oder als TOKAJI ESZENCIA. Puttonyos – die Tragtröge der Leser – waren das traditionelle Maß für 25 kg zerdrückte edelfaule Trauben, die man in 136 Liter des trockenen Grundweins füllte. Diese Mischung ließ man einige Tage ziehen, um sie dann für eine zweite langsame Gärung im Fass von den aufgequollenen Schalen abzupressen. Je mehr Puttonyos, desto süßer der Wein.

Scheurebe (Sämling 88)

Die Scheurebe – eine Hybride aus RIESLING und SILVANER – verbindet eine exzellente Säure sowie tiefen Geschmack mit den unverwechselbaren Aromen von Grapefruit und unreifen schwarzen Johannisbeeren, und das sowohl in den trockenen wie in den lieblichen Weinen. Die letzteren sind allerdings die besseren.

In der **Pfalz** und im **österreichischen** Illmitz am Neusiedlersee liefert die Scheurebe exakt definierte, lebendig saftige edelfaule Beeren- und Trockenbeerenauslesen sowie köstliche Eisweine. Wenn auch nicht ganz so feinrassig wie die besten Rieslingweine, sind sie dafür bedeutend billiger (KRACHER, OPITZ).

Welschriesling (R. italico, Laski-, Olasz-Riesling)

Diese Varietät ist nicht mit der großen deutschen Rieslingtraube verwandt, besitzt aber den Vorzug, sich auch unter wärmeren Bedingungen eine lebendige Säure zu bewahren. In **Slowenien**, im Burgenland und in der Steiermark **Österreichs** sowie im **italienischen** Collio liefert sie leichte, blumige, trockene bis mitteltrockene Weine (OLASZ- und LASKI-Riesling).

Im Burgenland bietet der große Neusiedlersee ideale Voraussetzungen für edelfaule Trauben, und so entstehen in der Gegend um Rust einige sehr feine Beeren- und Trockenbeerenauslesen (OPITZ, KRACHER).

OBEN LINKS: *Der dicke, wollige Schimmel, der sich in den kalten, feuchten Kellern bildet, wo der Tokajer reift. Er besiedelt die Flaschen ebenso wie die Wände.*

OBEN RECHTS: *Renovierte Keller in Oremus spiegeln die jüngsten Investitionen in die Renaissance des Tokajer wider. Aber am Ende werden sicher auch hier die blanken Flaschen dem Schimmel nicht widerstehen können. Rechts in den Ballons die unbeschreiblich süße, kaum zu vergärende* eszencia, *der dickflüssige Vorlauf der aszú-Trauben vor dem Mahlen.*

*** Siehe auch**

Spritzigkeit **S. 22**
malolaktische Gärung **S. 41**
Edelfäule **S. 43**
Tokajer **S. 152, 163**

Savagnin

Savagnin ist vor allem im **ostfranzösischen** Jura heimisch, wo sie in erster Linie für den bekannten «gelben Wein» (vin jaune) verwendet wird. Dazu werden die Trauben zunächst normal vergoren und die Fässer nur zu zwei Dritteln gefüllt, so dass sich ähnlich wie beim FINO SHERRY die filmbildende Hefe zu einem *voile* (Schleier) entwickelt (*siehe* Abbildung unten). VIN JAUNE allerdings wird nicht aufgespritet. Der Schleier verhindert jede Oxidation, während sich der Wein über sechs Jahre hinweg konzentriert. Er verlässt das Fass mit einem starken Hefegeruch und einem durchdringend scharfen Geschmack nach Zitrone und Walnuss. Viel Zeit in der Flasche mildert dieses harte Aroma zu einem zarten Bouquet aus Honig und zerlassener Butter, mit einer weichen, schmeichelnden, zitronigen Finesse.

Müller-Thurgau (Riesling-Silvaner, Rivaner)

Die früh reifende, ertragreiche und geschmacklich neutrale Müller-Thurgau-Rebe wird in **Mitteleuropa** in großer Zahl angebaut. Am bekanntesten wurde sie durch die LIEBFRAUENMILCH*, die in Rheinhessen, der Pfalz und in Baden produziert wird. Bei solider Bereitung riecht dieser Tropfen, jung getrunken, nach Buchsbaum und Holunder, während eine Lagerung in der Flasche sehr schnell zu Gerüchen verrottender Vegetation führt. Die nicht üblen Weine sind gewöhnlich mittel- bis halb-trocken (mit Süßreserve nachgesüßt), allerdings wird man ihrer rasch überdrüssig! Seine frühe Reife macht Müller-Thurgau vor allem für Weingebiete in kühleren Zonen interessant, zum Beispiel die **amerikanische** Nordwestküste, **Neuseeland** und **England**. Dort erscheint die Traube oft knackiger und klarer und wartet auch mit zusätzlicher Säure auf, was dem Wein mehr Frische und Persönlichkeit verleiht. Am besten kommt die Rebe aber nach wie vor in Frankenweinen zum Ausdruck: elegante, stahlige, zitronige Gewächse mit Breite und Gewicht (JULIUSSPITAL).

Ein Hefeschleier-Film liegt auf der Oberfläche eines Vin jaune im französischen Jura. Die Ähnlichkeit mit der Flor-Hefe bei Fino Sherry aus Südspanien ist augenfällig. Die wachsartige Schicht schützt den Wein vor Sauerstoff und erlaubt eine lange Reifung im Fass ohne Schäden.

Grüner Veltliner

Der Grüne Veltliner stammt aus **Österreich**, wo er Ende der 1990er-Jahre nahezu 40 Prozent aller Reben ausmachte. Beim Gros der Grünen-Veltliner-Weine handelt es sich um preiswerte, köstlich saftige, saubere und frisch trockene Gewächse, oft mit einer Spur Spritzigkeit* und der typischen Pfeffernote der Traube. Sie sollten so jung wie möglich getrunken werden. Feinere, tiefere, festere und parfümiertere Weine kommen aus der Nähe von Mailberg und Retz nahe der tschechischen Grenze.

Die wahren Aristokraten unter den Veltlinern sind allerdings in der **Wachau** ansässig. Hier verarbeiten alle erstklassigen Weine die mineralischen Schätze ihrer Böden, sei es nun die extra trockene lebendig-leichte STEINFEDER, das reine mittelschwere FEDERSPIEL oder der tiefe, trockene, doch saftige SMARAGD. Nebenher wird der Traube gelegentlich auch ein schöner süßer, frischer und traubenreiner Eiswein* entlockt.

Neuburger

Die Neuburger Rebe wird fast in ganz Österreich angebaut, gelingt aber am besten in der Wachau. Ihre körperreichen Weine sind oft ein wenig säurearm, im Idealfall aber breit, geschmeidig und weich. Die Besten erreichen eine bemerkenswerte Rassigkeit (NIKOLAIHOF, HIRTZBERGER, S. DONAUBAUM), alle wollen jung getrunken sein.

Assyrtiko

Griechenland verfügt über eine Reihe weißer Traubensorten, die allesamt relativ leicht und natürlich frisch auftreten. Ihr Optimum erreichen sie dort, wo beim Ausbau auf neue Eiche* verzichtet wird, die nur ihre Originalität verdeckt.

Als beste Rebe gilt der Assyrtiko, aus dem auf der gleichnamigen Insel der SANTORINI gewonnen wird. Er besitzt eine lebendige Säure und strotzt, trotz des Alkoholgehalts von kaum 12,5 Vol.-%, häufig vor Geschmack – ein trockener, leicht nach Limette duftender Wein, mit einer pfeffrigen Note von den vulkanischen Böden der Insel. Er beeindruckt, ohne laut zu sein. Besonders die Weine von BOUTARI sind hervorragend.

Moscophilero

Moscophilero liefert den delikaten MANTIANA, der nach einem kühlen Hochplateau auf der **griechischen** Peleponnes benannt ist, wo die Traube gedeiht. Trotz 11,5 Vol.-% Alkohol besitzt der Wein eine bemerkenswerte Leichtigkeit, die von einem stark blumigen, moschusartigen Duft ergänzt wird. Im Abgang überraschend leicht und klar, muss er wie der ASSYRTIKO nicht stark auftreten, um gut zu sein. Seine schönsten Vertreter sind extra trockene, komplexe, würzige Weine von Klasse und Charakter. Auch hier gefallen mir die Weine von BOUTARI am besten – was aber alles andere als ein objektives Urteil ist, denn ich mag schon den Klang dieses Namens!

Rhoditis

Rhoditis ist ebenfalls eine Rebe, die sich in größeren Höhen wohl fühlt, insbesondere in Patras auf der nördlichen **Peleponnes**. Wenn auch der dortige Wein nicht den Charakter eines ASSYRTIKO oder MOSCOPHILERO entwickelt, hält er doch gleichwohl in hohen Lagen seine Säure und liefert duftige, knackig fruchtige Noten, die an einen guten MUSCADET erinnern, dabei aber mit mehr Duft und Sehnigkeit aufwarten. Die in geringeren Höhen angebauten Weine sind ebenfalls frisch, aber (nach griechischem Maßstab) etwas voller und geschmeidiger. Besonders gelungen sind hier die Weine von KOURTAKIS.

Retz im Weinviertel, Niederösterreich. Aus dieser nördlichen Region an der tschechischen Grenze kommen besonders feine und duftige Versionen des Grünen Veltliners.

Robola

Die nur auf der **griechischen** Insel Kefallinia angebaute Rebe liefert starke, trockene, lebendige, zitronenwürzige Weine, die Kraft mit Finesse verbinden.

Savatiano

Der vorwiegend in Attika angebaute Savatiano ist die Traube des RETSINA. Wie andere weiße Rebsorten **Griechenlands** neigt sie zur Alkoholarmut, präsentiert sich aber, anders als diese, generell weich und neutral. Vom Verschnitt mit ASSYRTIKO und RHODITIS profitiert vor allem sie. Zusätzlich gewinnt der Wein durch das Harz der Aleppokiefer, dem der RETSINA seinen Namen verdankt. Die Harzung verleiht ihm den kühlen, würzigen Duft des Mittelmeers.

Torrontes

Diese Rebsorte hat sich dank eines lebendigen, parfümreichen Weins einen Namen gemacht, dessen Duft an MUSCAT und GEWÜRZTRAMINER erinnert. Die besten Tropfen liefern hohe Lagen in **Argentinien**. Wie GEWÜRZTRAMINER verlieren sie rasch, sobald der Ertrag zu groß wird. Dann schmecken sie nur noch hohl und heiß.

*** Siehe auch**

Eiswein **S. 43**
neue Eiche **S. 47**
Spritzigkeit **S. 22**
Liebfrauenmilch-Verkostung **S. 152**

Die Colli Albani südlich von Rom im italienischen Latium. Hier liegt das Herz der Frascatiproduktion. Wenn er gekühlt serviert wird, kümmert es niemanden, dass Frascati kein «großer» Wein ist!

Malvasia (Malmsey)

Malvasia ist eine Traubenfamilie, die – abgesehen von **Madeira** (*siehe* S. 114–115) – hauptsächlich in **Italien** angebaut wird. Hier wird sie in einem Atemzug mit Latium und der Toskana sowie mit der Trebbianotraube (*siehe* unten) genannt. Die Malvasia-Rebe liefert Weine mit wenig Säure und viel Zucker und ist zumindest in den trockenen Versionen recht neutral im Geschmack. Den gewinnt sie durch Verschnitt mit dem sauren TREBBIANO. In hohen Lagen oder bei geringem Ertrag liefert sie trockene Weine von erheblicher Kraft, aber wenig Komplexität. Ihr hohes Zuckerpotenzial empfiehlt die Malvasia für Süßweine, von denen die berühmtesten der MALMSEY von Madeira und der VIN SANTO aus der Toskana sind. VIN SANTO (heiliger Wein) wird aus getrockneten (passiti) Trauben*, vor allem Malvasia und TREBBIANO, gewonnen. Er gärt und reift langsam über mehrere Jahre hinweg in kleinen Holzfässern zu einem goldenen Wein mit unterschiedlichen Intensitäts- und Süßegraden (AVIGNONESI, ISOLE & OLENA, FELSINA).

Trebbiano (Ugni blanc)

Diese in **Italien** verbreitetste Rebe zeichnet für viele italienische Weißweine verantwortlich. Seine beste Seite zeigt Trebbiano beim Verschnitt mit MALVASIA im FRASCATI und ORVIETO. Es gibt eine große Anzahl von Trebbianoklonen, von denen einige charaktervolle Weine liefern. Das Gros jedoch machen ertragreiche, geschmacklich neutrale Trauben aus, deren einziger Vorzug die lebendige Säure ist. Ein gut bereiteter FRASCATI oder ORVIETO ist aber nach wie vor ein angenehm erfrischender, neutraler Tafelwein.

Garganega

Die Garganega-Rebe wird vor allem im **Veneto** angebaut, wo sie die wichtigste Quelle des SOAVE ist. Im Idealfall ist dieser ein geradliniger, ja eleganter trockener Wein mit dem Aroma von Apfel und Birne, der seinen Biss gewöhnlich einem TREBBIANO verdankt. Die Spitzenweine können unter ihrer glatten, cremigen Oberfläche beachtliche Substanz und Länge verbergen (ANSELMI, PIEROPAN). Aus halb getrockneten Trauben wird der RECIOTO* DI SOAVE gewonnen: ein feiner, traubiger, milder bis süßer Wein mit Rosinenduft.

Prosecco

Auch Prosecco ist vorwiegend im **Veneto** zu Hause, wo man ihn zu PROSECCO DI CONEGLIANO oder PROSECCO DI VALDOBBIADENE verarbeitet, trockenen bis mitteltrockenen Schaumweinen, die frisch und apfelig auftreten. Wenn sie auch den feinen Duft des MOSCATO entbehren, sind die besten doch angenehm aromatische Tropfen, die mit weniger Säure und mehr Finesse als CHAMPAGNER aufwarten können. Die feinsten heißen CARDIZZE – eine Unterart von PROSECCO DI VALDOBBIADENE (CARPENÈ MALVOLTI, MIONETTO).

Verdicchio

Verdicchio aus den **italienischen** Marken kennt man vor allem dank des VERDICCHIO DEI CASTELLI DI JESI. So beachtlich das Potenzial dieser Rebe ist, hat sie doch noch keinen definitiven Stil gefunden. Die Traube entwickelt eine bemerkenswerte Säure, ihre leichteren Weine erinnern an einen lebendigen, ungeeichten MÂCON, die kompakteren gewinnen durch einen starken Pfirsich- und Mandelherzen-Geschmack sowie eine schöne vulkanisch-erdige Note (UMANI RONCHI).

Vermentino (Rolle)

Vermentino wird vorwiegend auf **Sardinien**, in der **Toskana** und in **Ligurien** angebaut. Der sardische VERMENTINO ist überaus erfrischend, wenn er aus hohen Lagen kommt, wo die Nächte auch dann kalt bleiben, wenn die Tage warm sind. Auf dem italienischen Festland, vor allem in den Cinque Terre, wächst er sich zu einem köstlichen frischen Wein aus.

Cortese

Cortese wurde vor allem durch den GAVI und den CORTESE DELL'ALTO MONFERRATO bekannt, die beide aus dem südöstlichen **Piemont** kommen. Der oft überbewertete GAVI ist in seiner leichten Bestform wunderbar trocken, zitronenfrisch und lebendig (LA GIUSTINIANA, CÀ BIANCA).

Vernaccia

Der Rebe ist ein sauberer und trockener Wein zu danken wie der **toskanische** VERNACCIA DI SAN GIMIGNANO. **Sardinien** steuert in Gestalt der trockenen Superiore-Versionen eines VERNACCIA DI ORISTANO einen noch individuelleren, kraftvollen, nussigen Wein mit 15,5 Vol.-% Alkohol bei. Diese Tropfen altern über mehrere Jahre hinweg in Fässern unter einer Hefeschicht*.

Albariño (Alvarinho)

Eine hochwertige Traube in **Nordwestspanien**, hier vor allem in Galizien, sowie in der Minho-Region **Portugals**.

Die Rías-Baixas-Weine **Spaniens** erfreuen sich auch jenseits der Pyrenäen zunehmender Beliebtheit. Abgesehen von einigen recht starken Versionen sind die meisten (und attraktiveren) leichte, blumige, trockene Gewächse mit zitroniger Note und einem Hauch Spritzigkeit* (MARTÍN CÓDAX, MURRIETA, PAZO BAYON).

Minho in **Portugal** schafft aus Alvarinho- und/oder Loureirotrauben einen feineren, volleren VINHO VERDE oder «grünen Wein» (»grün«, weil man ihn tunlichst jung trinken soll). Er folgt einem schlankeren Stil und ist wenigstens in den Exportversionen meist mitteltrocken,.

Loureiro (Loureira)

Als feine, hochwertige Traube spielt Loureiro im **portugiesischen** Minho eine große Rolle für einige der besten VINHO VERDE (*siehe* oben). Loureiro hat mehr Biss und weniger Alkohol als Alvarinho und schenkt den Weinen eine klare Trockenheit. Besonders empfehlenswert ist hier der QUINTA DE AZEVEDO von SOGRAPE.

Rías Baixas im spanischen Galizien: Albariño-Reben an den traditionellen Pergolen aus heimischem Granit. Das Blätterdach schützt die Trauben bei heißem Wetter.

Verdejo

Verdejo ist die wichtigste Traube im RUEDA der **spanischen** Provinz Castilla-León. Sie begründet Weine von exzellenter Qualität: volle, trockene, geschmackvolle Tropfen, die oft auch ohne Eichenkontakt Zederaromen entwickeln.

Arinto

Als maßgebliche Traube für den **portugiesischen** BUCELAS bringt Arinto einen reich strukturierten, extratrockenen Wein mit knackiger Säure zustande. Ein gut gereifter ARINTO aus Bairrada kann überraschende Butter-, Röst- und Honigaromen zeigen und die schlanke geschmackliche Reinheit eines ohne Holz ausgebauten SÉMILLON aus dem Hunter Valley besitzen.

Bical

Die höchst lebendige Säure dieser ebenfalls **portugiesischen** Spezialität aus Bairrada und Dão empfiehlt sie vor allem für Schaumweine. Doch auch einige ihrer (stillen) Tafelweine besitzen gleichwohl Klasse. Diese trockenen, filigranen Tropfen erinnern an einen trockenen MOSELRIESLING, freilich ohne dessen Säure (CASA DE SAIMA, CAVES ALIANÇA, QUINTA DA BAGEIRAS).

*** Siehe auch**

getrocknete Trauben **S. 43**
Florhefe **S. 110**
Recioto **S. 43**
Spritzigkeit **S. 22**

5. Rote Trauben, rote Weine

Chilenischer Malbec: überreif, gesund und vollkommen.

Das Problem der Qualität

Wie ermittelt man Qualität? Dieser Frage kann man sich nur pragmatisch nähern. Um Gespür für die Qualität so genannter «edler» Weine zu entwickeln, kann man sich an einer etablierten Klassifikation orientieren, wie sie etwa für den burgundischen PINOT NOIR existiert. Er wird in vier Qualitätsstufen angeboten: als «Gattungswein» (•/••), als «Village» (••/•••), «Premier cru» (••••) und «Grand cru» (jenseits unserer Preisgrenzen). Die Charakteristika in Stichworten: Gattungs- oder «generischer» Wein: kurz, angenehm, schlicht; Village: geradlinig, dabei knapp in Länge und Nachgeschmack; Premier cru: aromatischer, mit größerer Geschmacksvielfalt und weiterer Länge in Mund und Abgang; Grand cru: ausgeprägter Duft, nachhaltiger Geschmack, erhebliche Klarheit, Subtilität und Länge. Ähnlich sortiert man im Bordeaux die Weine auf Cabernet-Basis: generischer Bordeaux (•/••), Cru bourgeois (••/•••), Cru classé (••••) sowie Premier cru (»erstes Gewächs», ebenfalls jenseits der Preisgrenze).

Solche Ordnungen helfen, den Blick für Qualität und «Angemessenheit» eines Weins zu schulen. Frankreich bietet sich dafür an, weil hier das gesamte Weinspektrum vertreten ist. An den guten französischen Weinen kann man die Qualität jedes anderen Tropfens sehr zuverlässig messen. Wo es naheliegt, weise ich im folgenden aber auch auf Parallelen in der Neuen Welt hin (*siehe* S. 26–27, 126–128, 144–146).

HINWEIS: *Erläuterungen zu den Preissymbolen (•) auf S. 118. Wenn Sie eine ganz bestimmte Rebsorte suchen, konsultieren Sie bitte das Register.*

Cabernet Sauvignon

Der sehr anpassungsfähige Cabernet Sauvignon ist leicht zu ziehen und ohne Mühe zu vinifizieren. Dabei entwickelt er ein Bouquet, das nahezu jeder schätzt. Die sehr variablen Weine reichen von schlichten frischen bis zu wahrhaft aristokratischen, gekrönt von den erlesenen Tropfen des Bordeaux, dessen maßgebliche Rebsorte Cabernet Sauvignon ist.

Cabernet Sauvignon ist auf der ganzen Welt zu finden: als erfolgreicher Sortenwein in warmen Regionen, in kühleren Gegenden durch MERLOT gedämpft, und als Komponente zahlreicher anderer Verschnitte, denen er Frucht, Klasse und Bouquet verleiht. Die kleinen und dickschaligen Cabernettrauben entwickeln eine Menge Farbe, Tannin und Säure. Dank diese Stärken lassen sie sich, anders als etwa PINOT NOIR, einfach verarbeiten und hervorragend mit Eiche verbinden. Der wichtigste Vorzug jedoch: Sie sind in der Lage, über lange Zeit hinweg zu reifen. Die besten Weine können so einen vielstimmigen Kanon von Geschmacksnoten mit subtilen Strukturen und superbem Bouquet verbinden.

Gerade durch sein ausgeprägtes Bouquet und seine kräftige Konstitution eignet sich Cabernet ausgezeichnet für Verschnitte. Denn er büßt dabei kaum je seinen Cassis-Charakter ein – jene überaus populäre Duftsignatur, die sich so hervorragend mit den Aromen aller möglichen anderen Traubensorten versteht. Seine starke «Persönlichkeit» erfordert allerdings einen äußerst behutsamen Einsatz, da er sehr rasch die Individualität anderer Trauben verdeckt.

Ein Nachteil der Rebe ist, dass sie spät reift und damit für kühlere Regionen weniger gut geeignet ist. Außerdem macht ihre enorme Wuchskraft unter wärmeren Bedingungen sowie auf nahrhaften Böden eine sorgfältige Kontrolle der Laubdecke* nötig, um eine übermäßige Verkrautung des Weins zu vermeiden.

Europäischer Cabernet Sauvignon

Heimat des Cabernet Sauvignon ist **Bordeaux**, genauer das so genannte «linke Ufer» mit den Regionen Médoc und Graves zur Linken der Mündung der Gironde bzw. der Garonne (*siehe* S. 168). Cabernet schätzt die kiesigen Böden, deren Wärme speichernde Eigenschaften ihm beim Reifen helfen. Folgerichtig werden viele der dortigen Weingüter vom Cabernet dominiert.

Alle roten BORDEAUX entstehen aus einem Verschnitt verschiedener Rebsorten. Damit wird zunächst im unbeständigen maritimen Klima die Abhängigkeit von einer einzigen Sorte verringert. Viel wichtiger ist aber, dass der Verschnitt den Wein verbessert, denn ein purer Cabernet Sauvignon aus Bordeaux wäre zu streng und uncharmant. Darum besteht ein typischer MÉDOCWEIN nur zu zwei Dritteln aus Cabernet, den Rest teilen sich MERLOT, der für «Fleisch auf dem Skelett» sorgt, sowie CABERNET FRANC, der dem «grünen» Johannisbeer-Aroma etwas Parfüm verleiht, und der PETIT VERDOT.

UNTEN: *Pauillac, Bordeaux. Der Blick geht nach Osten, am großen Taubenschlag von Château Latour vorbei, über die Mündung der Gironde auf das «rechte Ufer». Die besten roten Bordeaux sind sehr teuer, aber die «zweiten» Weine aus Trauben, die nicht für den Spitzenwein selektiert wurden, sind schon zu einem Drittel des Preises zu haben, ohne aber etwa nur ein Drittel der Qualität zu liefern. Selbst «dritte» Weine wie der Pauillac von Latour sind keineswegs drittklassig.*

Spitzenweine zur Probe

Bordeaux
Château Latour; Léoville-Barton; Margaux; Palmer

Kalifornien
Dominus, Ridge Montebello, Opus One, Phelps' Insignia

Australien
Penfold's Bin 707

Um sich im **Bordeaux** zurechtzufinden, wäre ein dickleibiger Weinatlas vonnöten – hier für den Einstieg lediglich einige knappe Stilbeschreibungen. Der Premier Cru des Médoc* (S. 82) ist zwar ausgesprochen teuer geworden, aber seine «zweiten» Weine bieten eine gute und wesentlich preiswertere Alternative. Sie sind hier mit einem ° gekennzeichnet. Daneben werden weitere Cru classé und/oder Cru bourgeois erwähnt.

Viele ST-ESTÈPHES neigen dank der Tonböden zum fruchtig Robusten und Extraktreichen (PAGODES DE COS°, DAME DE MONTROSE°; POTENSAC, TOUR-DE-BY, CHARMAIL, LAVILOTTE). Die PAUILLACS profitieren vom groben Kies des linken Ufers; sie weisen den höchsten Anteil an Cabernet Sauvignon auf und stellen sich als reiche, muskulöse und würzige Weine dar (LATOURS PAUILLAC, CARRUADES DE LAFITE°, TOURELLES DE LONGUEVILLE°, PIBRAN). Der auf feinerem Kies gehegte ST-JULIEN, weniger stark und tanninreich, gilt als der ideal proportionierte mittelschwere rote Bordeaux (RESERVE DE LÉOVILLE-BARTON°, LADY LANGOA°, AMIRAL DE BEYCHEVELLE°, FIEFS DE LAGRANGE°, DU GLANA, LANESSAN), während der auf leichterem Sand und Kies gezogene MARGAUX reicher im Bouquet und feiner auftritt (PAVILLON ROUGE°, CANTEMERLE, D'ANGLUDET, LABÉGORCE-ZÉDÉ).

Südlich von Bordeaux neigt der GRAVES zu größerer Geschmeidigkeit und offenerer Struktur als die MÉDOCS, er zeigt ein feines, erdiges Aroma (CLÉMENTIN DE PAPE-CLÉMENT°, PARDE DE HAUT-BAILLY°, LA LOUVIÈRE, BOUSCAUT). Sämtlichen Unterschieden zum Trotz verfügen all diese Weine in gewissem Maß über die Tannintrockenheit der Bordeauxweine, über die mineralischen Aromen jenseits der Frucht des Cabernets und über mehr oder weniger Vanillenoten von neuer Eiche*.

RECHTS: *St-Julien im Médoc. Der klassische kiesige Boden auf einem Hügel des «linken Ufers» (im Hintergrund der Kirchturm von St-Julien), der für Drainage sorgt, Wärme speichert und den Cabernet Sauvignon gut gedeihen lässt. Probiert man Rotwein vom linken Ufer, kann man ohne weiteres seine Erdigkeit* schmecken!*

UNTEN: *Das Napa Valley in Kalifornien mit den Gipfeln des Stags Leap im Hintergrund. Von hier kommen viele der elegantesten Cabernet Sauvignons Kaliforniens.*

Obwohl auch an der **Loire** zugelassen, kommt Cabernet Sauvignon dort kaum zum Einsatz, da hier der CABERNET FRANC weit zuverlässiger reift. Sauvignon ist aber Bestandteil vieler Weine des **Südwestens** (so BUZET, BERGERAC, FRONTONNAIS, MADIRAN) und wurde in begrenztem Umfang zeitweilig auch im **Languedoc** gepflegt, kam jedoch mit den dortigen Böden nicht zurecht – insofern fällt der MAS DE DAUMASS (70 % Cabernet Sauvignon), ein guter, aromatischer Wein, durchaus aus dem Rahmen. In den kühleren Teilen der **Provençe** harmoniert der Cabernet ausgezeichnet mit SYRAH und schenkt dessen pfeffriger Strenge ein süßes Herz aus Cassis (DOMAINE DE TRÉVALLON, CHÂTEAU ROUTAS «AGRIPPA»).

Auch **Österreich** produziert in geringem Maß tanninreiche, minzige Cabernets, in **Griechenland** wird die Sorte gar erfolgreich mit ST. GEORGES verschnitten und ist die Haupttraube im äußerst reichen, geschmeidigen und eichigen CHÂTEAU CARRAS. Der Weinbau Osteuropas hat sehr unter den politischen Wirren der letzten Jahre gelitten, dennoch findet man in **Bulgarien** mit SHUMEN, IAMBOL und den sanften, saftigen, kalt vergorenen BLUERIDGE-WEINEN recht gelungene Cabernets. Dessen Stammhalter in **Ungarn** ist VILLÁNY mit seinem Flaggschiff GERE. **Italiens** Cabernet-Region ist der Nordosten, wo er aber lange Zeit charakterlich dünn und krautig blieb. Heute kommen aber zahlreiche leichte, duftende und elegante Weine aus dem Alto Adige (LETRARI, LÖWENGANG, SAN LEONARDO). Auch in der Toskana wird zunehmend (10 bis 20 %) Cabernet angebaut, um ihn mit SANGIOVESE zu verschneiden (AVIGNONESE I GRIFI, ANTINORI TIGNANELLO).

Spanien stellt eine geringe Menge reinen Cabernet Sauvignon her, vor allem in Katalonien – RAÏMAT, ENATE, JEAN LÉON, TORRES GRAN CORONAS (••) und MAS LA PLANA (•••) – sowie in Toledo (MARQUÉS DE GRIGÑÓN). Überwiegend wird er jedoch verschnitten, etwa als Hauptbestandteil neben TEMPRANILLO und MERLOT in vielen NAVARRAS (GUELBENZU, OCHOA, CHIVITE, CASTILLO DE MONJADÍN) sowie als sekundäre Komponente in der RIBERA DEL DUERO (PROTOS, ABADIA RETUERTA).

Cabernet Sauvignon der Neuen Welt

Der Großteil der **kalifornischen** Cabernets ist «sortenrein». Die im Bordeaux-Stil mit einem hohen Anteil von MERLOT und/oder CABERNET FRANC hergestellten Weine werden «Meritage» genannt – sie sind der Öffentlichkeit bislang zumeist entgangen, da der kalifornische Cabernet in der Regel reif und geschmeidig genug ist, um nicht verschnitten zu werden.

Im gesamten Bundesstaat gibt es Weine guter Qualität, aber das südliche **Napa Valley** ragt durch seine hohe Konsistenz, die Eleganz im Stil und ein gutes Preis-Leistungs-Verhältnis heraus. Wie beim MERLOT sind diese Weine meist reifer, süßer und glatter als ihre Vorbilder aus Bordeaux. Besonders empfehlenswert sind: ESTANCIA, RODNEY STRONG, BERINGER KNIGHTS VALLEY und BEAULIEU VINEYARDS (•/••), PHELPS, ST-SUPÉRY, NIEBAUM COPPOLA, SHAFER und RIDGE SANTA CRUZ MOUNTAINS (••/•••). Für einen Stilvergleich von

STECKBRIEF
Cabernet Sauvignon

Farbe: generell tief.
Alkohol: mittel bis hoch.
Säure: recht hoch.
Tannin: hoch.
Aromen:
klar, stark; oft mit Vanille/Zeder/Kokosnuss von neuer Eiche.
Kühles Klima/unterreife Frucht: krautig, Eukalyptus, Minze, Tomate, Paprika, grüne Olive, Mehlbeere, unreife schwarze Johannisbeere.
Warmes Klima/reife Frucht: reife schwarze Johannisbeere, Brombeere, Cassis, Marmelade, Süßholz.
Flaschen-Bouquet:
gekochte Maulbeere/Cassis, Zeder, zuweilen fein erdig.
Stile:
- leicht, frisch krautig.
- festes, trockenes Mittelgewicht.
- reich, tanninreich, eichig.

LINKS: *Die Burg Peñafiel in Ribera del Duero, Spanien. Cabernet Sauvignon eignet sich gut zum Verschneiden, auch wenn er dank seiner starken Persönlichkeit nur wenig Begleitung benötigt. Hier wird er mit Tempranillo verschnitten.*

*** Siehe auch**

Cru classé Médoc **S. 30**
Laubdecke **S. 38–39**
neue Eiche **S. 48**
Verkostung 6 **S. 144–146**
Erdigkeit **S. 145**

Die Kellerei Erràzuriz im Aconcaguatal in Chile mit den Ausläufern der Anden im Hintergrund und dem Spitzenwingert Don Maximiano im Vordergrund. Ein erstklassiger Lieferant für Cabernet Sauvignon und Merlot. Der ausgeprägt minzig-krautige Geschmack vieler chilenischer Rotweine geht auf die großen Temperaturunterschiede zwischen Tag und Nacht zurück. In den Nächten gleitet die sehr kalte Luft an den Hängen zu Tal und verlangsamt den Reifeprozess der Trauben; die Methoxypyrazine (die für die krautigen Aromen verantwortlich sind) bleiben so länger in der Traube, während die Zuckerreifung voranschreitet. Dies drückt sich meist stärker im Merlot als im Cabernet aus.

Spitzenweinen bieten sich NAPA'S SPOTTISWOODE, SILVER OAK und BERINGER PRIVATE RESERVE an (gleiche Preisklasse und Jahrgang) – alle frisch und dezent, extravagant eichig sowie intensiv muskulös, und dazu in Cru-classé-Qualität!

Der Bundesstaat **Washington** hält zahlreiche erstklassige Cabernets und Cabernet-Verschnitte bereit. Durchweg attraktiv strukturiert, dabei geschmacklich «kühler» als die kalifornischen und weniger tannintrocken als Bordeauxweine, präsentieren sie sich in einem konzentrierten Stil, der Überfülle vermeidet. Gute Qualität findet man ab •• bei STATON HILLS, HEDGES, COVEY RUN und CHÂTEAU STE-MICHELLE; Columbia Winery's RED WILLOW, L'ECOLE NO 41 und ein üppiger WOODWARD CANYON ‹CANOE RIDGE› sind großartige Weine im •••-Bereich.

Das Maipotal ist **Chiles** zentrale Cabernet-Region. Sanft genug, um ohne MERLOT zu bestehen, wird er hier vorwiegend als Sortenwein genutzt. Er ist in der Regel weniger pflaumig, krautig und weich, dafür tanninreicher als der hiesige MERLOT (*siehe* S. 93–95). Sehr gute Weine zu erschwinglichen Preisen bieten CAMEN, ERRAZURIZ, CONCHA Y TORRO, CASABLANCA und CASA LAPOSTELLE (••) an. Im Gegensatz zu Chiles maritimem Charakter herrscht im **argentinischen** Mendoza, jenseits der Anden, ein kontinentales, wüstenähnliches Klima. Die dortigen Cabernets besitzen eine fast teerige Konsistenz, eine natürliche, weiche, fleischige Struktur und einen reifesüßen Cassisgeschmack. Wo man sie nicht mit neuer Eiche* abhärtet, ziehen Qualität und Preise sogleich an: CATENA zeigt im gesamten Spektrum Klasse (INFINITUS, ALTOS DE TEMPORADA).

Die Cabernets **Australiens** treten stilistisch ebenso vielfältig auf wie seine SHIRAZ. Und SHIRAZ, nicht MERLOT, wird recht oft erfolgreich mit Cabernet zu einem reichen, gehaltvollen Stil verschnitten. In Coonawarra stellt man einige der elegantesten Weine her, die über eine besondere Finesse und einen Hauch von Terroir verfügen (*siehe* S. 129): WYNN'S BLACK LABEL, ORLANDO'S ST. HUGO, CHAPEL HILL – auch MCLAREN VALE. Die Cabernets aus Victoria erscheinen dagegen trockener, kraftvoller, kühler und minziger (MOUNT LANGI GHIRAN, COLDSTREAM HILLS und der sehr gute YARRA YERING NO 1). Für meine Begriffe produziert MUDGEE die vielversprechendsten Cabernets in ganz Neusüdwales, weiche, kompakte, runde, maulbeersüße Weine, die sogar seine SHIRAZ übertreffen (MONTROSE, THISTLE HILL und HUNTINGTON – eine Klasse für sich). Orange glänzt mit seinem kraftvoll kühlen Klima (REYNOLDS, ROSEMOUNT), und aus Westaustralien kommt pure Spitzenklasse in verschiedenen Stilen (CULLENS, MOSS WOOD, VASSE FELIX, LEEUWIN, PLANTAGENET, HOWARD PARK). Sie alle altern auch sehr schön und elegant.

Der sortenreine Cabernet tendiert in **Neuseelands** rauerem Klima eher zur Härte und muss oft mit MERLOT gemildert werden. Wenn dabei auch stets eine Spur natürlicher Säure und ein Oberton von Eukalyptus bleibt, so sind doch die Weine in der Mehrzahl gut ausgewogen, frisch und harmonisch – etwa jene aus Hawkes Bay (TE MATA'S AWATEA, MATUA VALLEY, VILLA MARIA, VIDAL, TRINITY HILL, TE AWA'S LONGLANDS, MONTANA'S CHURCH ROAD) und Waiheke Island (GOLDWATER, TE MOTU, STONEYRIDGE – sehr gut, sehr teuer).

Gute Cabernets aus **Südafrika** haben Seltenheitswert. Die Verschnitte im Bordeaux-Stil sind dabei besser als die Sortenweine. Generell dominiert ein schlanker Stil, der einige gelungene (meist teure) Tropfen hervorbringt (WARWICK, KLEIN CONSTANTIA, SAXENBURG, VERDUN'S THERESA, SIMONSIG'S TIARA, KANONKOP'S PAUL SAUER).

Pinot noir

Ein gelungener Pinot noir verführt durch sein Parfüm, seine seidige Struktur und seine köstliche Süße. Aber ob er nun in Burgund oder am chilenischen Bío-Bío entsteht – die Erfolgsaussichten sind erschreckend gering. Vielleicht erscheint er darum in den wenigen Glücksfällen so sensationell! Die hochwertige Rotweinrebe stammt ursprünglich aus der Bourgogne und hat den Ruf der großen Burgunder begründet.

Pinot noir ist eine dünnschalige Traube von mittlerer Farbe, mit wenig Tannin und viel Säure. Dank der dünnen Schale sind die meisten ihrer Weine relativ fein. Dies schränkt aber die Zahl der Stile, zu denen man sie ausbauen könnte, erheblich ein, fehlt ihr doch schlicht die Substanz, um Manipulationen oder Übertreibungen (wie hohen Ertrag*, übermäßige Extraktion* oder zu viel Eiche*) auszugleichen oder zu kaschieren.

Da Pinot-noir-Wein in der Regel nur wenig Tannin aufweist, definiert er sich eher durch seine Säure. Überreif, sprich ohne diese Frische, hielte man einfach nur einen weichen, marmeladigen Rotwein in Händen. Um ihre Säure optimal zu entwickeln, braucht die Rebe kühle Verhältnisse – dann gewährt sie allerdings bisweilen einen Blick ins Paradies! Auf zu niedrige Temperaturen wiederum antwortet sie mit Krautigkeit und Aromen von Minze, Dill, Tomate und weißem Pfeffer (*siehe* Bildunterschrift rechts).

LINKS: *Der Name Pinot noir wird auf die Ähnlichkeit der Dolde mit Kiefernzapfen zurückgeführt. Die jungen Weine besitzen die heftige, saftige Sukkulenz roter Kirschen. Nach einigen Jahren in der Flasche verwandelt sich das Bouquet: Die sanften Düfte des Weinbergs weichen den bodenständigeren Aromen der Landschaft selbst, von frischer roter Frucht zu moderndem Laub, Pilzen und ausgeblutetem Wild.*

Europäischer Pinot noir

Pinot noir von der Côte d'Or **Burgunds** gilt zu Recht als musterhaft, wenn auch die Region in Hinblick auf die Konsistenz des Weins nicht besser oder schlechter abschneidet als jedes andere Pinot-noir-Gebiet. Nicht selten sind ihre Produk-

Dieser Hang ist Teil jenes kalkigen "Rückgrats", das sich durch ganz Burgund hinzieht. Wir stehen an der Côte de Nuits und blicken über Chambolle Musigny in Richtung Vougeot und Vosne Romanée. Das Flachland liefert meist "Village", die Hänge Premier cru und Grand cru.

STECKBRIEF Pinot noir

Farbe: hell bis mittel.
Alkohol: gemäßigt bis hoch.
Säure: hoch.
Tannin: niedrig, fein.
Aromen:
ausgeprägt, subtil; leicht durch neue Eiche verdeckt. Kühles Klima/unterreife Frucht: Minze, Tomate, Dill, rote Johannisbeere, rote Kirsche, krautig, Himbeere. Warmes Klima/reife Frucht: blumig, «glatt», reife rote Kirsche, Schwarzkirsche.
Flaschen-Bouquet:
Unterholz, Leder, verrottendes Laub, Champignons, vegetabil, Wild.
Stile:
- leicht, knackig bis scharf.
- mittlerer Körper, frisch, aber glatt.
- seidige, duftige Grandezza.

te ärgerlich, gelegentlich aber umwerfend. Das Thema Burgund würde freilich den Rahmen dieses Buchs sprengen. Eine grundsätzliche Vorstellung von den verschiedenen Stilen können Sie sich verschaffen, indem Sie Weine der gleichen Preisklasse (am besten •••) aus verschiedenen Regionen vergleichen. Ein Gefühl für die Qualitätsunterschiede entwickeln Sie, indem Sie Village- und Premier-cru-Weine (•• bzw. ••••) desselben Herstellers probieren (*siehe* S. 82).

Die Rotweine von den eisenhaltigen Böden der Côte de Nuits sind generell voll, fest, würzig und mineralisch im Stil. Zum Vergleich bieten sich an: NUITS-ST-GEORGES: erdig, muskulös (L'ARLOT, CHEVILLON, GOUGES); CHAMBOLLE-MUSIGNY: fein parfümiert (GHISLAINE BARTHOD, H. LIGNIER); GEVREY-CHAMBERTIN: fest, würzig, elegant (ROUSSEAU, B. CLAIR, D. BACHELET). CÔTE-DE-BEAUNE-Rotweine von kalkigen Böden kommen fruchtiger und geschmeidiger daher und reifen rascher. SAVIGNY-LÉS-BEAUNE (BIZE), SANTENAY (POUSSE D'OR) und AUXEY-DURESSES (M. PRUNIER) passen in das Bild der leichteren Stile ebenso wie – deutlich parfümierter – VOLNAY (LAFARGE, ANGERVILLE). Um diese Linie zu verlassen, testen Sie einen POMMARD (ARMAND, J.-M. BOILLOT) – die Stärken des tonhaltigen Bodens sind gut herauszulesen! An der Côte Chalonnaise werden preiswertere Burgunder produziert: der robuste und erdige MERCUREY (M. JUILLOT, MEIX FOULOT) sowie der feinere GIVRY (JOBLOT, L'ESPINASSE). Die Weine der großen Handelshäuser wie JADOT (ein recht solider Rotweinstil) und DROUHIN (eher zurückhaltend) sind naturgemäß die verbreitetsten und nahezu überall erhältlich.

Fast alle roten Burgunder zeichnen sich deutlich durch die Kantigkeit von Säure und Tannin sowie die feine geschmackliche Erdigkeit aus, Eigenschaften, die bei Pinot noir außerhalb Europas eher selten sind. In der **Champagne** wird Pinot noir vorwiegend für Schaumwein verwendet, an der **Loire** produzieren SANCERRE (VACHERON) und MENETOU-SALON leichte, feine, duftige Weine, die man jung trinken muss. Die Pinot noirs des **Elsass** sind meist ohne Eiche ausgebaut, sie treten blass und frisch bis plump und großzügig auf. Pinot aus der **Schweiz** (als BLAUBURGUNDER oder KLEVNER) spielt die Hauptrolle bei der Kreation des DÔLE und liefert glatte, liebliche, nach Pfeffer duftende und sanft mineralische Tropfen im Wallis, in Neuchâtel, Genf und Zürich. **Italien** erzeugt geringe Mengen PINOT NERO, der sich im besten Fall (und zwar im Alto Adige) als ein reiner, blumiger, feiner Wein zeigt (HOFSTÄTTER, F. HAAS). Auch **Österreich** produziert kleine Mengen zunehmend guten Pinot noir im Burgenland (STIEGLEMAR). Aus **Deutschland** kommen erstaunlich viele Pinot-Weine – die besten sind leicht, lebendig, seidig und hochklassig (Pfalz: LINGENFELDER; Franken: FÜRST; Ahr: MEYER NÄKEL; Baden: K. H. JOHNER). Osteuropa schätzt weiche, pflaumige Pinots, insbesondere jene von DEALUL MARE in **Rumänien**.

Pinot noir der Neuen Welt

Die guten Pinot noirs aus **Kalifornien** sind dank eines geringen Tanningehalts generell voll, süß und seidig, zugleich weniger scharfkantig als die

Rippon Vineyard, Central Otago, Neuseeland, vielleicht der südlichste Außenposten des Pinot noir. Standorte wie dieser gelten als «Lifestyle»-Kellereien! Central Otago ist nur eine Region für Pinot noir in Neuseeland, aber Rippon's Weine zählten zu den Besten.

aus Oregon oder Neuseeland und nicht so trocken und erdig wie die aus Burgund. Aus den kühleren Regionen wie Russian River, Carneros, Santa Maria Valley und Santa Ynez Valley in Santa Barbara kommen dichte Tropfen. Russian River liefert volle, geschmeidige, hochklassige und elegante Weine ohne (oder mit geringer) Krautigkeit (ROCHIOLI, WILLIAMS-SELYEM); Carneros, wo viel Pinot zu Schaumwein verarbeitet wird, produziert duftende, anmutige Weine von der lieblichen Reinheit reifer Kirschen (ACACIA und besonders SAINTSBURY). Santa-Barbara-Weine sind tief und saftig, oft mit einer dillartigen Kräuternote (SANFORD, AU BON CLIMAT, FOXEN). Die besten Tropfen aus Monterey zählen zu den «seriösesten» Pinots Kaliforniens: muskulöse Weine mit spürbar mehr Tannin und Terroir (CHALONE, CALERA); eine ebenfalls hochwertige, aber leichtere Version ist ESTANCIA'S PINNACLES.

Das kühlere Küstenklima **Oregons** im Westen der Cascade Mountains bringt zahlreiche Pinot noirs hervor, die oft einen Hauch von Minze aufweisen. Sie sind im Allgemeinen leichter, weniger süß und glatt und entwickeln eine strahlendere Säure als die kalifornischen, erreichen aber nicht deren Dichte. Dennoch besitzen die besten eine Feinheit, die an vergleichbare Stile aus Burgund heranreicht. REX HILL (•), DROUHIN'S GRUNDWEIN (•••) und CUVEE LAURENE (••••) vermitteln eine gute Vorstellung dieser Region. AMITY (etwas grobschlächtig, aber charaktervoll), EYRIE (subtil, filigran) sowie CRISTOM, CHEHALEM, BETHEL HEIGHT und KEN WRIGHT sind ebenfalls bemerkenswert gute Erzeuger.

Die erstklassigen Gewächse **Neuseelands** ähneln dank des vergleichbar kühlen Klimas in Stil, Bandbreite und Geschmacksspektrum den Weinen Oregons. Mittlerweile werden bei den besten die allzu knackige Säure und der Hauch Krautigkeit durch echten Fruchtreichtum und strukturelle Glätte ausgeglichen. Die wichtigsten sind MARLBOROUGH, MARTINBOROUGH und CENTRAL OTAGO. Dabei hält die Kellerei MARTINBOROUGH nach wie vor die Spitze (••) und lässt sämtliche anderen lokalen Pinots plump erscheinen. Von ihr gibt es auch eine feine, üppige Reserve in den besten Jahren (nach Burgunder-Maßstäben Premier cru): CLOUDY BAY, DRAY RIVER und den eichigen ATA RANGI (alle •••/••••).

Die besten **australischen** Pinot noirs stammen aus Victoria, wo das Yarra Valley die Region mit dem beständigsten Erfolg ist. Gute Weine liefern aber auch die Mornington Halbinsel sowie Geelong in Victoria, Orange (CANNABOLAS SMITH), Margaret River (ein sehr verführerischer DEVIL'S LAIR), Adelaide Hills (LENSWOOD) und im kühlen Tasmanien PIPERS BROOK. Einblicke in die besten Yarras bieten: GREEN POINT (•), TARRA WARRA (••) sowie YARRA YERING oder DIAMOND VALLEY (•••) – vorzügliche Beispiele echten Pinot noirs, kostbarer als die neuseeländischen und weniger schwül als die kalifornischen.

Hermanus in der kühlen Walker-Bay-Region beweist mit zwei gelungenen Weinen, dass auch **Südafrika** einen guten, klaren, süßen und fein pfefferigen Pinot noir herstellen kann (HAMILTON RUSSELL, BOUCHARD-FINLAYSON). Auch wenn **Chile** ein paar gut gemachte Pinots mit Schwarzkirsch-, Pfeffer- und Olivennoten anbietet (CONO SUR), reichen sie doch bei weitem nicht an seine MERLOTS heran. Und in **Argentinien** ist es für die Rebe schlicht zu heiß.

Das wunderschöne Santa Ynez Valley im kalifornischen Santa Barbara County. Diese kühle Region liefert einige der besten kalifornischen Pinot noirs. Sanfords ist besonders tief und saftig, zugleich fein und subtil. So soll Pinot noir sein!

Spitzenweine zur Probe

Burgund
La Tâche (Dom Rom Conti)
Chambertin (Rousseau)

Victoria, Australien
Mount Mary

*** Siehe auch**

hoher Ertrag **S. 36**
Eiche **S. 47**
Überextraktion **S. 46, 50**
Verkostung 5 **S. 140**

Syrah/Shiraz

Syrah – oder Shiraz – trägt als einzige Rebsorte zwei anerkannte Namen. Der Grund dafür liegt in der Polarität zwischen zwei klar definierten Stilen: der französische *Syrah* ist dezent, der südaustralische *Shiraz* extravagant. In guten Jahren können die Weine der Traube mit jenen aus Bordeaux und Burgund ohne weiteres mithalten. Es scheint, dass die Rebsorte eine große Zukunft vor sich hat.

Spitzenweine zur Probe

Nördliche Rhône
Côte-Rôtie Mouline (Guigal)
Hermitage La Chapelle (Paul Jaboulet)
Hermitage (Chave)

Südaustralien
Penfold's Grange
Henschke's Hill of Grace

Die zunehmend beliebte Rebe wird mittlerweile in aller Welt angebaut. Sie ist die Grundlage für eine Vielzahl von Weinen, die sich sehr von der CABERNET/MERLOT-LINIE abheben, und gedeiht auf sehr unterschiedliche Weise in vielen Ländern. Syrah/Shiraz benötigt zwar zum idealen Ausreifen Wärme, schenkt aber selbst in kühleren Regionen, wo sie nicht ihr Reife-Optimum erreicht, attraktive aromatische Weine, die allerdings einer gewissen Strenge nicht entbehren.

Die in kühl-gemäßigtem Klima nicht ganz ausreifende Syrah liefert einen moderat gefärbten Wein, der mit leuchtend roter Johannisbeernote, deutlicher Pfeffrigkeit, einem Hauch von Minze oder grünen Oliven, knackiger Säure und festem, trockenem Tannin überzeugt. Vollreifer Shiraz aus wärmeren Gegenden und/oder aus niedrigem Ertrag ist dagegen im Geschmack reicher, voller und süßer, dabei tief dunkel wie sein Duft, und glänzt mit unterschwelligerem Tannin und weniger vordergründigem Pfeffer. Wo er jedoch seine Neigung zu übermäßigem Ertrag* ausleben kann, wird er wie MERLOT blass in der Farbe und neutral im Geschmack.

Côte-Rôtie an der nördlichen Rhône. Ein heller, steiniger, schieferiger Boden an steilen Hängen. Hier sieht man den Fuß eines Spaliers, an dem die Reben ranken und sich die Arbeiter bei der Lese im steilen Hang festhalten.

Europäischer Syrah

Der unangefochtene Maßstab für Syrah in Europa ist die **nördliche Rhône**, wo HERMITAGE, CÔTE-RÔTIE, CROZES-HERMITAGE, ST-JOSEPH und CORNAS Sortenweine sind, auch wenn ihnen ein minimaler Verschnitt mit weißen Trauben gestattet ist. Anders als die Shiraz-Anbaugebiete der Neuen Welt produziert die klimatisch gemäßigte nördliche Rhône die «kühleren» Weine. Die besten von ihnen zeigen mehr Dichte und Frucht als die meisten Gewächse der südlichen Rhône, vor allem kleiden sie ihr Tannin-Skelett mit Eleganz, Finesse und Profil. In der Regel fester in der Säure, sind sie meist auch trockener und mineralischer als ihre Gegenstücke aus der Neuen Welt.

Zwischen Hermitage und Côte-Rôtie liegen kaum 60 km, aber beider Weine unterscheiden sich sehr. Ein HERMITAGE erscheint stets tintiger und dichter, zudem weist er mehr Fruchtextrakt, mehr Cassis-Aroma sowie einen muskulöseren Tanninrahmen auf (JABOULET, CHAPOUTIER, CHAVE, DELAS, VIDAL-FLEURY). CÔTE-RÔTIE tritt dagegen blasser, duftiger und rauchig auf, fruchtärmer, aber aromatisch komplexer. Häufig ist er auch im Geschmack feiner, weil weniger tanninreich (GUIGAL, ROSTAING, BARGE, CHAMPET, JASMIN). Die drei Letztgenannten zeigen selten neue Eiche, und ihre Aromen können neben der Cassis-Note auch mit Rustikalerem aufwarten: Gummi, gebratenem Fleisch, Wild. GUIGAL hingegen ist dafür bekannt, sehr reife Trauben und in hohem Maß neue Eiche zu verarbeiten, was zu deutlich weicheren, reicheren Weinen führt.

Ein guter CORNAS renommiert mit der dunkelsten Färbung und der reinsten Essenz der schwarzen Johannisbeere – abgesehen von Pfeffer und Tannin. Leider ist er viel zu selten (CLAPE, der klassischste; COLOMBO, der modernste; JABOULET, MICHEL, DOMAINE DE FAUTERIE). CROZES-HERMITAGE und ST-JOSEPH sind beide schlankere Versionen des HERMITAGE – von weniger guten Lagen; in der Regel leichte, frische, pfeffrige, jung zu trinkende Rotweine. Die besten (JABOULET'S THALABERT und GRAILLOT'S LA GUIRAUDE) kommen einem minderen HERMITAGE recht nahe, sind aber rauer und in Aroma und Länge weniger ausgeprägt. Zwei Kooperativen (TAIN für CROZES, ST-DESIRAT für ST-JOSEPH) sind zuverlässige Lieferanten. Ein adäquates Trio bilden ein minderer CROZES (•/•••), ein THALABERT von JABOULET (••) und ein JABOULET oder CHAPOUTIER HERMITAGE (••••), alle möglichst aus dem gleichen Jahr.

Syrah, gern zum «Aufbessern» genutzt, verleiht Weinen auf Grenache-Basis von der **südlichen Rhône*** Klasse, Kern und Rückgrat. Dieser Vorzug hat der Rebe eine Ausbreitung über ganz Südfrankreich beschert. In der **Provençe** wird sie auch mit CABERNET SAUVIGNON verschnitten (CHÂTEAU ROUTAS, DOMAINE DE TRÉVALLON), in den **Coteaux de Languedoc** als Hauptzutat manchmal mit GRENACHE und MOURVÈDRE (GRANGES DES PÈRES, CHÂTEAU DE LASCAUX), außerdem in Pic St-Loup (DOMAINE DE L'HORTUS), Faugères, St-Chinian, Côtes du Roussillon, Minervois, Corbières und Collioure (*siehe* auch MOURVÈDRE*).

Spanien kann sich eines guten, wenn auch oft trockenen und eichigen Syrahs aus Toledo rühmen (MARQUÉS DE GRIÑÓN). In der **Schweiz** kommt aus dem Wallis eine Spezialität, die an die nördliche Rhône erinnert (R. GILLIARD). **Italiens** Syrahs sind vorwiegend in der Toskana zu Hause: straff, elegant, raffiniert, aber streng (FONTODI'S CASE VIA, ISOLE & OLENAS L'EREMO).

Shiraz und Syrah der Neuen Welt

Australiens Shiraz-Stile sind äußerst vielgestaltig; der australische Archetyp kommt aber aus Südaustralien: mit reifer Brombeere, Schwarzkirsche, Eichenvanille, braunem Zucker und Süßholz im Aroma, dabei warm, schokoladensüß, reichhaltig*, fruchtig und pfeffrig im Geschmack, kurz: atemberaubend verführerisch, berauschend und elementar! – Verzeihen Sie meine Euphorie, aber es handelt sich hier um einen typischen MCLAREN VALE (WIRRA WIRRA, CHAPEL HILL, HASELGROVE, D'ARENBERG)!

Neben solchen Stars gibt es selbstverständlich auch leichtere Weine, an erster Stelle die Gewächse aus dem Barossa Valley, deren Beste Dichte und Reichtum mit Eleganz paaren (MELTON, ROCKFORD, ST. HALLETT). Das kühlere Coonawarra erzeugt Weine mit mehr Minze, Pfeffer und Zurückhaltung (WYNNS, PENFOLD'S BIN 128).

Wahrhaft «kühle» Tropfen kommen aber aus Victoria – aus dem Yarra Valley, den Grampians und den Pyrenees. Sie ähneln den Rhône-Weinen: straff, fein, deutlich pfeffrig und minzig (YARRA YERING, TALTARNI, LANGI GHIRAN, DALWHINNIE). Neusüdwales präsentiert aus dem Hunter Valley weiche, ledrige Weine, aus Mudgee ruhige, kräftige Stile (HUNTINGTON, MONTROSE, ROSEMOUNT) und von den wärmeren Westhängen Oranges einen superben, glänzenden, parfümierten Syrah-Stil (CANOBOLAS SMITH).

Die selteneren Shiraz Westaustraliens sind in einem harmonischen, moderat kühlen Stil gehalten, der weniger extravagant ist als der südaustralische und weniger pfeffrig als der Victorias (PLANTAGENET, CAPE MENTELLE).

Best's Wines im australischen Great Western, Victoria, produzieren hier schon seit 1860 einen feinen, pflaumigen Shiraz.

STECKBRIEF Syrah/Shiraz

Farbe: mittel bis tintig.
Alkohol: moderat bis hoch.
Säure: moderat bis lebendig.
Tannin: hoch, fest.
Aromen: unverwechselbar; besonders vollreif kompatibel mit neuem Holz.
Kühles Klima/unterreife Frucht: rote Johannis-, Himbeere, grüne Olive, Minze, weißer Pfeffer.
Warmes Klima/reife Frucht: schwarzer Pfeffer, Brombeere, schwarze Johannisbeere, Süßholz, Rauch.
Flaschen-Bouquet: gebratenes Fleisch, Leder, Kaffee, Gummi, Cassis, Zucker, Karamell, Rosinen.
Stile:
- leicht, perlig, pfeffrig.
- elegant, tanninreich.
- dicht, reif, kraftvoll.

*** Siehe auch**

Mourvèdre **S. 104**
Ertrag **S. 36**
Reichhaltigkeit & Essen **S. 162**
südliche Rhône **S. 102**
Verkostung 7 **S. 148**

Das Roussillon in Südwestfrankreich. Das gewellte Aglytal wird von Kalk und Schiefer dominiert und jeder Hang als Weinberg genutzt. Hier ist das wahre Zuhause des Syrah, was sich auch im bemerkenswerten Côtes de Roussillon zeigt, der der wilden zerklüfteten Schönheit der Landschaft zur Ehre gereicht. Bei der Ruine am Berg handelt es sich um das Château de Queribus, ein Refugium der Katharer aus dem 13. Jahrhundert, 730 m hoch gelegen und mit einer unvergleichlichen Aussicht auf die Pyrenäen gesegnet.

Im Vergleich zu ZINFANDEL, MERLOT und CABERNET sind in **Kalifornien** Pflanzungen mit Syrah eher unbedeutend. Allerdings besteht eine wachsende Nachfrage. Die hiesigen Stile variieren erheblich, wobei die besten die Grazie und Eleganz der nördlichen Rhône ahnen lassen, freilich mit einem volleren, süßeren Geschmack und weniger Tannin, ohne dabei schon die Kraft und Dichte der südaustralischen Gewächse zu erreichen. Wir sprechen hier von «Syrah», weniger von «Shiraz»! Ohnehin scheinen die kühleren Regionen am Besten zu fahren: Edna, Santa Ynez und Santa Maria an der Central Coast, Carneros und Mendocino an der North Coast. CAMBRIA (SANTA MARIA), QUPÉ (SANTA BARBERA) und FETZER'S BONTERRA (MENDOCINO) sind gute Beispiele im Bereich von ••. CLINE und HAVENS liefern reiche, seidige Carneros-Weine, ALBAN'S REVA ist ein superb gebauter Edna-Valley-Syrah (alle ••••).

Im Bundesstaat **Washington** ist Syrah kaum der Erwähnung wert, dabei sind die Perspektiven vielversprechend: trockene, reife Mittelgewichte, mit der klaren Kühle schwarzen Pfeffers. Ein Geheimtipp ist hier CÔTE-RÔTIE (COLUMBIA WINERY'S RED WILLOW, DUCK POND). Die minderen Weine sind erheblich krautiger.

Südafrikas Shiraz-Beitrag ist stilistisch wie qualitativ noch nicht zuverlässig. Australien ist das erklärte Vorbild. Am Ende der 1990er-Jahre konnte man aber bereits eine deutlich reichere und reifere Frucht vorweisen (GRAHAM BECK'S THE RIDGE, BELLINGHAM, KANU, BOSCHENDAL).

Auch **Chile** experimentiert mit Syrah (ERRAZURIZ), aber noch ist **Argentinien** erfolgreicher, mit vielen Weinen im Bereich von • bis ••: stark, dunkel, saftig und glatt (VILLA ATUEL, TERRALIS, FLICHMAN, LA CHAMISA), häufig mit einem Hauch grüner Olive über der marmeladig reifen Frucht. LUIGI BOSCA und VIÑA ALICIA zeigen durchaus den klassischen Rhône-Leib, aber weicher und süßer.

Neuseeland scheint entschlossen, guten Syrah herzustellen. In einem kühlen Jahr ähneln seine Weine den Stilen der nördlichen Rhône: leicht, knackig, klar, rotfruchtig, pfeffrig, süffig. TE MATA'S BULLNOSE liegt hier in Führung; es folgen STONECROFT, FROMM und BABICH.

Merlot

Merlot ist eine freundliche, edle rote Traube. Verglichen mit Cabernet Sauvignon ist ihr Wein weicher im Mundgefühl, süßer im Geschmack und ärmer in der Säure. Vor allem aber: Er ist früher trinkfertig – in einer Welt in Eile (und ohne großzügigen Kellerraum) ein gewichtiger Vorzug. Die Rebe gehört zum klassischen Rebenverschnitt roter Bordeauxweine. Dennoch haftet ihr noch immer der Ruf einer gewissen bäuerlichen Unbedarftheit an, man traut ihr (sehr zu Unrecht) die Noblesse der Spitzenklasse noch nicht ganz zu.

Merlottrauben sind größer und dünnschaliger als CABERNET SAUVIGNON. Sie reifen vor ihm (in kühleren Regionen von Vorteil) und kommen auch mit kalten, schweren Böden zurecht, die dem CABERNET Schwierigkeiten bereiten würden. Die alkoholreicheren Merlot-Weine weisen zudem weniger Säure und Tannin auf, darum kann man sie früher trinken.

Ihre strukturelle Weiche spiegelt sich auch in den glatten Aromen wider, die bei voller Reife mit Blaubeer-Brombeer-Pflaumennoten aufwarten. Merlot verbindet sich gut mit neuer Eiche, die seiner dunklen Frucht eine butterige, cremige Haube aufsetzt. Auch wenn er weniger «komplex» als CABERNET SAUVIGNON erscheint, machen seine Sinnlichkeit und Trinkbarkeit dieses intellektuelle Manko durchaus wett.

OBEN: *Pomerol im Bordeaux. Hier das rechte Ufer, dessen kühler, von Ton dominierter Boden sich ideal für die Merlottraube eignet.*

Europäischer Merlot

Außerhalb Bordeauxs wird Merlot in ganz Südwestfrankreich angebaut, sowohl für den Verschnitt mit BERGERAC, DURAS, BUZET, CAHOR und MARMANDAIS wie auch als einfacher, fruchtiger VIN DE PAYS für das gesamte Midi.

LINKS: *Der Tonboden in Pomerol aus der Nähe. Er ist weit schwerer als die Kiesböden des linken Ufers und hält bei Regen das Wasser für trockene Zeiten zurück. Perfekt!*

Im **Bordeaux** stellt Merlot mehr als die Hälfte der roten Trauben – das Doppelte des CABERNET SAUVIGNON. Das Gros stammt vom «rechten Ufer», die inoffizielle Bezeichnung für die Weingüter «rechts» der Dordogne (*siehe* Karte S. 168). Hier ist Merlot Hauptbestandteil der Mehrheit aller Weine. Ein roter BORDEAUX (*siehe* S. 144) auf Merlot-Basis ist trockener, weniger süß, «erdiger» und geringer von Eiche beeinflusst als die meisten seiner Pendants aus der Neuen Welt.

Die bekanntesten Prototypen für das rechte Ufer sind ST-ÉMILION und POMEROL. Ein typischer

Spitzenweine zur Probe

Bordeaux
Châteaux: Pétrus, L'Evangile Conseillante, L'Eglise-Clinet Ausone, Magdelaine

Kalifornien
Duckhorn, Ridge Santa Cruz, Pahlmeyer, Havens Reserve, Newton

St-Émilion besteht zur Hälfte bis zu zwei Dritteln aus Merlot, der mit Cabernet franc und manchmal etwas Cabernet Sauvignon austariert wird. Die Weine erscheinen in leichtem bis mittlerem Körper, frisch, trocken und mit schlankem Tannin. Sobald sie ihr primäres Fruchtstadium verlassen, duften sie nach zerlassener Butter, gemähtem Gras und Früchtekuchen, dahinter eine lokale Erdigkeit*. Bezahlbare Weine sind der «einfache» St-Émilion sowie die Gewächse der Satellitengemeinden (*siehe* S. 168) im Nordosten (Tour du Pas St-Georges, Maquin St-Georges).

Pomerols werden zum größeren Teil von Merlot getragen (bis zu drei Vierteln), generell sind sie reicher, wärmer, fleischiger und entwickeln mehr Frucht im Kern, mehr Cassis im Aroma sowie einen exotischen Gewürz- und Trüffelcharakter in der Reife. Pomerol ist nie billig, greifen Sie also zu den leichteren Weinen (De Sales, Clos René, L'Enclos) und nach Lalande de Pomerol (Siaurac, Haut Chaigneau, Des Annereaux).

Mit Premières Côtes de Blaye (Haut Sociando, Charron, Segonzac), Bourg (Haut Guiraud, Roc de Cambes), Fronsac (Richotey, Fontenil, Mazeris, Carles), Canon Fronsac (Charlemagne, Moulin Pey Labrie) und Premières Côtes de Bordeaux (Carsin, Constantin) finden Sie exzellente Tropfen auf Merlot-Basis vom rechten Ufer.

Im **Schweizer** Tessin stellt man recht eigenwillige Merlots her, die von leichten, frischen, im Stahltank ausgebauten bis zu hochklassigen, dezent fülligen und leicht mineralischen Weinen reichen (Tamborini, Valsangiacomo). Die besten **italienischen** Merlots kommen aus dem Trentino – Alto Adige (San Leonardo), dem Veneto und insbesondere dem Friaul, wo schlanke, saftige, parfümierte Weine entstehen. Erwartungsgemäß kreiert die Toskana dort feine, vornehme Pomerol-Doubles, wo man Eiche zurückhaltend einsetzt. Avignonese's Desiderio ist überragend.

In **Spanien**, dessen Merlot-Produktion eher knapp bemessen ist, wird vor allem im Nordosten ein vorwiegend geradliniger, saftiger, beeriger Stil geschätzt: Raïmat (Costers del Segre), Ochoa und Castillo de Monjardín (Navarra), Torres' Atrium und Can Rafols Dels Caus (Penedès). In **Osteuropa** bietet der dort recht weiche Merlot fruchtige Pflaumen- und Erdbeernoten, vorausgesetzt, die Trauben erzielten eine weitgehende Reife. Die Gegend um Villány in **Ungarn** und dort vor allem die Domaine Boyar bei Shumen sowie das **bulgarische** Iambol sind durch ihre Blueridge-Reihe erwähnenswert.

Im Bundesstaat Washington, USA: der Zusammenfluss von Walla Walla (links) und Columbia River an einem frostigen Morgen. Der Merlot hat hier eine große Zukunft – sofern man sie ihm ebnet.

Merlot der Neuen Welt

In **Kalifornien** ist Merlot derart populär geworden, dass die Anbauflächen zwischen 1985 und 2000 um mehr als das Zehnfache erweitert wurden. In den 1980er-Jahren war der dortige Wein oft zu stark, zu tanninreich und durch ein penetrantes Paprikaaroma untrinkbar. Heute zählt er zu den süffigsten Tropfen des Landes – und ist im besten Fall gar weicher, glatter und süßer als das Vorbild aus Bordeaux. Der kalifornische Merlot wird zum großen Teil im ertragreichen Central Valley (Lodi und Modesto) produziert, aber gute Gewächse entstehen im gesamten Bundesstaat, wobei Napa und Sonoma bevorteilt sind.

Trios zum Vergleichen: Für die unterste Preisstufe eignet sich jeder Wein aus dem Central Valley (•). Beispielhaft für •• sind Clos de Bois, Estancia und Fetzer Barrel Select – allesamt glatte und pflaumige Weine aus Sonoma. Auch die Auswahl im •••-Bereich ist groß: Havens Reserve und Shafer sind sehr schlanke, elegante Napa-Weine, denen aber Beringer kaum nachsteht. Bei einem solch breiten Angebot verwundert die Popularität des Merlot nicht.

Hawkes Bay, Neuseeland. Im Vordergrund die flachen, gut dränierenden Kiesböden westlich von Hastings. Von den Anbaugebieten Gimblett, Ngatawara und Mere Roads wird man noch viel hören.

Auch der Südosten des Bundesstaates **Washington** ist ein exzellenter Merlot-Standort. Die minderen Versionen erscheinen rotbeerig mit einem Hauch Krautigkeit, die besseren jedoch, dem BORDEAUX recht nahe, bringen den Merlot besonders harmonisch zum Ausdruck: weich und frisch, mit Blaubeer- und Brombeernoten sowie eleganter Balance, dabei knackiger und straffer als die kalifornischen (COLUMBIA WINERY, COLUMBIA CREST und CHÂTEAU STE-MICHELLE, CANOE RIDGE, HOGUE, HEDGES, WOODWARD CANYON, L'ECOLE NO 41).

Chile produziert einen durchaus eigenwilligen Merlot. Das hat zum einen mit den krassen Temperaturunterschieden* zwischen Tag und Nacht zu tun, vor allem aber mit der interessanten Entdeckung, dass es sich bei zwei Dritteln des chilenischen Merlot in Wahrheit um CARMENÈRE handelt, eine verwandte, aber geschmacklich eigenständige Rebsorte. Sie weist mehr Farbe, weniger Säure und Tannin als der chilenische Merlot auf, was zu dunkleren, weicheren Weinen führt. Wo sie nicht ganz gereift vinifiziert wird, verbindet sie ihren krautigen, süßsauren Charakter mit Paprika-, Tomaten- und Sojasaucennoten. Ebenso präsentieren sich die meisten chilenischen Merlots. Das Rapel-Tal liefert hier erstklassige Weine aller Stufen: vor allem die Grund- und Reserveweine von CASA LAPOSTELLE, CONO SUR und CONCHA Y TORO, und nicht zu vergessen CARMEN aus dem Maipo-Tal.

Jenseits der Anden, in Mendoza, produziert **Argentinien** einen weniger krautigen und sauren Merlot mit mehr Alkohol und häufig mehr Tannin. Süß, manchmal bis zur Marmeladigkeit, gibt er sich warm, reif und großzügig (LA RURAL, WEINERT, ALTOS DE TEMPORADA).

Der wenige Merlot **Südafrikas** kommt meist trocken und mager daher. Die guten Weine variieren stilistisch enorm: frisch, geschmeidig, rotfruchtig aus Paarl und Stellenbosch (WARWICK, VERGELEGEN, MORGENHOF, UITERWYCK), glatt, reif, süffig (BENGUELA CURRENT), bzw. stark und potent (SPICE ROUTE, SEJANA) vom westlichen Kap.

Auch **Australien** produziert wenig sortenreinen Merlot, aber HENSCHKE, PETALUMA und KATNOOK erzeugen im Süden einen reifen, offenen, mittelschweren Stil. **Neuseeland** besitzt ein großes Potenzial für die Sorte, insbesondere in der Hawkes Bay. Der 1997er- und vor allem der 1998er-Jahrgang gelten als Offenbarung; 98er Proben, die für den Verschnitt gedacht waren, hätten durchaus einem POMEROL mittlerer Stufe zur Ehre gereicht – reiche, reife, fleischige und üppige Weine. Empfohlen seien ESK VALLEY, TE AWA, UNISON, RED METAL, SILENI, SACRED HILL und KUMEU RIVER – und zwar die Grundweine.

STECKBRIEF Merlot

Farbe: mittel bis dunkel.
Alkohol: relativ hoch.
Säure: niedrig bis moderat.
Tannin: moderat, geschmeidig, bisweilen hart.
Aromen: Moderat; verbinden sich gut mit neuer Eiche.
Kühles Klima/unterreife Frucht: Mehlbeere, Paprika, Minze, Eukalyptus, zerdrücktes Blatt, grüne Olive.
Warmes Klima/reife Frucht: Blau-, Brombeere, Pflaume, Veilchen, Konfitüre.
Flaschen-Bouquet: Früchtekuchen, gemähtes Gras, Butter, Karamell, Pilze, Trüffel, exotische Gewürze, Cassis, Leder.
Stile:
- leicht, frisch, weich.
- biegsames, saftiges Mittelgewicht.
- körperreich, reich, schlank.

LINKS: *Sottoceneri, Tessin, Schweiz. Eine seltene Parzelle flachen Landes in diesem südlichsten Zipfel einer bemerkenswerten Merlot-Region.*

*** Siehe auch**

Temperaturen **S. 86**
Erdigkeit **S. 145**
Verkostung 6 **S. 144**

Nebbiolo

Nebbiolo ist einer der individuellsten Weine. Er vereint nicht selten einen brüsken Säure- und Tanninauftritt mit einem werbenden Aroma von bemerkenswerter Feinheit. Die moderne Weinherstellung rundet seine Kanten ab, was nicht jedermann behagt! Außerhalb Italiens ist die Rebsorte kaum anzutreffen und innerhalb des Landes vorwiegend im Norden zu Hause.

Spitzenweine zur Probe

Piemont
Barbaresco: Bruino Giacosa, Angelo, Gajas Sori Tildin
Barolo: Giacomo Conterno, Aldo Conterno, Elio Altare

Mit wenigen Ausnahmen ist Nebbiolo auf den Nordwesten Italiens, vornehmlich das Piemont, beschränkt. Hier, östlich des Tanaro bzw. nördlich und südlich von Alba, wird die Traube zur Herstellung von BARBARESCO und BAROLO verwendet, im nördlichen Piemont dagegen (wo sie als *spanna* bekannt ist) für geringe Mengen von GATTINARA, GHEMME und CAREMA, und in der Lombardei (wo sie *chiavennasca* heißt) für VALTELLINA.

Nebbiolo reift sehr spät und verdankt seinen Namen dem herbstlichen *nebbia*, jenem eigentümlichen Nebel, der die piemontesische Landschaft Ende Oktober überzieht, wenn die Traube reif zur Lese ist.

Generell weisen die Weine viel Alkohol und Säure sowie einen erheblichen Gehalt an fein strukturiertem, sehr trockenem Tannin* auf. Die moderate Färbung (die Schalen enthalten nur wenige Pigmente) entwickelt sich erst nach einigen Jahren zu einer ziegelroten Tönung.

Das Bouquet des Nebbiolo betont seine süßere, fruchtigere Seite: Kirschen, Pflaumen, Veilchen. Mit der Reife entwickelt er Aromen von Teer, Öl, Trüffeln und Holzrauch. Daher die populäre Charakterisierung «Teer und Rosen».

Der BARBARESCO, der schneller reift als der BAROLO, gilt auch als der leichtere, gleichsam «femininere» Wein. Sollte dieser Eindruck tatsächlich zutreffen, dann gelingt es manchen Winzern hervorragend, die Unterschiede zu verwischen.

Kalifornien: Bien Nacido Vineyard im Santa Barbara Valley. An der Hügelflanke eine Versuchsanpflanzung für Nebbiolo. Dieses Experiment des stets risikobereiten Jim Clendenen von Au Bon Climat wird vermutlich mehr von Hoffnung als kühler Berechnung getragen. Es gibt auch andernorts Wagemutige: Erràzuriz in Chile, Viña Alicia in Argentinien und Brown Bros. in Australien.

Gemeinden und Crus

In der Vergangenheit neigten die Hersteller dazu, Trauben von verschiedenen Lagen zu generischem BAROLO oder BARBARESCO zu verschneiden. Aber das aktuelle Interesse an «Cru»-Weinen hat das Bewusstsein für die sehr feinen stilistischen und qualitativen Unterschiede zwischen den einzelnen Weingütern geschärft, und man entdeckte, dass der Nebbiolo ähnlich wie der PINOT NOIR gerade solche subtilen Nuancen gut formulieren kann. In Anlehnung an Burgund nennt man darum diese Lagen heute inoffiziell Crus.

Weitaus deutlichere Unterschiede kann man aber, insbesondere beim BAROLO, zwischen den Gemeinden ausmachen: So stellen La Morra und Barolo selbst früh reifende leichte, parfümierte Weine her, während aus Monforte d'Alba, Serralunga d'Alba und Castiglione Falletto Tropfen von größerer Fülle, Kraft und Strenge kommen. Wie bei den Gemeinden Bordeauxs und Burgunds kann man sich über diese Klassifizierungen in den lokalen Stilvariationen orientieren.

BAROLO und BARBARESCO sind durchweg teure Weine (••••), was erst recht für die Crus gilt. Einen Einstieg bietet der NEBBIOLO D'ALBA (••) mit einem leichten, zugänglichen Stil. Er stammt hauptsächlich aus Roero, westlich des Tanaro (RATTI, PRUNOTTO, CERETTO, BRUNO GIACOSA).

Das Piemont: Das Schloss Barolo Ende November, nachdem die Reben ihr Laub abgeworfen haben. Trüffelzeit! Wenn man diese hochkultivierte Landschaft betrachtet, begreift man das Interesse an individuellen «Cru»-Weinen. Aber Preis und Ertrag bewirken, dass sich die meisten von uns mit «einfachem» Barolo oder Nebbiolo bescheiden müssen – schon das aber ist eine Freude!

Tradition und Innovation

Entgegen einem verbreiteten Vorurteil sind die traditionellen «klassischen» BAROLOS und BARBARESCOS keineswegs «dicke» Weine. Vielmehr geht ihr Reichtum mit einer Transparenz des Geschmacks einher, die der eines großen roten Burgunders sehr nahe kommt. Der Eindruck der Üppigkeit rührt mehr von dem den Mund erobernden Aroma her als von einer wirklichen Konzentration der Frucht. In Anbetracht ihrer Kraft und Festigkeit sowie des trockenen Tannins zeigen diese großen Weine eine überraschende Feinheit der Balance und eine erstaunliche geschmackliche und aromatische Subtilität. Hier liegt ein Grund für jene Kontroverse um die Frage, ob man auch die Herstellung des Nebbiolo technisch modernisieren sollte, denn seine feinen Charakteristika sind äußerst verletzlich und können leicht verloren gehen.

Traditionell ließ man die Weine lange Zeit auf den Schalen ruhen, sie reiften dann in großen, alten Fässern aus slawonischer Eiche oder Kastanie. Relativ blass gefärbt, entwickelten sie eine erhebliche Adstringenz, ohne ein besonderes Holzaroma anzunehmen. Die neuen Methoden zielen auf mehr Farbe, eine größere Frucht und eine weichere Struktur ab. Man erreicht dies vor allem durch einen wesentlich kürzeren Kontakt mit den Schalen* (manchmal zieht man nach der australischen Methode den Wein nach einigen Tagen von den Schalen ab, um die Gärung in einem Fass abzuschließen*). Hinzu kommt ein wesentlich verkürzter Aufenthalt im Holz – und zwar in neuer Eiche. Da ist ein guter Wein nahezu garantiert. Zur Illustration hier meine Notiz einer Blindverkostung (ich wusste lediglich, dass es sich um piemotesischen Wein handelt):

«Tintig violett; eine dicke, süßliche, eichige Nase, im Hintergrund mit dem teerigen Profil reifen Nebbiolos; ein geschmeidiger, fleischiger Tropfen mit fast öliger Struktur; von konzentrierter, dunkler, würziger Frucht und feiner Länge. Eine exzellente, ansprechende Qualität. Aber tatsächlich Piemont? Nicht Australien?» – ein zehnjähriger, «modern» hergestellter BAROLO! Ein guter Wein? Gewiss. Ein guter Nebbiolo? Da zweifle ich. Denn, ungeachtet seiner Güte, kann man diesen Stil vielerorts herstellen. Die unverwechselbaren, traditionellen Charakteristika des Piemont treten jedoch nur hier in Erscheinung.

Tatsächlich hat die innovative Technik viele bewährte BAROLOS und BARBARESCOS glatt poliert. Angemessener wäre eine Lösung, die ihre Individualität eher verstärkte. Bewährte traditionelle Erzeuger sind die Kooperativen in Barolo (TERRE DEL BAROLO) und Barbaresco (PRODUTTORE DEL BARBARESCO) sowie die Einzelerzeuger ALDO und GIOVANNI CONTERNO, RATTI, ASCHERI und MARCARINI. Als ausdrückliche Modernisten treten ALTARE, SCAVINO und CLERICO auf. Einen stilistischen Mittelweg beschreiten wohl SANDRONE, GRASSO, PIO CESARE und PRUNOTTO. Vergleichen Sie selbst.

STECKBRIEF Nebbiolo

Farbe: moderat dunkel, bräunt schnell.
Alkohol: hoch.
Säure: hoch.
Tannin: hoch, sehr trocken.
Aromen: eigenständig; Feinheiten werden durch neue Eiche leicht verdeckt. Kühles Klima/unterreife Frucht: blumig, rote Kirsche, Erdbeere, Pfeffer. Warmes Klima/reife Frucht: Rosenblüte, Schwarzkirsche, Pflaume, Veilchen, Minerale.
Flaschen-Bouquet: süß, duftend, Rosen, Teer, Mineralöl, Trüffel, Holzrauch, Leder.
Stile:
- voll, knackig, aromatisch und tannintrocken.
- kraftvoll, duftend, trockenkantig, aber delikat und fein.

RECHTS: *Noch einmal Piemont:: ein Blick von Monforte d'Alba nach Westen auf die Alpen und den Viso. Die Region verdankt ihren Namen ihrer Lage «am Fuß der Berge».*

*** Siehe auch**

Fassgärung **S. 44**
Kontakt mit der Schale **S. 44**
Tannin & Speisen **S. 162**
Verkostung 5 **S. 140**

Weitere rote Trauben

Die Bedeutung der folgenden Rebsorten bemisst sich nicht nach dem geringen Umfang, den wir ihrer Darstellung einräumen. Jede von ihnen hat ihr eigenes Gewicht, und das bisweilen auch überregional, wie etwa Sangiovese und Tempranillo beweisen. Für die schnelle Suche empfehlen wir Ihnen auch hier den ausführlichen Index heranzuziehen.

Sangiovese

Sangiovese, die quantitativ wichtigste Rebsorte **Italiens**, konzentriert sich auf das Zentrum des Landes: die Toskana (hier vor allem Chianti), Umbrien und die Marken. Der Wein ist in der Regel von moderater Färbung, mittlerem Körper und besitzt viel Säure und Tannin. Seine Strenge kann durch Verschnitt mit geringen Mengen lokaler weißer Trauben oder dem sanften roten CANAIOLO gemildert werden, der heute aber meist von CABERNET SAUVIGNON* verdrängt wird.

Die Nase eines guten CHIANTI ist meist sanft geformt und erinnert an Rosenblüten und kalten Tee. Der Geschmack tritt leicht ölig auf, erscheint dabei natürlich frisch und trockenkantig mit kirschsüßer Frucht. Kurzum: ein «knackiger» Tafelwein, leicht und lebendig. Preiswerten CHIANTI sollte man stets jung trinken. Schon ein guter COLLI SENESI aber rückt ins Mittelfeld vor (FALCHINI, VILLA SANT'ANNA). Und auf CHIANTI CLASSICO und CHIANTI RUFINA ist durchweg Verlass: frische, trockene, duftende, elegante Weine, oft mit einem Hauch Bittersüße (VOLPAIA, FONTODI, BADIA, FELSINA, GRATI, ANTINORI). MORELLINO DI SCANSANO und LA PARRINA sind bemerkenswerte Sangiovese-Weine, von den trüffeligen, konzentrierten aristokratischen Tropfen eines BRUNELLO DI MONTALCINO (COSTANTI, BARBI) und dem VINO NOBILE DE MONTEPULCIANO (DEI, CARPINETO) ganz zu schweigen. Deren Rosso-Versionen sind dabei durchaus erschwinglich.

Sortenreiner Sangiovese findet sich sporadisch auch in **Kalifornien** (SEGHESIO und FETZER'S BONTERRA). In **Argentinien** gilt er als billiger Alltagswein, während sich **Australien** erst zögernd an ihn wagt (MONTROSE).

Das Flaccianello-Weingut von Fontodi im Chianti: Hier produziert man einen so genannten «Supertoskaner», der zu 100 % aus Sangiovese besteht, was ihn rechtlich nicht als Chianti qualifiziert. Weitere Prototypen des Supertoskaners sind Sassicaia (100 % Cabernet Sauvignon) und Tignanello (80/20 % Sangiovese/ Cabernet Sauvignon). Flaccianello ist einer der erfolgreichsten: fest, ohne adstringierend zu sein, und das zu einem vernünftigen Preis. Viele andere Weine werden allerdings durch allzu viel neue Eiche völlig ausgelaugt. Man will mit dem Einsaz des Holzes erklärtermaßen die Traubentannine eindämmen. Dieses Ziel wird aber selten erreicht, stattdessen nimmt nur die Adstringenz zu.*

Barbera

Der Barbera wird wegen seines geringen Tanningehalts bei gleichzeitigem hohem Säureanteil oft gering geschätzt. Der beste entsteht im italienischen Piemont, zumal im Südosten: BARBERA D'ALBA, BARBERA D'ASTI und BARBERA DEL MONFERRATO. Der viel gerügten Säure zum Trotz kommen gut bereitete Weine eher lebendig als scharf daher, dank des Tannins oft leicht und überaus geschmeidig. Im Unterschied zu anderen italienischen Sorten lässt sein nur gering ausgeprägtes Geschmacksprofil den Barbera besonders gut in kleinen Fässern aus neuer Eiche gedeihen – umso erfreulicher als der NEBBIOLO so unverschämt teuer geworden ist. Gute Barberas sind reich, glatt, lebendig und überzeugen im besten Fall mit viel Fleisch, Eleganz und Parfüm. (Erzeuger, *siehe* NEBBIOLO, S. 96–97).

Dolcetto

Auch Dolcetto ist eine vorwiegend piemontesische Sorte. Anders als der BARBERA entwickelt er wenig Säure, stattdessen aber viel Farbstoff und Tannin. Darum setzt man ihn nach Auszug der Farbe nur kurz dem Schalenkontakt aus, um eine übermäßige Extraktion der Tannine zu verhindern. Ungeachtet der schwachen Säure präsentieren sich die Grundweine frisch fruchtig, die besseren glatt, lebendig saftig, mit recht feinen Schwarzkirsch- und Bittermandelnoten. Am besten trinkt man sie jung, wenngleich einige der im Fass gereiften noch von einem oder zwei Jahren in der Flasche profitieren.

Montepulciano

Montepulciano gelingt am besten in den Abruzzen und den Marken (ROSSO CONERO); dort prägen reichlich Zucker bei geringem Tannin- und Säuregehalt einen früh trinkbaren, leicht zugänglichen Stil. Das Gros des MONTEPULCIANO D'ABRUZZO tritt zwar rustikal auf, aber bei geringem Ertrag und gekonnter Herstellung entsteht ein hervorragender, dunkler, sanfter und voller Wein mit komplexen Maulbeer- und Pfeffernoten. Die Weine von ILLUMINATI wirken oft exzessiv, während VALENTINI und UMANI RONCHI ihre Eiche gut beherrschen.

Lagrein

Eine farbgewaltige, tanninarme Traube aus dem Trentino. Roséweine werden hier KRETZER oder *rosato* genannt, die dunklen roten Tropfen «dunkel» oder *scuro* – Ausdruck der austro-romanischen Doppelidentität der Region. Gute volle ROSATOS trinkt man früh, während die besten, ungemein fruchtigen SCURI einige Jahre reifen (LAGEDER, NIEDERMAYR).

Lambrusco

Aus der Emilia-Romagna. Wählen Sie Flaschen mit Korken statt mit Schraubverschluss, dann werden Sie einen duftenden, moussierenden, kirschfruchtigen Wein erleben, der jedes Vorurteil widerlegt. Der SECCO ist trocken (CAVICCHIOLI, CASALI).

Jedes gute Weinbuch mahnt, die toskanische Stadt Montepulciano (hier im Bild) nicht mit der gleichnamigen Rebsorte zu verwechseln, die vielerorts in Südostitalien angebaut wird. Mir ist exakt dieser Fehler unterlaufen, denn eigentlich sollten an dieser Stelle die Abruzzen abgebildet werden, denen wir besonders guten Montepulciano verdanken! Nun sind wohl alle Missverständnisse ausgeräumt ...

LINKS: *Sorgfältig gestapelte italienische Korbflaschen. Es handelt sich um Wein, nicht um Essig!.*

*** Siehe auch**

Cabernet Sauvignon **S. 83**
Montepulciano, Namen **S. 54**
neue Eiche/Traubentannin **S. 47–48**

Bardolino, am Ufer des Gardasees. Als Janet Price dieses Bild schoss, zweifelte ihr Mann: «Warum um alles in der Welt fotografierst du diese Plastikstühle?» Für mich fängt das Bild aber sehr schön einen entspannten, sorgenfreien, warmen Sommerabend am Seeufer ein. Die richtige Zeit und der richtige Ort, um ein Glas kühlen, leichten und frischen Bardolino zu trinken. Aber noch ist niemand hier. Sie kommen sicher bald.

Corvina

Corvina stellt den Hauptbestandteil von VALPOLICELLA und BARDOLINO aus dem Veneto. Als edle Traube von beträchtlicher Finesse glänzt sie, bei einem geringen Tanningehalt, mit Duft und Frische. Ihrem Wein jedoch mangelt es an Rückgrat, darum wird er gern mit RONDINELLA verschnitten und mit hellem, glattem MOLINARA «gestreckt».

VALPOLICELLA gibt es in vier Versionen: als «normalen» leichten Rotwein sowie als *amarone*, *recioto* und *ripasso*. Der leichte Standardwein ist rotfruchtig frisch und zeigt ein Kirscharoma. Der trockene AMARONE* mit viel Alkohol wird aus luftgetrockneten Trauben zu einem bitterkantigen Wein mit feiner, filmiger Struktur und großer aromatischer Bandbreite vergoren. RECIOTO*, aus welken, nicht vollständig vergorenen Trauben, ist ein reicher, bittersüßer Wein, der in manchem an PORTWEIN erinnert, ohne dessen Alkoholgehalt zu erreichen. RIPASSO schließlich wird als fertiger Wein auf dem süßen Hefesatz des RECIOTO erneut vergoren, um ihm sehr komplexe, leicht bittersüße Noten zu verleihen. Wunderbare Weine von großartigen Erzeugern: MASI, TEDESCHI, BOSCAINI, ALLEGRINI, QUINTARELLI, SPERI.

Teroldego Rotaliano

Die Teroldego-Rotaliano-Rebe kommt nur im Trentino vor. Ihr dunkler Wein besticht durch einen dichten Geschmack, lebendige Säure und sanftes Tannin. Ein guter Teroldego besitzt eine geschmeidige Struktur, viel Brombeere und gelegentlich eine Wildnote (FORADORI: herausragend, DORIGATI, SEBASTIANI).

Nero d'Avola (Calabrese)

Siziliens rote Spezialität ist leicht, frisch, lebendig fruchtig und preiswert. Die edleren Versionen treten mit starken Schwarzkirschen- und Pflaumennoten auf; vollmundige und herzerwärmend köstliche Weine. CORVO ist der Name einer guten Marke (insbesondere DUCA ENRICO) und REGALEALI (Name und Marke) der beste Erzeuger.

Negroamaro

Eine im italienischen Stiefelabsatz heimische Rebe für Rotweine und (gute) Rosés: BRINDISI, SALICE SALENTINO, SQUINZANO und COPERTINO – lebendige, saftige Weine voller Wärme, Würze und Süße, oft mit der leichten «Bitterkeit» der Schlehe, deren Name die Traube trägt. Negroamaro im Amarone-Stil: GRATICCAIA (TAURINO, VALLONE, DE CASTRIS, CONTI ZECCA).

Aglianico

In der Basilicata wird aus dieser Spitzentraube AGLIANICO DEL VULTURE (PATERNOSTER, D'ANGELO, MARTINO), in der Campania FALERNO DEL MASSICO (VILLA MATILDE) und TAURASI (MASTROBERARDINO) gemacht: hier glatte, frische, klare einfache Standardweine, dort elegante, bemerkenswert komplexe und appetitanregende Spitzentropfen.

Sagrantino

Diese dunkle, tannin- und zuckerreiche Traube aus Umbrien gibt dem MONTEFALCONI SAGRANTINO sein Gesicht: ein beeindruckend potenter Rotwein (ANTONELLI, ADANTI).

Gaglioppo

Basis des kalabrischen CIRÒ: ein starker, süßer, trockenkantiger Wein voller Charakter und Individualität (Librandi's DUCA SAN FELICE).

Cabernet franc (Bouchet)

Im Vergleich mit CABERNET SAUVIGNON tritt Cabernet franc heller, tanninärmer und weniger klar strukturiert auf; seine Stärken liegen in seinem Duft nach Himbeeren und roten Johannisbeeren sowie in seiner konstitutionellen Finesse. In **Südwestfrankreich** steuert er Verschnitten viel Duft und aromatische Komplexität bei, so in: BERGERAC, CÔTES DE DURAS und CÔTES DU FRONTONNAIS. Im **Bordeaux** kommt er in ST-ÉMILION*, FRONSAC, BOURG und BLAYE zum Einsatz (weniger im Médoc*) und sorgt dort für leichtere, frischere Weine.

Reiner Cabernet franc in Bestform ist an der **Loire** zu finden. Hier bringt die Traube oft ein leicht krautiges Aroma mit, das gut mit einer feinen Kalkigkeit harmoniert. Ein guter SAUMUR-CHAMPIGNY ist ein leichter, geschmeidiger Wein, appetitanregend frisch, voll Himbeer- und Cassisfrucht (COULY-DUTHEIL HUREAU, FILLIATREAU). CHINON favorisiert einen reicheren, duftenden und komplexen Stil (JOGUET, RAFFAULT, BAUDRY), während der häufig mit ein wenig CABERNET SAUVIGNON versteifte BOURGUEIL klare Sehnigkeit und Adstringenz aufweist (DRUET).

Im Nordosten **Italiens** verwandelt man Cabernet franc in duftende, grasige Weine, während die Traube in der **Neuen Welt** selten sortenrein verarbeitet wird – doch keineswegs ohne Erfolg: YORKVILLE CELLARS, VITA NOVA (Kalifornien), HOGUE (Washington), WARWICK, BELLINGHAM (Südafrika), VASARELLI, COWRA ESTATE, HERITAGE (Australien) bieten solide Tropfen.

Malbec (Auxerrois, Cot)

Malbec erblüht im französischen Cahors und in Argentinien. Ein CAHORS besteht zu wenigstens 70 Prozent aus Malbec, für die Balance sorgt MERLOT. Die altmodischen «schwarzen» Weine sind stark, kraftvoll und extraktreich. Aber dieser rustikale Charakter wird in jüngster Zeit gebändigt: durch reifere Trauben, einen Hauch neuer Eiche und sorgfältigere Herstellung (TRIGUEDINA, GAUDOU, LAMARTINE).

Argentiniens Malbec dagegen, in 800 bis 1000 m Höhe an den Ausläufern der Anden in Mendoza angebaut, erscheint als ein insgesamt fleischigerer Wein, oft rosinenreif, nach Marmelade, Teer und Leder duftend und voll weicher Brombeer- und Zartbitterschokoladennoten. CATENA (ARGENTO und ALAMOS RIDGE) und VALENTIN BIANCHI bereiten gute, preiswerte Malbecs, und die neue Kellerei TERRAZAS hat ein hochklassiges Trio im Angebot: ALTO (•), RESERVA (••) sowie GRAN MALBEC (•••).

Argentinien: das Weingut von Nicolas Catena in Tupungato, Mendoza, hoch oben in den Vorläufern der Anden. Ein perfekter Ort für körperreiche Malbecs. Catena's Weine zählen auf jeder Qualitätsstufe zu den besten.

Tannat

Tannat findet man außer in Uruguay nur im verschnittenen MADIRAN in Südwestfrankreich, in dem er 40 bis 60 Prozent ausmacht, komplettiert von CABERNET FRANC und MERLOT. Der Name deutet an, dass Tannin das Hauptmerkmal der Traube ist, obschon die meisten Madirans (wie der andere muskulöse Rotwein des Südwestens, der CAHORS) heute weniger stark adstringieren als früher. Die Spitzenweine bringen geschmacklich eine dunkle, fein strukturierte Eleganz hervor (MEINJARRE, MONTUS BOUSCASSÉ, LABRANCHE-LAFFONT, BERTHOUMIEUS CUVÉE CHARLES BATZ).

Négrette

In den Côtes du Frontonnais wird Négrette mit Bordeaux-Sorten und mit SYRAH verschnitten. Diese Weine repräsentieren die Antithese zu CAHORS und MADIRAN: frische, sanft aromatische, geschmeidige Mittelgewichte mit einem Hauch Pfeffer und sanfter schwarzer Johannisbeere. Ein reiner Genuss (BELLEVUE LA FORÊT, LE ROC)!

*** Siehe auch**

Amarone **S. 43**
Médoc **S. 83–84**
Recioto **S. 43**
St-Émilion **S. 93–94**

RECHTS: *Frankreich: Châteauneuf-du-Pape an der südlichen Rhône, die berühmte Heimat des Grenache. Der legendäre steinige Boden (»Galet«) speichert die Tageshitze und lässt die Trauben nachts weiterreifen. So entsteht der für einen guten Châteauneuf typische berauschende Alkoholgehalt.*

Tempranillo (Tinto Fino, Tinta Roriz)

Die **spanische** Tempranillo ist eine Traube, die im Norden und der Mitte des Landes sowie in Portugal zu Wein verarbeitet wird. Typischerweise zeigen ihre Gewächse viel Farbe sowie moderate Säuren und Tannine. Sie werden vor allem für Verschnitte verwendet, die – wenigstens bei reifen RIOJAS – durchaus wie guter PINOT NOIR schmecken: frisch, süß, glatt, duftend und fein.

Am bekanntesten wurde die Traube als Fundament des RIOJA (ergänzt durch GARNACHA und andere), wo ihr süßer Kirschgeschmack traditionell stark von der Vanille amerikanischer Eiche* gezeichnet wird. In letzter Zeit scheinen aber viele RIOJAS durch zu langen Kontakt mit dem Holz sowohl Farbe wie Frucht verloren zu haben. Die besten Erzeuger betonen darum jüngst wieder vermehrt die Frucht statt der Eichentrockenheit und liefern in zunehmendem Maße saftig junge (*joven*) Weine mit wenig Fassreife.

Um die Qualitätsbreite der Traube auszukosten, empfehle ich: TORRES CORONAS (•), BARÓN DE LEY RESERVA (••) sowie MARQUÉS DE MURRIETA PRADO LAGAR, LA RIOJA ALTA VIÑA ARDANZA oder MARQUÉS DE RISCAL GRAN RESERVA (•••) – alle erstklassig. Auch OCHOA, GUELBENZU UND CHIVITE in Navarra sowie LOS LLANOS aus Valdepeñas in Zentralspanien produzieren Tempranillo-Weine, die Beachtung verdienen. Die hoch gelegenen Weingüter der RIBERA DEL DUERO liefern einen TINTO FINO (TEMPRANILLO) mit mehr Farbe, Säure und Muskeln als RIOJA. Er wird auch mit CABERNET SAUVIGNON und MERLOT verschnitten (FLOR DE PINGUS, PESQUERA CRIANZA, BODEGAS REYES).

Ein Blick über den Weinberg des Castillo de Monjardín im spanischen Navarra. Die Kellerei erzeugt innovative Verschnitte traditioneller Sorten wie Tempranillo mit Cabernet, Merlot und Pinot noir.

Grenache noir (Garnacha tinta, Cannonau)

Grenache stützt – für gewöhnlich im Verschnitt – eine große Bandbreite von Weinstilen: von süffigen, pfeffrigen, trockenen Rotweinen bis zu dickflüssigen Süßweinen. Die meisten kommen aus Südwestfrankreich und Nordostspanien. **Süditalien** (SELLA & MOSCA, Sardinien), **Südaustralien** (MELTON, DRAMP, MITCHELL, HENSCHKE, D'ARENBERG) und **Kalifornien** (ALBAN, DONNY BOON) produzieren ebenfalls Qualitätsweine.

Die typischen Attribute der Traube sind ihre dunkle Farbe (die rasch nachbräunt) sowie ein hoher Alkoholgehalt bei schwacher Säurebildung. In vielen Rotweinen der **südlichen Rhône** spielt Grenache eine gewichtige Rolle; unter anderem wird er dort mit SYRAH, MOURVÈDRE*, CARIGNAN und CINSAULT verschnitten. Die süßen, warmen, vollmundigen Weine zeigen denn auch das typische Aroma von weißem Pfeffer und Noten von Himbeere, Süßholz und Anis. In der Regel gelingen sie am besten ohne neue Eiche. CÔTES DE RHÔNE VILLAGES (insbesondere aus den Dörfern Cairanne, Rasteau und Beaumes-de-Venise), in einer höheren Qualitätsstufe AUCH-

VACQUEYRAS und GIGONDAS (DOMAINE CAYRON und ST-GAYAN) und natürlich CHÂTEAUNEUF-DU-PAPE sind allemal ihr Geld wert. Versuchen Sie auch CLOS DES PAPES, CHÂTEAU DE BEAUCASTEL, JANASSE, VIEUX TÉLÉGRAPHE und CLOS DU MONT-OLIVET (gute traditionelle CHÂTEAUNEUFS) sowie einen CHÂTEAU LA NERTHES CUVÉE DES CADETTES als eine Version mit neuer Eiche.

Zwischen den berauschenden Rotweinen der **nördlichen Rhône** und der süßen Pracht von **Banyuls** an der Südwestspitze Frankreichs entstehen in steigender Qualität elegante, aromatische Weine auf Basis von Grenache, SYRAH* und MOURVÈDRE*. MAS JULIEN (COTEAUX DU LANGUEDOC), MAS CHAMPART (ST-CHINIAN), MAS CRÉMAT und DOMAINE GAUBY (CÔTES DU ROUSILLON) empfehlen sich als Vorreiter dieser Bewegung.

BANYULS und MAURY sind Süßweine – in der Regel reiner Grenache –, die heute in zwei Stilen auftreten: in der traditionellen, bewusst «oxidativen» Version und, seit den 1980er-Jahren, in einer moderneren, früh abgefüllten Variante. Auf **Sardinien** ist der ANGHELU RUJU von SELLA & MOSCA ein feiner CANNONAU mit reicher Rosine, leicht «medizinisch» und traditionell lange im Fass ausgebaut.

Im Nordosten **Spaniens** ist Garnacha neben dem TEMPRANILLO die wichtigste Komponente in den Rotweinen von Navarra. Aber nur in den steilen, felsigen und schiefrigen Hängen von Priorato erreicht er, mit CARINEÑA und CABERNET SAUVIGNON verschnitten, seine potente, tintige, tanninreiche und mineralische Höchstform – zu Preisen, die im umgekehrten Verhältnis zu den mageren Erträgen der Traube stehen (COSTER'S DEL SIURANAS MISERERE und CLOS DE L'OBAC sowie ALVARO PALACIO'S LES TERRACES).

Carignan (Carineña, Mazuelo)

Carignan ist ein vor allem im **Languedoc-Rousillion** sowie in Penedès und Priorato in **Nordostspanien** genutzter solider Verschnittwein. Ursprünglich war er die Haupttraube in CORBIÈRES und MINERVOIS – die heute durch SYRAH und MOURVÈDRE verbessert werden. Niedrige Erträge aus alten Rebstöcken ergeben mitunter ganz besondere Weine (GAUBY, VACQUER in Roussillon).

Mas Amiel im südfranzösischen Roussillon. Traditioneller Maury ist ein Süßwein aus 100 % Grenache: reich und süß mit starken Noten von Rosinen, Trockenfeigen und Karamell. Er verbringt 12 Monate in diesen 70-l-Bonbonnes unter freiem Himmel, bevor er 5, 10 oder 15 Jahre lang in großen, alten Holzfässern reift. Seit Mitte der 1980er-Jahre ist man bemüht, Maury einem Jahrgangs-Portwein anzunähern: in der Flasche gereift, nicht im Fass – Jahrgangs-Maury! Banyuls ist ihm ähnlich, sein «Jahrgangswein» wird «Rimage» genannt.

Gamay

Gamay erreicht seine leichte*, frische, pfeffrige, fruchtige Bestform im **Beaujolais**, obwohl es dort auch zahlreiche dünne, saure Tropfen gibt, die weder der Traube noch der Region zur Ehre gereichen. Berauschender tritt Gamay in der **Schweiz** in Erscheinung, als reiner Sortenwein in Genf sowie im Verschnitt mit PINOT in Vaud (SALVAGNIN) und Wallis (DÔLE). Auch in **Zentralfrankreich** und an der oberen **Loire** wird er mit guten Ergebnissen angebaut.

BEAUJOLAIS wäre ohne die Kohlensäuremaischung undenkbar, die zu einer teilweisen Vergärung in den Trauben selbst führt. Hier entstehen die markante Farbe, der sehr «fruchtige» Geschmack und die typischen Kaugummi- und Bananenaromen. Von den zehn Beaujolais-cru (*siehe* S. 169) kommen individuellere Weine: RÉGNIÉ und CHIROUBLES sind dabei die leichtesten, MORGON und MOULIN-À-VENT die strukturiertesten – sie lassen sich gut für einige Jahre lagern (zum Vergleich: DUBŒUF).

Pinotage

Südafrikas Kreuzung aus PINOT NOIR und CINSAUT, der in der Kapregion ursprünglich HERMITAGE hieß. Es gibt plumpe, geschmeidige, saftige und ungeholzte Stile (L'AVENIR, NEETLINGSHOF), die oft eine leicht «azetonische» Nase zeigen, jedoch auch reiche, samtige und geeichte Versionen (KANONKOP, STELLENZICHT). **Neuseeland** empfiehlt sich mit TE AWA.

*** Siehe auch**

amerikanische Eiche **S. 48**
leicht/frisch **S. 160**
Mourvèdre **S. 104**
Syrah **S. 90**
Verkostung 5 **S. 140**

Mas Champart im südfranzösischen Languedoc. Eine ideale wildromantische Landschaft für straffe, fein gewebte, hochklassige Syrahweine. Die Morvèdre-Traube komplettiert die beiden Côteaux du Languedoc mit Herz, Klasse und Konzentration: zehn Prozent im Fall von Mas Champart und 20 Prozent beim St-Chinian.

Mourvèdre (Monastrell, Mataro)

Mourvèdre, in Spanien häufig angebaut, ist dort als MONASTRELL bekannt. In Kalifornien und Australien, wo er keine nennenswerte Rolle spielt, heißt er auch MATARO. Die äußerst individuellen Weine der kleinen, dickschaligen Traube sind reich an Alkohol, Säure und Tannin, manchmal auch an Bouquet. Ein Schlüsselmerkmal ist die Nase, die meist fleischig, wildartig und ledrig auftritt, von einer Primitivität, die aber das feine Fruchtaroma von Brombeeren aufwiegt.

In **Frankreich** wird Mourvèdre an der gesamten Mittelmeerküste gepflegt. Er korrigiert mit seiner Frucht, Komplexität und Sehnigkeit die recht lose, pfeffrige Wärme des GRENACHE* im CHÂTEAUNEUF-DU-PAPE. Im Languedoc verschneidet man ihn mit SYRAH* (PIC ST-LOUP, FAUGÈRES, ST-CHINIAN), im Roussillon mit COLLIOURE. Seinen feinsten französischen Ausdruck findet er aber im BANDOL der Provençe: ein Wein mit Eleganz, Konzentration und Parfüm (TEMPIER, PIBARNON). In **Spanien** ist Monastrell vor allem in der Levante zu finden. Da die dortigen Erträge aber häufig zu hoch ausfallen, kann er bis heute sein volles Potenzial nicht ausschöpfen – mit Ausnahme eines gelegentlich potenten, saftigen, milden Rotweins (OLIVARES). **Kalifornien** produziert geringe Mengen eines Top-Mourvèdre: reiche, duftende, dichte Weine, weniger tanninhaltig und damit zugänglicher als ihre französischen Muster (JADE MOUNTAIN, CLINE, RIDGE, PHELPS).

Bairrada, Portugal. Trauben von 70 Jahre alten Baga-Rebstöcken auf dem Gut eines der besten Erzeuger: Luis Pato.

Baga

Baga ist in **Portugal** sehr verbreitet und wegen seiner dicken Schale sowie der trockenen, griffigen Tannine geschätzt – mehr Tannin hat nur der NEBBIOLO zu bieten! Der beste Baga aus BAIRRADA hütet einen exzellenten Kern aus leicht bitterer Pflaume und entwickelt schöne Länge und Komplexität. Lässt man ihnen Zeit, reifen gut gemachte Bagas zu festen, eleganten und leicht erdigen Weinen, ähnlich einem guten MARGAUX (LUIS PATO, CASA DE SAIMA, SOGRAPE RESERVA).

Touriga nacional

Der seltene, hochwertige **portugiesische** Touriga nacional wird häufig zum Verschnitt von Port- und Tafelweinen in Douro und Dão herangezogen. Bei niedrigem Ertrag liefert er tiefe, opulente, tanninreiche, wohlstrukturierte und hochklassige Tropfen. Er kommt auch zunehmend als sortenreiner Tafelwein in Mode (QUINTA DO CRASTO, RAMOS PINTO, QUINTA DE PELLADA).

Touriga Francesca
Eine **portugiesische** Traube von Spitzenqualität. Ihr Wein wird vor allem für PORT verwendet, wo er, fein, fleischig und blumig, einen schönen Hintergrund für den Touriga nacional abgibt.

Zinfandel (Primitivo)
Der in ganz Kalifornien angebaute Zinfandel* ist in Süditalien neben dem NEGROAMARO die wichtigste rote Traube Apuliens. Er wird zwar zu nahezu jedem beliebigem Stil verarbeitet, erreicht aber seine Höchstform nur in charaktervollen, trockenen Rotweinen. Zuverlässiger als seine Stile sind seine lebendige Säure und seine Nase, die dem leicht harzigen Aroma der Wildrose ähnelt, bei Vollreife zudem ein feiner Brombeergeschmack.

In **Kalifornien** wird im Central Valley eine Menge geradlinigen Alltagsweins erzeugt; die Créme jedoch kommt aus Sonoma, und hier vor allem vom steinigen Flussbett des Dry Creek. Es gibt zahlreiche Spezialisten: RIDGE, RAVENSWOOD (reich, kraftvoll, muskulös), NALLE, SEGHESIO, ROSENBLUM (tief, großzügig, elegant). Vergleichen Sie RAVENWOOD'S VINTNER'S BLEND (•), FETZER BARREL SELECT (••) und einen Spitzen-Seghesio oder -Rosenblum (•••).

Am Stiefelabsatz **Italiens** deckt Zinfandel als PRIMITIVO DI MANDURIA von warmen, saftigen, geschmeidigen Tafelweinen bis zu feinen, natursüßen Amarone-Stilen die gesamte Palette ab. Ein übermäßiger Eicheneinsatz verfälscht leider oft die Persönlichkeit der Rebe.

St. Laurent
Die Rebe wird vorwiegend in **Osteuropa**, aber auch in **Österreich**, und zwar am Neusiedlersee und im Burgenland angebaut. Ihr Wein ähnelt dem PINOT NOIR: blasse Farbe, Duft nach roter Kirsche, frische Säure und wenig Tannin. Niedrige Erträge und behutsamer Eichenausbau erzeugen feine rote Burgunder-Doubles (UMATHUM, NITTNAUS, STIFT KLOSTERNEUBURG).

Blaufränkisch (Lemburger)
Sanft gefärbt, tanninreich, mit lebendiger Säure und einem Geschmack zwischen roter Johannisbeere und Blaubeere – so zeigt sich der LEMBURGER. Einfache Versionen ähneln einem GAMAY, bessere sind saftig aromatisch. Die besten Tropfen kommen aus dem Burgenland sowie vom Neusiedlersee in **Österreich** (KOLLWENTZ, IGLER, TRIEBAUMER) und aus **Württemberg** (DRAUTZ-ABLE).

Zweigelt
Der Zweigelt ist die rote Majoritätstraube **Österreichs**, vor allem im Burgenland und am Neusiedlersee. Sie schafft einige wenige «ernsthafte» Weine, das Gros erfreut immerhin mit einem vielfältigen Frucht- und solidem Alltagscharakter (PÖCKEL, UMATHUM).

Dornfelder
Quantitativ die drittwichtigste rote **deutsche** Traube. Die besten ihrer dunklen, großzügigen, lebendigen Weine stammen aus der Pfalz (SIEGRIST) und aus Württemberg (DRAUTZ-ABLE).

Melnik
Melnik wird rund um die gleichnamige **bulgarische** Stadt nahe der griechischen Grenze angebaut. Er liefert robuste, potente Weine mit einem trockenen, pfeffrigen Südrhône-Stil, die generell feiner auftreten als MAVRUD (*siehe* unten).

Mavrud
Assenovgrad in **Bulgarien** ist die Heimat der Mavrud-Rebe. Ihre tanninreichen Weine, muskulös und extraktreich, geraten durch eine überreife Frucht oftmals zu rustikal. Derzeit sind die Aussichten besser als die Ergebnisse.

100 Jahre alte Zinfandel-Reben auf Kenwood im kalifornischen Sonoma. Sonoma ist bislang der beste Boden für diese charaktervolle Traubensorte, und Kenwood erzeugt einige gute und nicht zu rare Versionen.

*** Siehe auch**

Grenache **S. 102**
Zinfandel **S. 162**
Syrah **S. 91**

Xynomavro

In **Griechenland** ist Xynomavro die quantitativ bedeutendste rote Rebsorte und vor allem bekannt durch die Weine aus den nordgriechischen Appellationen NAOUSSA und GOUMENISSA. Der Name bedeutet «Saurer Schwarzer», und wenn auch tatsächlich einige wenige Weine überaus dunkel, tanninreich und teerig sind, so erscheint doch die Mehrzahl der produzierten Tropfen erheblich freundlicher als ihr Name – tief gefärbt, recht füllig in Körper und Säure, dabei eher tannin- und alkoholarm. Mit ihrem Aroma roter Kirschen und ihrer lebendigen Süße erinnern sie an jungen PINOT NOIR, mit ihrer Fülle und Wärme dagegen an CHÂTEAUNEUF-DU-PAPE. Eine interessante Mischung! Der NAOUSSA entwickelt im Alter eine Burgunder-Persönlichkeit. Maßstab ist der GRANDE RESERVE BOUTARI.

Agiorgitiko

Auch als St. Georgs-Traube bekannt, steht Agiorgitiko bei **Griechenlands** Roten im Anbau an zweiter Stelle. Die Weine kommen aus Nemea, nahe Korinth, auf der östlichen Peloponnes. Wie oft in Griechenland, hängt der Weinstil von der Höhenlage des Weinbergs ab – Trauben von Lagen zwischen 450 bis 650 m liefern durchweg die ausgewogensten Weine, mit moderatem Alkoholgehalt und der frischsten Säure. NEMEA produziert große Mengen eines leichten, glatten Rosés, typischer ist jedoch ein voller, reifer, etwas pflaumiger Wein im Côtes-du-Rhône-Stil, meist mit kirschsüßer Frucht. Gute Hersteller sind: SEMELI, LAZARIDI, BOUTARI, ACHAIA-CLAUSS. Besonders eigenständig wirkt der MEGAS OENOS (»Großer Wein»), für den George Skouras AGIORGITIKO von alten Stöcken mit 10 bis 20 Prozent CABERNET SAUVIGNON verschneidet. Das Resultat: ein elegantes Mittelgewicht, bei dem weder die Eiche noch der CABERNET ungebührlich dominieren.

Die etwas verwirrend «Côtes de Meliton» genannten Weinberge der Domaine Carras auf der Halbinsel von Chalkidike in Griechenland. Carras erzeugt feine Limnio- und Cabernet-Weine. Letztere sind außerhalb Griechenlands die bekannteren. Indem er dieses Weingut Mitte der 1960er-Jahre gründete, katapultierte John Carras Hellas ins 20. Jahrhundert des Weins.

Limnio

Der ursprünglich auf der Insel Limnos beheimatete Limnio ist heute vor allem auf Chalkidike und in Thrakien in **Nordgriechenland** zu finden. Hier gedeiht er an den Hängen des Meliton. Die DOMAINE CARRAS produziert den Spitzenwein CARRAS LIMNIO (mit 10 % CABERNET verschnitten) – einen sanften, warmen, krautigen Tropfen. Markenzeichen des Limnio sind eben diese Krautigkeit sowie ein höchst eigenwilliges Lorbeer- und Salbeiaroma. Beide Charakterzüge zeigen sich besonders elegant in CONSTANTIN LAZARIDI'S AMETHYSTOS aus dem thrakischen Drama: ein langer, knackiger, eleganter, fruchtreifer, würziger und herb krautiger Wein.

Mavrodaphne

Die Rebe («schwarzer Lorbeer») ist eine Spezialität von Patras auf der **Peloponnes**, wo sie tief gefärbte Weine erzeugt. Der bekannteste ist der leicht gespritete rosinensüße Dessertwein von ACHAIA-CLAUSS, der viele Jahre lang in großen, alten Eichenfässern reift. Daneben gibt es auch schöne trockene Tropfen.

Mandelaria

Aus der vielerorts in **Griechenland** angebauten Mandelaria werden dunkle, starke, berauschende und oft tanninreiche Weine hergestellt, die meist dem Verschnitt dienen. Am bekanntesten ist Mandelaria als Hauptzutat im kretischen PEZA und im geradlinigen CHEVALIER DE RHODES.

Refosco

Die rare Refosco von der Peloponnes liefert einen feinen, eigentümlichen roten KTIMA MERCOURI: dicht, süß, reif, weich, würzig. Köstlich.

6. Schaumweine und verstärkte Weine

Schaumweine

Der beste Champagner stellt nach wie vor für alle Schaumweine die absolute Richtgröße dar, aber naturgemäß ist auch hier das preisliche und qualitative Mittelfeld weitaus belebter, zumal die Neue Welt diesem Markt neue Impulse verleiht.

Spitzenweine zur Probe

Krug jahrgangslos, Dom Pérignon, Veuve Clicquot: Grande Dame, Roederer: Cristal, Taittinger: Comtes de Champagne

Woher kommt der Schaum?

Die Karbonisierung ist die billigste und einfachste Methode der Schaumweinherstellung. Wie bei Erfrischungsgetränken wird dabei in einen fertigen Wein Kohlendioxid gepumpt – dazu zieht man freilich nur die schlichtesten Weine heran, die ein aufwändigeres Verfahren nicht lohnen.

Weine höherer Qualität durchlaufen zwei Gärungen: Die erste erzeugt den «Basiswein», während die zweite für die Perlen sorgt. Italiens ASTI und der exquisite MOSCATO D'ASTI* erfahren nur eine einzige Teilgärung in Drucktanks, wodurch die Süße und das Muskatellerparfüm des Weins gewahrt bleiben.

Die Champagnermethode in sechs Schritten

1 Erste Gärung: Im Tank; hier werden verschiedene Basisweine erzeugt, die später nach Maßgabe der gewünschten Qualität und des angestrebten Stils verschnitten werden.

2 Zweite Gärung: Sie wird durch Zugabe von Zucker und Hefe zum Verschnitt ausgelöst. Der Wein wird dann auf Flaschen gezogen. Je 24 g Zucker pro Liter heben den Alkoholgehalt um rund 1 % auf 12 bis 12,5 Vol.-% an und erzeugen in der Flasche einen Kohlensäuredruck von 5 bis 6 bar – das Dreifache eines Autoreifens (mit der Zeit wird der Druck abgebaut; *siehe* S. 137)!

3 Flaschengärung: Sobald der Zucker umgewandelt ist, sterben die Hefen ab und sinken als Depot auf den Flaschenboden. Der Kontakt mit dem Hefedepot über einen Zeitraum von einigen Monaten bis zu mehreren Jahren bereichert den Wein geschmacklich und macht ihn weicher.

4 Rütteln: Um den Wein zu klären, wird das Hefedepot nun entfernt. Dazu wird die Flasche allmählich um 180 Grad gedreht, so dass sich das Depot als Pfropf im Flaschenhals sammelt. Früher wurde jede einzelne Flasche über mehrere Wochen hinweg von Hand gerüttelt, heute erledigen das computergesteuerte Maschinen in nur wenigen Tagen.

5 Entfernen des Depots (Degorgieren): Immer noch kopfüber, wird der Flaschenhals nun in ein Eisbad getaucht und der Hefepfropfen eingefroren. Dann dreht man die Flasche um und entfernt den provisorischen Kronkorken: Der Hefepfropf schießt nun durch den hohen Überdruck heraus.

Die Bodenunterschicht aus Kreide in der Champagne, von vielen als Hauptgrund für Finesse und Parfüm der Weine angesehen. In den meisten Weingütern ist diese Kreideschicht mit einer Lage kultiviertem Mutterboden bedeckt.

6 Auffüllen und Zuckerzugabe (Dosage): Der degorgierte Wein wird jetzt wieder aufgefüllt. Kurz vor dem Verkorken süßt man ihn (wenigstens die Brut-Weine, um die es sich meist handelt) mit bis zu 15 g Zucker pro Liter auf. Dies rundet die Kanten und mildert die natürliche Säure vieler Schaumweine.

Die Charmat-Methode

Diese Variante der Schaumweinherstellung folgt bis zur zweiten Gärung der Champagnermethode. Alle weiteren Schritte, einschließlich Hefelagerung, Filtration, Dosage und Abfüllung, finden in großen Drucktanks statt. Dieses kostengünstigere Vorgehen ist den preiswerteren Weinen und der Massenproduktion vorbehalten.

Qualität

Perlen / Mousse: Die immense Anziehungskraft der Schaumweine beruht auf einer Eigenschaft, die normale Weine nicht aufweisen können: auf den schäumenden CO_2-Perlen. Maßstab für die Qualität der Mousse* sind Größe und Lebensdauer der Perlen. Minderwertige Schaumweine perlen zwar zunächst äußerst aggressiv, aber ihre Mousse verflüchtigt sich ebenso schnell wieder. Dagegen entwickelt sich der Schaum der besten Weine feinperlig und cremig und bleibt auch im Abgang noch frisch und prickelnd.

Der Wein: Das Perlen verwischt zwangsläufig das Bild des Basisweins, darum ist hier die ganze Aufmerksamkeit des Verkosters gefordert: Ignorieren Sie den Schaum und achten Sie wie bei anderen Weinen auf die Tiefe des Geschmacks, auf den Duft und die Nachhaltigkeit des Abgangs.

Schaumweine und Stile

Echter CHAMPAGNER besitzt selten einen wirklich starken Geschmack, aber um diesen geht es auch gar nicht. Denn perlender Wein wird ja gerade darum in kühlen, nördlichen Breiten hergestellt, weil hier die Trauben unregelmäßig reifen und die stillen Weine zu hart und sauer wären. Der Reiz eines guten CHAMPAGNERS liegt in seiner feinen, perlenden Struktur und der Frische, mit der er den Gaumen kitzelt und parfümiert.

Die französische **Champagne** ist zu drei Vierteln mit roten Trauben bepflanzt – PINOT NOIR und PINOT MEUNIER – und nur zu einem Viertel mit weißem CHARDONNAY. Zwar beansprucht der PI-

UNTEN, OBERE REIHE LINKS: *Gepresste Pinot-noir-Trauben ergeben einen blassrosa Most. Die Farbe geht bei der Herstellung größtenteils verloren.*

OBERE REIHE RECHTS: *Most aus verschiedenen Trauben von verschiedenen Gütern wird getrennt vergoren und aufbewahrt. Aus diesen Basisweinen wird im Frühjahr nach der Lese der gewünschte Stil, die Cuvée, verschnitten. Hier ist Henri Krug bei der Arbeit. Seine Aufgabe ist es, den Hausstil so getreu wie möglich zu treffen.*

UNTERE REIHE LINKS: *Die exakt abgemessenen Anteile werden nun in großem Maßstab gemischt. Dieser Mischung wird eine bestimmte Menge Hefe und Zucker für die zweite Gärung beigegeben. Der motorgetriebene «Mixer» hilft bei der Mischung und dem Einrühren von Hefe und Zucker.*

UNTERE REIHE RECHTS: *Die stille Weinmischung wird auf Flaschen gezogen und mit einem Kronkorken verschlossen. Sobald die Gärung abgeschlossen ist, stirbt die Hefe mangels Nährstoff (Zucker) ab und sinkt als Depot auf die Unterseite der Flasche.*

Rechts: *Das kalifornische Anderson Valley. Nördlich von Sonoma ist das Klima kühl und neblig, der Boden mager und felsig – ideale Bedingungen für leichte, frische Basisweine und gute Schaumweine. Kein Wunder, dass Roederer hier für sein kalifornisches Unternehmen anbaut.*

not meunier die Hälfte der gesamten Anbaufläche, aber der Chardonnay wird auf nahezu der Hälfte der besten Lagen angebaut, liefert er doch einen Wein mit großer Finesse und besonders fein strukturierter Mousse. Da er für sich genommen jedoch ein wenig zu schlank bliebe, kombiniert man ihn mit der sanften Frucht des Pinot meunier und dem breit angelegten Reichtum des Pinot noir.

Denn Tatsache ist, dass ein Verschnitt verschiedener Trauben einen kompletteren Schaumwein ergibt als dies sortenreine Weine vermöchten – allerdings darf man jene Hand voll exquisiter Blanc de Blancs aus reinem Chardonnay (wie Pol Roger's Chardonnay und Dom Ruinart) nicht vergessen, die als Ausnahmen diese Regel bestätigen! Auch die ausschließlich aus schwarzen Trauben hergestellten Blancs de Noirs sind gute und dabei preiswerte Champagner, die ein «Fett» vorweisen können, das Blanc de Blancs in dieser Preisklasse meist abgeht. Gleichwohl sind in der Spitzenklasse Champagner ganz aus schwarzen Trauben selten, da sie ohne die Frische und Spannung des Chardonnay rasch überladen wirken.

Zu meinen jahrgangslosen Favoriten in gänzlich unterschiedlichen Stilen zählen Veuve Clicquot (abgefederter Reichtum), Pol Roger (Finesse, Eleganz) und Bollinger (Gewicht), nicht zu vergessen Bruno Paillard und Charles Heidsieck – zwei der besten überhaupt. Frankreich produziert nach der Champagnermethode noch zahlreiche andere Schaumweine, die heute Crémant genannt werden, ein Begriff, der früher für Schaumweine mit geringerem Kohlensäuredruck verwendet wurde. Die besten sind leichte, frische, sanft perlende Weine, unter anderem aus Saumur* an der Loire (Langlois-Château, Bouvet-Ladubay), dem Elsass, aus Limoux nahe Carcassonne und aus Burgund. In **Spanien** heißen die nach der Champagnermethode hergestellten Schaumweine Cava. Die meisten stammen aus Penedès in Katalonien, wo zwei Firmen den Markt dominieren: Freixenet und Codorníu. Das Gros kommt recht neutral, aber adrett daher, nicht selten mit Birnendrops-Aromen und erdigen Geschmacksnoten. Cordoníu's Raïmat aus 100 % Chardonnay indes ist exzellent, jedoch untypisch! **Italiens** populäre «Schaumgeborene» sind leichte, duftende Muskateller aus Asti im Piemont. Einige der auf Chardonnay basierenden Franciocortas der Lombardei erscheinen recht nussig und elegant (Ca' del Bosco, Bellavista). Der Großteil des sanften Prosecco aus dem Veneto schäumt mit leichter Mandelnote.

Die Champenois verfolgen übrigens mit Argusaugen, dass man ihren ureigenen Namen (etwa als Méthode champenoise) auch für Weine benutzt, die nicht aus der Champagne kommen. Andererseits stellen viele von ihnen die eigenen, mit der Chamapgne verknüpften Markennamen höchst persönlich für die Vermarktung ihrer Neue-Welt-Schaumweine zur Verfügung – und nicht einmal zum Nachteil der Verbraucher: Viele der besten nichteuropäischen Schaumweine sind Gemeinschaftsprojekte mit alten Champagnerhäusern: Mumm's Cuvée Napa und Roederer Estate's Anderson Valley Brut/Quartet in **Kalifornien** oder Domaine Chandon und Montana's Deutz in **Australien** und **Neuseeland**. Auch aus **Südafrika** kommen mit Krone Borealis, Simonsigs Kaapse Vonkel und Graham Beck Spitzen-Schaumweine. In **England** zeigt vor allem Nyetimber Potenzial.

Unten: *Schaumwein benötigt einfach eine Flöte oder ein anderes hohes Glas, damit man die aufsteigenden Perlen gut beobachten kann.*

*** Siehe auch**

Einschätzung der Mousse **S. 137**

Moscato d'Asti **S. 74, 153**

Saumur **S. 70**

Sherry

Fino Sherry, insbesondere Manzanilla, ist schon seit einiger Zeit der preiswerteste feine Wein, den man kaufen kann – einer der seltenen Fälle, wo Mode und Image zum Vorteil des Liebhabers geraten, denn Sherry fällt hier wie dort durchs Raster. Übrigens ist der Name die anglisierte Form des spanischen «Jerez».

Der blendend weiße, Wasser speichernde Albariza-Kreideboden im spanischen Jerez. In einer Landschaft, die ansonsten zu trocken und heiß wäre, ermöglicht er den Weinbau. Er speichert das Wasser wie ein Schwamm und bildet in der heißen Sonne eine harte Kruste, die eine zu rasche Verdunstung verhindert.

Jerez, im äußersten Südwesten Spaniens gelegen, hat ein ungemein heißes, trockenes Mittelmeerklima. Die *albariza*, der wunderbar weiße Kreideboden (alba = weiß), hält genügend Regenwasser zurück, um hier überaus erfolgreich Wein anbauen zu können. Dieser Boden, die Florhefe sowie viel Zeit in der *solera* verwandeln eine eher unscheinbare Weintraube in etwas ganz Besonderes.

Die Sherrytrauben

Für die Sherryproduktion sind drei Rebsorten zugelassen: Die relativ neutrale PALOMINO macht dabei über 95 Prozent aus, während von den oftmals sonnengetrockneten PEDRO XIMÉNEZ und MOSCATEL nur verschwindende Mengen beim Verschnitt zu verschiedenen Süßweintypen zum Einsatz gelangen.

Die Sherryherstellung

Gärung: Jeder künftige Sherry wird zunächst zu einem trockenem Weißwein vergoren, der zwischen 11 und 14 Vol.-% Alkohol aufweist.

Alkoholverstärkung: Danach fällt die Entscheidung für FINO oder für OLOROSO. Denn vor dem Aufspriten werden sämtliche Sherryweine einer dieser beiden Kategorien zugeteilt. Je nach gewünschtem Stil müssen sie nämlich auf einen bestimmten Alkoholgehalt aufgespritet werden. Die leichteren und frischeren werden zu FINO. Dazu lässt man sie eine Oberflächenschicht aus Florhefe bilden, die nicht mehr als 15,5 % Alkohol verträgt. Vollere, weichere Weine werden zu OLOROSO und dazu auf bis zu 18 Vol.-% Alkohol verstärkt, bevor sie ins Fass gefüllt und in eine Solera (*siehe* unten) gelegt werden. Man füllt die Fässer nicht vollständig, um eine sanfte Oxidation zu ermöglichen.

Florhefe*: Sie wird auch «filmbildende» Hefe genannt, weil sie einen wächsernen Überzug bildet, der auf der Weinoberfläche schwimmt. In Jerez kommt sie in der Natur vor und entwickelt sich am besten auf Weinen mit etwa 15,5 Vol.-% Alkohol. Da sie Luft braucht, um sich zu entwickeln, werden die Fino-Fässer nur zu vier Fünfteln gefüllt, so dass die Hefe eine dicke weiße Haut bilden kann. Die Florhefe verschafft dem FINO seine unvergleichlichen Charakteristika: Sie schützt den Wein vor Sauerstoff und bewahrt so seine Helligkeit; sie ernährt sich gründlich vom Restzucker und schafft so einen knochentrockenen Wein mit einem einzigartig herben Bouquet.

Das Solera-System: In der Solera werden Weine von gleich bleibendem Stil und konstanter Qualität erzeugt. Dank eines ausgeklügelten Sys-

tems des kontrollierten Verschnitts nimmt der junge, aufgespritete Wein, der nach und nach mit seinen reiferen und konzentrierteren Vorfahren verschnitten wird, allmählich deren Charakter an (bei FINO sorgt die Zugabe jüngeren Weins zudem dafür, dass die wichtige Florhefe regelmäßig ernährt wird). Die Bezeichnung *solera* tragen solche Weine, die im Fass ungefähr ein Jahr Altersunterschied aufweisen. Während die ältesten Weine für den letzten Verschnitt abgezogen werden, füllt man die Fässer gleichzeitig mit jüngerem Wein wieder auf. Um das System zu erhalten, wird nicht mehr als ein Drittel des jeweiligen Fassinhalts pro Jahr abgezogen. Die ältesten Soleras – die die meisten Jahrgänge vorweisen – ruhten zu Beginn auf den besten jungen Weinen und bedanken sich am Ende mit den konzentriertesten und duftendsten Tropfen.

Verschnitt: Wie bei PORTWEIN und MADEIRA ist es die Aufgabe der Sherryindustrie, zahlreiche Solera-Weine zu verschiedenen Haus- oder Markenstilen zu verschneiden und sie bei Bedarf nachzusüßen.

Sherrystile

Fino Manzanilla (*siehe* S. 156)**:** Der hellste, leichteste, erfrischendste aller FINOS – sogar als Tafelwein trinkbar. HIDALGO'S LA GITANA und ARGÜESO'S SAN LÉON sind gut eingeführte und preiswerte Beispiele.

Fino: Voller im Stil, dafür mit weniger Biss. Der beste ist TIO PEPE von González Byass. Empfehlenswert sind auch DOMECQ'S LA INA und GARVEY'S SAN PATRICIO. FINOS sollten nicht mehr als 15,5 Vol.-% Alkohol aufweisen und nach dem Öffnen möglichst innerhalb zweier Tage getrunken werden.

Amontillado: Echter extratrockener AMONTILLADO (anders als die halbtrockenen kommerziellen Verschnitte) ist ein FINO, der ohne Florhefeschicht weiter gereift ist. Durch den Kontakt mit Sauerstoff werden diese Weine dunkler und entwickeln eine volle Persönlichkeit mit Aromen von zerlassener Butter und Walnüssen. Gute Beispiele sind VALDESPINO'S DON TOMÁS, BARBADILLO'S PRINCIPE und GONZÁLEZ BYASS' AMONTILLADO DEL DUQUE. Der PALO CORTADO ist ein sehr seltener Sherry, der mit der Trockenheit eines alten AMONTILLADO und dem sanften Duft gereiften OLOROSOS für sich einimmt. Auch VALDESPINO'S CARDENAL lohnt die Versuchung.

Oloroso*: Diese Sherries gründen auf breiteren, volleren Weinen. Durch keine Florhefe geschützt, reifen sie dunkler, weicher und runder als FINOS und AMONTILLADOS heran. Oft duften sie unverkennbar (darum *oloroso* = Duft). Williams & Humbert liefern mit ihrem DOS CORTADOS einen solch erstklassigen trockenen OLOROSO. SANDEMAN'S IMPERIAL CORREGIDOR, GONZÁLEZ BYASS' APOSTOLES und MATUSALEM sind lieblichere Versionen, die in EMILIO LUSTAU'S OLD EAST INDIA eine sanfte, opulente Traubensüße entfalten. Solch süße Sherries verdanken ihre Farbe und Süße likörsüßem PX (*siehe* unten) oder einem MUSCATEL, die teilweise vergoren und eingekocht werden.

PX (Pedro Ximénez): Wird bisweilen als eigenständiger dunkler, dickflüssiger, sirupsüßer Wein angeboten. Nicht wenige Kenner sind freilich der Meinung, dass er sich am besten als Sauce zu einem guten Vanilleeis eignet!

Der Hafen von Sanlúcar de Barrameda in Andalusien. Die Nähe zum Atlantik, auflandige Winde, große Regenmengen und ein kühleres Klima bewirken, dass die Weingüter in der Umgebung den leichtesten und trockensten aller Sherries mit der dicksten Florhefeschicht erzeugen können. Die Finos werden hier Manzanilla genannt. Die fantastische Fotografie stammt von Mick Rock.

Spitzenweine zur Probe

Emilio Lustau:
Almacenista Sherries
Valdespino: Don Tomás,
Cardenal, Coliseo
González Byass: Tio Pepe,
Amontillado del Duque,
Apostoles, Matusalem
Williams & Humbert:
Dos Cortados

*** Siehe auch**

Florhefe **S. 78**
Verkostung **S. 156**

Portwein

Da gibt es einen sämigen Tropfen mit einer langen, feurigen, vollmundigen Süßholz- und Brombeersüße voll herber, pfeffriger Aromen. Auf der anderen Seite steht ein bleicher Mahagoni-Wein mit Rosinenduft, delikat süß, seidenweich … Beides sind hochklassige Portweine: ein junger Vintage Port und ein gereifter Tawny. Der Port «entstand» Ende des 17. Jahrhunderts als Ersatz für Bordeaux-Wein: Im Zuge eines damaligen britischen Handelsverbots mit Frankreich wurden englische Weinhändler in Portugal fündig.

Spitzenweine zur Probe

1970er Vintage Ports sind heute perfekt: Taylor, Fonseca, Graham Dow; 1977 Fonseca, Dow, Warre. 20 Jahre alter Tawny: Fonseca und Niepoort.

RECHTS: *Die schmalen Terrassen von Taylor's Quinta de Vargellas am Unterlauf des Douro in Portugal. Sie sind erst seit 20 Jahren über eine Straße erreichbar!*

UNTEN: *Die Mündung des Douro mit Porto (rechts) am Nordufer und Vila Nova de Gaia am Südufer. Auch heute noch reift ein großer Teil des Portweins in den «Lodges» von Vila Nova, wo er vor der Hitze geschützt ist.*

Durch die Serra-do-Marão-Berge gut gegen den Atlantik geschützt, brüten die trockenen Schieferböden und Steilhänge am Unterlauf des Douro den größten Teil des Jahres in der gleißenden Sonne – ebenso wie die Trauben, die auf ihnen gedeihen.

Die Portweintrauben

Auch Portwein ist kein sortenreiner Wein. Wie CHAMPAGNER wird er aus einander ergänzenden Trauben verschnitten. Von den Dutzenden zugelassener Rebsorten gelten als die besten: TOURIGA NACIONAL (reich, muskulös, ertragsarm), TOURIGA FRANCESCA (raffiniert und besonders duftend), TINTA RORIZ (die frische, kirschduftende Tempranillo) und TINTA BAROCCA (voller Zucker).

Die Portweinherstellung

In der Regel ist Port ein roter Wein. Das Geheimnis seiner Herstellung liegt in der möglichst umfangreichen Extraktion von Farbe und Tannin während der sehr kurzen Gärung (24 bis 48

Stunden). Diese Zeitspanne ist wichtig, weil die Gärung, um genügend Restzucker im Wein zu bewahren, durch Aufspriten unterbrochen werden muss, sobald ein Alkoholgehalt von etwa 5 bis 6 Vol.-% erreicht ist.

Gärung und Extraktion: In einigen wenigen altmodischen *lagares* werden die Trauben für die besten Weine noch mit den Füßen bearbeitet (*siehe* Bild rechts), heute vergären die meisten Erzeuger ihre Weine aber in hermetisch versiegelten Autovinifikationstanks, in denen die Gärungsgase für eine Umwälzung des Mostes sorgen und die Extraktion bewirken.

Alkoholverstärkung: Portwein wird durch die Zugabe von 77-%igem neutralem Branntwein auf 19 bis 21 Vol.-% Alkohol aufgespritet. Dazu wird ein Teil Branntwein mit vier Teilen teilweise vergorenen Weins verschnitten. Der dabei entstehende Alkohol tötet die Hefen ab und unterbricht die Gärung.

Pressen: Der von den Schalen abgepresste Wein wird mit dem Vorlaufwein verschnitten.

Reifung: Die verschnittenen Weine lässt man je nach gewünschter Qualität und angestrebtem Stil reifen – die meisten in so genannten *pipes*, alten Holzfässern (550 bis 620 l); der Wein wird regelmäßig abgezogen, aufgefüllt und nach Bedarf erneut verschnitten.

Portweinstile

Beim Großteil aller Portweine handelt es sich um fassgereifte Verschnitte – trinkfertig abgefüllt, ohne Depot und weitere Reifung in der Flasche.

Einfacher Ruby und Tawny: zwei bis drei Jahre alte Weine, die auf einen Preis und Stil hin verschnitten wurden. Die meisten sind unauffällig neutrale Tropfen, aber ein Ausnahme-Ruby (Smith Woodhouse, Skeffington, Dow, Cockburn) entwickelt durchaus eine saftige Frucht und den erforderlichen Hauch Feuer und Pfeffer.

Premium Ruby* und Vintage Character: drei bis fünf Jahre alte Weine von besseren Trauben. Vintage Character ist ein Premium Ruby, der weder faktisch noch charakterlich ein Jahrgangsport ist. Bei den Premium Rubys bieten Warre's Warrior und besonders Graham's Six Grapes einen guten Einstieg in die echten Portweintugenden: ein pfeffriges Bouquet, tiefe Frucht, Griffigkeit und Wärme.

Late Bottled Vintage (LBV*): Weine aus einem einzigen Jahrgang. Wenn sie alle sechs Jahre nach Schönung und Filtration auf Flaschen gezogen werden, treten sie ohne Depot auf. Traditionelle LBVs werden mit vier Jahren abgefüllt, reifen in der Flasche nach und müssen dekantiert werden. Gemessen an den Vintage Ports sind freilich viele LBVs enttäuschend. Graham, Niepoort, Quinta do Noval, Taylor und Quinta de la Rosa bieten aber meist die nötige Würze, Raffinesse und Länge.

Fassgereifte Tawnies: Sie sind 10, 20, 30 und 40 Jahre alt und stammen von jenen Weingütern, die auch Vintage Port erzeugen. Lange Reifung im Fass verleiht ihnen Glanz, Klasse, Konzentration und Feinheit. Die im Preis-Leistungs-Verhältnis besten Portweine sind feine 10- und 20-jährige Tawnies von Fonseca, Graham, Taylor, Niepoort, Dow, Poças und Ferreira.

Vintage Port: Der Jahrgangsport macht weniger als ein Prozent der Gesamtproduktion aus. Er wird nur in «großen» Jahren aus den besten Trauben eines Weinguts hergestellt. Nach ein paar Jahren im Fass wird er auf Flaschen gezogen und braucht dann 15 bis 20 Jahre, um sich zu «finden». In «leichteren» Jahren erzeugen die bekannten Häuser auch Single-Quinta-Vintage-Weine. Dazu verarbeitet man verschiedene Trauben von vergleichbarer Qualität zu «deklarierten» Weinen, die aber selten die Größe von Vintage Ports erreichen. Dafür sind sie schon mit 12 bis 15 Jahren trinkbar und bieten für kaum die Hälfte der Preise einen exzellenten Gegenwert: Hier sind Taylor's Vargellas, Graham's Malvedos, Warre's Cavadinha, Niepoort's Quinta do Passadouro und Dow's Bonfim zu empfehlen, ebenso aber Single Quintas wie Quinta de la Rosa und Quinta do Crasto.

Das traditionelle «Treten» der Portweintrauben in großen Lagares *aus Zement. Auf diese Weise werden noch immer viele der besten Ports hergestellt. Im hinteren Lagar werden die Trauben noch getreten, während im vorderen bereits die Gärung unterbrochen wird. Den teilweise vergorenen Wein zieht man zusammen mit Branntwein in Behälter ab. Eine Anmerkung zum Dekantieren: Alle Vintage Ports enthalten reichlich Farbstoffe und Tannine, die während der Flaschenreifung zu einem beachtlichen Depot ausfallen. Aus diesem Grund müssen sie dekantiert* werden.

*** Siehe auch**

dekantieren **S. 138**
Verkostung 9 **S. 156**

Madeira

Madeira ist ein anachronistischer Wein – seine Säure ist so schroff wie die Klippen seiner Inselheimat, und dazu wird er noch stark erhitzt: Kein anderer Wein würde dergleichen überstehen! Dennoch lässt sich ein guter Madeira, was Duft, Würze und nicht zuletzt das Preis-Leistungs-Verhältnis angeht, schwerlich übertreffen. Die oft englischen Handelsnamen rühren von den alten historischen Verbindungen der Insel zu England und den USA her.

Spitzenweine zur Probe

Rare, 15 Jahre alte Colheita, Old Solera oder Vintage von Blandy, Cossart Gordon, Henriques & Henriques, Lomelino, Rutherford sowie Miles, Leacock.

Funchal auf Madeira. Im 18. Jahrhundert wurde der hiesige Wein erstmals nach Indien verschifft. Die Fässer dienten aber nur als Ballast und wurden bei diesen Reisen allmählichen, aber im Ergebnis extremen Temperaturschwankungen unterworfen. Zufällig entdeckte man, dass die Weine dabei zu großer Schönheit und Komplexität heranreiften – daraus entwickelte man eine kontrollierte Methode der Erhitzung: das Estufa-System.

Die 640 km westlich der marokkanischen Küste und 500 km nördlich von Gran Canaria gelegene Insel Madeira ist das Überbleibsel eines erloschenen Vulkans. Das kleine Eiland (57 × 23 km) mit seinen dramatisch zerklüfteten Felsen erhebt sich vom nahezu 6000 m tiefen Grund des Atlantik bis in 1850 m Höhe. Ein Großteil dieser subtropischen Exklave ist immer noch von dichtem Urwald bestanden, dem es seinen Namen verdankt: Madeira heißt «Wald».

Madeiratrauben und ihre Stile

Fünf Traubensorten werden zur Herstellung von Madeira herangezogen: vier noble Aristokraten, nämlich SERCIAL, VERDELHO, BUAL und MALVASIA*, sowie der solide Bourgeois (oder Citoyen) TINTA NEGRA MOLE – man ahnt, dass Madeiras Weinbaugeschichte höchst komplex ist. Von den etwa 750 ha Weinbaufläche ist gut die Hälfte dem Süßwein vorbehalten, und davon entfallen rund 90 Prozent auf TINTA NEGRA MOLE, während sich das noble Quartet die restlichen 10 Prozent teilt.

Madeira und das Europäische Weinrecht: Wenn auf dem Etikett einer Flasche eine Rebsorte aufgeführt ist, muss der Wein auch zu mindestens 85 Prozent aus dieser Traube hergestellt sein – so verlangt es das Europäische Weinrecht. Auf dem Etikett eines Madeira werden aber traditionell nur die vier edlen Traubensorten genannt, die quantitativ den geringsten Anteil an dem Wein ausmachen. Die Madiraner lösten das Problem, indem sie zusätzlich den jeweiligen Stil des Weins vermerken, der eben durch eine der vier edlen Trauben geprägt ist.

Sercial (Stil: als «trocken» etikettiert, in der Praxis aber mitteltrocken): Wächst in bester Qualität auf der Nordseite der Insel. Liefert den blassesten und trockensten aller Madeiras: streng, hart, mit durchdringendem Zitronenbiss und in der Reife mit feinem, nussigem Duft.

Verdelho (Stil: als «halbtrocken» etikettiert, in der Praxis halbtrocken bis mild): Die zweite Sorte von der Nordküste mit einer tendenziell karamellgefärbten Kraft, gleichwohl mit schneidender Säure, dabei sanfter als SERCIAL.

Bual (Stil: etikettiert als «mittelvoll», aber mild im Geschmack): Die rarste der edlen Trauben stammt von der Südküste und schafft einen moderat reichen Wein, dessen Milde die Säure dämpft. Rauchig-aromatisch mit feinem Butter-Karamell-Geschmack (mein Favorit).

Malvasia / Malmsey* (Stil: als «reich» etikettiert, aber nie zu süß): Wird hauptsächlich in geringer Höhe und praller Sonne an der Südkü-

RECHTS: *Zwei Gesichter Madeiras, die Nord- und die Südküste. Die schattigere Nordseite der Insel wird durch den Nordwestwind und den ständig umbrandeten Schieferfels gekühlt. Hier wachsen die besten Sercial- und Verdelhotrauben. Im Hintergrund der kleine Ort Seixal (womöglich der Namensgeber für Sercial).*

RECHTS UNTEN: *Ein Schwindel erregender Blick von den Girao-Klippen an der wärmeren Südküste. 580 m tiefer, auf Meereshöhe, wächst Malmsey, während auf halber Höhe ein nahezu unzugänglicher Fleck Bual gedeihen lässt.*

ste angebaut. Reich und angenehm süß. Obwohl die charakteristische Säure noch unter der Oberfläche lauert, der unmittelbar anprechendste aller Madeiras.

Tinta negra mole: Eine relativ neutrale Traube, die je nach Lage und Lesezeitpunkt zu einem Imitat jedes der vier anderen Stile ausgebaut werden kann.

Madeiraherstellung

Gärung und Verstärkung: Madeira wird mit 95-%igem Weinbrand aufgespritet, um die Gärung zu unterbrechen, so lange noch genügend Restsüße* für den angestrebten Stil vorhanden ist. Bei minderen Weinen wird die Süße bisweilen allerdings auch nachgebessert.

Kontrollierte Erwärmung: Direkt nach der Aufspritung wird Madeira in einer *estufa* (dem «Ofenraum») in einem langsamen Oxidationsprozess erhitzt, den nur Weine mit sehr hohem Säuregehalt überleben. Hier rührt der typische Karamellgeschmack des Madeira her und seine weitgehende Immunität gegen Oxidation nach dem Öffnen der Flasche. Heute werden die billigsten Weine für das gesetzlich vorgeschriebene Minimum von drei Monaten in großen Bottichen gelagert, in denen man sie mittels riesiger Tauchsieder auf 40 bis 50 °C erhitzt. Feinere Weine müssen länger reifen und werden dazu sanft in zentral geheizten Räumen bzw. (die besten) in einem der Sonne ausgesetzten Dachboden (Canteiro) im Fass erhitzt.

Reifung: Anschließend reift der Madeira in alten Holzfässern weiter, bevor er zum Verschnitt je nach Stil und Preislage abgezogen wird. Eine winzige Menge wird für die gesetzliche Mindestreifung von 20 Jahren zurückbehalten, um den VINTAGE MADEIRA zu erzeugen.

Die Qualitäten

Die Qualität eines Madeira wächst mit dem Alter. Stufen sind: 3 Jahre, 5 Jahre, 10 Jahre, 15 Jahre und der krönende VINTAGE. Fast alle 3- und viele 5-jährigen sind recht teure Banalitäten, die allenfalls eine Spur jener dramatischen Schönheit und kristallinen Klarheit des Geschmacks aufweisen, die die Reifung den edlen 10 und 15 Jahre alten Weinen verleiht. Die besten und populärsten Madeiras kommen heute von zwei Unternehmen: von HENRIQUES & HENRIQUES, das sehr konzentrierte und kraftvolle Stile pflegt, sowie von der MADEIRA WINE COMPANY, die BLANDY'S (reich und poliert), COSSART GORDON (mit mehr Feinheit und Finesse) und LEACOCK (hybrid) anbieten.

Wem Madeiraweine allzu teuer erscheinen, sollte bedenken, dass er sich über Monate hinweg immer wieder von der geöffneten Flasche bedienen kann, ohne dass der Wein verdirbt. Genießen und schätzen Sie also diesen Luxus, ehe er von dieser Welt verschwindet!

Schon ein kurzer Blick auf die Abbildungen dieser Seiten zeigt, wie rar nutzbares Land auf der kleinen Insel ist. Da haben Bananen, Häuser und der Tourismus allemal Vorrang vor Rebstöcken!

*** Siehe auch**

Malvasia **S. 80**

Restsüße **S. 42**

Verkostung 9 **S. 156**

Im Glas

7. Die Verkostungen

Das Vorgehen

Wenn Sie die folgenden Verkostungen nicht allein, sondern in einer kleinen Gruppe durchführen, ist der Unterhaltungsgewinn erfahrungsgemäß größer. Hinzu kommt: Sie können auf diese Weise die Kosten für den Wein teilen und beim wechselseitigen Gedankenaustausch von den Erfahrungen Ihrer Mitstreiter profitieren.

Sie finden auf den folgenden Seiten:

- neun Verkostungen, in denen am Beispiel von 35 Weinen neun zentrale Weinthemen untersucht werden;
- neun Exkurse, die weitere Fragen rund um den Wein behandeln (*siehe* Inhaltsverzeichnis S. 5);
- beispielhafte Weine, die für besondere Sorten, Stile und Qualitäten stehen, mit Preisen zwischen 5 und 30 €.
- jeweils am Ende jeder Verkostung sowie zum Abschluss des gesamten Kurses (*siehe* S. 159) eine komprimierte Zusammenfassung.

Der Kurs vermittelt ein solides Grundwissen, das sich in überschaubaren Einzelschritten sukzessive aufbaut. Dabei werden bereits erarbeitete Kenntnisse immer wieder aufgefrischt, so dass Sie auch den zunehmend anspruchsvolleren Fragen jederzeit gewachsen sein werden.

Ziele

1. Sie lernen die gängigsten und bewährtesten Verkostungsmethoden in der Praxis kennen.
2. Durch die repräsentative Auswahl von Weinen aus aller Welt gewinnen Sie Einblick in die maßgeblichen Weinstile und Rebsorten.
3. Sie werden mit all jenen Kriterien vertraut gemacht, mit deren Hilfe Sie einen Wein zuverlässig entschlüsseln können.

Aufbau

Jede Verkostung vermittelt:

- Techniken – praktische Methoden zur Untersuchung von Wein; Sie erfahren, wonach Sie suchen müssen und wie Sie es finden;
- Rebsorten/Weinstile – Sie erleben die bedeutendsten Gewächse der Welt;
- weitere Einflüsse im Wein – die Herkunftsregion, die Lage des Wingerts, das Klima, die Vinifikationsverfahren;
- Bewertungskriterien – Einschätzen der Geschmacks- und Geruchseindrücke; Beurteilung von Stil, Qualität, persönlichen Vorlieben, Preis-Leistungs-Verhältnis, passenden Speisen etc.

Jede Verkostung beinhaltet:

- ein Leitthema – die Grundfragestellung jeder Verkostung beleuchtet jeweils einen generellen Weinaspekt;
- ein spezielles Weinthema;
- Weinempfehlungen mit Angaben zu Herkunft (*siehe* auch Karten, S. 166–183), Preisen, Stilen sowie möglichen Alternativen;
- Einkaufstipps,
- Hinweise zur Serviertemperatur;
- detaillierte Verkostungsanweisungen;
- Querverweise zum Haupttext;
- eine übersichtliche Zusammenfassung.

Methodik

• Wir **vergleichen** die ausgewählten Weine jeweils in mehrfacher Hinsicht miteinander. Die Ergebnisse dieser Vergleiche werden dann durch gezielte Fragestellungen ausgewertet.

• Zu Anfang müssen Sie nur **Einzelaspekte** berücksichtigen. Sobald Sie in Ihrer Wahrnehmung sicher genug sind, werden Sie auch vielerlei Eindrücke zugleich verarbeiten können.

• **Übung** stärkt Ihr Selbstvertrauen, schärft Ihre Sinne und vergrößert die Zahl der Fragen, die ein Wein Ihnen aufgibt. Und je mehr Fragen, umso mehr Entdeckungen!

• Eine vergleichende Verkostung erfolgt in zwei **Phasen**: zunächst von links nach rechts, dann in umgekehrter Reihenfolge. Oft enthüllt gerade die zweite Phase Unerwartetes.

• Am Ende werden Sie nicht nur die repräsentativen **Weine** dieser Welt gründlich kennen gelernt, sondern sich beiläufig einen verbindlichen **Grundwortschatz** angeeignet haben, mit dem Sie Ihr Weinerlebnis und Ihre **Urteile** auch anderen begreiflich machen können. Vor allem aber werden Sie künftig die richtigen **Fragen** zu stellen wissen – eine Fähigkeit, die nicht nur beim Weinverkosten von Vorteil ist.

Vorbereitungen

• Die **Weine**: Wählen Sie aus der Liste die Ihnen preislich zusagenden. Achten Sie dabei aber nicht zu sehr auf den Cent, denn von wahrhaft repräsentativen Weinen profitieren Sie mehr als von einem «Schnäppchen». Zwar eignen sich auch die alternativ genannten Weine zum Vergleich, zeigen aber in der Regel die zu untersuchenden Aspekte weniger deutlich.

• Beim **Kauf** bietet Ihnen das Kapitel «In der Flasche» eine gute Hilfestellung. Lassen Sie sich aber auch von Ihrem Weinhändler beraten. Ein möglicher Fehlgriff beim Kauf sollte Sie nicht verunsichern, denn für eine Verkostung kann auch diese Erfahrung aufschlussreich sein.

• Berücksichtigen Sie beim Kauf möglichst die hier angegebenen **Preisunterschiede**.

• Für Weißweine, die sich im Glas recht schnell erwärmen, werden hier durchweg relativ niedrige **Temperaturen** empfohlen.

• Nehmen Sie für Ihre **Verkostungsnotizen** ein Blatt Papier, das genügend Platz auch für ausführlichere Vermerke bietet. Notieren Sie vorab das Datum der Verkostung, den vollen Namen des Weins sowie seinen Preis. Nach Bedarf können Sie das Blatt nun in verschiedene Felder unterteilen, in denen Sie die einzelnen Kriterien unterbringen: **Aussehen:** Wein 1, 2, 3; **Nase:** Wein 1, 2, 3 usw.

Sinnvoll vorgehen

• Klären Sie ab, welche Ziele Sie mit der Verkostung verfolgen und lesen sie die Hinweise zu den empfohlenen Weinen sowie die Einkaufstipps.

• Halten Sie sich möglichst an die empfohlene Servierabfolge.

• Serviermengen: 3 bis 3,5 cl – das entspricht etwa 1 cm Füllung in einem Verkostungsglas.

• Die Verkostungsanweisungen sind jeweils **fett**, die Auswertungen normal gedruckt.

• Pausen für den Gaumen (mit Gebäck und Wasser) können Sie nach Belieben einlegen – nur nicht während des direkten Vergleichs.

• Kontrollieren Sie am Ende jeder Verkostung anhand der Zusammenfassung, ob Sie auch tatsächlich sämtliche Schritte vollzogen haben.

Symbole und Abkürzungen

Preise (ohne Gewähr)

• 5–10 €, •• 10–20 €, ••• 20–30 €,
•••• über 30 €

Alkoholgehalt

niedrig = 5–10 Vol.-%
mittel = 11–13 Vol.-%
hoch = 13 Vol.-% und mehr
(die Angaben sind nur Näherungswerte)

Säure

Niedrig, moderat/mittel, hoch (wo nötig zusätzliche Erläuterungen)

Tannin

Niedrig, leicht, moderat/mittel, hoch

+ bei Alkohol, Säure oder Tannin: ein tendenziell hoher Anteil

++ bei Rebsorten: Es handelt sich hier um verschnittene Weine, doch nur die vorherrschende(n) Rebsorte(n) ist (sind) vermerkt.

Das Zubehör

Unentbehrliches

• Eine rein weiße Unterlage, etwa ein großer Bogen Papier oder eine Tischdecke.
• Ein Korkenzieher.
• Drei oder vier Weingläser pro Person, eines für jeden Wein, dazu ein Wasserglas – möglichst die genormten ISO-Verkostungsgläser (*siehe* S. 13). Sofern Sie andere Gläser verwenden, sollten sie identisch sein.
• Spucknäpfe: möglichst einer pro Person; geeignet sind Krüge, Kannen, große Becher etc.
• Wasser: nach Belieben Leitungswasser oder stilles, geschmacksneutrales Mineralwasser.
• Etwas trockenes, geschmacksneutrales Gebäck oder trockenes Brot.
• Ein Krug oder eine Kanne sowie Taschenlampe oder Kerze zum Dekantieren.
• Schreibmaterial.
• Eine Rolle Küchenpapier (für Missgeschicke).
• Der Kühlschrank.

Nützliches

• Kapselschneider (1).
• Weinthermometer.
• Ausgießtüllen: Verhindern das Tropfen beim Einschenken und Dekantieren.
• Kühlmanschetten: im Gefrierfach vorgekühlt, zur Kühlung von Weißweinen (*siehe* S. 125).
• Lebensmittel-Inertgas (6): verträglicher Stickstoff zur Konservierung von Stillweinen.
• Vakuumpumpe: ebenfalls zum Schutz stillen Weins vor Sauerstoff, dabei nicht ganz so effektiv wie Inertgas.
• Schaumweinverschluss (5): zur Konservierung von Schaumweinresten.

Ein gewisser Luxus

• Tageslichtlampen (7): Sie erleichtern den Farbvergleich.
• Dekantierkaraffe(n): Nun, sie wirken einfach sehr elegant!
• Korkengriff für Champagnerkorken (4): ein Hilfsmittel für zarte Hände.

Vorbereitungen

Vermeiden Sie Parfüm und Tabakgeruch an Ihrer Kleidung, da beides andere beim Verkosten beeinträchtigen könnte.

Raumtemperatur: Heizen Sie den Raum nicht zu stark. Eine Temperatur von 20 °C ist ideal.

Weintemperatur: Empfehlungen zu den angebrachten Serviertemperaturen finden Sie in den jeweiligen Abschnitten.

Wein kühlen: Betrifft vor allem Weißweine; abhängig vom jeweiligen Tropfen reicht die Skala hier von «Zimmertemperatur» (ca. 18 bis 20 °C) bis etwa 10 °C.

• Weinkühler mit Eis und Wasser: die schnellste Methode, allerdings mit Tröpfeln und feuchten Händen verbunden; die Weintemperatur fällt dabei während der ersten 20 Minuten alle zwei Minuten um je ein Grad.
• Kühlmanschette: fast ebenso schnell, aber wesentlich praktischer; kühlt den Wein etwa alle drei Minuten um ein Grad ab (*siehe* Abb. S. 125).
• Kühlschrank: Die langsamste Kühlmethode; der Wein verliert etwa alle vier bis fünf Minuten ein Grad seiner Temperatur. Man benötigt also etwa drei bis vier Stunden für ein Ergebnis, das die anderen Methoden in ca. 30 Minuten erreichen!

Wein erwärmen: Betrifft vor allem Rotweine; offenes Feuer oder elektrische Heizquellen erwärmen den Wein zu schnell und unregelmäßig. Ein Eimer mit warmem Wasser ist da hilfreicher; die schonendste Methode jedoch besteht darin, den Wein rechtzeitig in einen entsprechend geheizten Raum zu stellen.

Grundgeschmack und Mundgefühl

Wo schmecken Sie Süßes, Saures und Bitteres? Es geht hier darum, die drei generellen Grundrichtungen des Geschmacks zu lokalsieren. In jedem Wein verkörpern sie eine geschmackliche Tendenz, die Sie im Mund erfühlen können.

Bereiten Sie zunächst drei Testlösungen vor, indem Sie jeweils etwas Wasser mit Zucker, mit Zitronensaft und mit Wodka mischen. Die Mischungsverhältnisse entnehmen Sie bitte dem Kasten unten.

Servieren Sie ein Glas pures Wasser und die drei Lösungen in der Reihenfolge (von links nach rechts): Wasser – Zucker – Zitrone – Wodka.

Der individuelle Geschmack

Süß: Trinken Sie zuerst einen Schluck Wasser und kosten Sie dann die Zuckerlösung. Schwenken Sie sie ausgiebig durch den gesamten Mundraum.

Die meisten Menschen nehmen Süße* an der Zungenspitze und an der Zungenbasis nahe den Backenzähnen wahr (*siehe* Abb. gegenüber); beide Stellen sind dicht mit Geschmacksknospen besetzt.

Sauer: Kosten Sie nun die Zitronenlösung.

Säure* löst eine lokal begrenzte Geschmacksempfindung an den Zungenseiten aus. Lenken Sie Ihre Aufmerksamkeit zielgerichtet auf diese Bereiche. Ein saurer Geschmack hält sich einige Zeit im Mund, darum unterstützt und definiert Säure besonders den Abgang und Nachgeschmack eines Weins.

Zubereitung der Lösungen

Zutaten (für 10 Portionen):
25 g Zucker (3 gehäufte TL)
2 mittelgroße, reife Zitronen
1/4 Flasche (18,5 cl) Marken-Wodka (ca. 38 Vol.-%)
3 l stilles, geschmacksneutrales Mineralwasser

Zubehör:
kochendes Wasser
1 Messbecher für mindestens 3/4 l
1 feines Sieb
1 scharfes Messer
1 Waage oder großer Teelöffel
1 kleine Schüssel
3 leere Wasserflaschen mit Markierungen für die Lösungen

Für die Verkostungen:
4 Verkostungsgläser
1 Spucknapf
ein paar Kräcker
Notizpapier für Ihre Beobachtungen

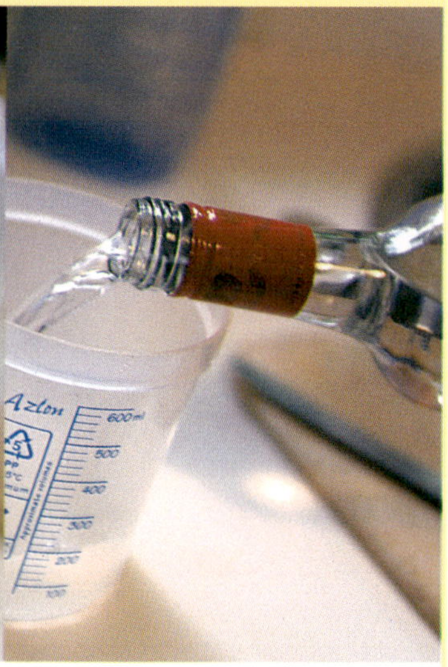

Zuckerlösung:
25 g Zucker
3/4 l Mineralwasser

Zucker in einer Schüssel in etwas kochendem Wasser auflösen, leicht abkühlen lassen und mit Mineralwasser auf 75 cl auffüllen.

Zitronenlösung:
Saft von 1 bis 1 1/2 Zitronen
3/4 l Mineralwasser

Zitronen halbieren, auspressen, Saft durch ein Sieb gießen und mit Mineralwasser auf 75 cl auffüllen.

Alkohollösung:
1/4 Flasche (18,5 cl) Wodka
ca. 60 cl Mineralwasser

Wodka abmessen und mit Mineralwasser auf 75 cl auffüllen.

Bitter (alkoholisch): Alkohol vermittelt verschiedene Geschmacks- und taktile Eindrücke.

1. Erkunden Sie zunächst den Geschmack.

Kosten Sie die Lösung, bewegen Sie sie im Mund und schlucken Sie ein wenig hinunter. Sie werden sowohl eine vage Süße als auch eine deutliche chininartige Bitterkeit an der Zungenbasis verspüren. Falls Ihnen die Süße entgeht, klären Sie kurz Ihren Mund mit Wasser und kosten Sie dann erneut die Alkohollösung*. Jetzt müssten Sie auch die Süße gut ausmachen können.

2. Nun geht es um das Mundgefühl des Alkohols. Nehmen Sie einen Schluck Wasser und gleich im Anschluss etwas Alkohollösung. Welche Unterschiede nehmen Sie wahr?

- Gewicht – die spürbare Viskosität des Alkohols verleiht einem Wein den charakteristischen «Körper». Wenn Sie jetzt wieder das Wasser kosten, werden Sie bemerken, wie «dünn» es im Vergleich zum Alkohol ist.
- Wärme – eine typische Wirkung von Alkohol; im Extremfall kann ein Wein geradezu «brandig» schmecken.
- Länge – die räumliche wie zeitliche Wirkung des Alkohols in Mund- und Rachenraum. Er verteilt dort den Geschmack eines Weins und verlängert so die Dauer des Geschmackserlebnisses.

Anmerkung: Sehr trockene Weißweine, zumal solche, deren Geschmacksintensität nicht ausreicht, um einen höheren Alkoholgehalt (13 Vol.-% und mehr) auszugleichen, schmecken häufig nahezu «süß» und erzeugen einen «brandigen» und/oder «bitteren» Nachgeschmack.

Ausgewogenheit im Geschmack

1. Mischen Sie im geleerten Wasserglas die Zitronenlösung mit der Alkohollösung im Verhältnis 50 : 50. Kosten Sie nun zuerst die reine Zitronenlösung, dann das Zitronen-Alkohol-Gemisch.

Jetzt wird Ihnen die charakteristische Süße des Alkohols keinesfalls entgehen, denn sie mildert spürbar die Säure des Zitronensaftes. Spülen Sie das geleerte Glas gut mit Wasser aus.

2. Mischen Sie darin die Zuckerlösung 50 : 50 mit der Alkohollösung: Kosten Sie zunächst die reine Zuckerlösung, anschließend die Zucker-Alkohol-Mischung.

Der Zucker verdrängt die Süße des Alkohols keineswegs. Vielmehr verteilt der Alkohol die gesamte Süße im Mund und lässt zudem die Geschmacksempfindung über das Verschlucken hinaus andauern. Kosten Sie nun beide Mischungen in umgekehrter Reihenfolge: Jetzt wird der Effekt des Alkohols noch deutlicher sein. Schütten Sie den Rest fort.

Geschmacksknospen auf der Zunge – zur Erinnerung (*siehe* S. 18)

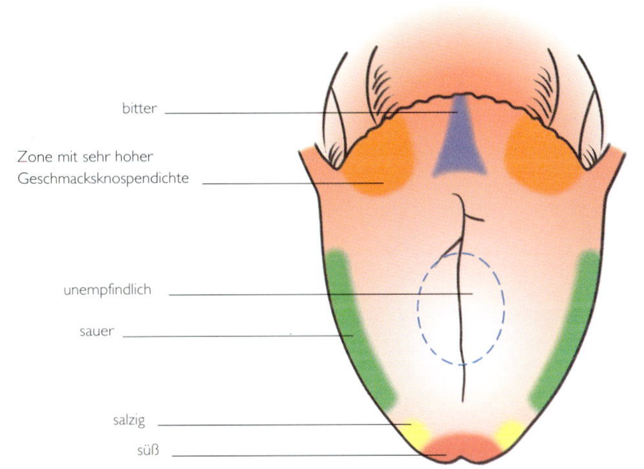

3. Mischen Sie jetzt die Zitronenlösung 50 : 50 mit der Zuckerlösung. Kosten Sie zunächst entweder die Zitronen- oder die Zuckerlösung und erst dann die Mischung.

Die konträren Geschmackseindrücke neutralisieren einander. Versuchen Sie nun, beide gleichzeitig wahrzunehmen, und konzentrieren Sie dann Ihre ganze Aufmerksamkeit* gezielt auf jeweils einen (Süße oder Säuernis) – ein gutes Training, um später die verschiedenen Geschmacksnuancen im Wein differenziert aufzuspüren.

4. Messen Sie den Rest der letzten Mischung ab und fügen Sie im Verhältnis 2 : 1 die Alkohollösung hinzu.

Sie halten nun das (zugegeben) recht anämische Modell eines Weißweins in Händen: Der Zucker steht für dessen Geschmack, die Zitrone für seine Säure und der Alkohol für Körper, Wärme und Mundgefühl.

Kennzeichnen Sie die drei Mischungsflaschen deutlich, um sie nicht versehentlich zu verwechseln.

*** Siehe auch**

Säure **S. 20**
Alkohol **S. 21**
gezielt wahrnehmen **S. 16, 23**
Süße **S. 20**

Verkostung 1
Stil und Qualität trockener Weißweine

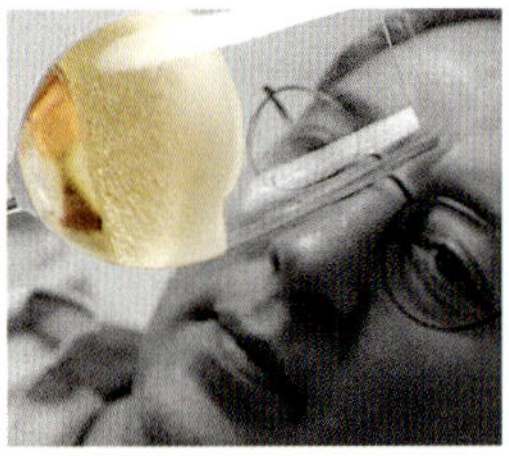

Von einem guten Apfel erwarten wir Knackigkeit, Saftigkeit und eine erfrischende säuerliche Note. Eine gute Birne soll dagegen im Biss weich, aber nicht breiig sein und uns mit verführerischer Süße gewinnen – niemand würde von ihr die Eigenschaften des Apfels erwarten. Ähnliches gilt für die verschiedenen Weinstile.

Serviertemperatur:
6–8 °C

Generelles Vorgehen:
Erläuterungen auf
S. 117–119

Ziele: Sie werden die grundlegenden Verkostungstechniken kennen lernen und Kriterien erarbeiten, um Weinqualität zu beurteilen. Im Vergleich erfahren Sie, was eine «edle» Traube ist – hier stellen wir den aromatischen Gewürztraminer* neben die dezenteren Malvasia* und Trebbiano* (aus denen Frascati gemacht wird) sowie die Melon-de-Bourgogne, die Grundlage des Muscadet*.
Einkaufstipp: Die Weine dieser Verkostung sollten allesamt trocken und ohne Eiche ausgebaut sein. Wichtig ist vor allem, dass die Weine 1 und 2 einen mittleren Alkoholgehalt aufweisen, Wein 3 aber einen hohen. Halten Sie möglichst auch die Preisunterschiede ein, selbst wenn sich die Alternativen Chablis und Elsässer Riesling auf einem höheren Preisniveau bewegen.

Servieren Sie die Weine 1 und 2 wie folgt: links Frascati, rechts Muscadet.

Erscheinung: Wein 1 & 2

Überprüfen Sie Klarheit und Glanz der Weine von oben und beschreiben Sie ihre Farbe.
Beide Weine sollten hell und relativ blass erscheinen.

Nase: Wein 1 & 2

Vergleichen Sie die Nasen beider Weine. Wenn Sie dabei mehrfach von einem zum anderen wechseln, können Sie die Unterschiede besser identifizieren. Notieren Sie jeweils Intensität und Aromen.

Verzweifeln Sie nicht, wenn Ihnen diese Übung ein wenig schwer fällt. Beide Rebsorten weisen keine deutlich erkennbaren Duftcharakteristika auf – beide duften leicht und neutral, zugleich (hoffentlich!) klar und frisch.

Geschmack: Wein 1 & 2

Nehmen Sie je etwa 6–7 ml Wein in den Mund – einen großen Teelöffel voll. Zu kleine Mengen reichen nicht aus, zu große sind zu sperrig. Spucken Sie den Wein nach dem Verkosten aus oder schlucken Sie ihn hinunter.

1. Erkundung der Säure*: Prüfen Sie dazu von links nach rechts beide Weine. Konzentrieren Sie sich dabei auf die Randbereiche Ihrer Zunge*, dort nehmen wir Säure am besten wahr. Welcher Wein ist säureintensiver?
Der Muscadet sollte ein wenig mehr Säure zeigen als der Frascati, denn seine Traube ist von Natur aus säurehaltiger, außerdem stammt der Wein aus einer nördlichen Region mit kühlerem Klima.

2. Erkundung der Säure: Kosten Sie nun von rechts nach links. Waren Sie sich beim ersten Kosten noch unsicher, werden Sie die Unterschiede nun deutlich wahrnehmen.
Sie werden jetzt wahrscheinlich feststellen, dass der Frascati weicher schmeckt als beim ersten Kosten. Das hat zwei Gründe: Zum einen gewöhnt sich der Gaumen an

Empfohlene Weine	Herkunft	Rebsorte	Preis	Stil		Alternative Weine	
				Alkohol	Säure		
1 Junger Frascati (so jung wie möglich)	Latium, Italien	Malvasia/Trebbiano*	•	mittel	moderat+	1 Soave, Italien	•
						Pinot bianco, Italien	•
2 Junger Muscadet (so jung wie möglich)	Loire, Frankreich	Muscadet*	•	mittel	knackig	2 Petit Chablis, Chablis	••
						Elsäss. Riesling, trocken	••
3 Gewürztraminer (1–3 Jahre alt)	Elsass, Frankreich	Gewürztraminer*	••	hoch	niedrig	3 Viognier, Frankreich	••
						NW-Gewürztraminer	••

OBEN LINKS: *Die Farbe eines Weins lässt sich besser beschreiben, wenn man zwei Weine direkt miteinander vergleicht.*

OBEN RECHTS: *Simple Kräcker oder ein Schluck Wasser klären den Gaumen, ohne das Schmecken zu beeinträchtigen. Legen Sie beim Verkosten Erfrischungspausen ein, jedoch nicht während eines laufenden Vergleichs.*

die Säure, zum anderen kosten Sie diesmal den sanfteren Wein nach dem intensiveren, wodurch der Unterschied deutlicher wird. Wichtig: Der erste Geschmackseindruck trügt oft, da der Gaumen sich noch nicht an Säure oder Alkohol gewöhnt hat (*siehe* «Der Kontrasteffekt», S. 20)!

Erkunden Sie nun das **Qualitätsmerkmal Länge**: Verschlucken Sie, ehe Sie den Wein ausspucken, ein wenig davon, so dass auch eine kleine Menge in Ihren Rachenraum gelangt (*siehe* S. 19).

Kosten Sie 1 und 2 erneut, zunächst von links nach rechts, dann in umgekehrter Reihenfolge. Konzentrieren Sie sich jetzt darauf, wie lange Sie den Wein nach dem Schlucken noch in Mund und Rachen spüren. Welcher Wein hinterlässt den deutlich nachhaltigeren Eindruck?

Das Nachwirken des Geschmacks wird «Abgang» oder «Nachgeschmack» genannt. Einen guten Wein genießen wir umso mehr, je länger sein Geschmack währt. Darum ist die Länge* ein wichtiges Qualitätsmerkmal. Liegen die beiden Weine preislich etwa gleich, sollten sie auch einen ähnlich langen Abgang zeigen, wobei derjenige des Muscadet dank der etwas intensiveren Säure noch ein wenig länger erscheinen mag (*siehe* S. 27).

Erkunden Sie nun Ausgewogenheit und Stilunterschiede: Kosten Sie dazu die beiden Weine erneut, ohne sich auf einzelne Merkmale zu konzentrieren – genießen Sie sie nur. Welcher sagt Ihnen mehr zu? Können Sie sagen, warum?

Die Weine sind beide leicht und trocken – leicht, da ihr Alkoholgehalt bei 11,5 bis 12,5 Vol.-% liegt, trocken, weil der Zucker der Trauben weitgehend vergoren ist. Aber in Ausgewogenheit* und Stil unterscheiden sie sich: Der Muscadet ist knackiger und trockener. Welchen Sie bevorzugen, hängt von Ihrem persönlichen Geschmack ab. Vielleicht empfinden Sie die fast «staubige» Trockenheit des Muscadet als zu «schlank» und «brandig», um ihn wirklich ansprechend zu finden. Aber gerade diese Eigenschaft macht ihn zu einem idealen Begleiter von Salzigem (etwa frischen Austern). Der unkomplizierte Frascati dagegen gibt, allein serviert, sogar einen delikaten Apéritif ab und passt zu einer Vielzahl unterschiedlicher Speisen.

Servieren Sie nun Wein 3 (Gewürztraminer) in einem dritten Glas und platzieren Sie Ihn rechts von Wein 1 und 2 (bei der Gelegenheit können Sie die beiden anderen Weine auffüllen oder erneuern). Folgen Sie beim Verkosten des Gewürztraminers dem gewohnten «Rhythmus».

Erscheinung: Wein 3

Überprüfen Sie den Wein auf Klarheit, Glanz und Farbton.

Der Gewürztraminer wird weniger brillant erscheinen als die beiden anderen Weine und einen dunkleren Gelbton aufweisen. Zum einen ist er älter, zum anderen ergeben die Trauben einen dunkler gefärbten Most.

Nase: Wein 3

Beschreiben Sie Intensität und Charakteristika des Bouquets. Wie unterscheiden sie sich von denen der Weine 1 und 2?

Die Nase wird intensiver sein, da die Geruchsnoten eindeutiger hervortreten. Gewürztraminer zeigt im Bouquet in der Regel ein deutliches Parfüm, das an Litschis, gelier-

*** Siehe auch**

Säure **S. 20**
Alkohol **S. 21**
Ausgewogenheit **S. 31**
Gewürztraminer **S. 72**
Länge **S. 27**
Malvasia/Trebbiano **S. 80**
Muscadet **S. 75**
Geschmacksknospen **S. 18**
Wein «kauen» **S. 19**

te Früchte und Rosenblätter erinnert. Dieser Duft bringt dem Gewürztraminer manchmal die Bezeichnung «edle Traube» – ein (inoffizielles) Attribut, das sich auf Rebsorten bezieht, die sich durch einen spezifischen und unmissverständlichen Duft auszeichnen.

Geschmack: Wein 3

Erkundung von Säure und Alkoholgehalt: Führen Sie sich Ihre Eindrücke der Weine 1 und 2 vor Augen und kosten Sie nun Wein 3. Wie unterscheidet er sich von den anderen? Konzentrieren Sie sich auf seine Säure, das allgemeine Mundgefühl und seinen Geschmack.
Sie werden eine weniger ausgeprägte Säure feststellen. Das Mundgefühl ist voller, weicher und wärmer, eine Folge des niedrigeren Säuregehalts bei gleichzeitig höherem Alkoholanteil – Ursache jenes vagen «süßlichen» Geschmacks, den man als «mitteltrocken» klassifiziert.

Beachten Sie auch die Würze, die dem Wein den Namen gab; ein gänzlich anderer Weißweinstil als der des Muscadets (kosten Sie diesen jetzt noch einmal, um sich der Unterschiede zu vergewissern).

Alle Weine dieser Verkostung sind qualitativ opulent und darum besonders interessant als Verkostungsproben. Für sich genossen führen sie jedoch bald zu einem gewissen Überdruss. Auch die Weine 1 und 2 erfrischen den Gaumen keineswegs, lassen sich aber perfekt auf ein scharfes und würziges Essen abstimmen, wo sie den strapazierten Schleimhäuten des Mundes auf angenehme Weise Linderung verschaffen.

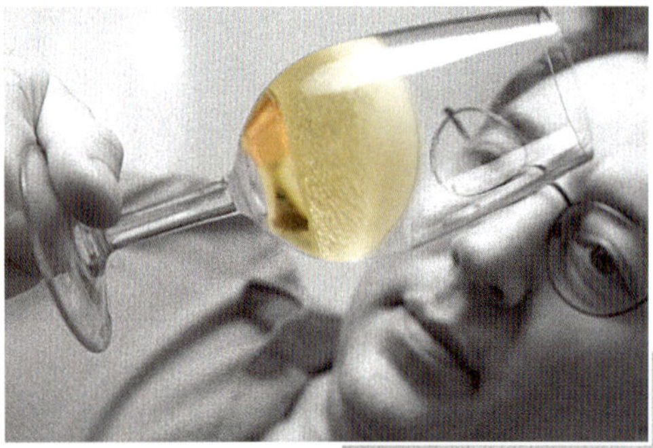

Vergleich der Methoden:
Nehmen Sie einen Schluck Gewürztraminer und schlucken Sie ihn sofort herunter. Verfolgen Sie die Eindrücke, die Ihnen der Wein verschafft. Durchspülen Sie nun mit einem weiteren Schluck einige Sekunden lang sanft den gesamten Mundraum, «kauen»* Sie den Wein. Verschlucken Sie dann ein wenig und spucken Sie den Rest aus. Konzentrieren Sie sich auf Ihre Wahrnehmungen. Welche Effekte zeitigen die beiden verschiedenen Verkostungsmethoden?
Beim direkten Hinunterschlucken des Weins werden Sie kaum einen Geschmackseindruck verspüren. Mit dem Ausspülen des Mundes aber verschaffen Sie dem Wein einen erheblich größeren Kontakt mit Ihren Geschmacksknospen und erzielen so einen intensiven Geschmackseindruck. Der zweiten Methode ist mithin der Vorzug zu geben. Berücksichtigen Sie auch, dass der Gewürztraminer etwa doppelt so teuer ist wie die beiden anderen Weine. Sie sollten also für den höheren Preis zumindest ein Mehr an Geschmack erwarten dürfen, selbst wenn Ihnen dieser Wein von den drei Bespielen am wenigsten zusagt. Auch sein Abgang muss deutlich länger ausfallen und mit anhaltender Frucht im Rachenraum und klarem Parfüm im Mund einhergehen.

Zusammenfassung

Wir haben die Basistechniken des Verkostens angewandt und die einfachsten Methoden der Qualitätsermittlung erprobt. Dabei ließ sich feststellen, dass sich unterschiedliche Rebsorten und Herkunftsgebiete auf den Stil eines Weines auswirken. Eine ideale Ausgewogenheit gibt es in keinem Tropfen – Sie werden bestimmte Vorlieben entwickeln, aber das ist eine andere Sache. Denn Vorlieben können sich wandeln und sind von variablen Faktoren wie Stimmung, Umgebung oder Speisen abhängig.

Die Weintemperatur

Die Serviertemperatur eines Weins beeinflusst ohne Zweifel unseren Genuss beim Trinken; nur bei einer bestimmten Temperatur kann er sein Bestes geben.

Sobald er im Glas ist, beginnt er sich zu erwärmen, darum ist die Serviertemperatur meist ein Kompromiss zwischen Ideal und Praxis. Zugleich ist dieses Ideal in gewissem Maß auch eine Frage des persönlichen Geschmacks. Ein kleines Beispiel: Meine Gattin und ich ärgern uns häufig darüber, dass man uns Wein zu warm serviert; andererseits legen einige unserer Freunde sogleich ihre Hände wärmend um ihr Glas, wenn wir ihnen Wein vorsetzen.

Eine Rolle spielt auch, ob Sommer oder Winter ist oder ob man kalte oder warme Speisen zu sich nimmt. Die meisten Weine schmecken bei den unterschiedlichsten Temperaturen gut, aber nicht durchweg gleich. Hier zur Orientierung ein paar Erfahrungswerte:

Kühl serviert

Alle kühl servierten Weine

- duften weniger intensiv, da die Geruchsmoleküle langsamer verdunsten.

Vorteile der Kühlung von Weißweinen:

- Sie sind erfrischender als warme.
- Solche mit geringem Säuregehalt gewinnen deutlichere Konturen.
- Die Zuckerwirkung wird gemildert, denn Kühle verlangsamt die Wahrnehmung von Süße. Zudem wirken süße Weine weniger «klebrig».
- Die brandige Wirkung eines übermäßigen Alkoholgehalts schwächt sich ab.
- Auch die Wahrnehmung der Säure verringert sich (was unter Weinkennern und Wissenschaftlern allerdings sehr umstritten ist; meinem Empfinden nach spricht aber vieles dafür: Testen Sie zum Beispiel einmal einen warmen knackigen Weißwein!).
- Bei Schaumweinen verringert sich das Prickeln, da sich das CO_2 umso langsamer löst, je niedriger die Temperatur ist.

Bei Rotweinen:

- betont Kühlung die Bitterkeit.
- verstärkt sie die adstringierende Wirkung der Tannine noch.

Wärmer serviert

Alle wärmer servierten Weine

- duften intensiver, da das Bouquet sich schneller entfaltet.

Bei Rotweinen:

- reduziert Wärme die Adstringenz der Tannine.

Wenn es um die Temperierung geht, muss man bei feinen Weißweinen, ob süß oder trocken, zwischen Bouquet und Frische abwägen. Zu kalt serviert, verlieren sie an Geschmack und Bouquet. Viele Weintrinker wünschen sich aber ihren Weißwein kalt und einen süßen gar sehr kalt. Für Rotweine gilt: Je geringer ihr Tanningehalt (je mehr sie also in ihrer Struktur Weißweinen ähneln), umso kühler kann man sie servieren – und umgekehrt.

Man tut aber gut daran, Wein stets leicht unterkühlt zu servieren, lassen sich doch Glas und Wein rasch mit den Händen erwärmen. Das Gegenteil jedoch gelingt nicht – allenfalls mit Eiswürfeln, aber so vergreift man sich nur in billigen Restaurants an einem gewiss billigen Wein!

So kühlt man Wein am effektivsten. Die Kühlmanschette wirkt fast so schnell wie das Tiefkühlfach. In der Kühlschranktür kühlt Wein übrigens am langsamsten ab.

Serviertemperaturen

Die Angaben sind als Orientierungshilfen gedacht. Finden Sie heraus, welche Temperaturen Ihnen am meisten zusagen.

Weine	°C	°F
Volle oder tanninreiche Rotweine	17 19	61 61
Mittelschwere Rotweine, rote Burgunder	15–16	59–61
Reine oder volle trockene Weißweine	11–15	52–59
Leichte mitteltrockene Weißweine	7–10	45–50
Reichhaltige süße Weißweine	7–10	45–50
Champagner, fein moussierend	7–9	45–48
Leichte, liebliche Weißweine	6–8	43–47
Schaumweine	6–8	43–47

Bei Temperaturen von weniger als 5 °C ist der Gaumen nahezu betäubt, bei Temperaturen über 18 °C verlieren alle Weine an Bouquet, Frische und Profil. Hinweise zur Kühlung und Erwärmung auf S. 119.

Verkostung 2
Terroir und Qualität trockener Rotweine

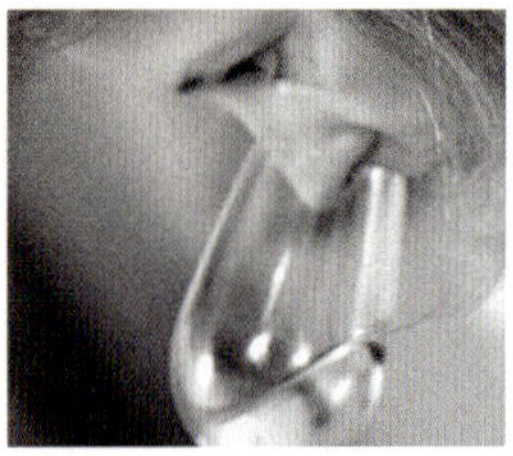

Die Aromen einiger Rebsorten sind derart ausgeprägt und eigentümlich, dass man sie sofort identifizieren kann. Dazu gehört auch die Sauvignon-blanc-Traube. Bei dieser Verkostung werden wir Sauvignon blanc* und Chardonnay* miteinander vergleichen, um zu prüfen, wie wichtig das Terroir eines Weinbergs für die Qualität seines Weins ist.

Serviertemperatur:
8–10 °C

Generelles Vorgehen:
Erläuterungen auf
S. 117–119

Ziele: Diese Verkostung führt Sie weiter in die Methoden der Verkostung ein und offenbart den Einfluss, den die Eigenheiten eines Wingerts – sein Terroir* – auf die Qualität des späteren Weins haben.

Einkaufstipp: Anders als die Weine 1, 2 und 3 sollte Wein 4 auf Eiche ausgebaut sein. Jedes Weinpaar entstammt der gleichen Rebsorte sowie der gleichen Region, aber unterschiedlichen Gebieten (Appellationen). Der zweite Wein jedes Paares kostet etwa doppelt so viel wie der erste, der zweite Burgunder ist womöglich gar noch teurer. Auch Winzer und Herkunft sind wichtig. Falls Sie sich bei der Rebsorte nicht sicher sind, schlagen Sie in diesem oder einem anderen Weinbuch nach oder befragen Sie einen guten Weinhändler.

Servieren Sie die Weine 1 und 2 wie folgt: links Sauvignon, rechts Sancerre.

Erscheinung: Wein 1 & 2

Überprüfen Sie die Weine auf Klarheit und Glanz.

Nase: Wein 1 & 2

Vergleichen Sie die Nasen. Notieren Sie die Unterschiede in Intensität, Charakter und Eindeutigkeit.

Beide Weine entstammen der gleichen Rebsorte sowie der gleichen Region und wurden auch identisch hergestellt, kommen aber von unterschiedlichen Lagen. Beide Weine sollten die typischen Aromen eines Sauvignon blanc aus kühlem Klima zeigen: Stachelbeere, Brennnessel, Johannisbeerblatt usw. Wein 1, der Sauvignon de Touraine, wird vermutlich ein wenig schlanker, pikanter und spritziger auftreten, der Sancerre dagegen reichhaltiger und «aromatischer», mit einer gereifteren Frucht und vielleicht einem leicht steinigen, schieferartigen Unterton.

Geschmack: Wein 1 & 2

Erkunden Sie die Tiefe des Geschmacks und die Länge des Nachgeschmacks: Kosten Sie Wein 1 und konzentrieren Sie sich dabei auf zwei Aspekte: auf Tiefe und Breite des Geschmacks und auf die Länge des Abgangs. Notieren Sie Ihre Eindrücke. Kosten Sie Wein 2 auf dieselben Aspekte hin und halten Sie auch diese Eindrücke fest. Kosten Sie die Weine nun zur Gegenprüfung in umgekehrter Reihenfolge. Welcher Wein hat den tieferen Geschmack und den längeren Abgang?

Bei beiden Weinen kommt die Säure* deutlich zum Ausdruck. Sie ist ein typisches Merkmal der Sauvignon-blanc-Weine, besonders jener aus kühlerem Klima. Der

Empfohlene Weine	Herkunft	Rebsorte	Preis	Stil		Alternative Weine	
				Alkohol	Säure		
1 Sauvignon de Touraine (so jung wie möglich)	Loire, Frankreich	Sauvignon blanc*	•	mittel	hoch	1 Preiswerter Sauvignon blanc aus Neuseeland oder Südafrika	•
2 Sancerre (so jung wie möglich)	Loire, Frankreich	Sauvignon blanc	••	mittel	hoch	2 Premium Sauvignon blanc aus Neuseeland oder Südafrika	••
3 Mâcon blanc (so jung wie möglich)	Burgund, Frankreich	Chardonnay*	•	mittel	moderat	3 Beliebiger preiswerter Chardonnay, ohne Eiche	•
4 Côte de Beaune (ein bis drei Jahre alt)	Burgund, Frankreich	Chardonnay	•••	mittel+	moderat	4 Premium Chardonnay, mit Eiche, aus derselben Region wie 3	•••

Sancerre sollte jedoch deutlich reichhaltiger und runder schmecken sowie über einen kräftigeren und nachhaltigeren Geschmack verfügen. Er ist gleichsam die umfangreichere Version des ersten Weins. Dies sollte bei umgekehrter Reihenfolge noch auffälliger werden.

Vergleich der Methoden:

1. Nehmen Sie einen Schluck des Sancerre, durchspülen Sie den Mund, schlucken ein wenig und spucken den Rest aus. Notieren Sie Ihre Eindrücke.

2. Nehmen Sie einen zweiten Schluck, ziehen Sie diesmal aber während des Durchspülens auch etwas Luft in den Mund ein – man spricht hier vom «Belüften»* des Weins. Sammeln Sie dazu den Wein im vorderen Bereich des Mundes, spitzen Sie die Lippen und saugen Sie dann etwas Luft durch den Wein hindurch an. Schlucken Sie einen Teil und spucken Sie den Rest aus. Worin unterscheiden sich Ihre Eindrücke vom ersten Kosten?

Durch die Belüftung setzt der Wein seine Geruchsstoffe schneller frei, sein Geschmack wird deutlicher. Dies trifft besonders auf stark aromatische Weine wie Sauvignon blanc zu. Das Belüften macht den Wein lebendig, indem es die Mundhöhle mit einem feinen Weinnebel benetzt, der eine Flut von Geruchsempfindungen auslöst. Je aromatischer ein Wein ist, als desto lebendiger werden Sie ihn empfinden. Belüften Sie jedoch nicht zu eifrig, da sonst Alkohol und Säure aggressiver hervortreten.

Prüfen Sie die Qualität der Weine mit Blick auf die Intensität ihrer Aromen: Kosten Sie zunächst Wein 2 und dann Wein 1. Spülen und belüften Sie beide, bevor Sie jeweils ein wenig verschlucken und den Rest ausspucken. Beachten Sie, auf welch unterschiedliche Weise die beiden Weine Ihre Mundhöhle «aromatisieren».

Der Qualitätsunterschied zwischen den beiden Weinen sollte jetzt deutlich werden. Nach dem Sancerre wird der schlichte Sauvignon dünner, weniger intensiv und schlanker schmecken, selbst wenn sie ihn durch «Belüften» beleben. Der Sancerre wird nicht nur mehr Frucht aufweisen, sondern auch eine größere Palette von Aromen. Das Belüften sollte unter anderem einen leicht kreidigen, mineralischen Charakter zum Vorschein bringen. Jetzt haben sie das Terroir* erlebt.

Der ausschlaggebende Unterschied zwischen diesen Weinen rührt von ihren Herkunftsorten her. Auch der beste Sauvignon de Touraine wird niemals so viel zu bieten haben wie ein entsprechender Sancerre, da die Böden, Lagen und klimatischen Bedingungen der Touraine die Sauvignon-blanc-Reben nicht so intensiv mit Nährstoffen versorgen, wie dies in den Anbaugebieten Sancerre, Pouilly Fumé und Menetou-Salon der Fall ist. Die Idee des Terroir besagt, dass die lokalen Umweltfaktoren die Entwicklung der Reben begünstigen oder beeinträchtigen kann. Darauf fußen auch das französische Appellationssystem und ähnliche Ordnungen in anderen Ländern (*siehe* S. 54, 129).

Servieren Sie nun das zweite Weinpaar, links den Mâcon, rechts den Beaune, und erneuern Sie das erste Paar.

Diese preiswerten, flexiblen und spülfesten Ausgießtüllen sind sehr praktisch und verhindern wirkungsvoll das Tropfen der Flasche beim Einschenken.

*** Siehe auch**

Säure **S. 20**
belüften **S. 19**
Chardonnay **S. 58**
Sauvignon blanc **S. 65**
Terroir **S. 129**

Länge im Mund:

Wenn Sie Zeit und Muße haben, können Ihnen beide Weinpaare bei einer weiteren Verkostung gut verdeutlichen, warum die Länge im Mund ein Qualitätsmerkmal ist (*siehe* S. 26–27, 146).

Erscheinung: Wein 3 & 4

Überprüfen Sie die Weine auf Klarheit, Glanz und Farbton.

Nase: Wein 3 & 4

Vergleichen Sie die Weine gründlich und notieren Sie die Unterschiede in Intensität und Merkmalen.

Es ist ein deutlicher Kontrast zu erwarten. Grundlegend: Der ohne Holz ausgebaute Mâcon wird sehr geradlinige Fruchtaromen wie Apfel, Melone und Tangerine aufweisen, während der ausgereiftere weiße Burgunder vordergründig vor allem durch die Aromen der neuen Eiche* definiert wird: Karamell, Butter, Vanille usw. Das kann die typische «Frucht» des Chardonnay ein wenig verdecken.

Geschmack: Wein 3 & 4

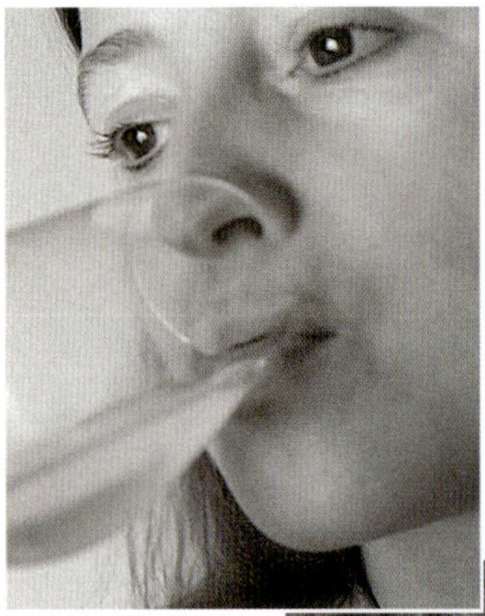

Kosten Sie zunächst den Mâcon alleine. Belüften Sie ihn sanft und vermerken Sie kurz: a) Wie es um die Ausgewogenheit zwischen Alkohol und Säure bestellt ist, b) Welche Geschmacksnuancen Sie ausfindig machen.

Der Wein wird einen mittleren bis vollen Körper zeigen, trotz einer frischen Säure rund schmecken sowie schlichte angenehme Noten von Melone und Tangerine entfalten. Das Belüften belebt den Mâcon weniger als den Sauvignon, da Chardonnay-Weine weniger aromatisch sind.

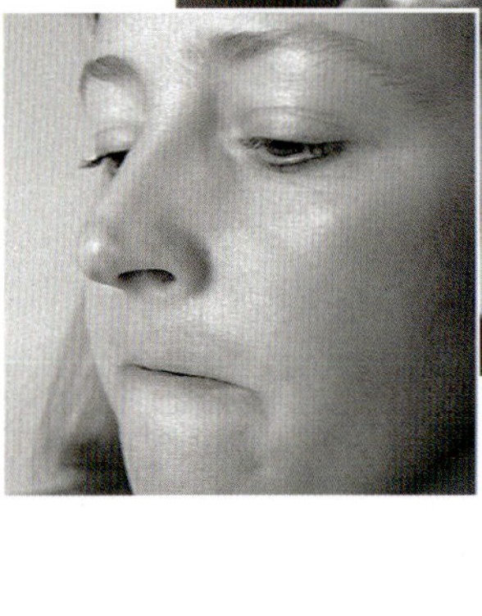

Um sich ein vergleichendes Bild von seiner Säure zu machen, kosten Sie anschließend noch einmal den Sauvignon de Touraine. Sie werden feststellen, dass der Loire-Sauvignon erheblch säurehaltiger als der Mâcon ist.

Geschmack: Wein 3 & 4

Kosten Sie nun erneut kurz den Mâcon, um sich Ihre Eindrücke zu vergegenwärtigen. Kosten Sie auch den zweiten weißen Burgunder, belüften Sie ihn, verschlucken Sie ein wenig und spucken Sie den Rest aus. Interessieren Sie sich vor allem für den Umfang und die Vielfalt der Geschmackseindrücke, für die Wirkung des Belüftens und die Länge des Abgangs. Suchen Sie jetzt den direkten Vergleich mit dem Mâcon, indem Sie diesen ein weiteres Mal kosten.

Die Unterschiede in Volumen, Geschmacksvielfalt* und Abgang werden Ihren Eindrücken vom ersten Weinpaar ähneln. Der Mâcon wird beim zweiten Verkosten noch immer angenehm, jedoch «glanzloser» schmecken. Sie können auch feststellen, dass Wein 4 durch das Belüften deutlich belebt wird. Seine Eichenaromen treten klarer hervor und verleihen ihm eine besondere «Note». Die Qualitätsunterschiede sind hier sowohl auf das Terroir als auch auf den Einfluss der Eiche zurückzuführen. Holz allein könnte dergleichen nicht bewirken.

Weitere Fragen

Wie bei der ersten Verkostung handelt es sich auch hier um zwei Rebsorten von stark unterschiedlichem Stil und Charakter. Auf der einen Seite der stark aromatische Sauvignon mit seiner lebhaften Säure, auf der anderen der mildere und erheblich fruchtigere, dabei weniger aromatische Chardonnay. In der nächsten Verkostung werden wir uns auch damit beschäftigen, zu welchen Speisen beide passen. Klären Sie bis dahin, welcher der Weine Ihnen am meisten zusagt* und welcher Ihrer Meinung nach das beste Preis-Leistungs-Verhältnis* bietet. Das muss nicht in beiden Fällen der gleiche sein. Womöglich kommen Sie gar zu dem Schluss, dass Sie für ganz bestimmte Anlässe zu keinem der beiden Weine greifen würden.

Zusammenfassung

Diesmal ging es um Qualitätsunterschiede*, die Tiefe, Länge und Geschmack eines Weins berühren. Wir konnten bemerken, dass ein belüfteter lebendiger Wein einen genaueren, eindeutigeren Eindruck hinterlässt. Dabei wurden uns auch die Besonderheiten aromatischer Rebsorten deutlich. Schließlich erlebten wir zum ersten Mal die Wirkung neuer Eiche und die erhebliche Bedeutung des Terroir für die Qualität eines Weins.

Terroir

Terroir ist das französische Wort für Boden (Erdreich) und wird in Bezug auf Wein in zweierlei Sinn benutzt. Zum einen meint es die Gesamtheit all jener natürlichen Gegebenheiten in einem Weingarten, die auf den dort angebauten Wein einwirken: die geografische Lage, die Beschaffenheit des Bodens, das regionale Klima sowie die Wetterbedingungen vor Ort. Zweitens beschreibt Terroir die ganz besonderen Geschmacksmerkmale und Qualitäten, die bei einem Wein aus all diesen Faktoren erwachsen.

Freilich ist bei Weinerzeugern wie Verkostern durchaus umstritten, ob ein und welcher Zusammenhang zwischen dem Terroir und «seinem» Wein besteht. Prägen einen Wein nicht vielleicht weit mehr die Anbau- und Produktionsmethoden? Eine Frage, die sich ähnlich für die Pädagogik stellt – ob nämlich ein Mensch mehr durch sein Erbgut oder seine Erziehung geformt wird.

Die Besitzer so genannter «guter» Lagen – solcher mit «Terroir» – beharren indes darauf, dass ihr Klasse-Wein das «Erbe» eben dieses Fleckchens Erde ist und dass keine auch noch so gediegene «Erziehung» aus einer minderen Lage eine vergleichbare Qualität herausholen könne.

Argumente für das Terroir

Die Forschung konnte bislang einen direkten Zusammenhang zwischen Terroir und Weinqualität nicht nachweisen. Dessen ungeachtet können wir aber aus manchen Weinen ihr Terroir deutlich herausschmecken. Solche Tropfen erscheinen nämlich (etwas pathetisch gesagt) vom «Ruf der Erde» erfüllt, der den Wein zum Klingen bringt und unsere Sinne verzaubert.

Um sich von der Existenz des Terroir zu überzeugen, genügt ein Verkostungsbesuch in einem guten Burgunder oder deutschen Weinkeller. Bestimmte Weinlagen bringen dort bei gehobeneren wie bei weniger exklusiven Rebsorten über Jahre hinweg immer wieder dieselben, sehr eigenen Stil- und Qualitätsmerkmale hervor, die sich von denen der Nachbarlagen klar unterscheiden. Wo also Rebsorte, Anbaumethode und die Praxis der Weinbereitung identisch sind, bietet Terroir eine überzeugende Erklärung für solche Unterschiede.

Französische Weine müssen dank des streng kontrollierten Appellationsgesetzes mit ihren Namen auf ihre geografische Herkunft verweisen. Dahinter steht die Überzeugung, dass eine bestimmte Konstellation von Bodenbeschaffenheit, Lokalität und Mikroklima einer Rebsorte weit bessere Chancen zu bieten hat als eine andere; Chancen darum, weil man mit unzureichenden bzw. falschen Anbau- oder Vinifikationsmethoden selbst einen Wein mit den besten Voraussetzungen zu Grunde richten kann. Vergleichen Sie (wie in Verkostung 2) zwei gute Sauvignon blanc von der Loire – auch der beste Sauvignon de Touraine wird den besten Sancerre oder Menetou-Salon nie erreichen. Das erklärt natürlich auch den Preisunterschied.

Warum Terroir wichtig ist

Terroir lässt Weine mit Qualitäten entstehen, auf die wir nicht mehr verzichten wollen, sind wir einmal in ihren Genuss gekommen. Da uns dafür ein höherer Preis abverlangt wird, dürfen wir von einem solchen Wein diese besonderen Vorzüge auch erwarten. Das Kriterium Terroir ist außerdem wichtig, weil die Eigenarten einer Lage von Winzern und Kellermeistern leicht verfälscht oder vernichtet werden können. Und es wäre bedauerlich, wenn eine Rebe dadurch ihre Einzigartigkeit einbüßen würde.

Ist Terroir für alle Weine wichtig?

Keineswegs! Bei der großen Mehrzahl der Weine, besonders den preiswerteren, kommt es vor allem auf gute Reben, die gute Erziehung und die Güte der Verarbeitung an. Diese Faktoren schaffen die meisten unserer durchaus soliden und ansprechenden Alltagsweine. Doch gerade angesichts dieser im positiven Sinne durchschnittlichen Konsumweine wird das Terroir zu einem so wertvollen und schätzenswerten Merkmal einer ganz besonderen Qualität.

Australiens berühmtestes «Terroir» in Coonawarra – ein Landstreifen mit einer Ausdehnung von ca. 15 km × 1,5 km, der sich durch eine dicke Lage Kalkgestein auszeichnet, die von einer Schicht «Terra Rossa» bedeckt ist.*

*** Siehe auch**

Preis-Leistungs-Verhältnis **S. 29**
Coonawarra **S. 86**
persönliche Vorlieben **S. 30–31**
neue Eiche **S. 47–48**
Qualität **S. 29–33**
Stil **S. 31**
Geschmacksnuancen **S. 33**
Weinproduzenten **S. 49–51**

Verkostung 3
Trockene Weißweine: Alte & Neue Welt

Es liegt nahe, etwa einen Sauvignon blanc aus der Alten und einen aus der Neuen Welt miteinander zu verkosten. Man misst Gleiches mit Gleichem. So interessant solche Vergleiche sind, bergen sie aber die Gefahr allzu voreiliger Schlüsse. Denn häufig verraten die Unterschiede mehr über die Weine als ihre Gemeinsamkeiten.

Serviertemperatur:
8–10 °C

Generelles Vorgehen:
Erläuterungen auf S. 117–119

Ziele: Diese Lektion führt Sie in eine weitere Verkostungsmethode ein. Der Vergleich von Weinen derselben Rebsorte aus der Alten und der Neuen Welt soll die Auswirkungen des Klimas auf Charakter und Weinstil verdeutlichen. Dabei stellt sich die Frage, welche Charakteristika für eine bestimmte Rebsorte typisch* sind. Und wir untersuchen die Wirkung der Temperatur auf Bouquet und Geschmack sowie erneut diejenige von Eiche*.
Einkaufstipp: Die beiden Sauvignon-blanc-Weine* sollten, anders als die beiden Chardonnays, ohne Eiche ausgebaut sein und möglichst der gleichen Preisklasse angehören, während der Burgunder* (Wein 3) wohl etwas teurer sein wird als der Neue-Welt-Chardonnay. Geeignete Erzeuger finden Sie im Kapitel «Weiße Trauben, weiße Weine».

Servieren Sie die Weine 1 und 2 wie folgt: links Pouilly, rechts Neuseeland – füllen Sie die Gläser diesmal etwa zu einem Drittel.

Erscheinung: Wein 1 & 2
Überprüfen Sie die Weine auf Klarheit und Glanz, und vergleichen Sie ihre Farbtöne.

Bei diesem Weinpaar müssten Sie einen Unterschied in der Farbe* feststellen. Der Neue-Welt-Wein wird Ihnen dunkler erscheinen; da er aus einem wärmeren Klima stammt, ist seine Frucht ausgereifter.

Nase: Wein 1 & 2
Vergleich der Methoden:
1. Vergleichen Sie das Aroma der beiden Weine, ohne sie zu schwenken*. Notieren Sie zu jedem Wein zwei oder drei Geruchseindrücke (*siehe* S. 12, 14, 66: Verkostungsvokabular).
2. Derselbe Vergleich, aber nun schwenken Sie, ehe Sie schnuppern, die Gläser und prüfen die Aromen, bis sich der Wein im Glas beruhigt hat. Vermerken Sie erneut Ihre Eindrücke. Brachten die Methoden unterschiedliche Aromen zu Tage?
Das Schwenken des Glases löst nicht in jedem Fall deutlichere Geruchseindrücke aus. Doch lohnt es sich allemal, beide Methoden zu versuchen (*siehe* S. 14–15).

Der Sauvignon blanc von der Loire wird durch seinen Ursprung das «kühlere» Aromenspektrum als sein Pendant aus der Neuen Welt repräsentieren: Schärfe, Nussigkeit, Stachelbeere und (hoffentlich) eine mineralische No-

Empfohlene Weine	Herkunft	Rebsorte	Preis	Stil		Alternative Weine	
				Alkohol	Säure		
1 **Pouilly-Fumé/Sancerre** (so jung wie möglich)	Loire, Frankreich	Sauvignon blanc*	••	mittel	hoch	1 Premium Sauvignon blanc aus Europa	••
2 **Neuseel. Sauvignon blanc** (so jung wie möglich)	Marlborough, Neuseeland	Sauvignon blanc	••	mittel/hoch	hoch	2 Premium Sauvignon blanc aus Neeseeland o. Südafrika	••
3 **Montagny, Rully, St-Aubin** (1–3 Jahre alt)	Burgund, Frankreich	Chardonnay*	•••	mittel/hoch	moderat	3 Village Puligny- oder Chass-Montrachet, Frankreich	•••
4 **Kalifornischer Chardonnay** (1–3 Jahre alt)	Napa Valley, Kalifornien	Chardonnay	••/•••	hoch	moderat	4 Premium Chardonnay, mit Eiche, Neue Welt	••/•••

te. Auch der Neue-Welt-Sauvignon aus Neuseeland, generell fülliger, sollte ein gewisses Stachelbeeraroma zeigen, das aber hinter der Oberfläche aus reif-fruchtigem tropischem und Zitrusduft zurücksteht.

Zur Erinnerung: Halten Sie den Rhythmus des Verkostens ein: Durchspülen, Belüften, dann ein kleiner Schluck, den Rest ausspucken!

Geschmack: Wein 1 & 2

Untersuchen Sie nun die generellen Unterschiede zwischen den Weinen (von links nach rechts):
1. In den bisherigen Verkostungen haben Sie die Weine auf verschiedene Einzelaspekte hin geprüft (Säure, Alkohol, Aroma, Länge des Abgangs). Jetzt ist ein genereller Vergleich der Stile angesagt. Auch hier konzentrieren Sie sich nacheinander auf verschiedene Einzelaspekte, wobei Sie aber im Hinterkopf folgende Fragen verfolgen sollten: Worin liegt der tatsächliche Unterschied zwischen den beiden Weinen, die ja in der Rebsorte, der Herstellungsweise und der Preisklasse weitgehend übereinstimmen? Wie ließen sich die Weine bei einer Blindverkostung differenzieren? Testen Sie zunächst von links nach rechts und listen* Sie die Unterschiede kurz auf.
Bei dieser Reihenfolge wird Sie beeindrucken, was der neuseeländische Wein zu bieten hat: ein größeres Alkoholgewicht, eine stärkere Fruchtkonzentration, eine direktere Geschmacksentfaltung im Mund, einen reiferen Geschmack usw. Zugleich bleiben aber die Charakteristika des Sauvignon blanc, die der Geruchstest verdeutlichte, erhalten. Beachten Sie auch, wie das Belüften die Geschmacksnuancen dieser Rebsorte voll entfaltet.

Wiederholen Sie diese Geschmacksprüfung, aber in umgekehrter Reihenfolge.
Die meisten Eindrücke aus dem ersten Durchgang werden sich verstärken. Der Loirewein wird nun zugleich leichter und schärfer schmecken, dabei weniger deutliche Fruchteindrücke hinterlassen. Das Belüften sollte allerdings zeigen, dass das kreidige, mineralische Aroma dem Loirewein eine Dimension verleiht, die seinem Gegenstück aus der Neuen Welt abgeht. Gleichgültig, ob Sie dies als eine Tugend empfinden oder nicht – wichtig ist zunächst, den Unterschied überhaupt zu bemerken; die Beurteilung erfolgt später.

Verkostungsnotizen: Dieses Sauvignon-Paar bietet sich dazu an, die ersten vollständigen Verkostungsnotizen anzufertigen. Machen Sie die Unterschiede zwischen den beiden Weinen so deutlich wie möglich (*siehe* S. 26).

Servieren Sie nun die Weine 3 und 4 in der Reihenfolge: links Alte Welt, rechts Neue Welt. Füllen Sie die Weine 1 und 2 zunächst nicht wieder auf.

Erscheinung: Wein 3 & 4

Überprüfen Sie auch diese Weine auf Klarheit und Glanz und vergleichen Sie ihre Farbtöne.
Wie bei dem Sauvignon-blanc-Paar und aus dem nämlichen Grund wird der Neue-Welt-Chardonnay eine etwas goldenere Färbung zeigen.

OBEN LINKS: *Räumen Sie den einzelnen Weinen auf Ihrem Verkostungszettel genügend Raum ein. Anfangs werden Sie eher mehr als weniger Worte benötigen, da Sie Ihr Vokabular noch erproben.*

OBEN RECHTS: *Eine Eichendaube. Die Unterseite wird Spuren unterschiedlich starker Röstung aufweisen.*

*** Siehe auch**

Chardonnay **S. 58**
Klima **S. 57**
Farbe **S. 10–11**
neue Eiche **S. 47–48**
Verkostungsnotizen **S. 26**
Sauvignon blanc **S. 65**
schwenken **S. 14–15**
Typizität **S. 31**

Nase: Wein 3 & 4

Prüfen Sie nun den Duft in Hinblick auf die Kontraste: Erschnuppern Sie beide Weine sowohl vor wie nach dem Schwenken. Wie unterscheiden sie sich?

Die prinzipiellen Unterschiede werden ähnlich wie bei den beiden Sauvignons ausfallen. Bei nahezu gleichem Alter wird der kalifornische Wein eine reifere Nase mit deutlicherer tropischer Frucht (Ananas, Mango, Passionsfrucht) und eindeutigeren Aromen wie Karamell, Vanille und Eiche zeigen. Dagegen wird der Burgunder von der Frucht her (Apfel, Melone, Pfirsich) diskreter, vom Eichencharakter her weniger «süß» und vom Gesamteindruck her trockener und dezenter erscheinen.

Geschmack: Wein 3 & 4

Untersuchen Sie nun die generellen Unterschiede zwischen den Weinen, zunächst von links nach rechts, anschließend in umgekehrter Reihenfolge. Machen Sie wie zuvor kurze Notizen zum allgemeinen Stil und fragen Sie sich auch jetzt: Was unterscheidet diese beiden Chardonnays? Und wie lassen sich die Differenzen treffend beschreiben?

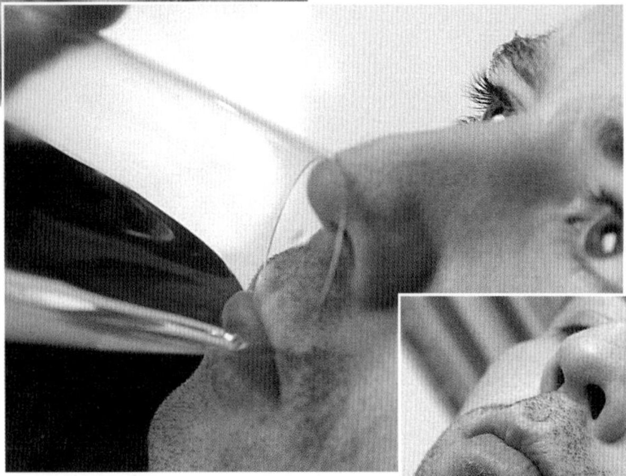

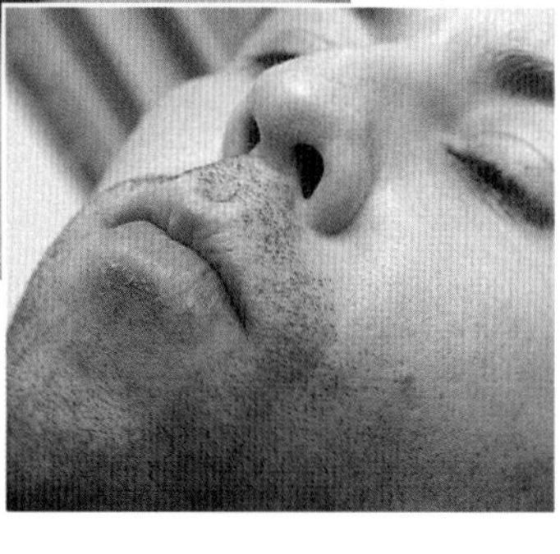

Die unterschiedlichen Aromen sollten sich auch weitgehend im Geschmack widerspiegeln. Wieder werden Sie feststellen, dass der Kalifornier dank reiferer Fruchtaromen und eines opulenteren Charakters eine stärkere Präsenz im Mund aufweist. Im Gegensatz zu den Sauvignon blancs unterstreicht bei den Chardonnays das Belüften vor allem den Eichengeschmack und hebt dabei die aromatischen Eigenschaften der Traube weniger hervor.

Kurzvergleich:

Wärmen Sie die beiden Sauvignons gut an und testen Sie jeweils einen (oder auch beide) auf Nase und Geschmack.

Die höhere Temperatur wird die Nase kräftiger und süßer erscheinen lassen, freilich auf Kosten des Profils.

Im Vergleich mit den Chardonnays:

1. Im Duft fehlt die Eiche, dafür ist das Fruchtaroma stark ausgeprägt.
2. Durch die Erwärmung und im Vergleich zu den säureärmeren Chardonnays verschärft sich der Geschmack.
3. Die Belüftung verstärkt das Aroma.

Schlussfolgerung

Die Unterschiede zwischen den Weinen der gleichen Rebsorte sind hauptsächlich auf klimatische Unterschiede zurückzuführen: Die reife Frucht des wärmeren Klimas der Neuen Welt trifft auf die weniger reife Frucht aus der Alten Welt. Aber wo liegen Ihre Vorlieben? Bei einem direkten Vergleich macht ihr unmittelbarer fruchtiger Zugang die Neue-Welt-Weine meist ansprechender. Dennoch sind die Weine der Alten Welt keine «schlechteren» Weine oder missratene Vertreter ihrer Rebsorte. Sie sind nur anders. Beide Sauvignon blancs weisen die klaren Charakteristika ihrer Rebsorte auf, aber ihre Familienähnlichkeit entspricht eher jener zwischen Cousins als der zwischen Geschwistern. In Hinblick auf die «Typizität» beider Weinpaare verraten die jeweiligen Weine ebenso viel über das Land ihrer Herkunft wie über ihre Rebsorte. Vor diesem Hintergrund sollte man sie beurteilen. Weitere qualitative Vergleiche können Sie anhand von Kriterien durchführen, die auf den Seiten 26–28 beschrieben sind.

Zusammenfassung

In dieser Verkostung interessierte uns zunächst die Wirkung, die das Schwenken eines Weins für die Entfaltung seines Duftes hat. Dann untersuchten wir die Einflüsse des Klimas auf Weißweine, insbesondere auf ihre Rebsorten und Stile, und begegneten beim Chardonnay erneut der neuen Eiche.

Die Verkostungstechniken kurz gefasst

Erscheinung

Schritt 1: Das Glas auf eine weiße Unterlage stellen und den Wein senkrecht von oben betrachten.
Im Fokus: Klarheit, Glanz, Farbtiefe; mögliche CO_2-Perlen und Depot.

Schritt 2: Das Glas schräg vor einen weißen Hintergrund halten und seitlich von oben betrachten.
Im Fokus: der generelle Farbeindruck im Zentrum des Weins sowie die Farbnuancen am Rand.

Schritt 3: Das Glas in Augenhöhe horizontal von der Seite betrachten.
Im Fokus: mögliche CO_2-Perlen direkt unter der Oberfläche; nach kurzem Schwenken auch die Viskosität.

Nase

Schritt 4: Der «ruhende» Geruch – das Glas steht auf dem Tisch oder wird unbewegt in der Hand gehalten.
Im Fokus: Klarheit, Intensität, Charakteristika, Eichen-Qualität, Finesse und Nachhaltigkeit des Bouquets.

Schritt 5: Den Wein gut schwenken und die Aromen prüfen, während er sich beruhigt.
Im Fokus: Unterschiede zum «ruhenden» Geruch, deutliche Aromen, Verlauf der Geruchseindrücke, allgemeine Qualität.

Schritt 6: Das mit der Hand abgedeckte Glas kräftig schwenken.
Hinweis: Erforderlich, um eine «dumpfe» Nase zu öffnen bzw. einen vermuteten Fehler zu bestätigen.

Geschmack

Einfache Weine erschließen sich in der Regel meist schon durch einmaliges Verkosten. Subtilere Weine dagegen erfordern mehrfache Anläufe, wenn man ihr gesamtes Potenzial erfassen will.

Schritt 7: Einen Schluck Wein (einen großen Teelöffel voll) durch den Mund spülen, belüften, Geschmackseindrücke prüfen, ein wenig verschlucken, den Rest ausspucken.
Im Fokus: die geschmacklichen Dimensionen des Weins, die quantitative Ausgewogenheit zwischen Alkohol, Säure und (bei Rotweinen) Tannin, die Konzentration des Geschmacks.

Schritt 8: Abwechselnd die Mundhöhle durchspülen, den Wein belüften und einen Teil verschlucken – solange er neue Eindrücke hervorruft.
Im Fokus: die differenzierteren Geschmacksmerkmale und -nuancen, Qualität und Länge. Die Intensität einzelner Noten, Geschmacksvielfalt, Charakter (fruchtiger oder aromatischer); die Qualität von Länge und Gefühl im Mund, zuletzt Abgang, Ausgewogenheit und Nachhaltigkeit.

Schritt 9: Die Lippen spitzen und den Wein mit der Zunge in einem dünnen Strahl aus dem Mund stoßen. Gut zielen und nicht spritzen!

Die Verkostungsnotizen

Warum koste ich diesen Wein?

Diese Frage ist nicht so abwegig, wie sie zunächst erscheinen mag. Die Anfertigung einer brauchbaren Verkostungsnotiz setzt ein hohes Maß an Aufmerksamkeit voraus, die man gezielt auf verschiedene Aspekte des Weins richtet. Welche Aspekte Sie im konkreten Fall untersuchen, hängt von der Zeit ab, die Sie erübrigen können, aber auch von der Anzahl und Qualität der Weine, die Sie testen wollen. Einen erlesenen Tropfen, dessen Genuss Ihnen selten vergönnt ist, nur oberflächlich oder gehetzt zu testen, wäre reine Verschwendung. Umgekehrt würden Sie Ihre Zeit vertun, wenn Sie einem schlichten Alltagswein einen kleinen Roman widmeten.

In einer sinnvollen Weinnotiz geht es um zwei Dinge: um Information und Interpretation. «Was ist dieser Wein?», so lautet die eine Frage, «Was sagt er mir?» die andere. Wie präzise Sie die zweite Frage beantworten können, hängt davon ab, wie genau Sie zuvor der ersten auf den Grund gehen (*siehe* S. 18–20).

Information: Sie bildet den sachlichen Kern jeder Verkostungsnotiz. Man sollte hier um möglichst objektive und exakte Beschreibungen bemüht sein. Alltagsweine machen nur eine kurze Analyse erforderlich, feinere Weine bedürfen einer gründlicheren Prüfung. Zum Minimum einer Weinnotiz gehören Angaben zu den Dimensionen des Weins, zu seinen herausragenden Geschmacksnoten, zu Mundgefühl und Qualität. Dazu gibt der Abschnitt «Bis zur Flasche» ausführliche Anregungen (*siehe* auch S. 25–26).

Interpretation: Der Augenblick der (stets) subjektiven) Wahrheit! Etikett und Preis eines Weins wecken bestimmte Vorstellungen von seiner Güte. Nun müssen Sie beurteilen, ob und in welchem Maß sich diese Erwartungen mit jenen Informationen decken, die Ihre Sinne ermittelten. Dabei stellen sich folgende Fragen:

- Wie sehr sagt mir der Wein zu?
- Wie schmeckt er mir ganz unabhängig von Sorte, Stil und Preis?
- Ist er ein gutes Beispiel für Weinstil, Rebsorte, Jahrgang und Herkunft?
- Worin liegen seine besonderen Tugenden?
- Worin besteht sein Manko?
- Wie ist das Preis-Leistungs-Verhältnis zu bewerten?
- Ist der Wein trinkfertig? Könnte er durch weitere Flaschenreife hinzugewinnen?

Abkürzungen: Sie können Ihre Notizen mit numerischen Benotungen, Sternen, Symbolen usw. sinnvoll ergänzen, sollten sich aber auf diese Hilfsmittel nicht zu sehr verlassen, da sie zu einer gewissen Nachlässigkeit verführen.

- Pfeile: Sie können sie zur Darstellung der Reife eines Weins (*siehe* Randnotiz gegenüber) heranziehen.
- Abkürzungen für das Preis-Leistungs-Verhältnis: **HPL** (hervorragendes Preis-Leistungs-Verhältnis), **APL** (akzeptables), **SPL** (schlechtes).

Experimentieren Sie ein wenig mit solchen Abkürzungen, die, wenn Sie Ihre Notizen sehr zügig anfertigen wollen, recht nützlich sein können. Womöglich entwickeln Sie dabei gar eine persönliche Wein-Kurzschrift. Durchdachte Abkürzungen sind in jedem Fall aufschlussreicher als mehr oder minder fantasievolle Symbole.

UNTEN LINKS: *Eine vollständige Verkostungsnotiz, für die man Zeit und Konzentration benötigt. Wenn Sie, wie hier, noch das jeweilige Flaschenetikett hinzufügen, haben Sie ein nicht nur informatives, sondern zugleich dekoratives Dokument zur Hand.*

KASTEN UNTEN: *Eine Notiz in Stichworten, wenn die Zeit knapp ist.*

Eine vollständige Verkostungsnotiz

Wein: 1990er Château Sénéjac, Cru bourgeois, Haut-Médoc	*Angaben zur «Person» des Weins*
Ort und Zeit der Verkostung: London, 27. Februar 2000	
Erscheinung: Klar, glänzend, dunkelrot, mit einem ziegelrotem Rand, der den Beginn einer leichten Alterung anzeigt.	*Farbe und Stand der Reife*
Nase: Mittelstarkes Bouquet; pflaumiger Merlot-Charakter mit ein wenig «Kantigkeit» des Cabernet; reife Johannisbeere und Médoc-Erde nach Schwenken und ein Hauch Süße von neuer Eiche.	*Charakter der Rebsorte, Qualität der Eiche (falls vorhanden)*
Geschmack: Geschmeidig, mittlere Konzentration, mittlerer Körper mit geringem, trocken strukturiertem Tannin. Leicht, trocken, Aroma reifer roter und schwarzer Johannisbeeren – die Üppigkeit des Merlot, abgemildert durch Cabernetfrische im Charakter. Sanft aromatische, untergründige Erdigkeit, bescheidene Komplexität und Länge im Mund, aber gute Länge von Frucht und Aroma im Abgang.	*Zusammenfassung der Dimensionen des Weins* *Charakteristika von Geschmack, Aroma und Mundgefühl* *Qualität der Länge in Mund und Abgang*
Zusammenfassung: Ein außergewöhnlicher Cru bourgeois mit ungewöhnlich frischem Mundgefühl dank des sehr heißen 1990er-Jahrgangs. Delikat und mit zehn Jahren vollständig gereift, lässt sich aber noch weiter halten. Ein Beispiel für einen großen Jahrgang und das außergewöhnliche Können der Neuseeländerin Jenny Dobson.	*Überzeugungskraft des Weins, bezogen auf Sorte und Jahrgang* *Trinkfertigkeit und Perspektiven.* *Zusätzliche Bemerkungen.*

Kurze Verkostungsnotiz

Dunkelrot, ziegelroter Rand; pflaumige Merlotnase + Johannisbeere und Kies. Geschmeidiges mittleres Gewicht, geringes Tannin. Leicht, trocken, sanfte Erdigkeit des Médoc; reif, üppig, gute Länge. Q: guter Cru b.

HPL →

Q = Qualität
HPL (hervorragendes Preis-Leistungsverhältnis), gemessen am Preis X

→ = trinkfertig
↗ = muss noch reifen
↘ = welkend, bald aufbrauchen

Verkostung 4
Schaumweine: Stil und Qualität

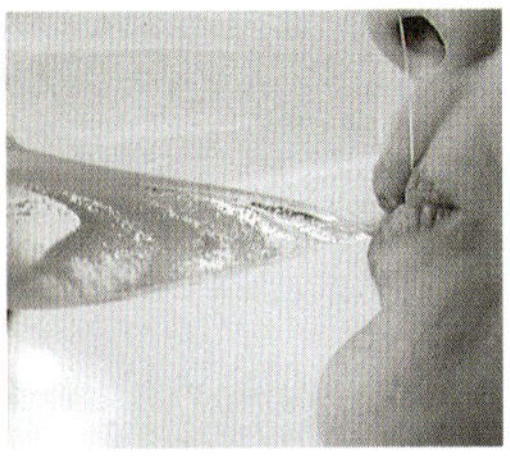

Schaumweine sind eine Sache für sich. Man kann sie nicht wie stille Weine verkosten, da sich die Perlen zwangsläufig in den Vordergrund drängen. Und obwohl man für eine Flasche Sekt oder Champagner oft doppelt so viel ausgibt wie für eine Flasche Wein, schenkt man den Schaumweinen beim Trinken weit weniger Beachtung.

Serviertemperatur:
6–8 °C

Generelles Vorgehen:
Erläuterungen auf S. 117–119

Ziele: Diese Verkostung zeigt Ihnen, wie Sie an die Perlen bzw. die Mousse* von Schaumweinen* herangehen. Sie lernen auch unterschiedliche Stile von Schaumweinen aus mehreren Ländern kennen. Dazu untersuchen wir, wie man bei diesen Weinen die Qualität und vor allem das jeweilige Preis-Leistungs-Verhältnis* beurteilt.

Einkaufstipp: Der neuseeländische Schaumwein liegt preislich etwa gleichauf mit dem spanischen Cava, kann Sie aber auch ein wenig teurer kommen. Der Champagner wird Sie rund anderthalb- bis zweimal mehr kosten als die anderen Schaumweine. Da besonders die Champagnerpreise sehr differieren, lohnt sich ein wenig Marktforschung. Wählen Sie getrost eine preisgünstige Hausmarke oder einen Blanc de noir aus dem Supermarkt, sie sind oft sogar weicher und voluminöser.

Servieren Sie die drei Weine von links nach rechts in der Reihenfolge der Liste.

Erscheinung: Vergleichen sie die Farbe der Weine.
Alle Weine sind jung und blassgelb, der Cava wird vermutlich die hellste, der Champagner die tiefste Färbung zeigen. Leichte Andeutungen eines dunkleren Gelb- oder Goldtons weisen darauf hin, dass die Flasche einige Zeit im Regal gelegen hat und der Wein nachgedunkelt ist.

Vergleichen Sie die Perlen.
Der visuelle Eindruck der Perlen ist zweideutig. In drei verschiedenen Gläsern kann derselbe Wein, wenn er sich beruhigt hat, eine ganz unterschiedliche Gasentwicklung zeigen. Um Blasen bilden zu können, benötigt CO_2 winzige Luftdepots, die es auf den Staubpartikeln der Luft oder in Vertiefungen im Glas findet. Diese Depots fallen naturgemäß sehr unterschiedlich aus (*siehe* S. 109).

Nase: Vergleichen Sie die Nasen. Bewegen Sie die Weine möglichst wenig, da sich die Perlen leicht verflüchtigen.
Die Schaumweinnase ist vom Alter des Weins abhängig. Cava kombiniert häufig eine sehr süße, birnige Frucht mit einem erdigen, mineralischen Charakter. Neuseeländische Schaumweine zeigen in ihrer frischen Nase meist grünen Apfel und Zitrusfrüchte. Im Vergleich sticht der Champagner in der Regel durch seine Hefigkeit hervor, manchmal auch mit dem Aroma geriebener Äpfel.

Geschmack: Prüfen Sie die Unterschiede in Stil und Qualität: Kosten Sie im Folgenden zunächst von links nach rechts, dann in umgekehrter Reihenfolge. Spülen Sie die Weine wie gewohnt, doch belüften Sie sie nicht zu stark. Sie enthalten bereits genügend Gas!

Empfohlene Weine	Herkunft	Rebsorte	Preis	Stil		Alternative Weine	
				Alkohol	Säure		
1 Spanischer Cava NV (ohne Jahrgang)	Penedès, Spanien	Macabeo, Parellada++	•/••	mittel	moderat	1 Prosecco, Italien	•/••
						Austral. Schaumwein	•/••
2 Neuseel. Schaumwein (ohne Jahrgang)	Neuseeland	Chardonnay, Pinot noir++	•/••	mittel	lebhaft	2 Loire crémant	•/••
						südafr. Schaumwein	•/••
3 Champagner (ohne Jahrgang)	Frankreich	Pinot noir, Pinot meunier, Chardonnay	•••	mittel	lebhaft+		

Prüfen Sie die Säure: Konzentrieren Sie sich dabei auf das generelle Mundgefühl und auf die Seitenbereiche Ihrer Zunge. Vermerken Sie die Säure jedes Weins (*siehe* S. 20: hilfreiches Vokabular).

Die Säure sollte von Wein zu Wein stärker werden, der Cava mithin am sanftesten auftreten, da er aus warmgemäßigtem Klima stammt. Der Neuseeländer müsste etwas lebhafter erscheinen und der Champagner den lebendigsten Säurecharakter zeigen – die Weine 2 und 3 stammen aus kühleren Klimata, insbesondere der Champagner. Bei umgekehrter Reihenfolge werden diese Abstufungen noch deutlicher.

Prüfen Sie die Moussequalität: Man bewertet hier Ausmaß und Beständigkeit der Perlen – je kleiner sie sind, desto gleichmäßiger treten sie in Erscheinung und umso länger halten sie sich im Mund: ein wichtiges Qualitätskriterium. Der Vergleich macht die Unterschiede deutlich.

Der Cava wird am heftigsten schäumen, der Neuseeländer im Vergleich dazu sanfter perlen. Der Champagner wird zunächst am aggressivsten auftreten, dafür sind seine Perlen die beständigsten. Die Moussequalität hängt eng von der Qualität des Grundweins ab, doch auch davon, wie lange der Wein bereits in der Flasche lagert (*siehe* S. 107–109).

Prüfen Sie die Länge: Wie lange halten sich Perlen und Geschmack im Mund? Beachten Sie auch Frucht und Nachhaltigkeit der Aromen im Abgang.

Dank ihrer Säure entwickeln der Neuseeländer und der Champagner den längeren Abgang (*siehe* S. 20, 26–27). Sie werden aber bemerken, wie viel mehr «Duftigkeit» der Champagner im Mund entwickelt und wie weit er noch nachwirkt, nachdem Sie ihn bereits verschluckt haben.

Ein schwierigeres Unterfangen als das Verkosten stiller Weine, nicht wahr? **Gönnen Sie sich nun eine Pause, füllen Sie die Weine wieder auf und wagen Sie eine generelle Einschätzung.**

Der Champagner als der teuerste der drei Weine sollte auch der überzeugendste sein. Übrigens ist zu einem niedrigeren Preis kaum ein vernünftiger Champagner zu haben. Andererseits muss man für einige sehr passable Schaumweine aus anderen Regionen Frankreichs und vor allem aus der Neuen Welt nur halb so viel bezahlen. Ein gutes Beispiel ist der Lindauer. Er erreicht zwar nicht den Rang eines Champagners, aber für weniger gediegene Anlässe bieten sich derlei solide Alternativen durch ihr gutes Preis-Leistungs-Verhältnis einfach an.

Zusammenfassung

Im Mittelpunkt stand die Beurteilung des besonderen Charakteristikums der Schaumweine, ihrer Mousse. Wir erfuhren, dass die jeweiligen Stile stark von der Herkunft der Basisweine abhängen und dass besonders bei Champagner der Duft ein wichtiges Qualitätsmerkmal ist. Zuletzt haben wir einen Blick auf das Preis-Leistungs-Verhältnis bei den Schaumweinen geworfen.

OBEN LINKS: *Bei Schaumwein sollten die geringen Verkostungsmengen nur unmerklich geschwenkt werden, da sie schnell ihre Spritzigkeit verlieren und schal schmecken.*

OBEN RECHTS: *Das Aussehen der Schaumkrone besagt nicht allzu viel, da die Gasbildung im Glas von verschiedenen Faktoren wie Sauberkeit und Glätte abhängig ist.*

*** Siehe auch**

Mousse **S. 108**
Schaumweine **S. 107–09**
Preis-Leistungs-Verhältnis **S. 29**

Dekantieren

Füllt man Wein zum Servieren aus der Flasche in ein geeigneteres Gefäß um (meist eine Glaskaraffe oder -kanne), *dekantiert* man ihn. Gibt man den übrig gebliebenen Wein später wieder in die ausgewaschene Flasche zurück, vollzieht man das so genannte doppelte Dekantieren.

Warum dekantiert man Wein?

Dekantieren wird erforderlich, wenn sich am Boden der Flasche Depot gebildet hat. Trennt man den Wein vor dem Ausschenken nicht von diesem Bodensatz, kann er sich trüben und an geschmacklicher Reinheit einbüßen. Einen weiteren Grund liefert das Tannin. Durch das Umschütten tritt es im Mund sanfter auf, zudem kann sich das Bouquet durch das starke Belüften besser entfalten.

Welche Weine dekantiert man?

Beinah jeder Wein, ob nun rot oder weiß, wirkt zwar in einer schönen Karaffe appetitlicher, aber bei den wenigsten Weinen ist ein Dekantieren unabdingbar. Erforderlich ist es bei Vintage Ports und bei edlen Rotweinen, die lange in der Flasche gereift sind, besonders bei solchen aus sehr dunklen, tanninreichen Trauben wie Cabernet Sauvignon, Merlot, Syrah/Shiraz, Nebbiolo und

Depot in der Flasche

Das ausgeprägte Depot am Boden einer alten Flasche Châteauneuf-du-Pape, von unten gut zu erkennen, weil der Flaschenboden von einer Lampe durchleuchtet wird. Die Flasche wurde vorsichtig aus dem Keller geholt und hat bereits zwei Stunden aufrecht gestanden. Der größte Teil des Depots setzt sich innerhalb der ersten halben Stunde wieder ab.

Halten Sie die Flasche am unteren Ende und legen Sie den Hals auf den Karaffenrand, damit der Wein gleichmäßig hineinfließen kann. Drehen Sie die Flasche dabei so, dass die Lichtquelle den Wein transparent macht.

Sangiovese. Um herauszufinden, ob ein Wein Depot aufweist, das ein Dekantieren erfordert, untersucht man den Boden der Flasche vor einer Lampe. Im Burgund dekantiert man die Weine traditionell nicht, doch ignorieren die meisten Burgundertrinker außerhalb diese Regel, wenn ihnen ein Wein zu undurchsichtig erscheint. Auch feine alte Weißweine können Depot bilden und sollten dann ebenfalls dekantiert werden, um ihren Glanz zu erhalten.

Wann dekantiert man Wein?

Auch zahllose Blindverkostungen haben auf diese Frage noch keine befriedigende Antwort gefunden – die Weine sind schlicht zu unterschiedlich. Man kann sich aber an folgenden Regeln orientieren: Je jünger der Wein, um so weniger wichtig ist es, wie lange vor dem Servieren Sie ihn öffnen; er wird selbst mehrere Stunden offen verkraften. An einen älteren Tropfen sollte man jedoch behutsam herangehen und ihn so spät wie eben möglich dekantieren. Falls er sich erst «entfalten» muss, kann er dies auch noch im Glas tun.

Hält man Hals oder Schulter der Flasche beim Dekantieren über eine Kerze oder Taschenlampe, kann man gut erkennen, wann der Bodensatz erscheint und man das Umfüllen beenden muss. Halten Sie die Flasche zum Dekantieren am unteren Ende und stützen Sie ihren Hals auf der Karaffe ab. Alte, empfindliche Weine mit Depot sollte man äußerst sanft dekantieren. Man kann den Bodensatz auch durch ein Leinentuch oder einen Kaffeefilter ausfiltern, Puristen sind sich aber sicher, dass beides den Geschmack beeinträchtige.

LINKS UND UNTEN LINKS: *Sanftes Dekantieren: Lassen Sie bei alten, sensiblen Weinen die Flüssigkeit ohne Nachdruck sanft und gleichmäßig am Hals der Karaffe entlang rinnen. Sobald das Depot sichtbar wird, beenden Sie das Umfüllen.*

UNTEN: *Schnelles Dekantieren: Vor allem bei jungen Weinen, die keine Durchleuchtung erfordern, kein Problem. Dekantieren Sie so, dass der Wein gut schäumt.*

Verkostung 5
Stil und Tannin bei Rotweinen

Rotweine werden neben Alkohol, Säure und Geschmack noch durch eine zusätzliche Dimension definiert: die Tannine. Wir müssen also beim Verkosten einen weiteren Faktor beachten, der auch der Grund dafür ist, dass man die Roten, anders als Weißweine, selten zum Apéritif reicht – denn die Tannine müssen durch eine begleitende Speise meist «gezähmt» werden.

Serviertemperatur:
Beaujolais, Rioja und Pinot noir: kühl (15–16 °C)
Nebbiolo: wärmer (18–19 °C)

Dekantieren:
Achten Sie auf Depot und dekantieren Sie, wenn nötig (*siehe* S. 138).

Generelles Vorgehen:
Erläuterungen auf S. 117–119

Ziele: Diese erste Rotweinverkostung untersucht die Farbe* der Weine. Sie werden dabei Tropfen mit recht unterschiedlicher Persönlichkeit kennen lernen, insbesondere die überaus edlen Trauben Nebbiolo und Pinot noir*. Außerdem erfahren Sie, auf welche Weise man Tannin* wahrnimmt, wie stark der Tanningehalt den Stil eines Rotweins prägt und welche Speisen* die Adstringenz des Tannins mildern können.
Einkaufstipp: Allenfalls der Nebbiolo* wird Ihnen Probleme bereiten. Berücksichtigen Sie ansonsten wie gehabt die Preisunterschiede; vielleicht machen Sie sich im Kapitel «Rote Trauben, rote Weine» noch rasch mit den wichtigsten Erzeugern von Rioja und Pinot noir vertraut. Der Nebbiolo sollte ohne neue Eiche ausgebaut sein, seine Alternative aber reichlich Tannin enthalten, während der Ersatzwein für den Pinot noir möglichst tanninarm sein sollte. Gute (und bezahlbare) Pinot noirs dieses Typs kommen aus Neuseeland, aus Victoria und Tasmanien in Australien, aus Oregon und von der Südspitze Südafrikas.
Hinweis: Sie sollten für diese Verkostung ein Stück guten Parmesans (Parmigiano Reggiano) hobeln.
Verkostungstechniken (zur Auffrischung): Wenn Sie sich der Verkostungstechniken nicht ganz sicher sind, frischen Sie Ihre Kenntnisse auf, indem Sie noch einmal die Zusammenfassung auf S. 133 durchlesen.

Servieren Sie die Weine 1 und 2, von links (Beaujolais) nach rechts (Nebbiolo).

Erscheinung: Wein 1 & 2

Prüfen Sie von oben Klarheit und Tiefe.
Beide Weine, nur mitteltief getönt, werden Ihnen ziemlich ähnlich erscheinen, der Nebbiolo freilich könnte ein wenig dunkler auftreten. Die tatsächliche Tönung lässt sich allerdings erst bei geneigtem Glas erkennen.

Die Unterschiede in der Tönung: Fassen Sie beide Gläser am Stiel und neigen Sie sie nebeneinander vor einem weißen Hintergrund von sich weg (*siehe* Abb. S. 144). Vermerken Sie die zentrale Färbung sowie die Randtönung (*siehe* S. 10–11).
Jetzt ist der Unterschied besser auszumachen. Der Beaujolais weist ein jugendlich blasses Violett/Lila auf, während sich der Nebbiolo eher rubinrot, vielleicht sogar ziegelrot getönt präsentiert, weil er farblich schneller reift und dabei «nachbräunt».

Empfohlene Weine	Herkunft	Rebsorte	Preis	Stil			Alternative Weine	
				Alkohol	Säure	Tannin		
1 Beaujolais-Villages (der jüngste)	Beaujolais, Frankreich	Gamay*	•	mittel+	lebendig	gering	1 Beliebiger leichter trockener Rotwein	•
2 Nebbiolo d'Alba (2–4 Jahre alt)	Piemont, Italien	Nebbiolo*	••	hoch	hoch	hoch	2 Barolo oder Barbaresco, Italien	••/•••
3 Rioja oder Tempranillo (2–4 Jahre alt)	Rioja, Spanien	Tempranillo++*	•	mittel	moderat+	leicht	3 Navarra Tempranillo, Spanien	••
4 Pinot noir (1–3 Jahre alt)	Carneros, Kalifornien	Pinot noir*	••	hoch	moderat+	leicht	4 Oregon, USA Yarra Vally, Australien	••/••• ••/•••

Nase: Wein 1 & 2

Vergleichen Sie die Nasen der ruhenden wie der geschwenkten Weine. Was sind die Unterschiede?

Der kaum duftende Beaujolais wird vielleicht Noten von Kaugummi und konservierten Erdbeeren zeigen, vielleicht noch einen Hauch Pfeffer. Der insgesamt aromatischere, vollere und individuellere Nebbiolo nimmt mit seinem süßen, rauchigen, teerigen Bouquet gewiss eine deutlich größere Präsenz im Glas ein.

Geschmack: Wein 1 & 2

Jetzt interessiert uns das Tannin: Kosten Sie die beiden Weine (den Beaujolais zuerst) und prüfen Sie das unterschiedliche Mundgefühl, insbesondere die Wirkung auf Ihr Zahnfleisch. Um mehr brauchen Sie sich vorerst nicht zu kümmern.

Der Beaujolais müsste bei diesem ersten Kosten leicht, fruchtig und ein wenig säurescharf erscheinen, zugleich relativ glatt. Die kräftige Säure des Nebbiolo wird dagegen Ihr Zahnfleisch wie «mit Haaren überziehen» und einen starken Eindruck von Trockenheit hinterlassen – Sie erleben hier seine Adstringenz, die Wirkung des Tannins (*siehe* S. 22). Bei Nebbioloweinen ist sie typischerweise stark ausgeprägt und gehört zur individuellen Persönlichkeit des Nebbiolo. Darum kann man ihn kaum ohne Begleitung durch einen Speisehappen genießen.

Tannin – ein Vergleich mit Speisen

1. Nehmen Sie einen kleinen Schluck Nebbiolo, bewegen Sie ihn kurz im Mund und schlucken oder spucken Sie ihn aus. Beachten Sie den generellen Geschmackseindruck und das Mundgefühl.

2. Essen Sie nun ein Stück Parmesan und nehmen Sie sofort einen weiteren Schluck Nebbiolo. Schmeckt der Wein jetzt anders?

Mit Sicherheit! Die abschreckende Adstringenz ist verschwunden, weil das Tannin vom Protein des Käses neutralisiert wird; jetzt kann sich endlich auch die Frucht des Nebbiolo frei entfalten. Dieser Wein, für sich genommen indiskutabel, schmeckt mit einer angemessenen Begleitung köstlich.

Sein kräftiger Geschmack ist selbst dem starken Geschmack des Parmesans gewachsen; den leichteren, fast tanninfreien Beaujolais dagegen würde der Käse einfach ersticken. Versuchen Sie es.

3. Essen Sie etwas Parmesan, bevor Sie den Beaujolais trinken – ein äußerst unfairer Vergleich!

Sie kennen nun die beiden Grundprinzipien, die für die Zusammenstellung von Wein und Speisen gelten:

1. Solche Weine und Speisen passen zusammen, die sich in Volumen und Geschmacksintensität ebenbürtig sind.
2. Dominiert bei Wein oder Speise ein Geschmackselement besonders (in diesem Fall das Tannin des Nebbiolo), tragen Sie dem Rechnung. Detailliertere Hinweise finden Sie auf den Seiten 160–162.

Füllen Sie beide Weine nach einer Pause (mit etwas Wasser und einem trockenen Kräcker) wieder auf. Kosten Sie sie nun einzeln und notieren Sie die generellen Proportionen, Noten und Längen.

Diese Paarung stellt zwei Weine von den entgegengesetzten Enden des Rotweinspektrums nebeneinander: einen leichten und lebendigen Gamay* für den Alltagsgebrauch,

OBEN LINKS: *Parmesan. Es ist erstaunlich, dass schon ein paar Proteine einen tanninreichen Wein zähmen können.*

OBEN RECHTS: *Sie bemötigen zum Dekantieren keine luxuriöse Karaffe. Ein einfacher Krug leistet ausgezeichnete Dienste, besonders beim doppelten Dekantieren, wenn Sie den Wein ohne Depot wieder in die gereinigte Flasche zurückgeben wollen.*

*** Siehe auch**

Farbe roter Weine **S. 10–11**
Speisen/Tannin **S. 162**
Gamay **S. 103**
Nebbiolo **S. 96**
Pinot noir **S. 87**
Tannin **S.22**
Tempranillo **S. 102**

glatt, unkompliziert und fruchtig, sowie den starken, festen, tanninreichen Rohdiamanten Nebbiolo, der eine gleichwertige Begleitung benötigt. Beachten Sie bei ihm auch die alkoholische Wärme und die aromatische Entfaltung beim Belüften im Mund.

Servieren Sie jetzt die Weine 3 und 4, von links (Rioja) nach rechts (Pinot noir). Folgen Sie dem normalen Verkostungsrhythmus, indem Sie Aussehen, Nase und Geschmack vergleichen.

Erscheinung: Wein 3 & 4

Vergleichen Sie sowohl von oben als auch bei geneigtem Glas wie bei den Weinen 1 und 2.
Auch diese Weine sind normalerweise recht blass: selbst bei einem nur zu einem Drittel gefüllten Glas werden Sie wahrscheinlich den Stiel noch deutlich sehen können. Haben Sie einen jungen, «modernen» Rioja gewählt, könnte er ein wenig dunkler und stärker violett getönt sein als der Pinot noir.

Nase: Wein 3 & 4

Vergleichen Sie die Weine still und nach dem Schwenken. Wechseln Sie dabei ruhig mehrmals von einem zum anderen. Notieren Sie sich zwei oder drei auffällige Eigenschaften.

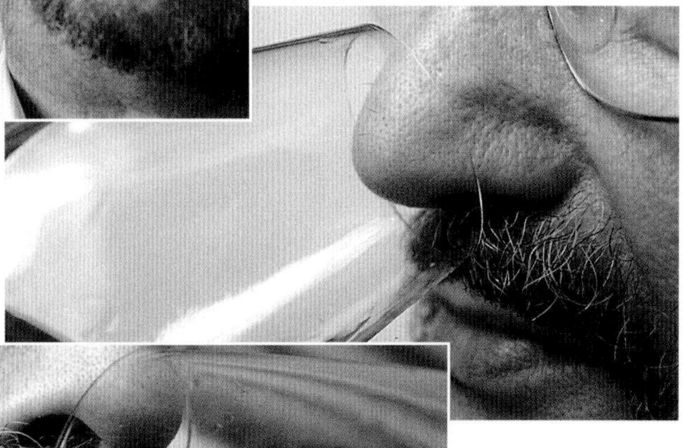

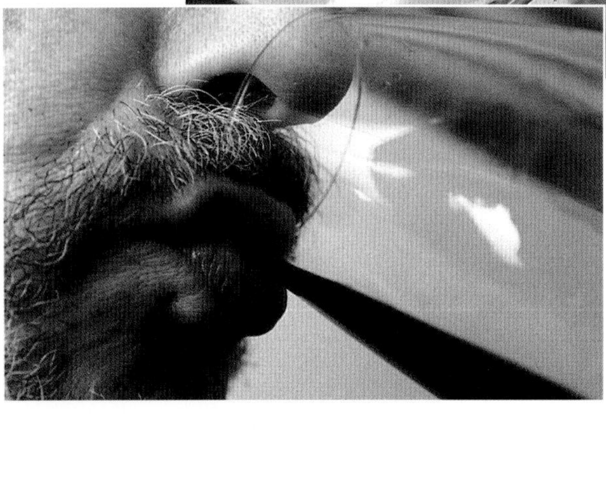

Den deutlichsten Unterschied macht hier das klare Vanillearoma der Eiche beim Rioja aus. Beide Weine können in der Jugend fruchtige Noten von schwarzen oder roten Kirschen zeigen, bei fortgeschrittener Reife kommen dann eher vegetabile Charakteristika hinzu. Beim Pinot noir wird Ihnen die «glatte» Süße im Geruch auffallen.

Vergleichen Sie vor dem Kosten die Nasen dieser beiden Weine mit denen des Beaujolais und des Nebbiolo, um sich der Unterschiede zwischen den vier Rebsorten zu vergewissern.

Geschmack: Wein 3 & 4

Während die Weine 1 und 2 bei den Rotweinstilen Kontrahenten repräsentieren, stehen Rioja und Pinot noir einander stilistisch wesentlich näher. Das gilt besonders für die Qualitätsunterschiede, die sich in der Tanninstruktur sowie in Länge und Duft ausdrücken. Bedenken Sie dabei, dass Sie für den Pinot noir wesentlich mehr bezahlt haben als für den Rioja. Kosten Sie zuerst von links nach rechts und dann in umgekehrter Reihenfolge.
Keiner der beiden Weine ist wirklich stark. Ein guter Rioja tritt süß und frisch auf, oft mit einem Hauch von Zitrone, zugleich kann man die Eiche, die für eine leicht trockene Struktur sorgt, deutlich herausschmecken. Der Pinot noir wird sich dagegen voller anfühlen, ohne doch stärker zu erscheinen. Auch er bringt eine süße Fruchtigkeit mit, wird aber den Mund deutlicher «parfümieren» und im Mundgefühl besonders seidig auftreten. Ist sein Preis gerechtfertigt, werden Sie ihn auch spürbar länger genießen können. Wenn Sie nun noch einmal den Rioja kosten, wird Ihnen die Trockenheit seines Mundgefühls nicht entgehen.

Kosten Sie abschließend erneut den Nebbiolo.
Jetzt ist sein Tanninkörper noch muskulöser, oder?

Zusammenfassung

Zunächst galt unsere Aufmerksamkeit der Farbe von Rotweinen. Wir lernten zwei edle rote Traubensorten kennen – Nebbiolo und Pinot noir – und erlebten dank des Vergleichs die überaus weite qualitative und stilistische Bandbreite der Rotweine. Dabei spielte das Tannin eine wichtige Rolle. Nicht zuletzt streiften wir die Frage, mit welchen Speisen man Weine begleitet.

Weinlegenden!

Um Wein werden die abwegigsten Ammenmärchen gesponnen – hier einige der hartnäckigsten.

Alter Wein ist besser als junger.
Gelegentlich. Meistens jedoch ist es keineswegs so (*siehe* S. 147).

Wenn es um Wein geht, ist alles erlaubt – alles eine Frage der subjektiven Sicht.
Es gibt viele Ansichten und reichlich Raum dafür. Verbindliche Normen leisten aber etwas anderes (*siehe* S. 29–33)!

Kühlen Sie Wein nie im Eisfach.
Unsinn! Das Eisfach ist viel schneller (und weniger arbeitsaufwändig) als ein Kübel mit Eisstücken und bei weitem schneller als der Kühlschrank. Solange Sie nicht vergessen, dass sich eine Flasche im Eisfach befindet, droht auch keine Gefahr. Stellen Sie sich also den Küchenwecker (*siehe* S. 119).

Salz und Weißwein entfernen Flecken von frisch vergossenem Rotwein.
Unsere Tischdecken teilen diese Meinung nicht. Salz und Weißwein mögen Flecken abdecken und ausdünnen, verursachen aber mit Sicherheit noch mehr Schmutz, ohne irgendeinen Fleck zu beseitigen! Wenn Sie schnell genug sind und Glück haben, hilft vielleicht die Waschmaschine.

Große Rotweine schmecken nicht, wenn sie jung sind.
Im Alter erlesene Rote hätten auch in ihrer Kindheit schon beeindrucken können. Machen Sie die Probe aufs Exempel, indem Sie einen guten Rotwein direkt vom Fass verkosten. Hingegen ist es in der Tat oft so, dass viele Weine gerade nach dem Abfüllen eine Art Pubertät durchlaufen, während derer sie ungeprägt, kantig und rau erscheinen. Dass sich allerdings ein im Fass hässliches Kind in eine reife Schönheit verwandelt, hoffen nur Leichtgläubige und Unwissende (*siehe* auch S. 147).

Für edle Weine gibt es den idealen Moment der Trinkbarkeit.
Bei einigen edlen Weinen währen Pubertät und Reifung länger als bei anderen. Die lagerungsfähigen können Sie durchaus in verschiedenen Altersstufen probieren und genießen. Den perfekten Zeitpunkt gibt es nicht. Fachbücher und vor allem die eigene Erfahrung werden Ihr «Zeitgefühl» schulen (*siehe* S. 147).

Roten Burgunder darf man nicht dekantieren.
Das mag in Burgund gelten. Aber Burgunder unterscheidet sich in nichts von anderen Weinen. Wenn er also Depot hat und Sie einen klaren Tropfen wünschen, dekantieren Sie ihn. Doch falls Sie der etwas trübe Anblick (und vielleicht Geschmack) nicht stört, verzichten Sie darauf.

Wie viele Weine sollte man in einer Sitzung verkosten?
Ich werde das regelmäßig gefragt. Die Frage ist etwa so naheliegend wie: Wie viele Bilder sollte man sich in einer Galerie anschauen? Alle, wenn ich mit gelegentlichen Blicken nach links und rechts hindurch galoppieren will. Aber was hätte ich davon? Es hängt von der Qualität der Weine ab und davon, wie viel Zeit ich habe, was ich zu erreichen versuche und, vielleicht, wie viel Kopfschmerzen ich am Ende haben möchte. Quantität ist selten das Thema. Außer man muss unmögliche Mengen «abhandeln».

Bei geöffnetem Schaumwein erhält ein in den Flaschenhals gehängter Teelöffel die Mousse.
Sicher! Und Wasser fließt bergauf! Die einen schwören auf Silber-, die anderen auf Zinnlöffel, einmal wirkt es nur bei Champagner, ein andermal nur bei Sekt! Zunächst müssten allerdings die grundlegenden Gesetze des Gasdrucks außer Kraft gesetzt werden. Nur zwei Maßnahmen verlangsamen den Verlust von CO_2: Kälte und ein Verschluss. Sonst nichts.

OBEN: *Unsinn!*
UNTEN: *Sinnvoll!*

Verkostung 6
Terroir und Qualität bei Rotweinen

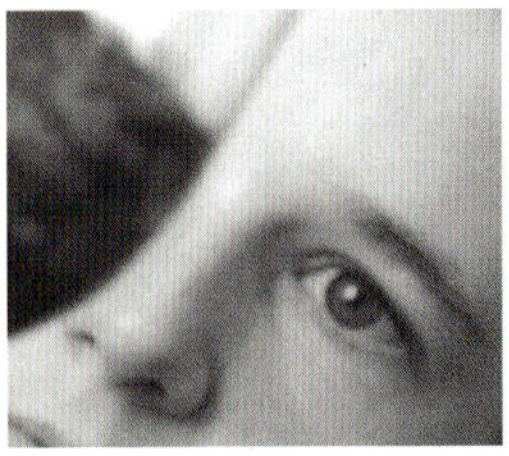

Sie können davon ausgehen, dass Weine mit unverwechselbarer Individualität und Eigenständigkeit stets von ganz bestimmten Lagen stammen. Historisch wäre Bordeaux ein geeignetes Demostrationsobjekt, aber Sie werden sehen, dass ähnliche Ehen zwischen Terroir und Wein in der ganzen Welt funktionieren.

Serviertemperatur:
17–19 °C

Dekantieren:
Achten Sie auf Depot und dekantieren Sie, wenn nötig (*siehe* S. 138).

Generelles Vorgehen:
Erläuterungen auf S. 117–119

Ziele: Diese Verkostung widmet sich zwei legendären roten Traubensorten, Cabernet Sauvignon* und Merlot*. Sie werden dabei eine Ahnung jener nahezu unendlichen Möglichkeiten gewinnen, die das Verschneiden für Weine eröffnet, und erneut den Einfluss des Terroir auf die Weinqualität erschmecken können – sowie nebenher der unterschwelligen «Erdigkeit» auf den Grund gehen, die fast allen roten Bordeaux eigen ist. Zwei weitere Qualitätsmaßstäbe werden uns interessieren: die Struktur* bzw. das Mundgefühl der Tannine und die immens wichtige Länge im Mund*.

Einkaufstipp: Es geht bei dieser Verkostung um die Unterschiede zwischen Merlot-Weinen vom so genannten «rechten Ufer» und Cabernet-Sauvignon-Weinen vom «linken» Ufer des Bordeaux*. Keine leichte Aufgabe mit nur drei Weinen. Darum sollten Sie sie besonders sorgfältig auswählen. Für den Wein 1 (Merlot) läge auf den ersten Blick ein Bordeaux supérieur nahe, aber ein einfacherer St-Émilion liefert ein besseres Beispiel der Traube. Als dritter Wein empfiehlt sich ein St-Julien oder ein Pauillac. Bei Einhaltung der Preisunterschiede kann man mit den gleichen Kriterien auch ein Trio aus der Neuen Welt zusammenstellen. Ein guter Coonawarra oder Napa Valley Cabernet wäre durchaus ein passabler dritter Wein.

Servieren Sie die Weine 1 und 2 von links (St-Émilion) nach rechts (Médoc).

Erscheinung: Wein 1 & 2

Prüfen Sie bei beiden von oben Tiefe und Klarheit
Beide Tropfen (insbesondere der Cabernet Sauvignon) erscheinen erheblich dunkler als der Pinot noir der vorangegangenen Verkostung. Der Wein vom rechten Ufer wird wohl ein wenig heller erscheinen, denn er ist preiswerter und besteht hauptsächlich aus Merlot-Trauben.

Untersuchen Sie die Weine gleichzeitig und nebeneinander bei geneigtem Glas. Beachten Sie die Farbe von Mitte und Rand.
Jetzt werden Sie die sattere Färbung des Cabernet besser erkennen können. Bei gleichem Alter ist der Wein auf Merlot-Basis vermutlich stärker ziegelrot gefärbt. Die größere Reife am Rand rührt sowohl von der schneller reifenden Traube als auch von der niedrigeren Qualität her (zur Farbe von Rotwein *siehe* S. 10–11).

Nase: Wein 1 & 2

Vergleichen Sie die Nasen der beiden Weine, zunächst in Ruhe, dann geschwenkt. Notieren Sie sich jeweils zwei oder drei markante Eigenschaften.

Empfohlene Weine	Herkunft	Rebsorte	Preis	Stil			Alternative Weine	
				Alkohol	Säure	Tannin		
1 **Einfacher St-Émilion / Bordeaux supérieur** (2–3 Jahre alt)	Bordeau, rechtes Ufer, Frankreich	Merlot++*	•/••	mittel	moderat	leicht	1 Merlot aus Bulgarien oder der Neuen Welt	•
2 **Cru Bourgeois, Haut-Médoc / Médoc** (3–5 Jahre alt)	Bordeaux, linkes Ufer, Frankreich	Cabernet Sauvignon++*	••	mittel	frisch	moderat	2 Premium Cabernet-Sau--vignon++ (Neue Welt)	••
3 **Cru classé, zweiter / dritter Wein*** (4–6 Jahre)	Bordeaux, linkes Ufer, Frankreich	Cabernet Sauvignon++	•••	mittel	frisch	moderat	3 Feiner Cabernet-Sauvignon++ (Neue Welt)	•••

Je preiswerter der Wein vom rechten Ufer ist, umso schwächer wird sich das Eichenholz bemerkbar machen. Ein ohne Holz ausgebauter Merlot aus Bordeaux zeigt durchweg leichte, schlichte Fruchtaromen, die an Pflaumen und Obstkuchen erinnern, je nach Alter auch eine mehr oder weniger ausgeprägte Süße und bisweilen leichte Noten von gemähtem Gras oder Heu aufweisen. Jedes bisschen Eiche* bringt Butter- und Karamellnoten ins Spiel. Der Cabernet-Wein wird womöglich eine Spur von zedriger neuer Eiche andeuten, im Vordergrund aber – besonders nach dem Schwenken – mit einem klaren, erdigen Aroma aufwarten, das deutlich von schwarzer Johannisbeere geprägt ist.

Geschmack: Wein 1 & 2

Kosten Sie die Weine von links nach rechts. Worin unterscheidet sich der generelle Eindruck von den feineren Noten der Weine?

Beide Weine besitzen einen leichten bis mittleren Körper und sind aufgrund unterreifer Frucht und hohen Tanningehalts deutlich trocken. Der geradlinige Merlot-Wein vom rechten Ufer wird einen flüssigen, aber kantigen Eindruck hinterlassen und im Mundgefühl geschmeidiger, im Geschmack pflaumiger als der Wein vom linken Ufer erscheinen. Der Médoc auf Cabernet-Basis tritt dagegen etwas schärfer in der Säure auf, dabei trockener und durch einen höheren Tanningehalt «griffiger» – mit dem eindeutigen Cabernet-Sauvignon-Geschmack nach nicht ausgereifter schwarzer Johannisbeere/Cassis.

Jetzt vergleichen Sie die aromatischen Charaktere, indem Sie die Weine sanft belüften.

In beiden Fällen bringt die Belüftung eine deutlich aromatische Erdigkeit und Fülle zur Geltung.

Hinweis: In den beiden Weinstilen kommen die Unterschiede zwischen linkem und rechtem Ufer des Bordeaux höchst vereinfacht zum Ausdruck, darum bieten sie einen guten Einstieg in solch vergleichende Untersuchungen (*siehe* dazu auch S. 83/93 sowie die Karte auf S. 168).

Was ist «Erdigkeit»?

Man stellte mir diese Frage einmal an einem Sommerabend, während ich exakt diese Verkostung durchführte. Es war ein überaus drückender und stickiger Tag gewesen, nun drohte ein Gewitter. Und bevor ich antworten konnte, öffnete der Himmel mit einem gewaltigen Donner seine Schleusen. Die Blumenbeete vor dem offenen Fenster sogen gierig den Regen auf, und plötzlich trug ein Windhauch den Duft feuchter Erde ins Zimmer. Ich strahlte und jeder im Raum verstand, dass dies die Antwort war: dieser würzige Geruch frisch feuchter Erde, der die Luft ebenso säuberte und erfrischte wie roter Bordeaux den Gaumen. Es war ein außerordentlich erhellender Zufall. Leider wurde mir bislang nur dieses eine Mal solch tatkräftige Unterstützung von oben zuteil!

Servieren Sie jetzt Wein 3 (Cru classé) rechts von Wein 2 (Cru bourgeois). Füllen Sie Wein 1 und 2 wieder auf.

Erscheinung: Wein 3

Achten Sie wie gehabt auf Klarheit, Glanz und Tönung.

OBEN LINKS: *Mehr zum Unterschied zwischen «linkem» und «rechtem» Ufer finden Sie auf der Karte S. 168 und in den Artikeln über Cabernet Sauvignon* und Merlot*.*

OBEN RECHTS: *Im direkten Vergleich ist die Farbe leichter zu beschreiben. Bei Rotweinen gibt es weit mehr zu beobachten und einzuschätzen als bei Weißen.*

*** Siehe auch**

Cabernet Sauvignon **S. 83**
Merlot **S. 93**
Länge im Mund **S. 26–27**
Eiche **S. 47–48**
Bordeaux **S. 83–84, 93–94**
zweite/dritte Weine **S. 83**
Struktur (Mundgefühl) **28**

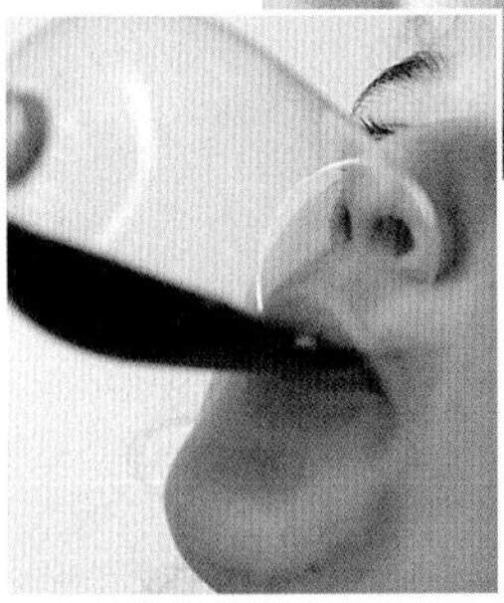

Nase: Wein 2 & 3

Vergleichen Sie sorgfältig die Nasen, einmal in Ruhe, dann nach dem Schwenken.

Bei Wein 3 dürfte deutlicher die neue Eiche zum Tragen kommen, begleitet vom Cassis-Duft des Cabernet; seine Erdigkeit jedoch wird, wenn überhaupt bemerkbar, raffinierter und weniger offensichtlich sein als bei Wein 2.

Geschmack: Wein 2 & 3

Nun ein kurzer allgemeiner Vergleich. Vergegenwärtigen Sie sich den Geschmack von Wein 2, ehe Sie Wein 3 probieren.

Wein 3 werden Sie als reicher, auch reifer und vollmundiger in den Aromen und länger im Abgang empfinden. Untersuchen wir ihn genauer.

Gönnen Sie sich aber zunächst eine Pause mit einem Kräcker und etwas Wasser.

Untersuchen Sie nun die Qualität in Hinblick auf das Mundgefühl des Tannins. Diesmal kosten Sie Wein 3 zuerst. Achten Sie nur auf das Mundgefühl. Testen Sie gleich anschließend Wein 2 mit dem gleichen Ziel. Was unterscheidet die Tannine?

Jene von Wein 2 werden Ihnen im Vergleich gröber und rauer erscheinen. Das Mundgefühl ist bei Rotweinen ein wichtiges Qualitätsmerkmal. Bei teuren Rotweinen sollte man vor allem auf die Feinheit dieses Eindrucks achten (*siehe* S. 28).

Untersuchen Sie die Qualität in Hinblick auf die Länge der Weine im Mund Kosten Sie dazu Wein 3 erneut zuerst. Fragen Sie sich, während Sie den Wein sanft im Mund bewegen und belüften, wie lange sein Geschmacksspektrum Ihren Gaumen stimuliert, bevor es verblasst. Wie lange lohnt es sich, ihn im Mund zu behalten? Testen Sie nun in gleicher Weise Wein 2. Wo liegen die Unterschiede? Voraussichtlich wird Ihr Interesse bei Wein 2 rascher erlahmen. Der Medoc vom linken Ufer stimuliert einfach die Geschmacksknospen in geringerem Maße und fordert unsere Vorstellungskraft weniger als sein naher, aber teurer Verwandter **(*siehe* insbesondere S. 25–26)****.**

Erneutes Verkosten, zunächst Wein 2, dann Wein 3.

Der Eindruck wird nur bestätigt. Der teuerere Wein hat auch mehr zu bieten – die Länge im Mund ist hier ein wichtiger Maßstab. Und trotz der engen Familienverbundenheit (Cabernet Sauvignon vom linken Ufer) wird der Wein 3 neben dem längeren Abgang auch ein kräftigeres Aroma zeigen, kurz: Bei ihm sind die Familienmerkmale weit raffinierter und klarer angelegt.

Zusammenfassung

Wir gönnten uns einen (viel zu kurzen) Blick auf eine der interessantesten Weinbauregionen der Welt und ihre Weine – typisch für roten Bordeaux ist eine leichte, trockene und erdige Frische mit einer unverwechselbaren Note schwarzer Johannisbeeren. Wir befassten uns mit den geschmacklichen Unterschieden zwischen Cabernet Sauvignon und Merlot und fanden erneut die Bedeutung des Terroir bestätigt. Zuletzt untersuchten wir zwei wesentliche Qualitätsmaßstäbe: das Mundgefühl (Struktur) und die Länge im Mund.

Weine und Alter

Die allermeisten Weine werden nicht alt, sondern sind für den Verbrauch innerhalb von einem oder zwei Jahren nach der Herstellung bestimmt. Darum gilt für den Großteil der Weine, die Sie im Regal einer Weinhandlung oder des Supermarkts finden: Kaufen und trinken Sie die jüngsten, die Sie kriegen können.

Es gibt aber einige wenige Weine, die alle anderen Getränke insofern überragen als sie mit zunehmendem Alter, manche gar über Jahrzehnte hinweg, immer besser werden und ein langes Ausharren gebührend belohnen. Diese wenigen Weine durchlaufen eine bemerkenswerte Transformation, an deren Ende sie mit ganz besonderen Reizen für all unsere Sinne aufwarten. So gering ihre Zahl ist: Sie verwandeln den geneigten Weingenießer in einen passionierten Liebhaber, der für einen derartigen Genuss ohne Zögern tief in die Tasche zu greifen bereit ist.

Was geschieht bei der Alterung?

Bei einem ausreichenden Säure- und/oder Tanningehalt ist praktisch jeder Wein lagerungsfähig. Aber Alter an sich ist noch keine Tugend, die jeden beliebigen Wein verbessert. Zur Lagerung eignen sich eher solche Weine, deren Komponenten, vor allem Säure und Tannin, in jungen Jahren aufdringlich und manchmal harsch und roh wirken. Das ist aber noch keine Garantie für ein Erblühen im Alter. Man weiß nur, dass bei Weinen, die sich mit der Zeit tatsächlich verbesserten, winzige chemische Veränderungen stattfanden, die allzu scharfe Kanten abrundeten sowie für eine glattere Struktur, ein reicheres Geschmacks- und Aromenspektrum und einen insgesamt ausgewogenen Eindruck sorgten. Gute Fachliteratur und Ihre eigene Erfahrung werden Ihnen bei der Entscheidung helfen, Weine für eine Lagerung auszuwählen (*siehe* auch S. 143).

Welche Weine verbessern sich mit dem Alter?

Eine erste Richtschnur ist der Preis: Bei teuren Weinen ist die Chance einfach größer, dass sie durch eine Einkellerung noch hinzugewinnen. Grundsätzlich eignen sich die Weine folgender roter Rebsorten für eine erfolgreiche Lagerung erfahrungsgemäß am besten: Cabernet Sauvignon, Merlot, Syrah/Shiraz, Nebbiolo, Sangiovese und, mit geringeren Perspektiven, Pinot noir. Geeignete weiße Traubensorten sind: Riesling, Chardonnay und Chenin blanc von der Loire. Dazu kommen Dessertweine aus edelfaulen Trauben und die Vintage Ports. Detaillierte Informationen zu Trauben und Weinen finden Sie in den jeweiligen Kapiteln.

Wann sind Weine am besten?

Unter uns: Das wüssten wir alle gerne. Aber darauf gibt es keine verbindliche Antwort. Fragen Sie sich selbst einmal, wann im Leben Sie in Höchstform sein werden. Gute Weine verändern sich mit dem Alter wie Menschen: in der Jugend strotzend vor Kraft, aber ohne subtilere Nuancen (man könnte auch von Falten und Narben sprechen), im Alter dann ausgeklügelte Feinheiten (graues Haar), dafür schwinden die Muskeln – kurz: anderes Alter, andere Vorzüge. Hinzu kommen noch recht unterschiedliche Vorstellungen von Perfektion, die vom jeweiligen Geschmack, den begleitenden Speisen, dem Anlass und der spezifischen kulturellen Tradition geprägt sind.

Es gibt zahlreiche Bücher zur Frage des idealen Reifezeitpunkts. Am verlässlichsten jedoch ist die eigene Erfahrung. Finden Sie heraus, welche Weine Ihnen jung oder alt besser munden.

Und vermeiden Sie möglichst jene frustrierende Haltung, die stets bedauert, was einem Wein fehlt, statt zu genießen, was er bereits zu bieten hat!

OBEN: *Zwei Rieslingweine: Der 1988er Australier hat zu viel Sauerstoff aufgenommen, er wirkt bereits alt. Der 1985er Elsässer war im Jahr 2000 noch ein Baby!*

UNTEN: *Bordeaux: ein 1994er Cab. Sauvignon (links) und ein 95er Merlot. Letzterer sieht nur darum älter aus, weil Merlot schneller reift als Cabernet.*

Verkostung 7
Rotweine: Alte & Neue Welt

Zwar prägt in der Regel die Rebsorte Stil und Charakter eines Weins, aber einige Weine scheinen geschmacklich in erster Linie von ihrer geografischen Herkunft zu profitieren – denken Sie nur an Syrah und Shiraz. Also Terroir in großem Maßstab? Oder gar ein Nationalstil? Wir werden es herausfinden.

Serviertemperatur:
17–19 °C

Dekantieren:
Achten Sie auf Depot und dekantieren Sie nötigenfalls (*siehe* S. 138).

Generelles Vorgehen:
Erläuterungen auf S. 117–119

Ziele: Im Zentrum der letzten Rotweinverkostung stehen zunächst zwei klassische – und sehr unterschiedliche – Versionen des Syrah/Shiraz*: ein Syrah von der nördlichen Rhône (Alte Welt) und ein Shiraz aus Südaustralien (Neue Welt). Dann untersuchen wir an zwei Beispielen Cabernet Sauvignon* aus der Neuen Welt. Beide Paare gestatten uns, einmal aus einem etwas anderen Blickwinkel Stilunterschiede, Qualitätskriterien und vor allem das Preis-Leistungs-Verhältnis zu prüfen.

Einkaufstipp: Ziehen Sie die Informationen zu den Rebsorten, Weinen, Marken und Erzeugern zu Rate, die Sie in den entsprechenden Kapiteln dieses Buchs finden. Kaufen Sie möglichst ein Syrah/Shiraz-Paar der gleichen Preisstufe und greifen Sie dabei zu einem gewöhnlichen Shiraz aus Südaustralien – aus dem Barossa Valley oder dem McLaren Vale. Behalten Sie bei den Cabernets im Auge, dass wir hier einen guten, preiswerten Chilenen mit einem Spitzen-Kalifornier vergleichen wollen, um Stile und Qualitäten möglichst drastisch zu kontrastieren. Wein 4 sollte also tatsächlich ein Klasse-Napa-Valley sein.

Servieren Sie die Weine 1 & 2 von links (Syrah) nach rechts (Shiraz).

Erscheinung: Wein 1 & 2

Prüfen Sie wie gehabt von oben auf Tiefe und Klarheit, auf Unterschiede in der Tönung aber bei geneigtem Glas.

In beiden Fällen wird der Shiraz als der dunklere und satter gefärbte Wein erscheinen – ein generelles Charakteristikum von Trauben, die unter wärmeren klimatischen Bedingungen größere Reife erlangen.

Nase: Wein 1 & 2

Vergleichen Sie die Nasen der beiden Weine zunächst still, dann nach dem Schwenken. Vermerken Sie jeweils zwei oder drei auffällige Eigenschaften. Worin unterscheiden sie sich?

Unmittelbar wird der Shiraz, deutlicher vom Eichenholz geprägt, die reichere Präsenz zeigen, die sich typischerweise in Brombeer-, Süßholz- und Marmeladenoten sowie mit einem süßen Oberton aus Vanille und Nelken der amerikanischen Eiche* äußert. Dagegen wird die diskretere Eiche des Syrah von der Rhône kaum zu bemerken sein, er tritt zudem pfeffriger und mineralischer auf, womöglich mit einem Hauch gebratenen Fleischs – insge-

Empfohlene Weine	Herkunft	Rebsorte	Preis	Stile			Alternative Weine	
				Alkohol	Säure	Tannin		
1 **Crozes-Hermitage** (3–5 Jahre alt)	Nördliche Rhône, Frankreich	Syrah*	•/••	mittel	mod.–hoch	mod.+	1 St-Joseph, Frankreich	••
							Wallis, Schweiz	•••
2 **Shiraz** (2–4 Jahre alt)	Südaustralien	Shiraz*	•/••	hoch	moderat	moderat	2 Südafrika	••
3 **Cab. Sauvignon** (1–3 Jahre alt)	Chile	Cab. Sauvignon*	•	mittel–hoch	moderat	leicht	3 Bulgarien (2 Jahre alt)	•
							preiswerter Kalifornier	•
4 **Cab. Sauvignon** (4–6 Jahre alt)	Napa Valley, Kalifornien	Cab. Sauvignon	•••	hoch	moderat+	mod+	4 Süd- oder Westaustralien	•••

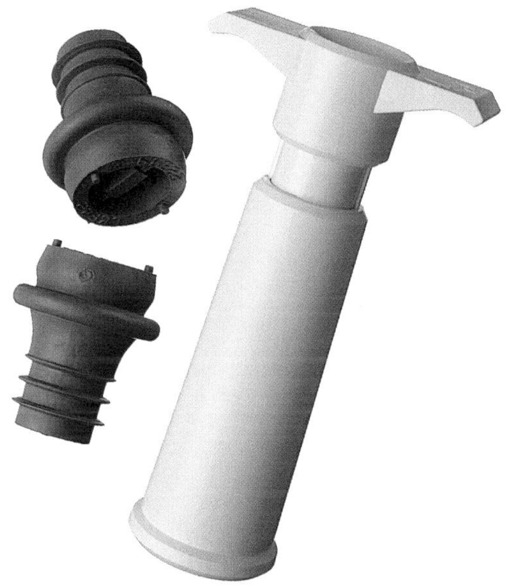

OBEN LINKS: *Fast jeder Behälter kann als Spucknapf dienen.*

OBEN RECHTS: *Wie konserviert man einen geöffneten, nicht geleerten Wein? Durch Kühlung und Verminderung des Sauerstoffkontakts. Mit einer Vakuumpumpe kann man die Luft absaugen; wirksamer ist Stickstoff (siehe S. 119). Da er schwerer als Luft ist, verdrängt er sie aus der Flasche. Kühlung verlangsamt den Verfall zusätzlich, ebenso das Umfüllen in eine kleinere Flasche, die man neu verkorkt.*

samt der trockenere, weniger süße Wein. Falls Ihnen der französische Syrah vertrauter ist als der australische Shiraz, werden Sie bei letzterem vielleicht eher den typisch australischen Stil als die Shiraztraube ausmachen. Umgekehrt trifft das Gleiche auf den Syrah zu. Beide repräsentieren sowohl ein Klima wie eine Weintradition.

Geschmack: Weine 1 & 2

Verkosten Sie die Weine zunächst einzeln und machen Sie sich jeweils Geschmacksnotizen*. Rekapitulieren Sie noch einmal die Verkostungstechniken auf S. 133 und die Notizen von S. 135, um sich zielgerichtet zu konzentrieren. Essen Sie nach dem Syrah zunächst einen Kräcker und trinken Sie etwas Wasser, ehe Sie sich dem Australier zuwenden. Bemühen Sie sich, bei der Beschreibung des Shiraz Ihre Eindrücke vom Rhônewein zu vergessen.

Dafür gibt es zwei Gründe:

1. Da es uns hier zunächst um den einzelnen Wein geht, könnte ein vergleichendes Kosten in diesem Fall das Bild eher trüben.
2. Wir entgehen so auch einem voreiligen Urteil wie «Dieser Wein ist größer, voller, stärker (besser?) bzw. leichter, weniger zentriert (schlechter?)».

Vergleiche sind immer erhellend, wesentlich ist aber der richtige Zeitpunkt. Man sollte zuerst die einzelne Größe in ihrer Eigenheit erkennen, ehe man sie an einer anderen misst. Ein vorschneller Vergleich wird leicht weder der einen noch der anderen gerecht.

Dies vorausgesetzt, kommen wir nun zum Vergleich. Der Rhônewein besitzt mehr Säure, weniger Alkohol, ein erdigeres Aroma und einen pfeffrigeren Geschmack. Er ist insgesamt leichter, heller und trockener. Der wärmere, dichtere und vollmundigere Shiraz betont mit mehr Alkohol die reife Frucht und die Süße der Eiche. In der Qualität der Länge werden beide einander ähneln, während sich in Nase und Geschmack die Stile stark unterscheiden – man mag kaum glauben, dass es sich um die gleiche Rebsorte handelt! Offenbar sind beide Weine mindestens ebenso stark von ihrer Herkunft, ihrem Klima und ihren Weintraditionen geprägt wie von ihrer Traube (Erläuterungen zu stilistischen Unterschieden auf S. 90–92).

Servieren Sie jetzt die Weine 3 und 4, von links (Chile) nach rechts (Kalifornien).

Dieser Durchgang ist insofern eine wirkliche Herausforderung, als Sie nun zwei Cabernet-Sauvignons aus der Neuen Welt miteinander vergleichen sollen. Wir wollen die stilistischen Unterschiede untersuchen, aber auch herausfinden, ob die tatsächlichen Qualitätsunterschiede die Preisdifferenz rechtfertigen, ob also das Preis-Leistungs-Verhältnis akzeptabel ist.

Erscheinung: Wein 3 & 4

Prüfen Sie die Klarheit und die Unterschiede in Tiefe und Tönung.

Nase: Wein 3 & 4

Wiederholen Sie hier den Ablauf des Geschmacksvergleichs der Weine 1 und 2. Da es aber um die Na-

*** Siehe auch**

amerikanische Eiche **S. 48**
Cabernet Sauvignon **S. 83–85**
krautig/minzig **S. 86, 150**
Notizen **S. 26, 134–135**
Syrah/Shiraz **S. 90–92**

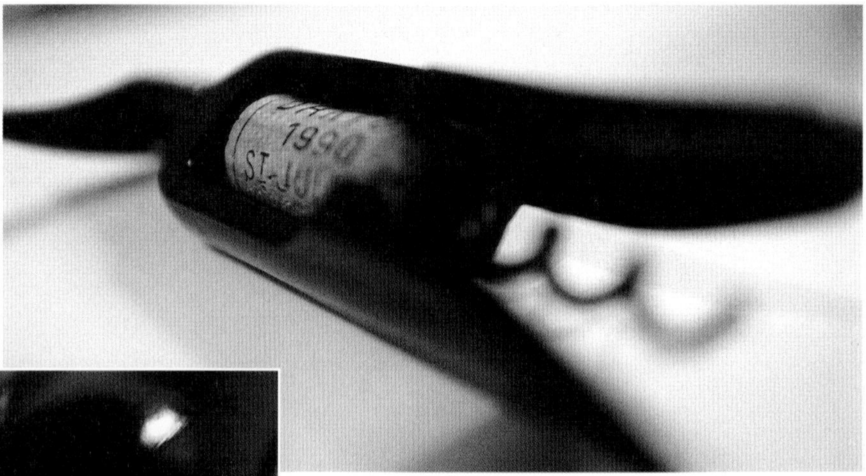

sen geht, rekapitulieren Sie noch einmal die Schritte 4 und 5 auf S. 133 sowie die Anmerkungen zur Nase auf S. 135. Fertigen Sie für jeden Wein eine vollständige Notiz an.

Der teure Wein sollte die feinere und komplexere Nase zeigen, zugleich die längere, insofern sie Ihr Interesse länger in Bann ziehen müsste. Dieser Wein wird auch die offenkundigeren Eichennoten aufweisen; die Frage ist, ob Sie das Ausmaß überzeugt. Beide Weine werden mit dem typischen Cabernet-Sauvignon-Duft aufwarten, der chilenische Wein sollte jedoch «kühler» erscheinen, deutlicher an unreife schwarze Johannisbeere gemahnen, dabei ein wenig minzig* und krautig* auftreten. Der edle Kalifornier mit einer reiferen, mehr cassisartigen Frucht unter seiner Eiche dürfte dagegen unzweifelhaft intensiver wirken. Er sollte auch qualitativ klarer gezeichnet und weit raffinierter erscheinen.

Geschmack: Wein 3 & 4

Die Stilunterschiede der Nasen werden sich auch im Geschmack zeigen; vermerken Sie sie, aber konzentrieren Sie sich auch auf die Wahrnehmung und Formulierung der Qualitätsunterschiede (*siehe* S. 26–28 und Schritt 8 auf S. 133). Mehrfaches Wechseln zwischen den Weinen wird dabei helfen.

Sie werden vor allem folgende Unterschiede bemerken:

1. Mundgefühl: Der Australier erzeugt einen deutlich feineren Struktureindruck.
2. Länge im Mund: Auch hier sollte Wein 4 die Nase vorn haben.
3. Ausgewogenheit von Duft und Frucht: Der teurere Wein wird die stärkere aromatische Präsenz zeigen.
4. Abgang: Er vollzieht sich bei dem Australier deutlich länger.

Fragen Sie sich nun, welcher Wein das bessere Preis-Leistungs-Verhältnis bietet. Immerhin ist Wein 4 dreimal so teuer wie Wein 3.

Werfen Sie abschließend einen kritischen Blick auf Ihre Notizen. Prüfen Sie, ob sie tatsächlich Ihr Bild der Weine wiedergeben, und formulieren Sie, wo nötig, neu.

Zusammenfassung

Die Verkostung von Syrah und Shiraz machte unübersehbar, wie stark die geografische Herkunft einen Weinstil beeinflusst. Außerdem erwies es sich als nützlich, einmal vom direkten Vergleich abzusehen. Bei den beiden Sauvignons schließlich boten die Verkostungsnotizen eine gute Grundlage für die Einschätzung des Preis-Leistungs-Verhältnisses.

Weinfehler

Die Verdächtigen!

Perlen in Stillwein: In vielen leichten Weißweinen und wenigen Rotweinen belässt man einen leichten CO_2-Gehalt, um ihre Frische zu stützen. Kein Grund zur Sorge (*siehe* S. 9).

Getrübter Wein: In den meisten Fällen lediglich ein reifer edler Wein mit aufgewühltem Depot. Wenn Sie schon eingeschenkt haben, ist es zu spät. Ist die Flasche noch verkorkt, lassen Sie das Depot sich absetzen und dekantieren Sie dann den Wein (*siehe* S. 138).

Schwimmende Korkstückchen: Kein korkiger Wein, sondern ein krümeliger Korken bzw. die Folge eines stumpfen Korkenziehers. Sammeln Sie die Partikel mit einem Teelöffel ein.

Weiße oder violette Kristallablagerungen an Korken oder Flaschenboden: *Siehe* Abbildungen unten links und auf S. 50.

Die wahren Übeltäter!

Die häufigsten Weinfehler, denen Sie begegnen werden, haben mit Sauerstoff, Schwefel und Kork zu tun. Das Attribut «oxidiert» wird generell für Weinfehler herangezogen, die ihre Ursache in einer übermäßigen Sauerstoffaufnahme haben, sei es durch falsche (z. B. zu warme) Lagerung oder einen undichten Korken. Oxidationsfehler sollte man von den so genannten «flüchtigen» Makeln unterscheiden, auch wenn beide häufig zusammen auftreten.

Oxidierte Erscheinung: *siehe* Abbildung rechts, oben.

Oxidierte Nase: Der Wein hat an Frische eingebüßt und schmeckt flach oder schal, was bei Weißweinen mit Noten von zerdrückten Äpfeln oder Fino Sherry einhergeht, bei Rotweinen mit bitter-süßen Karamellgerüchen.

Oxidierter Geschmack: Entspricht der oxidierten Nase – müde, flach, hart bei Weißweinen; zu süß und zu sauer bei Rotweinen.

Flüchtig: Meint den penetranten Geruch von Essigsäure und Essigester. Diese beiden «flüchtigen» Fehler können gemeinsam, aber auch einzeln auftreten: **Essigsäure** beeinträchtigt einen Wein mit saurem Essiggeruch und dem entsprechend unleidlichen verdünnenden, scharfen Geschmack. **Essigester:** Geruch von Nagelreiniger, Lösungsmitteln und Bastelkleber. Er findet sich bisweilen in jungen Weinen und selbst solchen, die in jeder anderen Hinsicht «frisch» erscheinen. Essigester macht den Wein geschmacklich hart und heiß, insbesondere im Abgang. Die persönliche Toleranzgrenze ist hier sehr individuell.

Schwefeldioxid (SO_2): SO_2 schützt Wein vor Sauerstoff. Im Übermaß macht es sich durch den beißenden Geruch eines abgebrannten Streichholzes bemerkbar und führt zu einem Stechen in Nase und Rachen. SO_2 lässt sich bis zu einem gewissen Grad durch «kräftiges» Dekantieren oder großzügiges Schwenken vertreiben. Die individuelle Empfindlichkeit ist auch hier sehr unterschiedlich.

Schwefelwasserstoff (H_2S): «Reduzierter» Schwefel produziert in Verbindung mit Wasserstoff Gerüche nach faulen Eiern oder verbranntem Gummi. In milder Form unterstützt er den Wein beim Atmen, in extremer Form stinkt er geradezu nach Knoblauch, Zwiebeln und Kanalisation. Dagegen ist kein Kraut gewachsen.

Korkgeschmack: Die zum Sterilisieren von Korken und Fässern verwendete Chlorlösung kann eine Substanz namens Trichloranisol (TCA) entstehen lassen, wenn sie mit Schimmel in Kontakt kommt. TCA erzeugt einen synthetischen Schimmel-, Moder- und Staubgeruch. Er überdeckt die Frucht des Weins, trocknet und verkürzt den Geschmack und verstärkt sich, je länger die Flasche offen steht. Korkmängel sind heute die Ursache der meisten Weinfehler – ein guter Grund, zu Polypropylen oder Schraubverschlüssen zu wechseln.

OBEN: *Zwei Flaschen aus dem gleichen Karton! Die linke ist durch fehlerhafte Abfüllung (Sauerstoffkontakt!) schon stark geschwunden.*

OBEN: *Der gleiche Rotwein aus zwei Flaschen. Der rechte ist zehn Tage länger offen: ein deutlich «oxidiertes» Ziegelrot.*
UNTEN LINKS: *Weinsäurekristalle an einem Rotweinkorken (siehe S. 50).*
UNTEN RECHTS: *Altec bietet die erfolgreichste «Naturkork»-Lösung gegen Korkgeschmack.*

Verkostung 8
Halbtrockene und süße Weißweine

Die fatale Wirkung von Zucker auf den Hüftspeck hat jede Form von Süße in Misskredit gebracht. Lassen Sie sich von diesen Vorurteilen nicht irritieren: Gute süße Weine zählen zu den köstlichsten überhaupt und haben zudem oft einen moderaten Alkoholgehalt auf ihrer Seite. Lassen Sie sich überzeugen!

Serviertemperatur:
6–8 °C

Generelles Vorgehen:
Erläuterungen auf
S. 117–119

Ziele: Diese Verkostung widmet sich den Riesling*- und Furmint*-Trauben und streift dabei die Auswirkung von Edelfäule* auf süße Weine. Wir werden verschiedene Süßegrade* erleben und entdecken, wie wichtig die Säure für die appetitanregende Wirkung von Weinen ist. Zum Abschluss gilt unser Interesse der angemessenen Begleitung dieser Weine durch Speisen.

Einkaufstipps: Bei dieser Verkostung überzeugen die empfohlenen Alternativen am wenigsten. Sauternes und ein spät gelesener Sémillon aus der Neuen Welt können dank ihrer Süße noch einigermaßen an die Stelle des Tokajers treten. Aber für eine gute deutsche Riesling-Spätlese und -Auslese gibt es keinen wirklichen Ersatz. Informieren Sie sich im entsprechenden Kapitel dieses Buchs (S. 62) und kaufen Sie dann den besten Wein, den Sie sich leisten können – idealerweise eine Spätlese sowie eine Auslese aus dem gleichen Jahr vom selben Erzeuger.

Hinweis: Sie werden für diese Verkostung auch einen guten cremigen Roquefort brauchen. Dazu Ihr bevorzugtes Weißbrot, getoastet.

Erscheinung: Wein 1 & 2

Untersuchen Sie Klarheit, Glanz und Farbe.

Beide Weine erscheinen blass und glänzend; die Liebfrauenmilch zeigt dabei vermutlich eine Tendenz zum Strohgelb, die leuchtendere, fast farblose Spätlese dagegen eine grünliche Tönung.

Nase: Wein 1 & 2

Vergleichen Sie die Nasen beider Weine einmal still, dann geschwenkt, und notieren Sie jeweils zwei oder drei Eindrücke.

Die Leichtigkeit ist beiden Weinen gemeinsam. Der Müller-Thurgau, generell mit Noten von Holunderblüten und Buchsbaum aufwartend, kann dazu noch den blumigen Hauch der Morio-Muskat-Traube zeigen, mit der er gewöhnlich verschnitten wird. Erwarten Sie keine großen Kontraste. Der Riesling wird in Ruhe eine klarer definierte, blumige und frisch traubige Nase entfalten. Nach dem Schwenken kann er leicht «ölig» duften, mit verhaltenen Petroleum- und Kerosinnoten – selbstverständlich auf überaus positive Weise!

Geschmack: Wein 1 & 2

Testen Sie die jeweilige Süße. Wie würden Sie sie beschreiben? Ziehen Sie die folgende Liste der anstei-

Empfohlene Weine	Herkunft	Rebsorte	Preis	Stil		Alternative Weine	
				Alkohol	Säure		
1 **Liebfrauenmilch** (ganz jung)	Rheinhessen, Deutschland	Müller-Thurgau++*	•	niedrig	moderat	1 halbtrockene QBA, Deutschland	•
2 **Riesling Spätlese** (1–3 Jahre alt)	Mosel, Deutschland	Riesling*	••	niedrig	lebendig	2 halbtrockener Riesling, Neuseeland; Oregon, USA	•/••
3 **Riesling Auslese** (1–3 Jahre alt)	Mosel, Deutschland	Riesling	••–•••	niedrig	lebendig	3 Riesling Auslese, Pfalz, Nahe, Rheingau	••/•••
4 **Tokaji Aszú 5 Puttonyos** (5–7 Jahre alt)	Tokaji, Ungarn	Furmint++*	••–•••	mittel	hoch	Sauternes, Barsac, Frankreich Late Harvest Sémillion, Australien	••/•••

genden Süßegrade zu Rate: mitteltrocken, halbtrocken, mild, lieblich, süß, intensiv süß.

Natürlich hängt die Süße jeweils auch von den speziellen Weinen ab, die Sie vor sich haben, aber einen großen Unterschied werden Sie kaum feststellen. Auch wenn die Spätlese mehr messbare Restsüße aufweist, wird diese durch einen höheren Säuregehalt wieder kompensiert. Es gibt keine objektive Messmethode für die Wahrnehmung von Süße. Die Liste der Süßegrade bietet eine grobe Orientierung. Beide Weine gelten als halbtrocken oder mild. Fanden Sie sie vielleicht «süß» oder «lieblich»?

Die Qualität der Länge:

Beide Weine lassen einen wahrhaft langen Abgang vermissen, aber der Riesling könnte mit seinem klareren, frischeren Geschmack eine größere Nachhaltigkeit entfalten. Wenn Sie noch Zweifel haben, verkosten Sie den Riesling zuerst und kehren Sie dann zur Liebfrauenmilch zurück: Sie wird nun umso flacher erscheinen.

Servieren Sie jetzt Wein 3 (Auslese) rechts von Wein 2 (Spätlese). Füllen Sie Wein 2 wieder auf.

Erscheinung: Wein 3

Untersuchen Sie Klarheit und Glanz.

Nase: Wein 2 & 3

Vergleichen Sie die Nasen und notieren Sie die Unterschiede.

Wein 3 wird Wein 2 ähneln, aber ein wenig intensiver und reicher auftreten. Wenn sie nach dem Schwenken wieder zur Ruhe gekommen ist, wird die Auslese vermutlich ein ausgeprägteres Öl/Petroleum-Aroma und möglicherweise Andeutungen von Rosinen, Moschus und Gewürzen zeigen. Auslesen* (*siehe* S. 62–63) stellt man aus spät gelesenen, reiferen Rieslingtrauben von den sonnigsten und wärmsten Lagen des Weinbergs her; sie weisen oftmals eine gewisse Edelfäule* auf (*siehe* S. 42–43). Diese äußert sich aromatisch bisweilen auch in Moschus-, Rosinen- und Gewürznoten.

Geschmack: Wein 2 & 3

Diesmal kosten Sie zum Vergleich der Süße Wein 3 zuerst. Vermerken Sie den jeweiligen Süßegrad.

Diese Reihenfolge wird Sie vermutlich ihre frühere Einschätzung der Spätlese* korrigieren lassen. Sie schmeckt jetzt wesentlich trockener, da die «süßere» Auslese vorherging. Und doch ist auch die Auslese ein lieblicher, kein süßer Wein.

Prüfen der Qualität: Achten Sie auf den Gesamteindruck des Geschmacks sowie auf die Länge in Mund und Abgang. Wechseln Sie zwischen den Weinen hin und her, wenn Sie sich unsicher sind.

Die Auslese ist dank der reiferen Frucht und der Edelfäule nicht nur süßer, sie besitzt auch eine feinere Würze und Rassigkeit im Mund, ein schöne Folge der Edelfäule. Der Wein sollte voller und im Abgang länger sein, während die stets präsente Säure für Frische sorgt.

Die Qualität der Rieslingtraube in beiden Weinen

Die Rieslinge von der Mosel haben nichts Ermüdendes. Trotz ihrer relativen Süße bleiben sie leicht und transpa-

Diese drei Muscats (siehe S. 74,75) mit sehr unterschiedlichen Stilen, Herkünften und Alkoholgehalten bilden ein höchst interessantes Vergleichstrio. Nehmen Sie die jüngsten erhältlichen Jahrgangsweine: Moscato d'Asti, Italien, 5 Vol.-%, Elysium Black Muscat (Quady), Kalifornien, 15 Vol.-%, Liqueur Muscat, Victoria, Australien, 18 Vol.-%. Trotz ihrer Unterschiede bleibt die Familienzugehörigkeit unübersehbar.

*** Siehe auch**

Furmint **S. 77**
Müller-Thurgau **S. 78**
Edelfäule **S. 42–43**
Riesling **S. 62–64**
Spätlese/Auslese **S. 62–63**
Süße **S. 20**

rent im Geschmack, dazu stets frisch und traubig (dagegen steht die weiche Neutralität des Müller-Thurgau). Mit knapp 8 Vol.-% Alkohol geben sie außerdem hervorragende Apéritifs ab. Ohne Speisebegleitung erscheinen sie häufig am erfrischendsten. Ihrer Lieblichkeit zum Trotz sind sie keine Weine fürs Essen*. Insbesondere Desserts übertönen ihre Feinheit und moderate Süße.

Servieren Sie jetzt Wein 4 (Tokajer) rechts von Wein 3 (Auslese), den Sie wieder auffüllen können.

Erscheinung: Wein 4

Vergleichen Sie Farbe und Viskosität mit denen der anderen Weine.

Sie haben den außerordentlichen Kontrast gewiss sofort bemerkt, nicht wahr? Nahezu bernsteinfarben, dabei sehr viskös im Glas – *siehe* S. 77.

Nase: Wein 4

Testen Sie wie gehabt.

Die kräftige Pfeffer- und Zitronenpersönlichkeit der Furmint-Traube des Tokajers wird durch die Edelfäule noch intensiviert. Ihr sind die dominanten Aromen von Rosinen, Orangenmarmelade und karamellisiertem Zucker zu danken. Bei einem zu hohen Anteil vollständig edelfauler Trauben findet sich bisweilen auch ein verräterischer Duft nach Champignonkeller. In jedem Fall aber eine ausgewachsene Persönlichkeit!

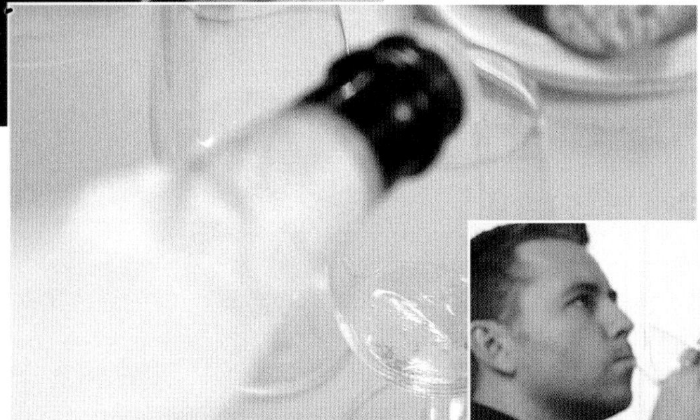

Geschmack: Wein 4

Kosten Sie erneut die Auslese, um sich ihren Geschmack zu vergegenwärtigen, und dann wieder den Tokajer.

Da gibt es kein Vertun: Der Tokajer ist in der Tat ein süßer Wein! Aber seine Süße harmoniert ideal mit seiner eingängigen Zitrussäure. Süß, viskös und erstaunlich erfrischend, dazu dank der Edelfäule eine leichte Würze mit Rosinennoten. Ein süß-lieblicher Wein, aber welch ein stilistischer Unterschied zur Riesling-Auslese!

Tokajer gibt einen großartigen Digestif ab, bewährt sich aber auch als guter Partner zu Roquefort auf Toast. Beide passen durch ihre Intensität gut zusammen, und der süß-salzige Kontrast garantiert einen überaus harmonischen Gesamtgenuss.

Zusammenfassung

Mit diesem Quartett der Kontraste wagten wir einen kurzen Blick auf das große Spektrum süßer und lieblicher Weine, die es wieder zu entdecken und zu genießen gilt. Aufschlussreich war, dass eine gereifte Süße stets der ausgleichenden Säure bedarf. Zwei weitere Entdeckungen: Während sich der süße, edelfaule Tokajer durchaus als guter Begleiter zum Essen sehen lassen kann, eignen sich viele der so genannten «Dessertweine»* dazu gerade nicht. Und die frische, traubige Reinheit einer Riesling-Spätlese oder -Auslese empfiehlt sie als einen schönen Apéritif. Genügend Argumente gegen die Skeptiker?

Blindverkostung

Bei einer Blindverkostung prüft man anonymisierte Weine, ohne jede Information zu Namen, Herkunft, Stil usw. Selbst die Flaschenform und natürlich das Etikett sind unkenntlich gemacht. In einem Metier, das von Vorurteilen beherrscht wird, erhofft man sich davon eine gewisse Objektivität. In Weinhandel und Weinjournalismus ist die Blindverkostung eine gängige Methode der Produktprüfung. Man kann Sie aber auch Zuhause als unterhaltsames Gesellschaftsspiel oder als probate Schulung des eigenen Gaumens betreiben. Eine Blindverkostung macht die Weine gleichsam «nervös», müssen sie sich doch ohne jede Rückendeckung durch Rang und Namen behaupten. Aber auch der Verkoster gerät mitunter ins Schwitzen, steht doch die Sicherheit seines Urteils auf dem Prüfstand.

Ein feiner Prüfstein für den Gaumen

Eine Blindverkostung zwingt uns, uns allein darauf zu verlassen, was uns unsere unvoreingenommenen Sinne tatsächlich über einen Wein sagen. Das Fehlen der gewohnten Informationen nötigt uns zu einer umso genaueren Untersuchung, bei der sich der Wein in großer Detailfülle enthüllt. Sie werden dabei rasch herausfinden, ob Sie in der Lage sind, die Charakteristika verschiedener Trauben, Regionen und Stile zu identifizieren. Besonders für eine Qualitätsbewertung hat eine Blindverkostung (ohne Kenntnis von Preis, Herkunft und Reputation) den unschätzbaren Vorzug, dass Sie sich dabei ausschließlich auf Ihre faktischen Eindrücke stützen müssen. Voraussetzung ist, dass Sie sich über die Ziele der Vorkostung im Klaren sind, nur dann können Sie Ihre Konzentration effizient orientieren.

Identifikation

Viele Laien nehmen an, dass der Zweck einer Blindverkostung vor allem darin bestünde, anonyme Weine zu identifizieren – also eine Art Blinde-Kuh-Spiel auf höherem Niveau. Tatsächlich spielt auch dieser Wettbewerb beim Blindverkosten eine Rolle. Allerdings treffen dabei Anfänger, weil sie weit weniger Merkmale berücksichtigen, nicht selten häufiger ins Schwarze als versierte Verkoster.

Ein grobes Maß für die Einstufung

Wettbewerb gilt als unverzichtbar, um die Besten auf objektivem Weg zu selektieren. Theoretisch fußen auch Wettbewerbe im Blindverkosten auf Chancengleichheit. Aber die Praxis ist davon weit entfernt, steht doch den Beteiligten oft nicht einmal das gleiche Ausgangsmaterial zur Verfügung: identische Weine!

Richtiger ist wohl, dass eine Spitzenleistung auf einem Gebiet meist mit einem Manko anderswo einhergeht. Jeder von uns tritt mit sehr unterschiedlichen Erwartungen an die verschiedenen Tropfen heran; und wir erleben die Vielfalt der Weinattribute unter gänzlich unterschiedlichen Bedingungen. Für diese Fragen bleibt bei einer Blindverkostung (wie auch bei Simultan-Schach) einfach keine Zeit. Folglich favorisiert man dort das vordergründig Fruchtige und Potente*, sprich die Äußerlichkeiten. Auch diese richtig «erratenen» Weine haben meist Klasse, gewiss, und sei es die von Maulhelden bei Tisch. Zu kurz kommen dabei aber die (sehr realen) Vorzüge des Subtilen* und Feingezeichneten. Derlei aufzuspüren erfordert Zeit, ein gutes Essen und nette Gesellschaft – all das also, was die erschöpften und gehetzten Wettbewerbsrichter zwangsläufig entbehren.

Blindverkostung: Zum Servieren werden die Weine entweder in neutrale Karaffen dekantiert oder in solchen Stoffbeuteln präsentiert. In diesem Fall muss man natürlich auch die entlarvenden «Halskrausen» entfernen.

*** Siehe auch**

milder Wein **S. 63**
Dessertwein & Speisen **S. 163**
fein/potent **S. 32–33**

Verkostung 9
Sherry, Portwein und Madeira

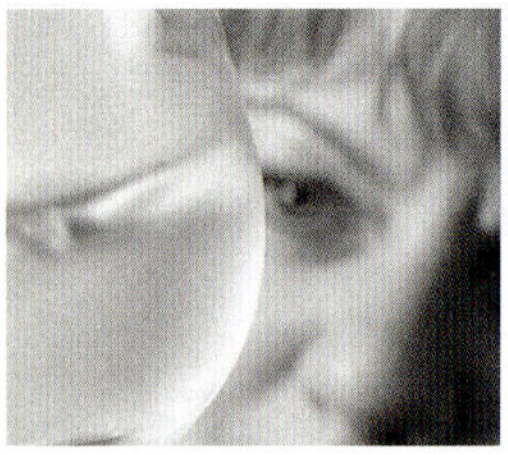

Die großen verstärkten Süßweine Sherry, Portwein und Madeira werden selbst von Weinliebhabern oft ignoriert. Das hat mit ihrem altmodischen Image und zahlreichen ungenießbaren Billigweinen zu tun. Vergessen Sie das Image, investieren Sie ein wenig mehr und Sie werden nicht enttäuscht werden. Zudem halten sich diese Süßweine auch geöffnet sehr lange.

Serviertemperatur:
Manzanilla bei 8–10 °C; die anderen bei 15–17 °C

Dekantieren:
Der Vintage Port muss dekantiert werden, der LBV nicht (*siehe* S. 138).

Generelles Vorgehen:
Erläuterungen auf S. 117–119

Ziele: Sie werden hier drei sehr unterschiedliche Süßweine kennenlernen, die sich, mit 15 bis 20 Vol.-% Alkohol, eher zum «Nippen» als zum Trinken eignen. Die Verkostung wird dennoch dem gewohnten Verlauf folgen. Allerdings dominieren bei diesen Weinen die Herstellungsverfahren (*siehe* S. 110–115) den Traubencharakter so sehr, dass sich Sortencharakteristika im Geschmack kaum bemerkbar machen. Hier kommt es vielmehr ganz auf Stil und Qualität an. Die beiden Sherrys* repräsentieren einen *stilistischen* Kontrast, die Portwein*- und Madeira*-Paarungen bieten Kontraste in der Qualität*. Die beiden Qualitätsvergleiche sind besonders aussagekräftig, weil sie gleichsam alle wesentlichen Bewertungsaspekte noch einmal zusammenfassen.

Einkaufstipp: Auf alternative Weine wurde diesmal verzichtet. Es gibt keinen Wein, der dem einzigartigen Madeira auch nur im Entferntesten gleicht. Australien, Südafrika und Kalifornien bieten zwar Weine im Sherry- und Portweinstil bzw. eine Reihe guter Imitate an, halten Sie sich aber dennoch an die teuren Originale – es lohnt sich! Der Port kann über mehrere Jahre hinweg offen bleiben, und auch der Madeira hält sich mehrere Monate – theoretisch, denn praktisch werden *Sie* nicht so lange an sich halten können! Einen geöffneten Manzanilla dagegen sollte man rasch trinken.

Hinweis: Zur Begleitung benötigen Sie eine Dose eingelegte Manzanilla-Oliven (empfehlenswert die Marke Crespo, insbesondere die mit Sardellen gefüllten) und geschälte Walnüsse. Ein selbst gebackener Madeirakuchen – ein feuchter Hefekuchen mit Zitrusaroma – böte jenen überflüssigen Luxus, der das Leben bisweilen so reich macht!

Servieren Sie den Wein 1 (Manzanilla).

Erscheinung: Wein 1
Er wird ein sehr blasses Zitronengelb zeigen.

Nase: Wein 1
Prüfen Sie sehr sorgfältig und notieren Sie Ihre Eindrücke.

Der Duft eines guten Manzanilla erinnert an frische grüne Äpfel. In der Tat bedeutet *manzana* auf Deutsch «Apfel», *manzanilla* ist zugleich die Verniedlichungsform als auch das Wort für «Kamille», deren Blätter ebenfalls nach Apfel duften. Einige Verkoster schmecken bisweilen auch einen leicht hefigen Ton heraus (*siehe* Florhefe, S. 110).

Geschmack: Wein 1
Kosten Sie gründlich und notieren Sie Ihre ersten Eindrücke.

Empfohlene Weine	Herkunft	Rebsorte	Preis	Stil	
				Alkohol	Säure
1 Manzanilla Sherry NV	Jerez, Spanien	Palomino	•/••	hoch	knackig
2 Süßer Oloroso / Cream Sherry NV	Jerez, Spanien	Palomino	••/•••	hoch	moderat
3 Voller, reicher Madeira (3 oder 5 Jahre alt)	Madeira, Portugal	Tinta negra mole	••	hoch	lebendig
4 Malmsey (10 oder 15 Jahre alt)	Madeira, Portugal	Malvasia	••/•••	hoch	lebendig
5 Ruby Port NV	Douro, Portugal	zahlreiche	•	hoch	moderat
6 LBV (4–5 Jahre) **/ S. Quinta Vintage Port** (12–13 Jahre)	Douro, Portugal	zahlreiche	•••	hoch	moderat

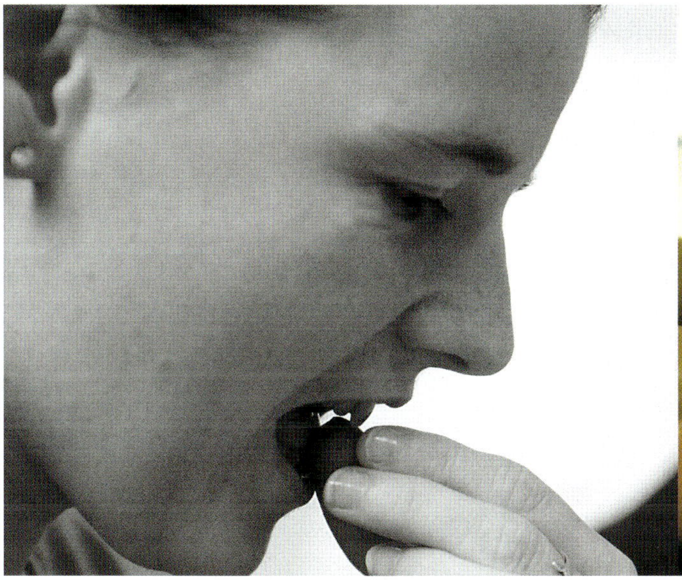

Sie verziehen Ihr Gesicht? Damit stehen Sie nicht alleine da. Jetzt wissen Sie, was «extratrocken» bedeutet!

Essen Sie jetzt eine Manzanilla-Olive und kosten Sie dann den Sherry erneut.

Nun funktioniert es. Die salzige Olive bringt die Säure des Weins auf ein ideales Maß – gemeinsam sind sie definitiv suchtgefährdend! Den salzigen Part können Kartoffelchips, Cashewkerne etc. übernehmen.

Hinweis: Suchen Sie in einem guten Manzanilla keinen komplexen Wein: Das soll er gar nicht sein. Hingegen muss er, blitzblank und scharf, buchstäblich Appetit machen. In Kombination mit den Oliven leistet er genau das, in vielen Fällen so intensiv, dass man keine weitere Mahlzeit mehr benötigt!

Servieren Sie den zweiten Sherry (Oloroso/Cream Sherry).

Erscheinung: Wein 2

Achten Sie auf Klarheit und Glanz.

Konsultieren Sie zur Farbe dieses Weins die entsprechenden Passagen auf Seite 111.

Nase: Wein 2

Testen Sie ihn still und nach dem Schwenken.

Die Unterschiede fallen kaum ins Gewicht, erwarten Sie keine Familienähnlichkeiten mit dem Manzanilla. Der Oloroso pflegt einen völlig anderen Sherry-Stil. Womöglich nehmen Sie eine sanfte Erinnerung an karamellisierten Zucker, Rosinen oder ein traubiges, an Muscat gemahnendes Parfüm wahr (*siehe* S. 110–111).

Geschmack: Wein 2

Kosten Sie und notieren Sie Ihre Eindrücke.

Voll, reich, süß und lang, und am Gaumen dem ähnlich, was seine Nase versprach. Ein glatter Genuss. Wollen Sie aber auch seiner Frucht und Süße gerecht werden, sollten Sie jetzt eine Walnuss essen und dann den Wein erneut kosten. Die bittere Nuss lockt den Oloroso aus der Reserve. Gut zu wissen für ein künftiges Dessert, vielleicht an einem Wintertag.

Servieren Sie die Weine 3 und 4 (die beiden Madeiras), den jüngeren Wein auf der linken Seite.

Erscheinung: Wein 3 & 4

Untersuchen Sie die beiden Weine von oben und mit geneigtem Glas.

Beide zeigen eine goldene bis nussbraune Färbung, nicht selten mit einem Hauch Oliv am Rand, aber der ältere Wein wird stärker leuchten.

Nase: Wein 3 & 4

Vergleichen Sie die Bouquets. Wo liegen die Unterschiede in Charakter, Klarheit, Komplexität und Nachhaltigkeit?

Preiswerter Madeira neigt in der Regel zu einem eher undefinierbaren schmutzig-schmierigen Geruch. Sie können aber auch Glück haben. Dennoch wird der ältere Wein einen deutlichen Kontrast bieten: aromatisch weit intensiver und klarer gezeichnet. Ein komplexes, berauschendes und nachhaltiges Potpourri aus verbranntem Karamell, Zitronenschale, kandierten Veilchen, Rauch …

Natürlich können Sie Süßweine auch ohne Speisen verkosten, aber beim Manzanilla haben sich die Oliven stets bewährt (Sie können auch gesalzene Cashewkerne und sogar Chips nehmen).

Hinweis: Nach der hohen Konzentration beim Verkosten kommt es einer Belohnung gleich, zu einem kleinen Snack von diesem köstlichen Wein zu nippen. Das Vergnügen lohnt die Vorbereitung. Wenn Sie bis hierhin durchgehalten haben, können Sie getrost ein wenig feiern!

*** Siehe auch**

verstärkte Weine **S. 110, 112, 114**

Qualität **S. 26–28, 30–33**

Geschmack: Wein 3 & 4

Vergleichen Sie beide Weine und achten Sie dabei besonders auf Geschmack, Länge im Mund, aromatischen Charakter und Länge des Abgangs. Belüften Sie sie gut und notieren Sie Ihre Wahrnehmung.

Ein Vergleich zwischen Kreide und Käse. Mag der mindere Wein mit seiner verhalten scharfen Karamellsüße zunächst nicht einmal unangenehm erscheinen, wird er aber gegen den reicheren und gut definierten Verwandten sogleich als flache und kurze Parodie abfallen. Karamell und Zitronensüße zu Beginn, dann glatt, aber durchdringend im Mund, zuletzt trocken und anhaltend im Abgang – so muss sich die konstante Säure aus dem Herzen eines wahren Madeira entfalten. Dazu der vollmundige Duft beim Belüften.

Kehren Sie jetzt noch einmal zum billigeren Madeira zurück.

Ein unfairer Vergleich? Womöglich. Aber erhellend. Die Qualitätsunterschiede bei Länge, Klarheit und Aroma ließen sich kaum besser demonstrieren! Falls Ihnen der ältere Malmsey etwas zu heftig erscheint, glätten Sie seine Kanten mit einer Walnuss oder besser noch mit einem Stück Madeirakuchen.

Servieren Sie nun die Weine 5 und 6 (die Portweine), den Ruby links.

Erscheinung: Wein 5 & 6

Vergleichen Sie die Farben, besonders die Tönungen an den Rändern.

Auch wenn zwischen den Weinen an die zehn Jahre liegen, erscheint der Vintage Port an seinem Rand keineswegs zehn Jahre älter. Bei Weinen des gleichen Typs reflektiert die Farbentwicklung die Reife und Trinkbarkeit mindestens ebenso wie das Alter.

Nase: Wein 5 & 6

Vergleichen Sie die Nasen, zunächst der ruhenden Weine, dann geschwenkt. Benennen Sie die Qualitätsunterschiede.

Beide werden eine süße Fruchtigkeit mit Pfeffrigkeit verbinden, wobei sie sich aber qualitativ unterscheiden. Beim Vintage Port werden Sie eine größere Reinheit und Konzentration der Frucht, einen voluminöseren und subtileren Duft, eine überragende Klarheit und Eigenständigkeit der Charakteristika feststellen. Kein Wunder, dass da das Bouquet nachhaltiger wirkt.

Geschmack: Wein 5 & 6

Vergleichen Sie beide Weine auf die gleiche Weise wie die Madeiras.

Auch bei diesem letzten Paar führen die gut ausgewogenen Proportionen dazu, dass Sie sich, abgesehen vielleicht von einer angenehmen Fülle und Wärme, des hohen Alkoholgehalts kaum bewusst werden dürften. Beide Portweine ergänzen dabei ihre Süße durch ein sanft pfeffriges Feuer. Die Qualitätsunterschiede entsprechen etwa denen zwischen den beiden Madeiras: Differenzen in Fülle, Aroma, Raffinement und Länge.

Zusammenfassung

Diese Verkostung widmete sich zwei sehr unterschiedlichen Sherry-Stilen und machte bei Portwein und Madeira erhebliche Qualitätsunterschiede deutlich. Die Untersuchung dieser Weine mit 15 und 20 Vol.-% Alkohol unterschied sich im Vorgehen in nichts von der anderer Tropfen, denn die wesentlichen Kriterien zur Bewertung von Qualität haben sich in allen neun Verkostungen bewährt: harmonische Proportionen im Stil, Ausgewogenheit von Aroma und Frucht, Fülle des Mundgefühls, Länge in Mund und Abgang.

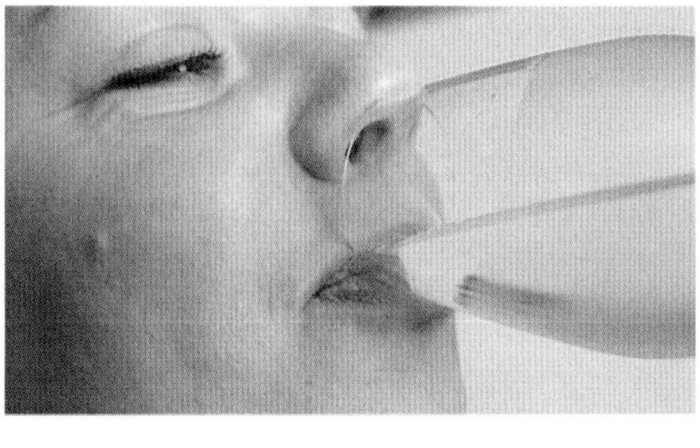

Zusammenfassung des Kurses

1 Stil und Qualität trockener Weißweine
- Verkostungstechniken
- Länge des Abgangs als Qualitätsmaßstab
- Unterschiedliche Trauben, unterschiedliche Stile
- Gewürztraminer, Muscadet

2 Terroir und Qualität trockener Weißweine
- Belüften
- Aromatische Rebsorten
- Der Einfluss neuer Eiche
- Einfluss der Lage auf die Qualität
- Sauvignon blanc und Chardonnay 1

3 Trockene Weißweine: Alte & Neue Welt
- Nase vor und nach dem Schwenken
- Die Auswirkungen höherer Temperaturen
- Wirkung des Klimas auf den Sortencharakter
- Sauvignon blanc und Chardonnay 2

4 Schaumweine: Stil und Qualität
- Beurteilung der Mousse
- Stilunterschiede durch die Herkunft
- Passable Nicht-Champagner

5 Stil und Tannin bei Rotweinen
- Farbe
- Tanningehalt
- Tanninreiche Weine zu Speisen
- Pinot noir, Nebbiolo, Tempranillo, Gamay

6 Terroir und Qualität bei Rotweinen
- Bordeaux
- Einfluss der Lage auf Stil und Qualität
- Mundgefühl und Länge als Qualitätskriterien
- Cabernet Sauvignon und Merlot

7 Rotweine: Alte & Neue Welt
- Einfluss des Herkunftslands auf den Stil
- Anfertigung detaillierter Verkostungsnotizen
- Preis-Leistungs-Verhältnis
- Syrah und Shiraz

8 Halbtrockene und süße Weißweine
- Das Süßespektrum
- Säure als Schlüssel zur Ausgewogenheit
- Edelfäule bei süßen Weinen
- Süße Weine zu Speisen
- Riesling, Furmint, Müller-Thurgau

9 Sherry, Portwein und Madeira
- Süßweine mit 15 bis 20 Vol.-% Alkohol
- Unterschiedliche Sherry-Stile
- Qualitätsunterschiede bei Portwein und Madeira

Aus der Hallwag Weinbibliothek

Zur Einführung
- Jim Ainsworth / Simon Woods: Rotwein von A bis Z. ISBN 3-7742-5101-0
- Jim Ainsworth / Simon Woods: Weißwein von A bis Z. ISBN 3-7742-5102-9
- Fiona Beckett: Wein – die richtige Wahl. ISBN 3-7742-5263-7
- Hubrecht Duijker: Wein – eine Entdeckungsreise für Genießer. ISBN 3-7742-5125-8
- Andrew Jefford: Wege zum Wein. Geschmack, Stil, Genuss. ISBN 3-7742-5430-3
- Hugh Johnson: Wein genießen mit Hugh Johnson. ISBN 3-7742-5166-5
- Cornelius und Fabian Lange: Keine Angst vor Wein. Der ultimative Crashkurs der Brüder Lange. ISBN 3-7742-5181-9
- Jancis Robinson: Weinkurs. Der ideale Zugang zur faszinierenden Welt des Weins. ISBN 3-7742-5245-9
- Joanna Simon: Wein entdecken mit Joanna Simon. Silbermedaille GAD. ISBN 3-7742-5261-0

Weinklassiker
- Hugh Johnson: Der große Johnson. Die Enzyklopädie der Weine, Weinbaugebiete und Weinerzeuger der Welt. Silbermedaille GAD. ISBN 3-7742-5151-7
- Hugh Johnson: Johnsons Weingeschichte. Von Dionysos bis Rothschild. Silbermedaille GAD. ISBN 3-7742-5167-3
- Hugh Johnson/James Halliday: Wie Wein entsteht. Von den Göttern geschenkt – von den Menschen gemacht. Silbermedaille GAD. ISBN 3-7742-5165-7
- Hugh Johnson: Der kleine Johnson für Weinkenner. Erscheint im September jedes Jahres neu.
- Jancis Robinson: Rebsorten und ihre Weine. Silbermedaille GAD. ISBN 3-7742-5210-6
- James E. Wilson: Terroir. Schlüssel zum Wein. ISBN 3-7742-5770-X

Weine verkosten
- Michael Broadbent: Weine prüfen, kennen, genießen. Silbermedaille GAD. ISBN 3-7742-5110-X
- Kurt Gibel: Weine degustieren – leicht & spielend. ISBN 3-7742-5302-1
- Judy Ridgway: Die Weinprobe. Ein praktisches Weinmaleins in 12 Lektionen. ISBN 3-7742-5244-0

Weinlexika
- Karel Meesters: Taschenlexikon des Weins, 2400 Begriffe von A bis Z. ISBN 3-7742-5276-9
- Jancis Robinson (Hg.): Das Oxford Weinlexikon. Zwei Bände. Goldmedaille GAD. ISBN 3-7742-5191-6

8. Wein zu Speisen

Ein Überblick

Dass Wein zu einem guten Essen gehört – schon aus Gründen der Bekömmlichkeit – steht außer Zweifel. Aber auf die Frage, welcher Wein zu welchem Gericht passt, gibt es keine allgemein verbindliche Antwort, da auch hier zuallererst Ihre persönlichen Vorlieben zählen. Allerdings haben sich in den Debatten der Fachleute ein paar sachliche Orientierungspunkte herausgeschält, die Ihnen die Auswahl des geeigneten Weins gewiss erleichtern.

Welchen Wein reiche ich zu welchen Speisen? Darauf gibt es heute zum Glück keine dogmatische Antwort mehr, wie noch vor einigen Jahrzehnten, als auch in Fragen der kulinarischen Gepflogenheiten der Gesetzgeber Knigge hieß. Jeder hat durchaus die Freiheit, bei der Wahl seines Getränks den eigenen Geschmack walten zu lassen. Wenn sich dabei ein paar alte Regeln bestätigen sollten (etwa Rotwein zu dunklem Fleisch, Weißwein zu hellem zu reichen), umso besser. Geht man an die Sache aber ein wenig analytischer heran, lohnt es sich, folgende Fragen zu berücksichtigen:

1. Liegt bei der geplanten Mahlzeit das Augenmerk eher auf den Speisen oder auf dem Wein?
2. Wie geschmacksintensiv sind die Speisen, gegen die der Wein womöglich antreten muss?
3. Weisen Speisen oder Wein besonders dominante Geschmackstendenzen auf, die man bei der Zusammenstellung beachten sollte?

Zunächst: der Kontrasteffekt

In der Regel spült man mit Wein nicht einfach sein Essen herunter. Ebenso wenig vermischt man Wein und Speise im Mund, ehe man sie verschluckt. Vielmehr schickt man einem Bissen einen Schluck Wein hinterher, der den Gaumen

1 Geschmeidige Weine von mittlerem Körper
Die drei abgebildeten Weißweine – kalifornischer Chardonnay, norditalienischer Soave sowie Pinot bianco – sind trockene, weiche und geschmeidige Tropfen, allesamt in Alkohol, Säure und Aroma eher mild, nur der Chardonnay kommt ein wenig vollmundiger daher. Auch die beiden Rotweine sind leicht, frisch, fruchtig und holzfrei. Sie alle stehen für jene große Gruppe unkomplizierter Tafelweine, die sich dank ihres wenig markanten Charakters sehr gut mit den verschiedensten Gerichten kombinieren lassen – idealerweise mit ebenso leichten, einfachen und unkapriziösen Speisen von möglichst zurückhaltendem Geschmack. Hier haben wir Mortadella, Salami, milden Schinken sowie kalten Bratenaufschnitt gewählt.

2 Leichte bis mittelschwere Weine mit lebhafter Säure
Die drei im Vordergrund abgebildeten Weine – ein spanischer Albariño, ein Elsässer Riesling und ein Chablis – zählen zu den leichten bis mittelschweren Tropfen mit reinen und direkten Aromen. Sie zeichnen sich durch eine lebhafte Säure aus. Mit den versammelten Käsen – Beaufort, Gruyère, österreichischer Bergkäse und Old Amsterdam – lässt sich diese Säure ausgezeichnet dämpfen bzw. ergänzen. Dergleichen leisten auch Austern, Oliven in Salzlake, würziger Schinken und Kanapees. Daneben gibt ein solcher Wein den idealen Hintergrund für eine reichhaltige Mayonnaise, für Fischgerichte mit Sahnesaucen und kräftige Streichkäse ab. Weißweine sind hier allemal Rotweinen vorzuziehen. Im Hintergrund sind noch ein feiner, roter Tafelwein sowie ein weißer Burgunder zu sehen. Ebenfalls mittelschwer, verfügen auch sie über eine leichte, wenngleich weniger deutliche Säuernis. Moderat auf Eiche ausgebaut, bieten sie eine aromatische Fülle von Geschmacks- und Geruchsnoten, die auch gegen ausgefallenere, schwerere Speisen bestehen können.

aufhellt und erfrischt. Dabei treffen auf unsere Geschmacksrezeptoren die unterschiedlichsten Reize, die sich entweder harmonisch ergänzen oder nicht. Hier kommen die gleichen Prinzipien von Kontrast und Adaptation zum Tragen, die auch beim Riechen und Schmecken wirksam sind (*siehe* Textkasten S. 20). Hat sich unser Gaumen beispielsweise an den Geschmack einer Süßspeise «angepasst», wird er für die Süße eines im Anschluss getrunkenen Weins weniger empfänglich sein, dafür aber umso deutlicher die Aromen eines halbtrockenen oder trockenen Weins erleben, weil sie gut zur adaptierten Süße kontrastieren.

Speisen oder Wein im Vordergrund?

Tunlichst sollten weder das Essen noch das Getränk eine Mahlzeit dominieren. Andererseits können zwei gleichwertige kulinarische Primadonnen auf einem Tisch ebenso unvereinbar sein wie zwei sängerische auf der Bühne, da sie in beiden Fällen dazu neigen, auf Kosten der anderen um die Gunst des Publikums zu buhlen. Darum serviert man zu exzellenten, edlen Weinen, die ungeteilte Aufmerksamkeit verlangen dürfen, möglichst einfache Speisen. Umgekehrt sollte man zu einem sehr aufwändigen, exquisiten Essen, besonders zu warmen Speisen, lieber einen guten als einen «großen» Wein reichen.

Die Intensität von Speise und Wein

Da wir bei einer Mahlzeit sowohl das Essen als auch den Wein genießen möchten, sollte das Geschmacksvolumen des einen nicht das des anderen überlagern. Im Idealfall ähneln sich die aromatischen Intensitäten beider. So sollten delikate Speisen mit einem delikatem Wein gepaart wer-

3 Kraftvolle Weine, die behutsamen Einsatz erfordern

Barolo, kalifornischer Zinfandel und australischer Shiraz-Cabernet verkörpern in jeder Hinsicht Kraft und Persönlichkeit. Reich an Tannin, Säure und Alkohol (14 Vol.-% und mehr), überzeugen sie durch intensive Geschmacksnoten. Nach längerem Reifen in der Flasche werden sie spürbar milder. In der Regel trinkt man sie aber jung, und dann sind sie durchaus in der Lage, die meisten Speisen schlicht zu erschlagen. Nur ebenso intensive Gerichte können ihnen Paroli bieten, zum Beispiel kräftige Eintopfgerichte, Wildgerichte mit deftigen Saucen, schmackhafte Braten, pikante Pastagerichte oder auch kräftige Hart- und Würzkäse. Ohne derartige Unterstützung können solch starke Weine den Gaumen sogar eher ermüden als beleben. Die Proteine des abgebildeten Parmesans mildern die mitunter beißende Wirkung des Tannins.

Ein junger Barolo gilt traditionell als ein ungeschliffener Diamant, der ein hohes Maß an natürlicher Adstringenz birgt. Erleben Sie, wie ein ausgezeichneter Parmesan diesen Eindruck dezent mildert und der Frucht erlaubt, sich voll zu entfalten (*siehe* S. 140–142).

den, leicht würzige Speisen mit unaufdringlichen Tropfen mittleren Körpers, und kräftige, würzige Speisen mit schwereren, charaktervollen Weinen (*siehe* S. 140–142). Berücksichtigen Sie auch, dass häufig die Saucen zu einer Speise den Geschmack des Gerichts weit stärker prägen als das Fleisch, der Fisch oder das Geflügel.

Geschmackliche Tendenzen

Besonders ausgeprägte Geschmacksattribute bei den Speisen erleichtern die Wahl eines geeigneten Tropfens. Bei den Speisen sollte man dabei vor allem Salzigkeit, Säure und Süße Aufmerksamkeit schenken, bei den Weinen einem deutlichen Gehalt an Säure, Süße und Tanninen.

Salzigkeit: Da Salz Säure neutralisiert, «entschärfen» salzige Speisen in gewissem Maß stark säurehaltige Weine und lassen sich daher gut mit ihnen kombinieren. Salziges kann aber auch einen guten Kontrast zu Süße darstellen, darum bietet sich die Zusammenstellung von salzigem Käse mit lieblichen Weiß- wie Rotweinen geradezu an (*siehe* S. 154, 157).

Säure: Säureintensive Weine oder Speisen mildern einen darauf folgenden sauren Geschmack ab (Anpassung), unterstreichen aber eine folgende Süße (Kontrast). Darum erscheinen trockene Weißweine mit geringer Säure nach einem säurehaltigen Essen flach – und umgekehrt. Dagegen wird ein solches Essen durch einen süßeren Wein ausgewogen kontrastiert. Bei trockenen Weißweinen mit starker Säure mildern wiederum salz- oder säurehaltige Speisen (*siehe* S. 157) deren Schärfe, während schwere Speisen durchweg Weine mit lebhafter Säure benötigen, die sie besser für die Verdauung aufschließen.

Süße: Süße Weine dämpfen den Geschmack süßer Speisen und umgekehrt. Säure kann solche Süße gut kontrastieren (etwa ein süßer Wein ein saueres Dessert), aber bisweilen auch dazu führen, dass sich ein trockener Wein, der zu einer süßen Speise gereicht wird, unversehens in einen unerträglich sauren verwandelt.

Tannin: Die Tannine des Weins binden Proteine. Ist eine Speise also sehr proteinreich, binden die Tannine sie im Speichel, der dadurch an Viskosität verliert. Die Folge: ein adstringierendes, trockenes Gefühl im Mund. Andererseits können proteinreiche Speisen (nicht ganz durchgegartes Fleisch, satte Saucen oder Hart- und Würzkäse) die adstringierende Wirkung der Tannine mildern. Ein gutes Beispiel liefert hier die Verkostung 5, bei der zu einem Nebbiolo Parmesan verzehrt wird (S. 140–142).

Gewürze: Stark gewürzte und scharfe Speisen (insbesondere gepfefferte) reizen unsere Geschmacksknospen so sehr, dass hier nur ein besänftigendes Getränk – Milch, ein leichtes Bier

oder ein kalter, milder, trockener Weißwein – Ausgleich verschafft. Denn schon kleine Mengen von Alkohol, Säure oder Tannin verstärken die Geschmackseindrücke jedes Essens.

Schokolade und Wein: Lange galt es als unschicklich, zu Süßspeisen (wie auch zu Suppen und Salat) Wein zu reichen. Heute streitet man sich allenfalls noch darum, welchem Tropfen bei einem Schokoladendessert der Vorzug zu geben sei. Was mich betrifft: Ich liebe Schokolade und nicht minder süße Weine. Beides zugleich zu genießen, erscheint mir eigentlich des Guten zu viel. Wenn ich schon einer gewissen Maßlosigkeit erliegen will, kröne ich mein Schoko-Parfait lieber mit einem kräftigen Schlag frischer Sahne und absorbiere es genussvoll mit einem starken, heißen Kaffee.

Fazit: Es gibt zum Thema «Wein und Speisen» eine unerschöpfliche Literatur von berufener wie unberufener Seite. Aber auch viele tausend Seiten hochkompetenter Erörterungen erübrigen nicht, worauf es vor allem ankommt: Ihren eigenen Geschmack und Ihre Intuition.

4 Halbtrockene bis süße Weine – nicht nur zum Dessert!
Die Erfindung des «Dessertweins» übersieht, dass ein solcher Wein sich nicht nur zum Nachtisch anbietet. Sämtliche hier abgebildeten Weine enthalten eine gewisse Restsüße, variieren aber enorm in Alkoholgehalt, Säure und Zucker. Die deutsche Auslese im Hintergrund ist leicht, ohne Holz ausgebaut und weist nur 7,5 Vol.-% Alkohol auf. Der im Fass gereifte, reiche Barsac des Château Nairac überwältigt mit 14 Vol.-% Alkohol, der Vouvray Demi-Sec ist halbtrocken, der Tokajer 6 Puttonyos dagegen überaus süß.

Allerdings ist die Süße hier tatsächlich das Hauptmerkmal. Eine sinnvolle Richtlinie verlangt, dass der Wein stets spürbar süßer als das Dessert sein sollte, weil er sonst geschmacklich untergeht. Die Auslese mit ihrer feinen, traubigen Frische passt am besten zu leichtem Gebäck oder leicht säuerlichem Obst wie Erdbeeren. Die scharfkantige, halbtrockene bis milde Reinheit des Vouvray eignet sich ebenso gut für einen Flussfisch mit leichter Sahnesauce wie für einen neutralen Obstkuchen mit Äpfeln oder Birnen. Dagegen können die beiden reicheren, wesentlich süßeren Weine durchaus gegen kräftigere Gerichte und intensivere Aromen bestehen, sogar gegen Zitrone und Passionsfrucht, deren Säure die Süße des Weins gut begleitet. Einen besonders schönen Kontrast bietet hier der Roquefort, doch auch andere Hartkäse sollte man als attraktive herzhafte Alternativen zum «Pudding» in Erwägung ziehen.

Abbildungen und Bildunterschriften

Die vier ausführlichen Bildlegenden in diesem Kapitel erläutern anhand von vier generellen (und populären) Weinstilen, welche Weine sich tendenziell ausgezeichnet mit welchen Speisen kombinieren lassen.

Anhang

9. Wissenswertes

Jahrgänge

Die folgenden Kurzbewertungen der Jahrgänge 1990 bis 1999 werden Ihnen beim Weinkauf zugute kommen. Übrigens präsentieren sich die Weine der Neuen Welt in Stil und Qualität insgesamt konstanter als die europäischen.

Roter Bordeaux (Claret)

1999 Reife Trauben durch viel Regen, früh trinkbar.
1998 Exzellentes rechtes Ufer, gutes linkes Ufer.
1997 Reife, volle, früh trinkbare Weine.
1996 Sehr guter Cabernet; rechtes Ufer leichter.
1995 Gut, kann recht trocken und sehnig sein.
1994 Gut, bekömmliche mittelschwere Weine.
1993 Regen zur Lese; angenehm, bald zu trinken.
1992 Regen wie in 1993; verdünnt, aber mit Charme.
1991 Der erste eines Trios verregneter Jahrgänge.
1990 Große Schönheit, wenngleich ohne besondere Konzentration.

Roter Burgunder

1999 Frühe Reifeversprechen gut eingelöst.
1998 Gut, aber durchwachsen; die besten Weine abgerundet.
1997 Reif, voll, fleischig; niedrige Säure.
1996 Lagerfähige Rote, gut, aber rau.
1995 Gute, kantige, sehnige Weine.
1994 Regen bei der Lese; nicht schlecht; bald zu trinken.
1993 Konzentriert, tanninreich, lagerfähig.
1992 Leicht, mit süßem, reifem Charme.
1991 Unterschiedlich, sehr gut bis sehr schlank.
1990 Großartig; viele heute noch erstaunlich kantig.

Weißer Burgunder

1999 Schlanke, frische bis lebhafte Weine.
1998 Frisch, elegant; bisweilen recht alkohollastig.
1997 Gut, in der Tendenz zu wenig Säure.
1996 Erstklassig; lebendige, hochklassige Weine.
1995 Die besten sind konzentriert und kraftvoll.
1994 Tendenziell wuchtig; wenig Säure; bald zu trinken.
1993 Die besten sind bezaubernd und straff, viele durchaus schlank.
1992 Sehr reife Frucht, recht potent; die meisten kann man jetzt trinken.

Chablis

1999 Reife Frucht, mit etwas Regen bei der Lese.
1998 Nicht misslungen, aber recht glanzlos.
1997 Frischer, abgerundeter, fröhlicher Chablis.
1996 Erstklassiger, klassischer, lebendiger und lagerfähiger Jahrgang.
1995 Gute, solide Weine, aber weniger glänzend als 1996/97.

Nördliche Rhône

1999 Hervorragend, noch besser als '98!
1998 Exzellente, konzentrierte Weine.
1997 Reich und reif; Säure eher schwach.
1996 Knackig, aromatisch; nicht annähernd der Körper von 1997.
1995 Fest strukturierte Mittelgewichte.
1994 Ein wenig rau; Regen zur Lese.

Piemont (Nebbiolo)

Barolo, Barabaresco und Nebbiolo können auf eine Folge von fünf hervorragenden Jahrgängen im vergangenen Jahrzehnt verweisen: 1999, 1998, 1997 (überragend), 1996 und 1995. Die Jahre 1991 bis 1994 waren dagegen heikel.

Deutschland (Riesling)

Zwischen 1990 und 1999 war Deutschland mit einer bemerkenswerten Serie guter Riesling-Jahrgänge gesegnet. Lediglich das Jahr 1991 zeigte sich kläglich, doch auch da kamen von guten Winzern gute Weine.

Karten und Fakten

Die folgenden 26 Karten zeigen Ihnen, wo die wichtigsten Weine dieser Welt beheimatet sind, und in den jeweiligen Infokästen finden Sie nützliche Informationen zu den einzelnen Ländern und Regionen. Die statistische und ökonomische Lage eines Weins gibt Aufschluss über den Stellenwert, den er in nationalem und internationalem Maßstab genießt.

Die Karten

Die geografische Lokalisierung eines Weins auf einer Karte macht nicht selten auf einen Blick Besonderheiten seines Stils deutlich und erklärt zugleich Gemeinsamkeiten mit oder Unterschiede zu anderen Weinen.

Selbstredend können umfangreiche Weinatlanten jedem Land eine größere Gerechtigkeit widerfahren lassen als dies in einem schmalen Anhang, möglich ist. Die meisten Karten sind hier Frankreich vorbehalten, denn seine weltweit geschätzten Weine und Rebsorten gelten als wichtige Referenzen für zahlreiche andere bedeutende Weinstile.

Der Zwang zur Kürze forderte den Kartenherstellern eine besonders klare und übersichtliche Darstellung ab. So wurden verschiedene Schrifttypen verwendet, um zwischen reinen Weinbezeichnungen (z.B. Côte-Rôtie) und identischen Wein- und Ortsnamen (Sancerre) zu unterscheiden. Eine Wertung ist mit den unterschiedlichen Schriftgrößen nicht verbunden.

Die Kartenlegenden folgen den international gängigen Gepflogenheiten, während die Beschriftung der Karten in der jeweiligen Landessprache erfolgt – auch das ein Hilfsmittel zur besseren Orientierung in der Weinhandlung. Die Angaben von Längen- und Breitengraden erleichtern Ihnen, die einzelnen Regionen innerhalb eines Landes, aber auch im weltweiten Vergleich zuzuordnen.

Fakten

Ein Infokasten zu jeder Karte liefert Ihnen knappe statistische Informationen zum abgebildeten Gebiet. Die auf den Weinbau bezogenen Produktionszahlen zeigen das ökonomische Gewicht einer Region innerhalb eines Landes bzw. eines Landes im globalen Vergleich. Außerdem verdeutlichen sie die jeweiligen Anteile der Rot- und Weißweinherstellung.

Die genannten Rebsorten wurden nach Qualität und lokaler Bedeutung, nicht nach der angebauten Menge ausgewählt. Die statistischen Daten stammen sowohl vom internationalen OIV (Office Internationale de la Vigne et du Vin) als auch von nationalen Körperschaften. Die Produktionszahlen stellen wegen der im Weinbau üblichen großen Schwankungen einen Durchschnittswert aus den Jahren 1996, 1997 und 1998 dar.

Abürzungen in den Kartenlegenden und Infokästen

ha = Hektar
hl = Hektoliter
Prod. = Produktion
p.a. = pro anno (pro Jahr)
AadG = Anteil an der Gesamtproduktion
RegZ = Regionales Zentrum

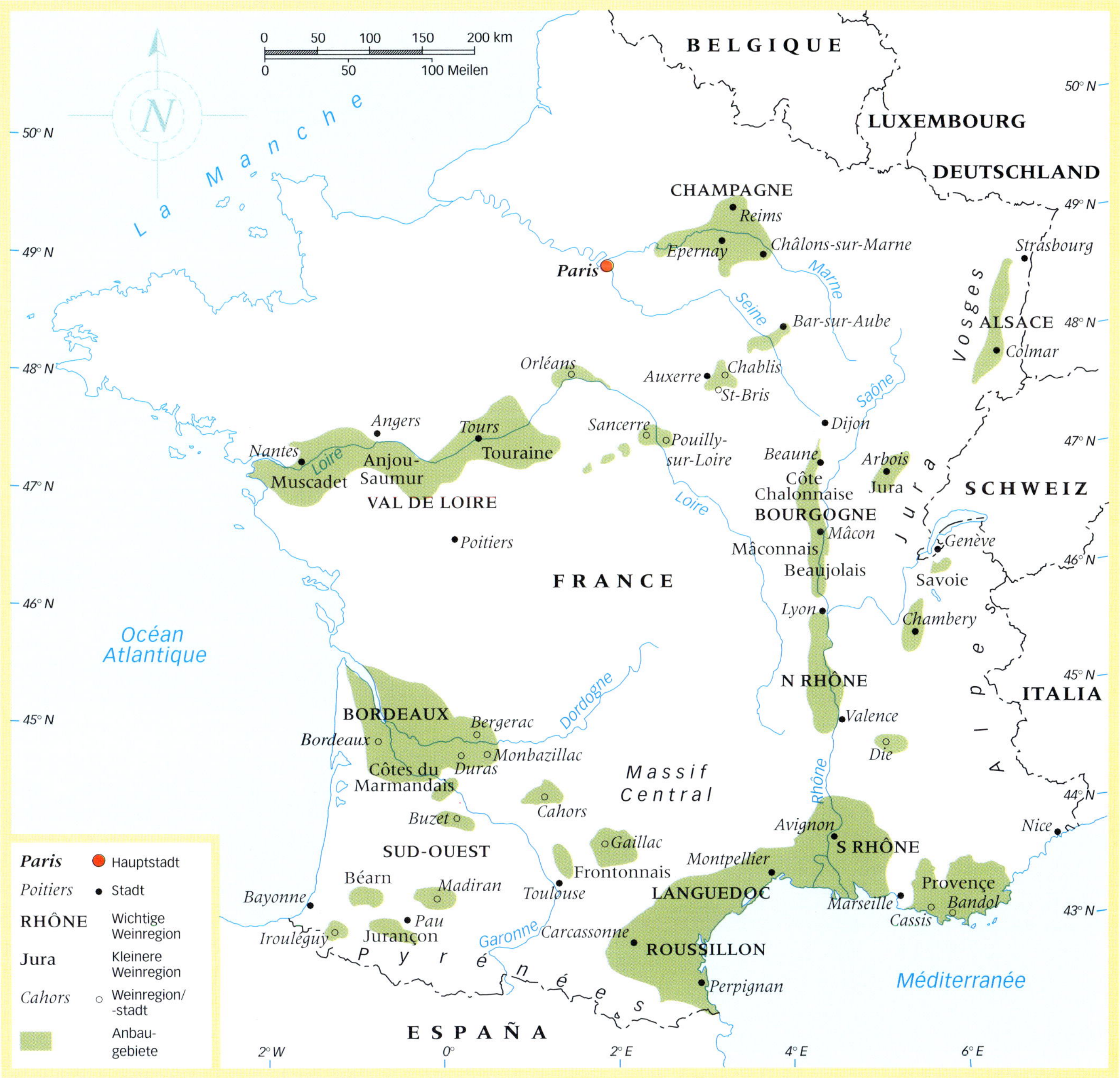

Frankreich

Anbaufläche:
873 000 ha

Prod. p. a.:
54,4 Mio hl

Rotwein: 61 %

Weißwein: 39 %

AadG Welt: 20,6 %

Bordeaux

Anbaufläche: 116 000 ha
Prod. p. a.: 7 Mio hl
Rotwein: 86 %
Weißwein: 14 %
AadG Frankreich: 12,9 %

Rebsorten rot: Merlot, Cabernet Sauvignon, Cabernet franc
Rebsorten weiß: Sémillon, Sauvignon blanc

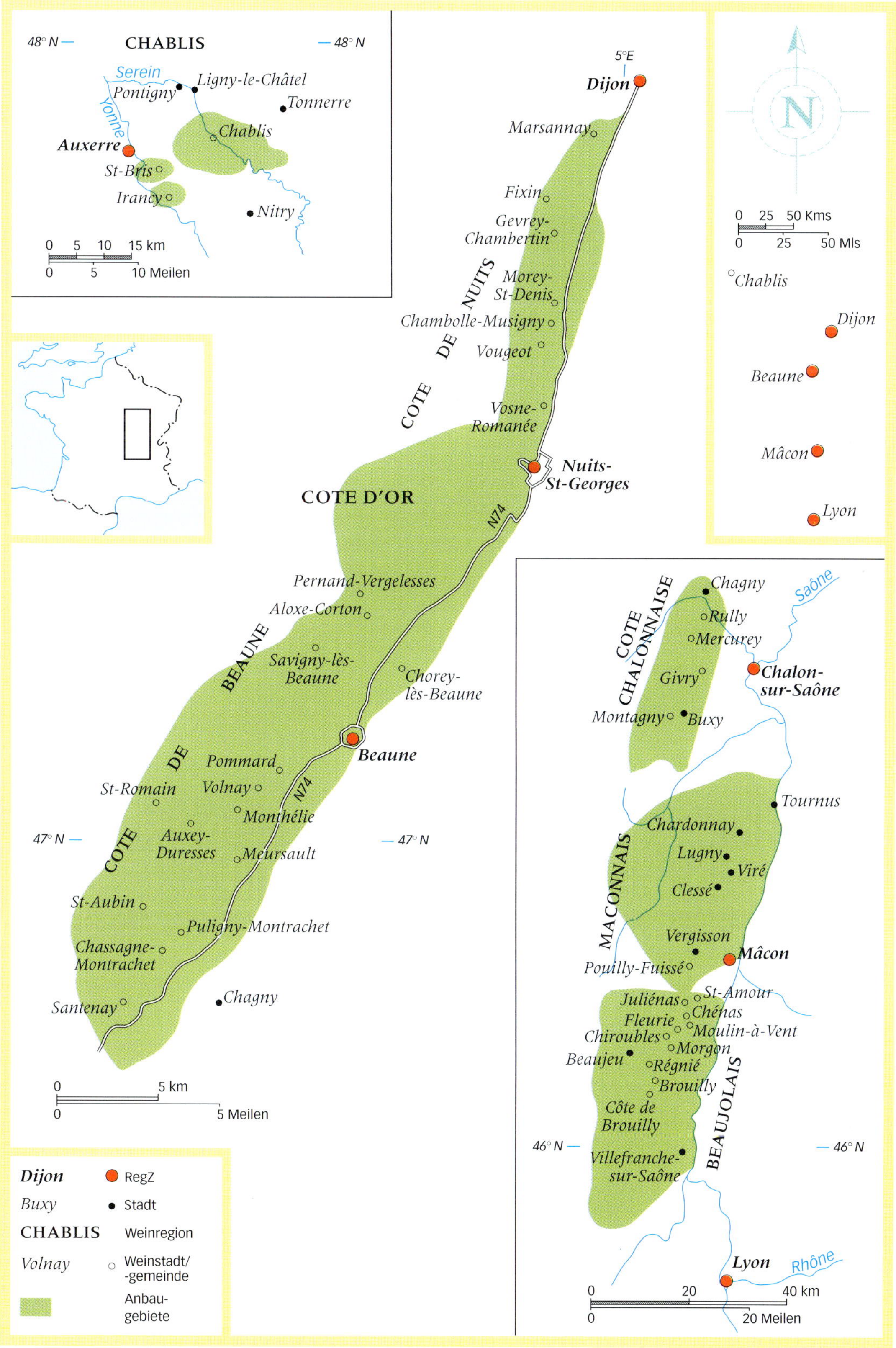

Burgund

Anbaufläche: 28 000 ha
Prod. p. a.: 1,6 Mio hl
Rotwein: 43 %
Weißwein: 57 %
AadG Frankreich: 3 %
Hauptrebsorte rot: Pinot noir
Hauptrebsorten weiß: Chardonnay, Aligoté

KLEINE KARTE OBEN RECHTS: *Die Perlenkette der großen Weinstädte des Burgund.*

Beaujolais

Anbaufläche: 22 000 ha
Prod. p. a.: 1,4 Mio hl
Rotwein: 99 %
Weißwein: 1 %
AadG Frankreich: 2,6 %
Hauptrebsorte rot: Gamay

Loire

Anbaufläche: 71 000 ha
Prod. p. a.: 3,9 Mio hl
Rotwein: 48 %
Weißwein: 52 %
AadG Frankreich: 7,2 %
Hauptrebsorten rot: Cabernet franc, Cabernet Sauvignon, Gamay
Hauptrebsorten weiß: Chenin blanc, Sauvignon blanc, Muscadet

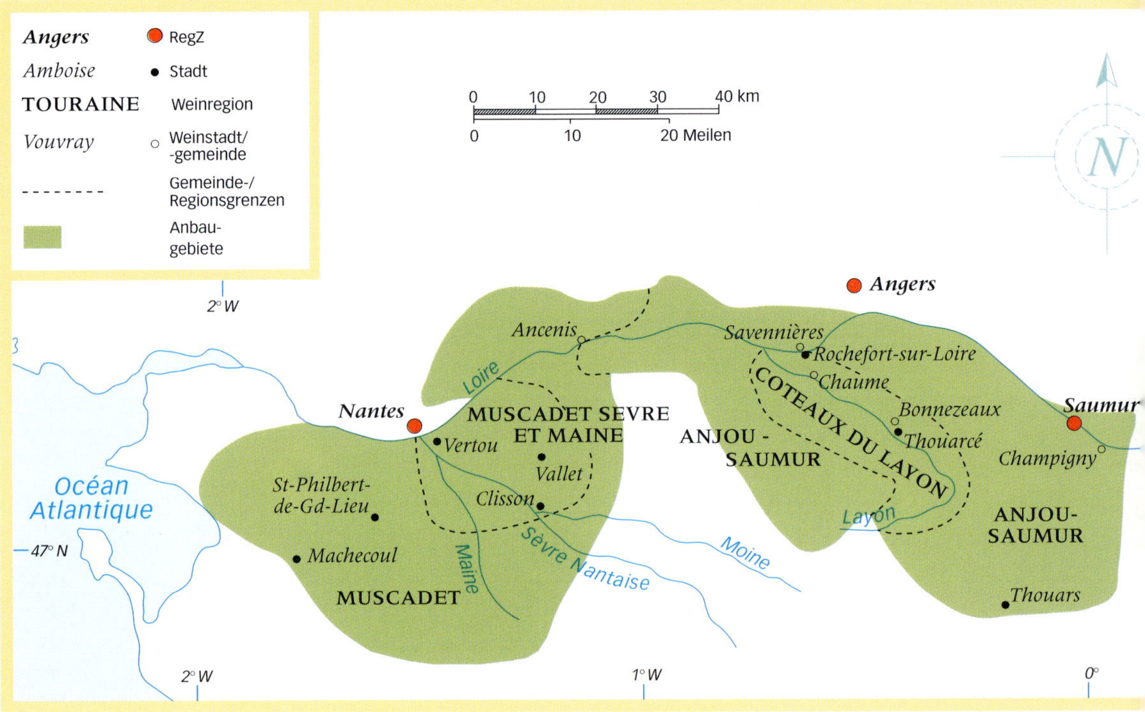

Südwest-Frankreich

Anbaufläche: 62 000 ha
Prod. p. a.: 3,7 Mio hl
Rotwein: 59 %
Weißwein: 41 %
AadG Frankreich: 6,8 %
Hauptrebsorten rot: Cabernet Sauvignon, Cabernet franc, Merlot, Malbec, Tannat
Hauptrebsorten weiß: Sémillon, Sauvignon blanc, Gros Manseng, Petit Manseng, Mauzac

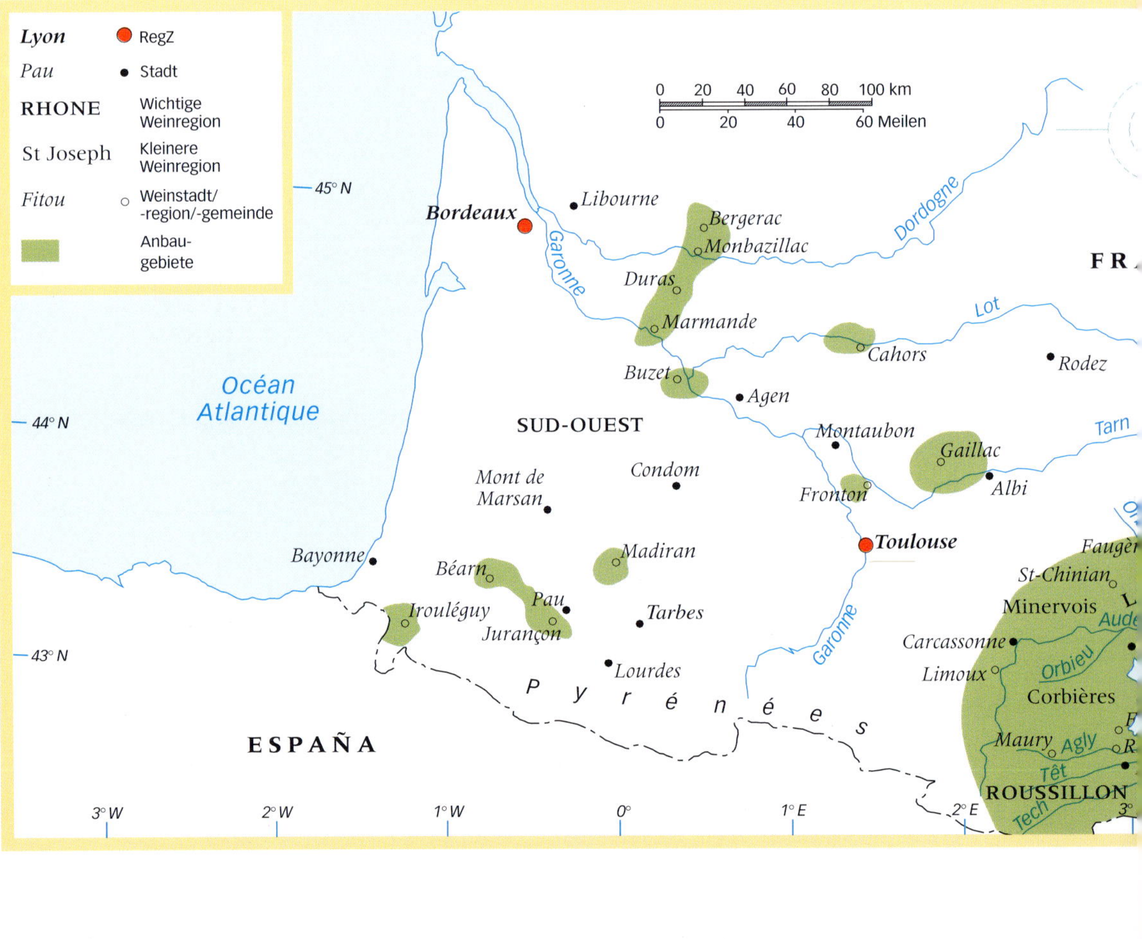

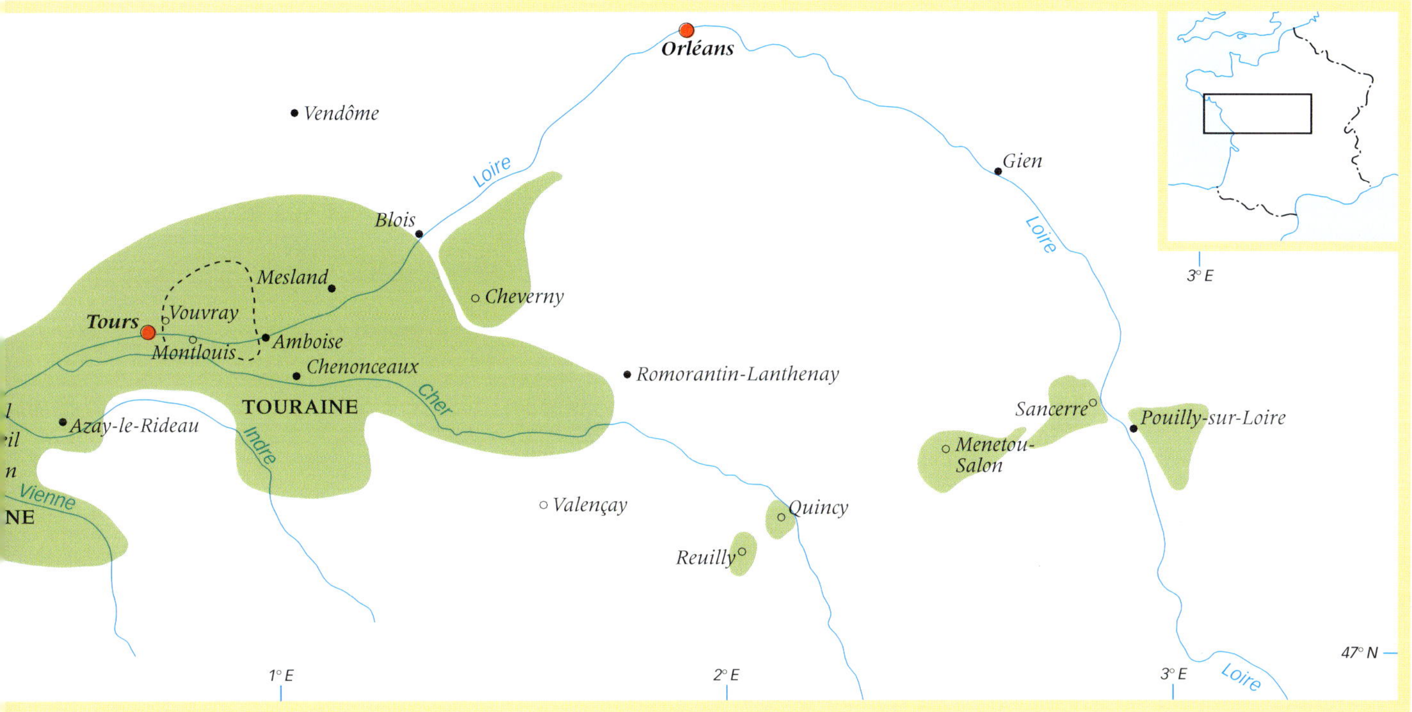

Languedoc-Roussillon

Anbaufläche: 229 000 ha

Prod. p. a.: 11,2 Mio hl

Rotwein: 88 %

Weißwein: 12 %

AadG Frankreich: 20,7 %

Hauptrebsorte rot: Grenache, Carignan, Mourvèdre, Syrah

Hauptrebsorten weiß: Grenache blanc, Macabeo, Muscat

Rhônetal

Anbaufläche: 150 000 ha

Prod. p. a.: 8,7 Mio hl

Rotwein: 93 %

Weißwein: 7 %

AadG Frankreich: 16 %

Nord-Rhône

Rebsorte rot: Syrah

Rebsorten weiß: Marsanne, Rousanne, Viognier

Süd-Rhône

Rebsorten rot: Grenache, Carignan, Syrah, Cinsault

Rebsorten weiß: Marsanne, Rousanne, Muscat

Anmerkung: Nord-Rhône (St-Péray bis Côte-Rôtie) stellt weniger als 5 % der Gesamtproduktion im Rhônetal – hauptsächlich Rotwein.

Provençe

Anbaufläche: 44 000 ha

Prod. p. a.: 2,1 Mio hl

Rotwein: 94 %

Weißwein: 6 %

AadG Frankreich: 4 %

Hauptrebsorten rot: Grenache, Cinsault, Syrah, Mourvèdre, Cabernet Sauvignon

Hauptrebsorten weiß: Sauvignon blanc, Ugni blanc, Clairette

Champagne

Anbaufläche: 30 400 ha
Prod. p. a.: 2,7 Mio hl
Rotwein: 0,2 %
Weißwein: 99,8 %
AadG Frankreich: 5 %
Hauptrebsorten rot: Pinot noir (28 %), Pinot meunier (48 %)
Hauptrebsorte weiß: Chardonnay (24 %)

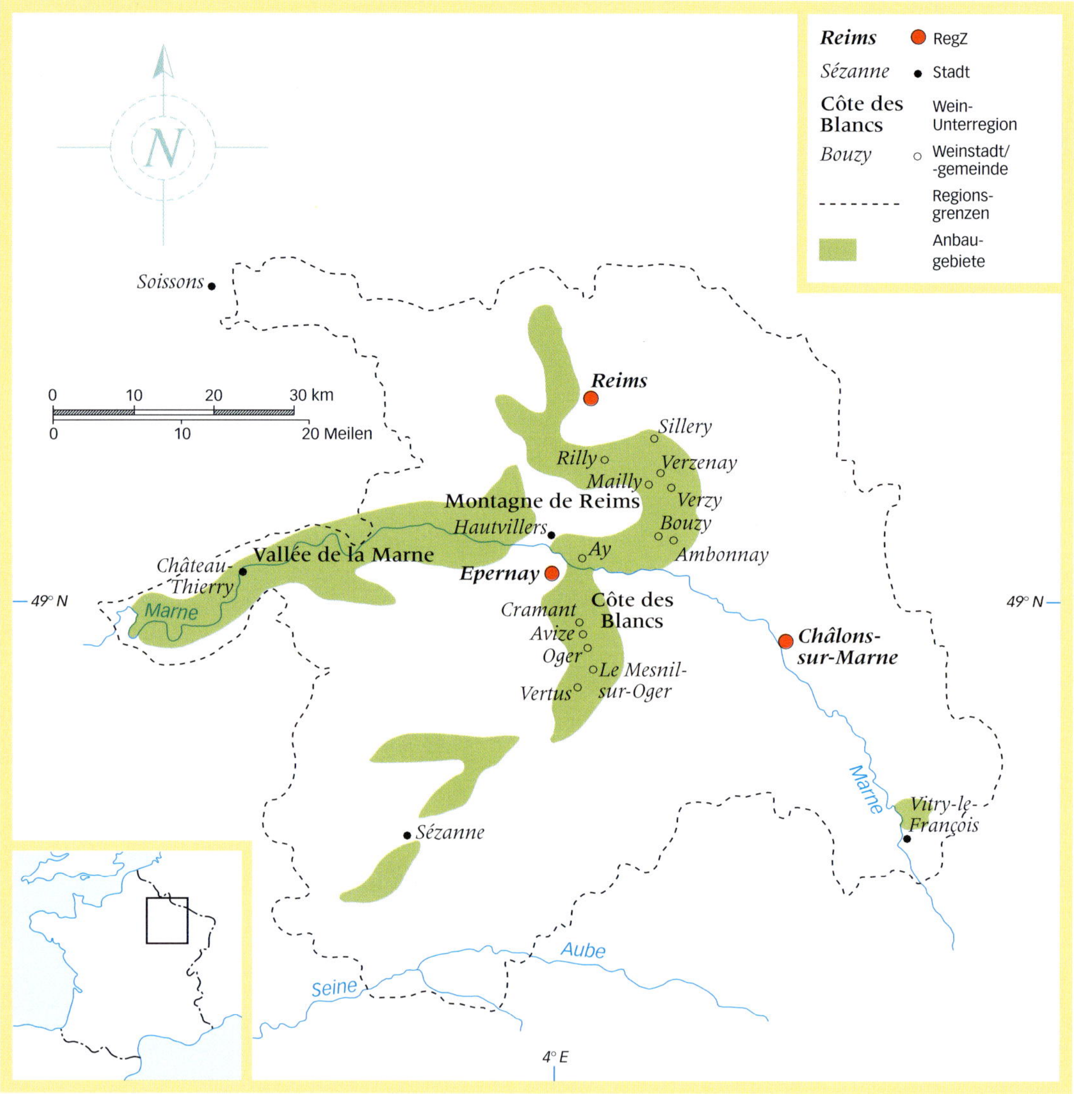

Madeira

Anbaufläche: 750 ha*
Prod. p. a.: 45 000 hl*
Hauptrebsorten: Sercial, Verdelho, Bual, Malvasia, Tinta negra mole
* betrifft ausschließlich die Produktion von Madeira

Deutschland

Anbaufläche: 104 000 ha

Prod. p. a.: 9,3 Mio hl

Rotwein: 25 %

Weißwein: 75 %

AadG Welt 3,5 %

Hauptrebsorten rot: Spätburgunder, Portugieser, Trollinger, Dornfelder

Hauptrebsorten weiß: Riesling, Müller-Thurgau, Silvaner, Kerner, Scheurebe

Elsass

Anbaufläche: 15 000 ha

Prod. p. a.: 1,3 Mio

Rotwein: 9 %

Weißwein: 91 %

AadG Frankreich: 2,5 %

Hauptrebsorte rot: Pinot noir

Hauptrebsorten weiß: Riesling, Gewürztraminer, Pinot gris, Muscat, Pinot blanc, Sylvaner

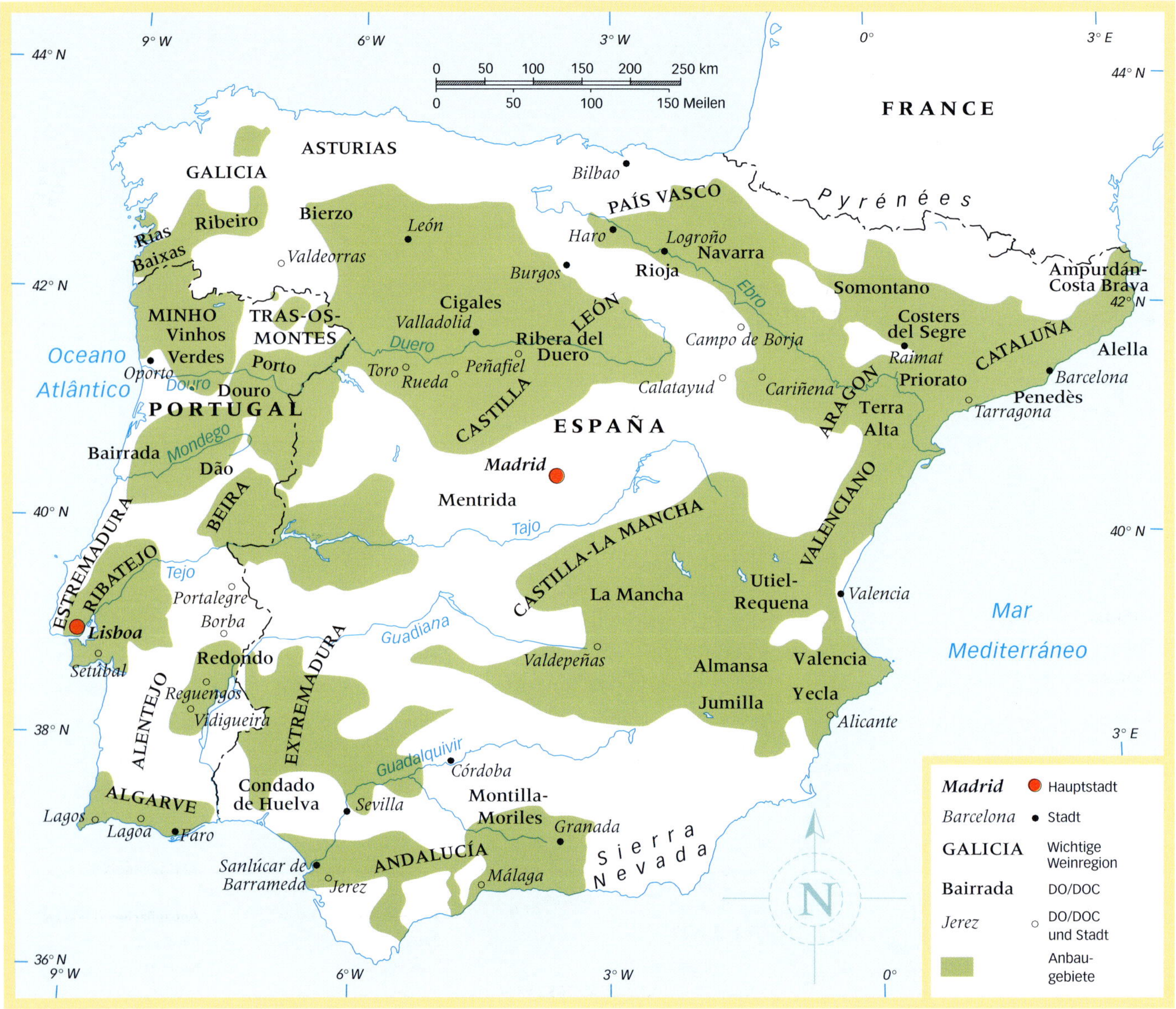

Portugal

Anbaufläche: 116 000 ha
Prod. p. a.: 6,5 Mio hl
Rotwein: 60 %
Weißwein: 40 %
AadG Welt: 2,5 %
Rebsorten rot: Touriga nacional, Tinta Roriz, Touriga francesca, Baga
Rebsorten weiß: Loureiro, Arinto, Bical, Alvarinho

Spanien

Anbaufläche: 650 000 ha
Prod. p. a.: 31,5 Mio hl
Rotwein: 60 %
Weißwein: 40 %
AadG Welt: 11,9 %
Rebsorten rot: Garnacha, Tempranillo, Raciano
Rebsorten weiß: Albariño, Viura, Verdejo, Moscatel, Parellada, Palomino, Pedro Ximénez

Schweiz

Anbaufläche: 15 000 ha
Prod. p. a.: 1,2 Mio hl
Rotwein: 53 %
Weißwein: 47 %
AadG Welt: 0,45 %
Hauptrebsorten rot: Pinot noir, Garnay, Merlot
Hauptrebsorten weiß: Chasselas, Müller-Thurgau, Sylvaner

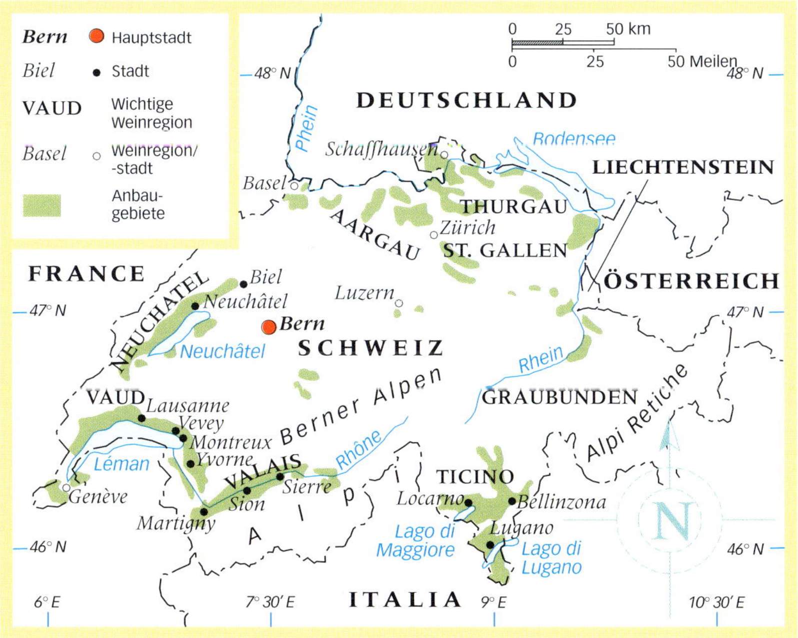

Griechenland

Anbaufläche: 130 000 ha

Prod. p. a.: 4 Mio hl

Rotwein: 40 %

Weißwein: 60 %

AadG Welt: 1,5 %

Hauptrebsorten rot: Agiorgitiko, Xynomavro, Limnio, Mavrodaphne

Hauptrebsorten weiß: Savatiano, Assyrtiko, Roditis, Moscophilero

Österreich

Anbaufläche: 51 000 ha

Prod. p. a.: 2,2 Mio hl

Rotwein: 25 %

Weißwein: 75 %

AadG Welt: 0,8 %

Hauptrebsorten rot: Zweigelt, Blaufränkisch, Blauer Portugieser, St. Laurent

Hauptrebsorten weiß: Grüner Veltiner, Welschriesling, Riesling, Müller-Thurgau, Neuburger, Weißburgunder

Italien

Anbaufläche: 800 000 ha
Prod. p. a.: 54,6 Mio hl
Rotwein: 48,3 %
Weißwein: 51,7 %
AadG Welt: 20,7 %

Piemonte
Prod. p. a.: 3,4 Mio hl
Rebsorten rot: Nebbiolo, Barbera, Dolcetto
Rebsorten weiß: Moscato, Cortese, Arneis

Lombardia
Prod. p. a.: 1,7 Mio hl
Rebsorten rot: Nebbiolo, Barbera
Rebsorten weiß: Trebbiano di Lugana

Trentino – Alto Adige
Prod. p. a.: 1 Mio hl
Rebsorten rot: Teroldego, Lagrein
Rebsorten weiß: Pinot grigio, Pinot bianco

Veneto
Prod. p. a.: 6,8 Mio hl
Rebsorte rot: Orvina
Rebsorten weiß: Garganega, Prosecco

Friuli – Venezia Giulia
Prod. p. a.: 1 Mio hl
Rebsorten rot: Cabernet Sauvignon, Merlot
Rebsorten weiß: Tocai Friulano, Pinot grigio

Liguria
Prod. p. a.: 164 000 hl
Rebsorte weiß: Vermentino

Emilia Romagna
Prod. p. a.: 4,7 Mio hl
Rebsorte rot: Lambrusco
Rebsorte weiß: Albana

Toscana
Prod. p. a.: 2,2 Mio hl
Rebsorte rot: Sangiovese
Rebsorten weiß: Vermentino, Vernaccia

Marche
Prod. p. a.: 1,8 Mio hl
Rebsorte rot: Montepulciano (Mont)
Rebsorte weiß: Verdicchio

Italien

Umbria
Prod. p. a.: 740 000 hl
Rebsorten rot: Sagrantino, Sangiovese
Rebsorte weiß: Grechetto

Süditalien

Lazio
Prod. p. a.: 2,9 Mio hl
Rebsorten weiß: Malvasia, Trebbiano (Treb)

Abruzzi
Prod. p. a.: 3,3 Mio hl
Rebsorte rot: Mont
Rebsorte weiß: Treb

Molise
Prod. p. a.: 400 000 hl
Rebsorte rot: Mont
Rebsorte weiß: Treb

Campania
Prod. p. a.: 2 Mio hl
Rebsorten rot: Aglianico, Fiano
Rebsorten weiß: Falanghina, Greco

Basilicata
Prod. p. a.: 481 000 hl
Rebsorte rot: Aglianico

Puglia
Prod. p. a.: 7,2 Mio hl
Rebsorten rot: Negroamaro, Primitivo
Rebsorte weiß: Greco

Calabria
Prod. p. a.: 753 000 hl
Rebsorte rot: Gaglioppo
Rebsorte weiß: Greco

Sicilia
Prod. p. a.: 8 Mio hl
Rebsorten rot: Nero d'Avola, Frappato
Rebsorten rot: Grillo, Moscato, Inzolia

Sardegna
Prod. p. a.: 1,1 Mio hl
Rebsorte rot: Cannonau
Rebsorte weiß: Vermentino, Vernaccia

Anmerkung:
Die DOCs Cannonau, Monica, Moscato und Vermentino sind über ganz Sardinien verstreut.

Ungarn

Anbaufläche: 130 000 ha
Prod. p. a.: 4,3 Mio hl
Rotwein: 25 %
Weißwein: 75 %
AadG Welt: 1,6 %
Rebsorten rot: Kadarka, Kékfrankos
Rebsorten weiß: Furmint, Hárslevelü, Leányka

Rumänien

Anbaufläche: 250 000 ha
Prod. p. a.: 6,5 Mio hl
Rotwein: 60 %
Weißwein: 40 %
AadG Welt: 2,5 %
Rebsorten rot: Feteasca Negra, Cabernet Sauvignon, Merlot, Pinot noir
Rebsorten weiß: Feteasca Alba, Welschriesling

Bulgarien

Anbaufläche: 110 000 ha
Prod. p. a.: 3,4 Mio hl
Rotwein: 80 %
Weißwein: 20 %
AadG Welt: 1,2 %
Rebsorten rot: Merlot, Cabernet Sauvignon, Mavrud, Melnik
Rebsorten weiß: Chardonnay, Sauvignon blanc, Dimiat

Chile

Anbaufläche: 75 000 ha
Prod. p. a.: 4,6 Mio hl
Rotwein: 65 %
Weißwein: 35 %
AadG Welt: 1,7 %

Hauptrebsorten rot:
Cabernet Sauvignon, Merlot, Carmenère

Hauptrebsorten weiß:
Chardonnay, Sauvignon blanc

Argentinien

Anbaufläche: 210 500 ha
Prod. p. a.: 13 Mio hl
Rotwein: 60 %
Weißwein: 40 %
AadG Welt: 4,9 %

Hauptrebsorten rot:
Malbec, Cabernet Sauvignon, Merlot, Syrah

Hauptrebsorten weiß:
Chardonnay, Torrontes

USA

Anbaufläche: 404 000 ha
Prod. p. a.: 20,4 Mio hl
Rotwein: 55 %
Weißwein: 45 %
AadG Welt: 7,7 %

Oregon

Anbaufläche: 4000 ha
Prod. p. a.: 76 000 hl
Rotwein: 52 %
Weißwein: 48 %
AadG USA: 0,3 %
Rebsorten rot: Pinot noir, Cab. Sauvignon, Merlot
Rebsorten weiß: Chardonnay, Pinot gris, Riesling

Washington State

Anbaufläche: 10 000 ha
Prod. p. a.: 380 000 hl
Rotwein: 56 %
Weißwein: 44 %
AadG USA: 1,7 %
Rebsorten rot: Merlot, Cabernet Sauvignon, Syrah
Rebsorten weiß: Chardonnay, Riesling, Sauvignon blanc

Kanada

Anbaufläche: 10 000 ha
Prod. p. a.: 343 000 hl
Rotwein: 27 %
Weißwein: 73 %
AadG Welt: 0,1 %
Hauptrebsorten rot: Cabernet franc, Cabernet Sauvignon, Merlot, Garnay, Pinot noir
Hauptrebsorten weiß: Vodal, Chardonnay, Riesling, Pinot gris, Gewürztraminer

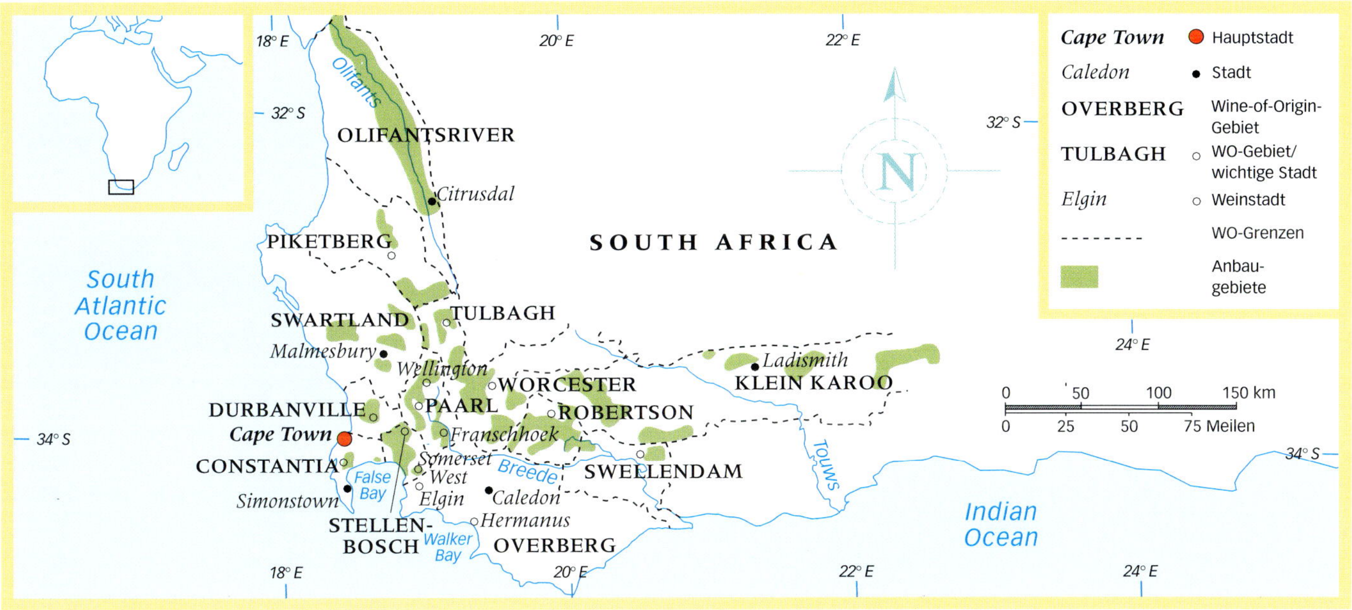

Kalifornien

Anbaufläche: 182 000 ha
Prod. p. a.: 19 Mio hl
Rotwein: 55 %
Weißwein: 45 %
AadG USA: 92 %
Hauptrebsorten rot: Cabernet Sauvignon, Zinfandel, Merlot, Pinot noir, Syrah
Hauptrebsorten weiß: Chardonnay, Sauvignon blanc

Rep. Südafrika

Anbaufläche: 101 000 ha
Prod. p. a.: 8,5 Mio hl
Rotwein: 20 %
Weißwein: 80 %
AadG Welt: 3,2 %
Hauptrebsorten rot: Cabernet Sauvignon, Pinotage, Merlot, Pinot noir, Shiraz
Hauptrebsorten weiß: Chenin blanc, Chardonnay, Sauvignon blanc

Australien

Anbaufläche: 123 000 ha	**Rebsorten rot:**
Prod. p. a.: 6,8 Mio hl	Shiraz, Cabernet Sauvignon,
Rotwein: 52 %	Pinot noir
Weißwein: 48 %	**Rebsorten weiß:** Chardonnay,
AadG Welt: 2,6 %	Sémillon, Riesling, Muscat

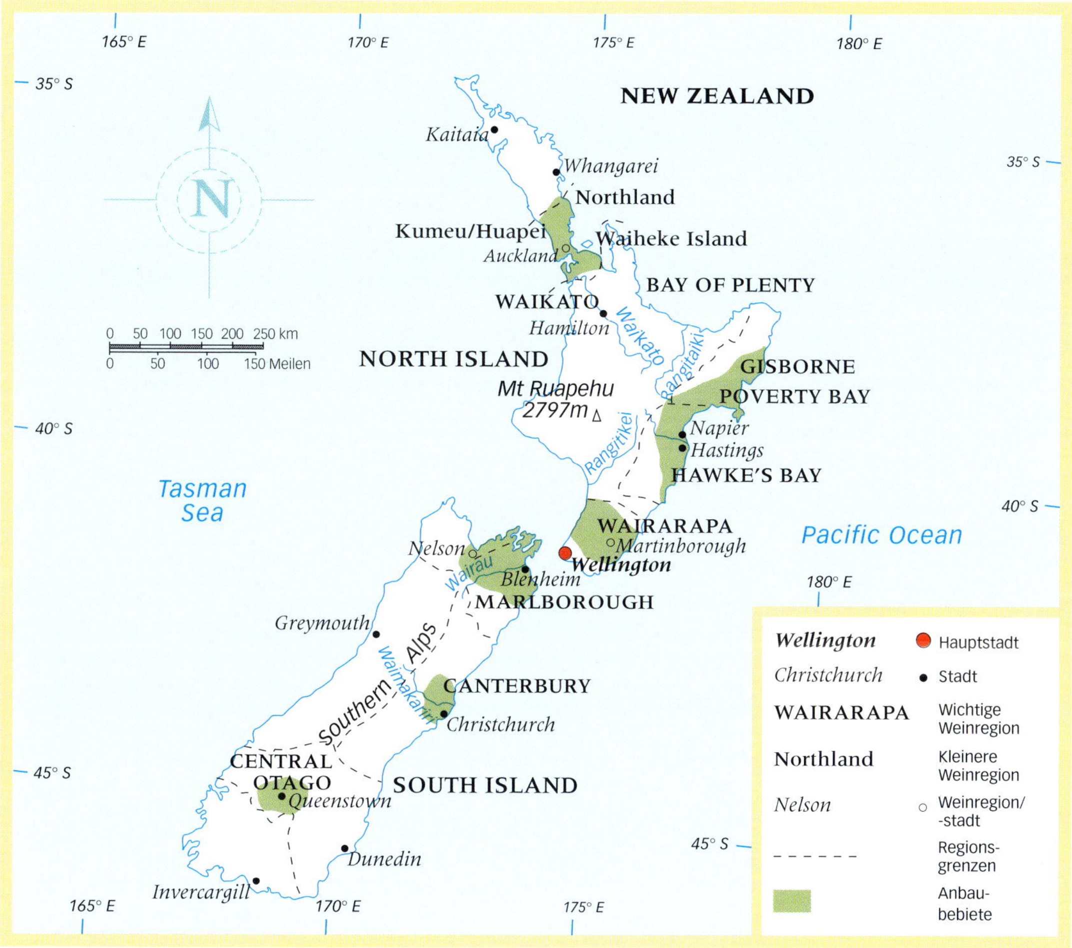

Neuseeland

Anbaufläche: 10 600 ha
Prod. p. a.: 550 000 hl
Rotwein: 27 %
Weißwein: 73 %
AadG Welt: 0,2 %
Hauptrebsorten rot: Pinot noir, Cabernet Sauvignon, Merlot
Hauptrebsorten weiß: Sauvignon blanc, Chardonnay, Sémillon, Riesling

Verkostungsglossar

Kursiv gesetzte Begriffe verweisen auf einen eigenen Eintrag.

Abgang Endgeschmack; zusammengesetzt aus Geschmacks-, Struktur- und Geruchseindrücken, die sich nach dem Schlucken fortsetzen. Regel: je langer, desto besser. → *Länge* und *Nachgeschmack*.
abgestanden/flach Wein, dem es an Bouquet, frischen Geschmacksnoten und Säure mangelt, sowie Schaumweine, die Spritzigkeit und CO_2 verloren haben.
Acetaldehyd Ein Nebenprodukt der Oxidation von Alkohol, wenn sich Wein langsam in Essig verwandelt. Bei leichten Weinen meist nicht erkennbar. Bei Likörweinen und defekten leichten Weißweinen an einem sherry-ähnlichen, schweren, süßlichen Geruch auszumachen. → S. 151
adstringierend Zusammenziehend. Durch zu viel Tannin hervorgerufene Wirkung am Gaumen.
Alter/alt Lebensdauer eines Weins; oftmals auch abschätzig in der Bedeutung von umschlagend und ablebend benutzt.
anhaltend Geschmackseindruck; besonders langlebige, hartnäckige Geschmacksnuancen sind das Qualitätsmerkmal exzellenter Weine. → *Entwicklung* und *Länge*.
Apfelsäure Saurer Geschmack nach rohen Kochäpfeln.
Aroma Geruch/Geschmack. Gelegentlich auch synonym für Bouquet verwendet. Dient häufig zur Beschreibung des frischen, fruchtigen Geruchs von Trauben oder des jungen Weins.
aromatisch Besonders bei jungen Weinen, die über ein intensives Aroma verfügen, wie Sauvignon blanc, Gewürztraminer und Muscateller. Hilfreich zur Identifizierung fruchtiger Geschmacks- und Geruchseindrücke eleganter Weine im Mund, zumal am Gaumen und im Abgang.
Ausgewogenheit/ausgewogen Das harmonische Verhältnis zwischen Alkohol, Säure, Tannin und Frucht. Je nach Rebsorte, geografischer Herkunft und Weinherstellungsmethode verschieden ausgeprägt. Ein Wein ist ausgewogen, wenn kein Bestandteil zu sehr in den Hintergrund tritt oder dominiert.
Beißen/Kauen, Weine zum …; sehr reich an Extrakten, vielfach Tannine, die bewirken, dass der Wein zum Beißen bzw. Kauen anregt.
beißend Ein scharfer, stechender, manchmal auch brennender Sinneseindruck in Nase und Rachenbereich, der durch zu viel Schwefeldioxid entsteht.

Biss Ein deutlicher, eindringlicher Säuregehalt.
bissig Intensiver Geschmacks- und Struktureindruck, der durch zu viel Tannin, Säure oder Alkohol im Wein entsteht.
bitter Grundgeschmack → S. 21, 121
Bouquet Oft verwendet für Aroma. Bezeichnet jedoch eher die ausgereiften, kräftigen Geruchsnoten, die sich während der Reifung des Weins in der Flasche entwickeln.
brandig Zu hoher Alkoholgehalt (für den betreffenden Wein) ruft ein warmes bis brennendes Gefühl hervor; besonders im Abgang spürbar.
buttrig Der Geruch zerlassener Butter. Normalerweise positives Merkmal voller Weißweine.

Cassis → *Schwarze Johannisbeere*.
Charme/charmant Bei Weinen, die zwar durchaus ansprechen, jedoch über weniger Komplexität verfügen als man erwarten dürfte.
crèmant Leichtes Perlen von Schaumweinen mit besonders feiner Schaumbildung (Mousse); hauptsächlich bei Rotweinen eine sahneähnliche Struktureigenschaft, intensiv cremig.
crust Englische Bezeichnung für den starken Bodensatz, der sich bei Jahrgangsportweinen am Flaschenboden absetzt. → S. 113, 138–139
cuit Französische Bezeichnung: «gekocht»; beschreibt einen bestimmten Geschmack und Geruch, der von Trauben stammt, die zu viel Wärme erfahren haben; im negativen Sinn an Konfitüre oder Backwaren erinnernd; auch durch Aufzuckerung des Mostes möglich.

definiert Qualitätsmerkmal; ein gut definierter Wein besitzt ein klar erkennbares Profil und spezielle, charakteristische Geschmacksnuancen.
delikat Leicht zurückhaltender Wein (ein nicht mehr modernes, aber dennoch sehr genussreiches «Pianissimo»). → S. 33
dicht Für Aroma und Bouquet verwendete Bezeichnung; nahezu schmeckbare Fülle von Geruchsnoten.
duftig Wein mit zartem Bouquet und Parfum, besonders für die Nase
dumpf Ein anderes Wort für verschlossen; normalerweise auf den Geruch bezogen: ein unbestimmter, konturloser Geruch.
dünn Wässrig und mit wenig Geschmack.
durchdringend Beschreibung des Bouquets: intensiv, konzentriert; beim Geschmack: intensiv, den gesamten Mundraum und jeden Winkel des Gaumens erfüllend.

Edelfäule → S. 43
Eiche Bezeichnet eine Vielzahl von Gerüchen jener Weine, die in Fässern aus neuer Eiche gärten oder reiften oder denen Eichenspäne hinzugefügt wurden. Geruchsnuancen: Vanille, Zeder, Toast, Karamell, Gewürznelke etc. → S. 47–48
einfach Geringer Umfang.
Elan Starke und vitale innere Kraft eines Weins, die man im Mund förmlich spüren kann.
elegant Edle Zurückhaltung im Geschmack, harmonische Ausgewogenheit, keinerlei Rauheit.
engmaschig/eng gewoben/fest verwoben Beschreibung des Mundgefühls, abgeleitet von der Struktur textiler Stoffe. → S. 28
entwickelt/unentwickelt Trinkfertig/nicht trinkfertig, reif/unreif.
Entwicklung (im Mund) Qualitätsaspekt, bezogen auf die Ausbreitung der Geschmacksstoffe eines Weins im Mund. → Länge, S. 26–27
erdig Aromatischer Eindruck in der Nase und am Gaumen; erinnert an einen Garten nach dem Regen; meist positiv verwendet; → *Terroir*.
ermüdet/lahm Schwach, glanzlos.
Ertrag Die Weinmenge, die eine bestimmte Region oder ein bestimmtes Traubengewicht hergibt. → S. 36
Essigester Der Geruch eines Nebenprodukt der Fermentierung von Essigsäure. Dieser spezifische, hochgetönte Azetongeruch erinnert an Lösungsmittel in Klebstoffen, Nagellackentfernern und Lacken. Ein solcher Wein ist flüchtig. → S. 151
Essigstich/essigstichig Geschmack und Geruch von Essigsäure.
Eukalyptus Harziges Aroma; nicht nur bei australischen Rotweinen zu finden.
Extrakt Besonders in Rotweinen ein hoher Gehalt an nicht flüchtigen, nicht löslichen Stoffen, vor allem Tannin; erzeugt dichte, konzentrierte Weine. Zumeist positiv gewertet, führt aber bei zu starker Intensität zu rauem adstringierendem Mundgefühl und Geschmack.

fad Starkes Defizit an Säure.
faule Eier Gestank nach Schwefelwasserstoff. → *reduziert*, S. 151
fein Allgemein für Weine von hoher Qualität.
fest Deutliche, jedoch nicht übermäßige Säure; positives Merkmal, besonders bei jungen Weinen, die noch Zeit zur Reifung benötigen; auch zur Beschreibung der Struktur des Tannins verwendet.
fett Reichtum und Fülle an der Grenze zum Überladenen; die nächste Stufe: seifig!
Feuerstein Mineralisches Aroma, normalerweise bei kräftigen, jungen Weißweinen wie Sancerre oder Chablis.
Finesse → *zurückhaltend*
fleischig Gehaltvoller «Wein zum Beißen».
floral/duftig Blütenaromen.
flüchtig Intensiver Geruch von Essigsäure, bisweilen auch Essigester; beides sind Weinfehler. → S. 151
Fokus Zumeist in der Wendung «gut fokussiert» gebraucht; bezeichnet Klarheit in Bouquet, Geschmack und Struktur; fast synonym zu *definiert*; abgeleitet aus der Fotografie.
frisch Jung, lebhaft, von ansprechender Säure.
fruchtig Leicht überladen; reichhaltige «Frucht», oft einfachen Charakters, jedoch attraktiv und angenehm.
frühreif Wein, der Reife und Trinkfertigkeit früher erreicht als erwartet; → *unterentwickelt*.

Gaumen In der Weinsprache bedeutet «am Gaumen» so viel wie «im Mund».
gemein Barscher, abschätziger Ausdruck für sehr gewöhnliche Weine.
generisch/Gattungswein Weine nicht spezifisch benannter Herkunft, sondern aus weiter gefasster Herkunftsregion. Zumeist einfache, geradlinige Qualität.
geradlinig Einfach, direkt.
geröstet Geruch, der an frisch geröstetes Brot erinnert; besonders bei im Fass gereiftem Chardonnay und reifem Champagner.
geschmeidig Bei Säure und Tanninen: angenehme Weichheit.
gestreckt Verwässerter Geschmack durch Panschen oder zu reichen Ertrag.
Gipfel/Höhepunkt Jene Zeitspanne, in der Weine am besten schmecken. Ein äußerst subjektiver Maßstab.
glänzend Besonders geschmeidiger, «polierter» Eindruck feiner, reifer Rotweine, die alle «Unebenheiten» der Pubertät verloren haben; man denke an die glänzende Oberfläche von Fotopapier.
glasig Weine von sehr reiner, wenngleich zu durchsichtiger und wenig ergiebiger Struktur; gern bei feinem Riesling und Chenin blanc.

Gleichgewicht → *ausgewogen, harmonisch*
graziös Subtile Eleganz, ausgewogen und sehr ansprechend. → *delikat*
griffig Eine feste Struktur, normalerweise vom Tannin herrührend, die feine Rotweine entscheidend definiert.
grün Wie bei unreifen Früchten: hoher Säuregehalt bei unausgegorener Struktur.
gummiartig Eine Geruch, der an Schwefelwasserstoff gemahnt. → *reduziert*, S. 151

harmonisch Gleichgewicht aller Weinkomponenten ohne Defizit oder Dominanz einer einzelnen. Junge Weine können zwar ausgewogen, jedoch noch nicht harmonisch sein.
hart Deutlich feste Struktur, auf Dominanz von Tannin und/oder Säure zurückzuführen.
Hefesatz Bodensatz, der sich nach der Gärung im Fass oder Tank absetzt. Hauptsächlich abgestorbene Hefebakterien, aber auch Reste der Feststoffe aus den Trauben, wie Kerne, Fruchtfleisch und Schale.
Hefeton Geruch nach aktiver, d. h. noch gärender Hefe; im positiven Sinne bei jungem Champagner, der ausgiebigen Kontakt mit dem Hefesatz genossen hat.
hochgetönt Süßer, chemischer, fast ätherischer Geruch, der an Lösungsmittel, Klebstoffe und Lacke erinnert, weist auf Essigester hin, eine flüchtige Verbindung. Die Toleranz für diesen Geruch ist individuell sehr verschieden ausgeprägt.
hohl Bezeichnung für einen kurzen Wein ohne Geschmack.
hölzern/holzig Unangenehm modriger Geruch feuchten, verrottenden Holzes. Stammt meist von alten oder unsauberen Fässern.

invasiv → *durchdringend*

kantig Ein unrundes Säurearoma, das leicht ins Unangenehme, Aufdringliche umschlagen kann.
Karamell Süßer Geruch/Geschmack nach karamellisiertem Zucker.
Kieserde Geschmackseindruck besonders bei Bordeauxweinen aus den Regionen Médoc und Graves; zunächst schwer erkennbar, doch dann nicht mehr zu übersehen!
Klasse Ein hervorragender Wein.
klassisch Bezeichnung sowohl für erstklassige Weine als auch für charakteristische Vertreter einer Weinsorte.
kompakt Eindruck von konzentrierter Festigkeit einiger Bestandteile; Gegenteil von gestreckt.
Komplexität/komplex Gegensatz zu einfach/ schlicht oder eindimensional; Fülle feiner Gerüche, Geschmacksnoten und Struktureigenschaften. Ausgezeichnete Qualität.
Konfitüre/marmeladig Charakter heißer Klimata und heißer Jahrgänge: fast überreif und fruchtig, dadurch Defizite in der Definition.
Konstitution Grundlegende Zusammensetzung eines Weins in Bezug auf Alkohol, Säure, Fruchtextrakt und Tannin; nicht zu verwechseln mit Geschmack oder Qualität. Synonym zu Substanz.
konzentriert In der Regel positiver Gegensatz zu wässrig; bei zu starker Ausprägung jedoch unangenehm und negativ. → S. 32–33, 45
Korkgeruch/Korkgeschmack/korkig Ein gravierender Weinfehler (→ S. 151), der die Frucht des Weins überdeckt; angedeuteter modriger Geruch, der Geschmack wirkt trocken und kurz.
Körper Gewicht eines Weines im Mund, dank des Alkohols und der Extraktstoffe.
kräftige Säure Lebhafte, knackige Säure, wie man sie bei saftigen Äpfeln schätzt.
krautig «Grün»; pflanzlicher Geschmack: zertretenes Blattwerk, grüne Paprika, Oliven etc.; oft Zeichen nicht vollständig reifer Tannine in Rotweinen (→ S. 36–39), oder zu starker Extraktion während der Weinbereitung (→ S. 45–46). Bei Weinen aus kühleren Klimata nicht unbedingt ein negatives Merkmal.
kreidig Geschmacksempfindung, die von kreidehaltigem Boden herrührt; → *erdig* und *Terroir*.
kurz Geringe Länge in Mund und Abgang.

Länge Wichtiges Qualitätsmerkmal: 1) Länge im Mund: Zeitspanne, in der die Geschmacks- und Aromastoffe unsere Geschmacksknospen im Mund anregen, während wir den Wein erkunden; 2) Länge von Abgangs und Nachgeschmack; in beiden Fällen gilt: je länger, desto besser (solange die Empfindungen nicht unerfreulich sind). → S. 26–28
Lanolin Ein intensiver öliger Eindruck, der an Wachspolitur auf Lanolinbasis erinnert; bei reifen Weinen auf Sémillon-Basis, besonders Sauternes.
lebendig Kräftige Säure, meist bei Weinen mit vollem Körper.
lebhaft Lebhafte Säure verleiht Wein eine attraktive Note, die seine Definition unterstützt.
leer Kaum Geschmack, kein Charakter; nichts, was besonderes Interesse wecken könnte.
leicht Bezeichnung für Körper und/oder Geschmack. Weine mit leichtem Körper können freilich sehr wohl einen vollen Geschmack zeigen.
likörartig Leicht ölige, an Liköre erinnernde Konsistenz süßer Weine.
lose gewebt/lose verwoben Nicht ausdrücklich fad, aber doch ein Defizit an Säure und Definition. Gegensatz zu straff.

maderisiert Negative Eigenschaft; Weißwein, der zu lange mit Luft in Berührung war (oxidiert), wird dunkler als Art und Alter angemessen; abgeleitet von dem an Madeira erinnernden Aussehen; häufig synonym mit oxidiert, besonders in Bezug auf Weißwein. → S. 151
mastig Zu süß, klebrig, durch zu geringen ausgleichenden Säureanteil.
matt Feine, leicht körnige Struktur junger Rotweine mit qualitativ hochwertigem Tannin, die mit weiterer Reifung immer glatter und «glänzend» wird; man denke an mattes Fotopapier.
mineralisch Geruch und/oder Geschmack nach Gestein: Schiefer, Granit, Kreide etc.; vor allem bei Weinen aus den Regionen Loire, nördliche Rhône, Bordeaux, Burgund, Douro, Mosel, Tokajer etc. Wissenschaftlich nicht begründbar, für viele Weinkenner aber ein sehr deutlicher Sinneseindruck. → *Terroir*, S. 129
Minze Geruch ähnlich dem des Eukalyptus; allgemein bei kalifornischem und australischem Cabernet Sauvignon. gelegentlich bei Bordeaux.
mollig Vorwiegend bei Rotweinen: weich, dick, geschmeidig; geringer Tanningehalt.
Moschusgeruch Der zu Kopf steigende, schwere, wachsige und animalische Geruch von reifem Sémillon; oft auch bei reifem Sauternes, manchmal bei Riesling; kann in Verbindung mit Edelfäule auftreten.
Mousse/moussierend Die Bildung feiner Gasblasen in Schaumwein und das entsprechende Gefühl im Mund.
Mundgefühl Synonym zu Struktur. → S. 28

Nachgeschmack Gleichbedeutend mit → *Abgang*
nachhaltig Eigenschaft eines feinen Bouquets sowie die Dauer des Abgangs; treten zusammen auf.
Nase Geruch des Weins; → *Aroma, Bouquet*.
neutral Langweilig, ohne erkennbaren Charakter.
nussig Geruch nach Nüssen (meist Haselnuss, Walnuss oder Cashew) unterschiedlicher Verarbeitungsstadien (frisch, getrocknet, geröstet); auch analog gemeint.

ölig Bezieht sich auf die Struktur (nicht wünschenswert) oder auf das Bouquet (durchaus erwünscht) von reifem Riesling, Sémillon oder Chenin blanc.
opulent Beschreibung für Dessertweine: umfassend süß, kraftvoll, dennoch frisch; vergleichbar mit einem perfekt gereiften Pfirsich.
oxidiert Alle Weine enthalten Sauerstoff, doch dieser Begriff beschreibt eine Reihe von Weinfehlern, die durch zu viel Kontakt mit Sauerstoff entstehen. → *maderisiert*, S. 151

Parfüm Duftiges, angenehmes Bouquet.
pétillant Französische Bezeichnung für moussierend.
Petroliumgeruch Überraschenderweise meist angenehmer, leichter Duft von Öl, Benzin, Kerosin oder Paraffin; vor allem in reifem Riesling, seltener in reifem Sémillon.
pfeffrig Deutlicher Pfeffereindruck; in Weinen auf Grenache-Basis und Grünem Veltliner von weißem Pfeffer, bei Syrah der nördlichen Rhône von gemahlenem schwarzen Pfeffer; auch in jungem Portwein.
pflaumig Weich, rund, geschmeidig und saftig wie reife Pflaumen.
Phenole → *Polyphenole*
phenolisch Negativer Eindruck von Adstringenz, in Weißweinen auf Grund unerwünschten Tanningehalts; entsteht durch zu starke Ausspülung aus den Traubenschalen oder den Holzfässern während der Weinbereitung. → S. 41
pikant → *scharf*; hier jedoch eher angenehme Schärfe.
Polyphenole Pigmentierte Bestandteile in der Haut roter Trauben (Anthozyane und Tannine). → S. 10–11, 21–22
prickelnd Angenehmes, an der Zungenspitze spürbares und durch Kohlendioxid verursachtes Gefühl bei stillen Weinen; nicht zu verwechseln mit der Mousse bei Schaumweinen.

Raffinesse Hintergründige Komplexität.
ranzig Im Französischen und Spanischen «rancio»; angenehm buttriger, nussiger Geruch, der durch die langsame Verbindung von Aldehyden (wie Acetaldehyd) und Alkohol entsteht; bezieht sich hauptsächlich auf feine, alte Sherrys und Vin doux naturels wie Banyuls.

Rappengeschmack/stielig Die raue «grüne» Adstringenz unreifer Trauben; entsteht durch zu starkes Zerdrücken, übermäßige Mazeration oder zu langes Pressen. Häufiger in roten als in weißen Weinen.
rassig Ein sehr energischer, stimulierender Mundeindruck, gepaart mit viel Finesse; Ausweis einer guten Herkunft.
rau (Struktur) Etwas zu aufdringlich, normalerweise vom Tannin herrührend; auch verwendet für große, harte Gasblasen in Schaumweinen.
rauchig Aromatischer Charakter bei einigen Sauvignon-blanc-Weinen von der Loire, Syrah-Weinen der nördlichen Rhône und bei besserem Bual Madeira.
reduziert Geruchseindruck, der durch die Verbindung von Schwefel und Wasserstoff entsteht; im Gegensatz zu Schwefel- und Sauerstoffverbindung. → S. 151
reich/reichhaltig Voller Geschmack, üppige Struktur; nicht zwangsläufig lieblich oder süß.
reif/gereift/ausgereift Trinkfertig; die Ansichten hierüber sind von Land zu Land sehr verschieden. → S. 147
reife Traube Natürliche Süße durch voll ausgereifte Trauben.
Restsüße Zucker, der während der Gärung nicht fermentiert wurde und so im Wein verblieb. → S. 42–43
robust Lebendige Weine mit vollem Körper; im Gegensatz zu Weinen mit Finesse.
roh Schroff, unfertig. Häufig bei jungen Weinen, deren Alkohol-, Säure- und Tanningehalt noch wenig ausgewogen erscheint.
rund Ausgewogener Geschmack ohne Kanten. → *sanft*
rustikal Grober Wein; meist von minderer Qualität.

samtig Reich an Geschmack, üppige weiche Struktur.
sanft Weich und ohne Schroffheit, aber ausgewogen und keineswegs fad.
Satin Aus dem textilen Bereich übernommen, häufig zur Beschreibung der Weinstruktur herangezogen. → S. 28
sauber Frei von Fehlern oder Verunreinigungen, meint zuweilen auch *Reinheit* oder *Frische* des Geschmacks.
sauer Zu hoher Säuregehalt.
schäbig Überhöhter Säuregehalt und unreifer Geschmack; Wein ohne jeden Charme.
schal Langweiliges Aroma, fehlende Frische, allzu adstringierend. Analog zu Tee, der übermäßig lange gezogen hat.
scharf Sauer an der Grenze zum Unangenehmen.
Schiefer Mineralischer Eindruck, den manche Verkoster in gutem Mosel-Riesling aufspüren.
schlank Ein recht strenger, reduzierter Stil; negativ gesehen: Defizit an reifer Frucht.
schmackhaft Auf appetitanregende Weise wohlschmeckend, oftmals auch würzig.
schroff Raue, grobe Struktur.
schwach Struktureindruck; geringer Anteil an Alkohol, Säure und Tannin.
Schwarze Johannisbeere Geruchseindruck bei Cabernet Sauvignon: frische Johannisbeere, Johannisbeer-Konfitüre, Cassis usw.
schwer In der Regel allzu hoher Alkoholgehalt; Zeichen für schlechte Ausgewogenheit gegenüber der Säure.
sehnig Schlank und muskulös.
seidig Neben samtig die meistverwendete textile Analogie zur Beschreibung des Mundgefühls eines Weins; häufig bei feinen, reifen roten Burgundern. → *Satin*
seifig → *fett*
solide Fest, substanziell, kompakt, bisweilen auch ein Wein zum Beißen.
Sortenrein Weine, die aus einer einzigen Rebsorte unverschnitten hergestellt werden.
spritzig Leicht prickelnd, intensiver als moussierend; kräftiger, knackiger Geschmackseindruck der Säure.
Stachelbeere Wahrscheinlich die treffendste Umschreibung für das Aroma eines jungen, aromatischen Sauvignon blanc.
Stahl Deutlicher Säureeindruck, der nur bei solchen Weinen hoher Qualität wünschenswert ist, die von langer Lagerung profitieren: beispielsweise Premier cru Chablis, und Elsässer Riesling.
starr Raue, schroffe Struktur durch stark adstringierende Tannine.
stichig Weine mit Essigstich.
straff Gegensatz zu *lose*; positive Eigenschaft.
strahlend Besonderer Glanz im Erscheinungsbild der feinsten und edelsten Weine.
streng Harter, unnachgiebiger Geschmacks- und Geruchseindruck durch zu hohen Säure- und/oder Tanningehalt. Häufig bei jungen Weinen, die noch reifen müssen. → Seite 147
Struktur Taktiler Sinneseindruck; häufig in Analogie zur taktilen Wahrnehmung von Textilien. → S. 28 sowie *Mundgefühl*
stumpf Stark alkoholreich, aber langweilig und glanzlos.
Substanz Gehaltvolle Konstitution; ein kräftiger, solider und für eine lange Lebensdauer ausgelegter Wein.
süffig/gefällig Weine, die bereits jung getrunken werden können, wenn sie auch normalerweise eine lange Reifezeit benötigen.

tanninreich Wein mit starkem Tanningehalt.
Terroir Erdiger, mineralischer Bodengeschmack. → S. 129
Tiefe Verbindung von Intensität und Komplexität der Geschmackseindrücke.
tintig Eine intensive, nahezu undurchdringliche violette Färbung, auch ein metallischer Geschmack, der von zu starker Extraktion herrührt. → *Extrakt*
traubig Intensiver Traubengeruch und –geschmack; normalerweise bei Muskateller und deutschem Riesling ausgeprägt.

Umfang Ausdruck für die facettenreiche Fülle unterschiedlichster Sinneseindrücke, eine großen Palette von Geschmacks- und Aromanuancen. Bei Weinen von einer gewissen Komplexität, bei denen es viel zu entdecken gibt.
Umschlagen Das langsame oder jähe «Ableben» eines Weins; Verlust von Frucht, Süße und Frische, so dass Alkohol, Säure und/oder Tannin den Geschmack zunehmend dominieren.
unausgewogen Eine oder mehrere Weinkomponenten sind deutlich defizitär oder dominant. Gegensatz: ausgewogen.
unreif Scharfer, beißender Säureeindruck.
unsauber Wein mit unangenehm unreinem Geschmackseindruck.
unterentwickelt Weniger entwickelt und gereift als nach Alter und Stil des Weines zu erwarten wäre. → Seite 147
unverwechselbar Ein ausgesprochen individueller Weinstil.
üppig Im Französischen «généreux»; voller, stattlicher, vollmundiger, süffiger Wein.

Vanille Häufig Geruch bei Weinen, die in neuen Eichenfässern gereift sind. → Eiche, S. 47–48
varietal Englische Bezeichnung für sortenreine Weine.
vegetabil Starke Pflanzen- und «Landgerüche», etwa in reifem Pinot noir. Manchmal erwünscht, meist jedoch als unerfreuliche Dominanz verrottenden Grünzeugs zu bemerken.
verschlossen Bestimmte Aromen und Geschmacksnoten erscheinen noch verborgen, werden sich aber mit der Zeit entwickeln.
voll entwickelt Weder an Bouquet, noch Geschmack oder Abgang bleibt hier etwas zu wünschen übrig.
voll Runder, stimmiger Körper und/oder Geschmack.
vornehm Wein von außergewöhnlich noblem Charakter und ausgezeichneter Qualität.

wächsern An Möbelpolitur oder Kerzenwachs erinnernder Geruch, oft bei reifem Sémillon und Chenin blanc; kann auch das Mundgefühl charakterisieren.
warm Erwärmende, jedoch nicht brandige Wirkung des Alkohols.
wässrig Niedriger Alkoholgehalt, dadurch verwässerter Geschmack.
weich Eine bestimmte Qualität des Tannins und/oder der Säure; meist positiv, auf Säure bezogen bisweilen als Defizit.
Weinfehler/fehlerhaft → S. 151
Wolle Modriger Geruch, vor allem bei ohne Holz ausgebautem Chablis, Chenin von der Loîre und Sémillon aus dem Bordeaux; teilweise natürliches Aroma, häufig jedoch die Folge zu starker Schwefelung.
wuchtig Kombination aus hohem Alkoholgehalt und geringer Säure, wodurch ein Wein zwar schwer, aber verblüht und gesichtslos wirkt.
würzig Recht unspezifische Beschreibung eines kräftigen Geschmacks- oder Geruchseindrucks. Deutlich in Gewürztraminern und Pomerols von guter Qualität.

zäh Analog zu sehnigem Fleisch. Etwa bei minderwertigem Bordeaux aus mageren Jahren.
Zedernholz/zedernartig Als Geruch normalerweise ein Merkmal von Weinen, die in neuer Eiche gereift sind. Wahrscheinlich abgeleitet von dem Geruch, der Zigarrenkisten anhaftet.
Zigarrenkiste → *Zedernholz.*
zitronig Oft zur Beschreibung trockener Weißweine herangezogen.
Zitrusfrucht Geschmack und Geruch nach Zitronen, Orangen, Limonen, Grapefruit etc.
Zucht Besonders zielgerichtete Pflege im Keller. Bei Weinen von guter Herkunft und Noblesse.
zurückhaltend Dezent, keinerlei schroffe, raue oder grobe Eindrücke in Geschmack und Struktur.

Index

Rebsorten sind **fett** gesetzt, ebenso Seitenzahlen, die auf Erläuterungen hinweisen. *Kursiv* gesetzte Seitenzahlen verweisen auf Textkästen und Abbildungen. Ein „k" hinter der Seitenzahl verweist auf den Kartenteil.

A

B

C

Bildnachweis

Abkürzungen:
CPL = Cephas Picture Library
MS = Michael Schuster
OPG = Octopus Publishing Group

u = unten, o = oben, l = links, r = rechts, M = Mitte

Alle Bilder von Octopus Publishing Group/Russell Sadur, mit Ausnahme von:

15ur MS; 16 MS; 23 Science Photo Library/Frank Zullo; 24 MS; 25 MS; 27l Linden Artists Ltd; 27r Linden Artists Ltd; 28l OPG/James Merrell; 28r OPG/Bill Batten; 29 Opera de Lyon; 29 FSV Mainz 05; 31 OPG; 31 MS/Andy 94; 32 Kettle's Yard/Henri Gaudier-Brzeska; 33 Bridgeman Art Library/Munch Museum/Munch Estate/BONO, Oslo/DACs, London 2000; 34o MS; 34u CPL/Kevin Judd; 35 MS; 36 MS; 37o MS; 37u MS; 38o MS; 38u MS; 39l MS; 39r MS; 40o MS; 40u MS; 41 MS; 42 MS; 43o MS; 43u MS; 44 MS; 45o MS; 45u MS/Pistolet Bleu/JJ Andreau; 46o MS; 46u MS; 47l MS; 47r MS/Pascal Chatonnet; 48o MS; 48u MS/Seguin Moreau; 49o MS; 49u MS; 50ul MS; 50ur CPL/Kevin Judd; 51 MS; 57-58 Janet Price; 58 Janet Price; 59o MS; 59u MS; 60o Janet Price; 60M MS; 60u MS/John Warne; 61 Janet Price; 62o MS; 62u MS; 63 Janet Price; 64 MS; 64o CPL/Walter Geiersperger; 65o Janet Price; 65u Root Stock/Montana Wines; 66 CPL/Alain Proust; 67 Steven Morris; 68 MS; 69 CPL/Mick Rock; 70 Janet Price; 71o Janet Price; 71u MS; 72 Janet Price; 73 CPL/Mick Rock; 74 MS; 75 MS; 76 Janet Price; 77l MS; 77r MS; 78 MS; 79 CPL/Walter Geiersperger; 80 CPL/Mick Rock; 81 CPL/Mick Rock; 82 Janet Price; 83 MS; 84o MS; 84u MS/John Warne; 85 Janet Price; 86 Steven Morris; 87o MS; 87u MS; 88 MS; 89 CPL/Bruce Fleming; 90 MS; 91 MS; 92 MS; 93 MS; 93r MS; 94 MS; 95o MS; 95u CPL/Mick Rock; 96 MS; 97o MS; 97u MS; 98 CPL/Mick Rock; 99o Janet Price; 99u Janet Price; 100 Janet Price; 101 Janet Price; 102r Janet Price; 102Mur Janet Price; 103 MS; 104o MS; 104u CPL/Mick Rock; 105 CPL/Ted Stefanski; 106 CPL/Mick Rock; 107 CPL/Mick Rock; 108ol MS; 108or CPL/Mick Rock; 108ul MS; 108ur MS; 109o MS/John Warne; 110 CPL/Mick Rock; 111 CPL/Mick Rock; 112o MS; 112u CPL/Mick Rock; 113 MS; 114 CPL/David Copeman; 115o MS; 115u MS; 116-117 OPG/Reuben Paris; 129 MS.